国家社科基金一般项目
"留守儿童关爱保护的社会政策研究"（项目编号17BSH046）

留守儿童
关爱保护的社会政策研究

陈世海　詹海玉　著

中国社会科学出版社

图书在版编目（CIP）数据

留守儿童关爱保护的社会政策研究 / 陈世海，詹海玉著. -- 北京：中国社会科学出版社，2024. 12.
ISBN 978-7-5227-5010-1

Ⅰ. D669. 5

中国国家版本馆 CIP 数据核字第 202560AW20 号

出 版 人	赵剑英	
责任编辑	郭　鹏	
责任校对	朱楚乔	
责任印制	李寡寡	

出　　版	中国社会科学出版社	
社　　址	北京鼓楼西大街甲 158 号	
邮　　编	100720	
网　　址	http：//www. csspw. cn	
发 行 部	010 – 84083685	
门 市 部	010 – 84029450	
经　　销	新华书店及其他书店	

印　　刷	北京明恒达印务有限公司	
装　　订	廊坊市广阳区广增装订厂	
版　　次	2024 年 12 月第 1 版	
印　　次	2024 年 12 月第 1 次印刷	

开　　本	710 × 1000　1/16	
印　　张	21	
字　　数	336 千字	
定　　价	108. 00 元	

前　言

自 2011 年我主持开展第一项有关留守儿童的国家社科基金课题以来，转眼 10 年过去了。我常常以为，组织了规模这么庞大的问卷调查，走过了连自己都数不清的村镇，访问了大量的留守儿童、外出务工的父母、老师、社会工作从业人员，我应该是很了解留守儿童、了解外出务工的父母的。

俗话说，爱之愈深责之愈切。对留守儿童及其家庭，我的感觉是，了解愈深，体谅愈切。我常常在想，如果我当初没有考上大学、硕士、博士，是否也会成为农民工大军中的一员？当我面临是否要外出打工的决定时，我会作何选择？是在家辛苦种田、教育子女，还是在可观收入的诱惑下，将孩子交给老人和学校，独自或带着老婆投入滚滚的打工浪潮？我会为了好好培养孩子而放弃在城市里打拼的机会吗？哪怕这样的生活其实并不比在农村务农轻松。

除了少数个案之外，外出务工的父母总体上是令人敬佩的。我们的政府、学界、媒体、社会关注关爱留守儿童，但作为在外务工的父母，他们在心里对留守在家的孩子们的牵挂、归家时的喜悦、离家时的不舍，则很难为我们这些"外人"所能体会。在访谈中，这些家长们经常说的话是"对不起孩子"；一些年轻的母亲在回家后，看着年幼的孩子不敢和自己亲近、一个劲儿地往奶奶怀里钻时，作为一个怀胎十月、历经千辛万苦生下孩子的母亲来讲，情何以堪！

因为社会发展阶段和国家政策的不同，我们这一代人没有作为留守儿童的经历，没有对留守生活的切身体会，这一点在一定程度上限制了我们对留守儿童的深刻感知，产生了留守儿童对其父母应该是持抱怨态度的初步认识。但是，我们在调查和访谈的过程中发现，孩子们对外出务工的父母基本上都是能够理解的。每个留守的孩子都有自己的故事，有些事情，我们甚至不敢去探究。绝大多数的留守儿童都希望自己的成长有父母的陪伴。但是他们更知道，没有父母在外辛劳，自己的生活将会面临更多的困难。在金钱和陪伴面前，父母选择了前者；其实留守在家的孩子，希望他们可以选择后者，但是他们对父母的选择，是持宽容和谅解态度的。在这一点上，我们真的应该佩服这些孩子。

当然，也不是所有的留守儿童及其学校的状况都很差，调查中也看到不少留守儿童穿的衣服、背的书包、用的文具都比非留守儿童更好；在城乡一体化建设背景下，不少村庄的村容村貌都不错，村委会的活动场所（党群服务中心）很宽敞，有的村甚至为留守儿童设置了"亲情连线室"，便于孩子与外出务工的父母打电话、视频聊天；不少地方的学校建得很不错，明亮的教室、宽敞的宿舍、卫生的食堂，有的学校还专门开展留守儿童关爱服务，为留守儿童建立"心理辅导室"；有的地方政府部门很关心留守儿童，为他们牵线搭桥，确定留守儿童的"代理家长"，给孩子提供抚慰和帮助，这些也是课题组感到欣慰的地方。只不过，我们的亲情连线室在正常运行吗？多少学校有心理辅导的人才？代理家长都是哪些人组成的、能够为留守儿童做些什么？真正能够落实并让留守儿童切实获益的服务有多少？

那么，为留守儿童提供关爱保护服务，我们最缺的是什么？我们最缺的是对儿童、对留守儿童价值的认识。儿童是国家的财富，投资儿童就是投资我们的未来。特别是欠发达地区的留守儿童，他们身上承载的不仅仅是普通儿童的角色，更是地区发展不平衡、贫困文化代际传递的重大压力。相对落后的地区需要人才积累才能迎头赶上，相对贫困的家庭需要人才方能复兴，我们如果不能为这些处于弱势地位的留守儿童提供健全的关爱保护和社会服务，如何保证他们长大后能够承担起这些责任来？

课题组依托负责人创办的社工机构，自 2011 年以来，一直在提供留守儿童关爱保护服务，从学校社会工作层面到农村社区治理层面均进行了许多尝试。本课题立项的 5 年里，课题组带领 6 位社工、30 多名实习生，先后为近 3000 名留守儿童提供了总计超过 2 万小时的关爱保护服务。

我们既想从研究层面构建留守儿童关爱保护的社会政策体系，也想从实践层面开展具体服务，证明这些政策体系的必要性、有效性和可操作性。这些工作，既帮助我们完成了课题研究，更让我们内心得到了些许安宁。

最后，我们想说的是，留守儿童是一个变动不居的群体，从身份变化的依据来看，是一个"想象中的共同体"；而从其自身的存在并时时刻刻吸引我们的关注来看，又是一个"事实上的共同体"。从群体视角来看，留守儿童未必是"问题儿童"，但一定是"面临问题的儿童"；不一定是缺乏经济支撑的儿童，但一定是缺乏亲情关爱的儿童；不一定是成绩不好的儿童，但一定是缺乏家庭教育环境熏陶的儿童。所以，对留守儿童，我们要给予关爱，而不是怜悯；要提供保护，而不是施舍；要有行动、有改变，而不是墨守成规，甚至视而不见。

陈世海 詹海玉

2023 年 9 月 10 日

目　　录

第 一 章

留守儿童的基本认知

改革开放以来，随着我国工业化、现代化、城镇化进程的不断加快，农村剩余劳动力大规模向城市转移。由于受到身份、制度、经济等各方面条件的限制，很多农民在自己进城务工的同时无力解决孩子进城需要面对的诸如缺乏生活照料、高昂的教育费用、低端的住房条件等现实问题。于是，他们选择将孩子留在家乡并托付给老人或其他人代为照看，最终形成了外出务工的农民与子女分隔两地的局面，一个备受关注的群体——留守儿童——由此诞生。

一 谁是"留守儿童"

(一) 学术领域的界定

在快速工业化和城市化的推动下，中国经济社会发展取得了巨大成就，估计超过 5 亿人脱离了贫困。[1] 许多农村人口为了改善家庭的经济状况，离开他们的农村家乡到城市工作，这种流动被认为是中国城市快速发展的主要驱动力。[2] 农民工通过对城市建设和发展的辛勤付出，对目的地城市做出了巨大的贡献。尽管有这样的贡献，但中国城乡家庭之间仍

① Tisdell, C., "Economic reform and openness in China: China's development policies in the last 30 years", *Economic Analysis and Policy*, Vol. 39, No. 2, 2009, pp. 271 – 294.

② Zhang, K. H., & Song, S., "Rural-urban migration and urbanization in China: Evidence from time-series and cross-section analyses", *China Economic Review*, Vol. 14, No. 4, 2003, pp. 386 – 400.

然存在着较为明显的收入差距，[①] 这可能会导致我国城乡居民在公共服务及社会政策方面呈现不平等、不均衡状态。然而，由于工作的不稳定和一些制度上的挑战，如住房和教育，许多流动人口在选择进城务工的同时，只能将自己的孩子交由他人照顾。这些现象导致的结果就是在中国各地出现了大量的农村"留守儿童"。然而，"留守儿童"现象并不限于中国，在世界其他地区也存在，包括东欧、拉丁美洲的加勒比地区、非洲和东南亚。[②] 不同国家背景下的研究表明，"留守"经历对儿童成长会造成一定的影响。[③] 所以，开展"留守儿童"问题及其现象的研究在一定程度上具有国际意义。

在国外学术话语体系内，"留守儿童"一词通常指向"国际移民"家庭。杨淑爱（Brenda Yeoh）等认为，"留守儿童"是指那些在移民过程中错过了迁徙机会、未能被一起带走甚至被遗弃在家乡并由亲戚或熟人照顾的儿童。[④] 跨国移民留守儿童的研究始于20世纪60年代，之后随着移民问题的凸显，相关研究成果得以陆续形成。国际移民组织（The International Organization for Migration）将移民定义为：一个人或一组人跨越国际边界，或在一国境内不同区域（相互独立）之间流动，包括难民、流离失所者、经济移民和为其他目的而形成流动的人口。[⑤]《世界移民报告》指出，2019年全球国际移民人数为2.72亿，约占世界人口的3.5%；移民对各国的经济增长和生活改善很重要，绝大多数人出于工作、家庭

① Gao, H., "China's left behind", Retrieved from: http://www.worldpolicy.org/journal/summer2013/chin-as-left-behind, 2013.

② Valtolina, G. G., & Colombo, C., "Psychological well-being, family relations, and developmental issues of children left behind", *Psychological Reports*, Vol. 111, No. 3, 2012, pp. 905 – 928.

③ Sicular, T., Yue, X., Gustafsson, B., & Li, S., "The urban-rural income gap and inequality in China", *Review of Income and Wealth*, Vol. 53, No. 1, 2007, pp. 93 – 126.

④ Yeoh, B., Hoang, L., & Lam, T., "Effects of international migration on families left behind", *Global Forum on Migration & Development Civil Society*, 2011, pp. 1 – 35, http://scholarbank.nus.edu.sg/handle/10635/80260.

⑤ International Organization of Migration, "Key Migration Terms", Available online: https://www.iom.int/key-migration-terms, 2015.

和学习的原因选择在国际上迁徙。① 就业移民可能造成一些短期和长期后果，其中之一是将儿童留在原家庭所在地区或原籍国，从而形成父母和儿童分离的家庭结构。在西方现有文献中，"留守儿童"通常被定义为 18 岁以下的个人，其父母迁移到其他地方工作每年至少 6 个月。② 在许多低收入和中等收入国家，成千上万的儿童被父母留在家乡。据估计，在菲律宾、厄瓜多尔和南非农村，分别有 27%、36% 和 40% 的儿童至少有父母一方因就业而迁移。③ 联合国儿童基金会在关注各类移民报告后，提请各国注意这些（留守）儿童的脆弱性。④ 这一问题在中国已经得到了较为充分的探讨，但缺乏关于国际父母迁移对留守儿童造成影响的详细而深入的研究报告。

我国学术领域通常认为，留守儿童是由于父母外出务工而被留在家乡生活的儿童。事实上，国内最早提出的"留守儿童"概念是指因父母跨国工作留守在家的孩子，⑤ 该概念提出之后并未在"洋留守儿童"群体引发太多关注，毕竟 20 世纪 90 年代出国务工并未形成大潮流。之后，随着农村剩余劳动力大量转移到城市就业并引发关注，"留守儿童"一词的指称对象也随之改变。

当前，我国学术领域对留守儿童的界定并不统一，主要分歧表现在以下几个方面。第一，留守儿童的必要条件是父母双方都外出还是仅一方外出务工即可？这一问题在一定程度上达成了共识，⑥ 那就是父母双方外出或单方外出，其留在家乡生活的儿童都可以被认定为留守儿童。只不过，罗国芬认为，双亲均外出和单亲外出对儿童的影响显然是不同的，

① International Organization of Migration, "World Migration Report", Available online: https://publications.iom.int/system/files/pdf/wmr_2020.pdf, 2020.

② Huang, Y., Song, Q., Tao, R., & Liang, Z., "Migration, family arrangement, and children's health in China", *Child Development*, Vol. 4, 2020, pp. 74–90.

③ Fellmeth, G., Rose-Clarke, K., Zhao, C., et al., "Health impacts of parental migration on left-behind children and adolescents: A systematic review and meta-analysis", *The Lancet*, Vol. 392, No. 10164, 2018, pp. 2567–2582.

④ UNICEF. Working Paper Children "Left-behind", Available online: https://www.unicef.org/media/61041/file, 2019.

⑤ 一张：《"留守儿童"》，《瞭望新闻周刊》1994 年第 45 期。

⑥ 范兴华：《家庭处境不利对农村留守儿童心理适应的影响》，湖南师范大学出版社 2012 年版，第 4 页。

其子女虽然都可以认定为留守儿童，但是在开展留守儿童研究时，最好能够区分开来，并适当开展对比研究。[①] 当然，大量最近的研究将父母双方外出务工或者一方外出务工但另一方无监护能力，认定为造成留守的必要条件。[②] 第二，父母外出多长时间，留在家乡的孩子才算是留守儿童？周福林等学者认为留守经历的持续时间最好以半年为界，[③] 由于近年来我国人口普查认定流动人口的时间节点为六个月，所以持"半年论"观点的学者占多数；也有部分学者将时间界定为一年或三个月，甚至有的学者不予界定留守时间。[④] 第三，留守儿童的年龄范围界定在多大合适？罗国芬总结发现，学术领域存在 18 岁以下、6—18 岁、16 岁以下、15 岁以下、6—14 岁、14 岁以下等多种不同区分，[⑤] 但是在最近的研究中，许多学者认为应该与国际接轨，遵循《联合国儿童公约》中 18 周岁以下的标准。[⑥] 当然，也有学者指出，当前学龄前的留守儿童和 15—18 周岁的留守儿童没有给予足够的关注。[⑦] 第四，是否在校/园也被一些学者认定为影响留守儿童的重要因素，也应该予以考虑。[⑧] 第五，是否独生子女也被认定为一个重要维度，甚至是影响教育发展的重要因素。[⑨] 第六，不同类型的监护结构会影响留守儿童成长，特别是单纯由高龄老人监护或者缺乏监护人的状况，对留守儿童越轨行为会有明显影响。[⑩] 图 1－1 对学术领域以上有关留守儿童界定及其延伸探讨的几个维度进行了梳理。

[①] 罗国芬：《农村留守儿童的规模问题评述》，《青年研究》2006 年第 3 期。

[②] Ye, L., Qian, Y., Meng, S., et al., "Subjective well-being of left-behind children: a cross-sectional study in a rural area of eastern China", *Child and Adolescent Psychiatry and Mental Health*, No. 14, 2020, p. 27.

[③] 周福林、段成荣：《留守儿童研究综述》，《人口学刊》2006 年第 3 期。

[④] 罗静、王薇、高文斌：《中国留守儿童研究述评》，《心理科学进展》2009 年第 5 期。

[⑤] 罗国芬：《农村留守儿童的规模问题评述》，《青年研究》2006 年第 3 期。

[⑥] 潘小娟、卢春龙等著：《中国农村留守群体生存状况研究》，北京大学出版社 2013 年版，第 41 页。

[⑦] 周福林、段成荣：《留守儿童研究综述》，《人口学刊》2006 年第 3 期。

[⑧] 周爱民、王亚：《留守儿童教育公平问题及其治理对策》，《湖南社会科学》2021 年第 3 期。

[⑨] 梁在、李文利：《留守经历与农村儿童教育发展》，《教育科学》2021 年第 3 期。

[⑩] 王爽、刘善槐：《农村留守儿童越轨行为风险与防范体系构建》，《教育科学研究》2020 年第 9 期。

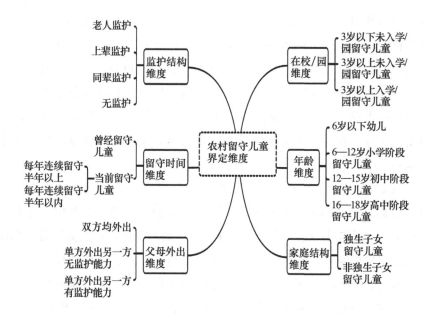

图1-1　农村留守儿童的界定及延伸探讨的几个常见维度

（二）政府部门的界定

政府及群团组织对留守儿童也有相关界定，且与学术领域不完全一致。全国妇联于 2008 年和 2013 年开展了有关留守儿童的两次大型研究，第二次研究中明确界定：父母双方或一方从农村流动到城市，一年在外工作生活时间连续达到半年以上，18 周岁以下的孩子留在农村且不能与父母共同生活，这样的儿童称为留守儿童。[①] 此操作定义强调留守儿童的四个特征：一是父母中至少有一方外出，二是外出时间达到半年以上，三是农村户籍，四是 18 周岁以下。教育部一直关注留守儿童的教育问题，曾在 2013 年《全国教育事业发展统计公报》中给出了留守儿童的定义：因父母连续三个月以上外出务工而托留在户籍所在地的农村，由父母单方或其他亲属监护、接受义务教育的适龄儿童少年。[②] 据此定义，教育部认定的留守儿童（事实上是留守学生）包括四个特征：一是父母双

---

① 全国妇联：《全国农村留守儿童状况研究报告（节选）》，《中国妇运》2008 年第 6 期。

② 袁贵仁：《中国有 6000 万留守儿童，义务教育阶段 2400 万人》，2021 年 8 月 29 日，http：//www. xinhuanet. com/politics/2016 - 03 /10 /c_128790150. htm。

方或一方外出，二是外出时间连续 3 个月以上，三是农村户籍，四是义务教育阶段儿童（一般为 6—15 周岁以内）。国家统计局在 2015 年开展全国 1% 人口抽样调查时，将留守儿童界定为：父母双方或一方流动到城市，留在原籍不能与父母共同生活的儿童；其中，农村留守儿童是指户籍所在地为农村的儿童，城镇留守儿童是指户籍所在地为城镇的儿童。[1] 该定义区分了农村留守儿童与城镇留守儿童，代表了对城镇也有留守儿童这一事实的关注。

自 2016 年国务院下发《关于加强农村留守儿童关爱保护工作的意见》以后，民政部成为全国留守儿童关爱保护工作的牵头单位，且专门设置了"未成年人（留守儿童）保护处"，负责全国留守儿童的信息管理及关爱保护协调工作，各省市民政部门也相应做出了机构调整，设置了相关部门。国务院的《关于加强农村留守儿童关爱保护工作的意见》指出，留守儿童是指父母双方外出务工或一方外出务工另一方无监护能力、不满 16 周岁的未成年人；[2] 民政部在《关于开展农村留守儿童摸底排查工作的通知》中将农民工父母外出时间界定为 6 个月以上。该界定在操作层面强调了留守儿童的三个特征：一是父母双方外出或者一方外出而另一方无监护能力，强调留守儿童家庭结构的不完整性、微观社会支持力量的缺乏；二是年龄在 16 周岁以下，强调生命历程中更容易受到监护不力的影响年龄阶段；三是父母连续外出时间为半年以上，与国家统计部门认定农民工的时间标准一致，强调较长的外出务工时间给儿童成长造成的影响。根据《关于加强农村留守儿童关爱保护工作的意见》组建的"全国农村留守儿童关爱保护工作部际联席会议"[3]，涵盖了民政部、

---

① 《2015 年全国 1% 人口抽样调查主要数据公报》，2020 年 6 月 1 日，国家统计局网站（http://www.stats.gov.cn/tjsj/zxfb/201604/t20160420_1346151.html）。

② 《国务院关于加强农村留守儿童关爱保护工作的意见》，2021 年 8 月 29 日，国务院网站（http://www.gov.cn/zhengce/content/2016-02-14/content_5041066.htm）。

③ 因为关爱范围的扩大，"全国农村留守儿童关爱保护工作部际联席会议"已于 2018 年 8 月改为"农村留守儿童关爱保护和困境儿童保障工作部际联席会议"。因涉及机构调整，该联席会议组成单位包括 26 个：民政部、中央政法委、中央网信办、发展改革委、教育部、公安部、司法部、财政部、人力资源和社会保障部、住房和城乡建设部、农业农村部、卫生健康委、税务总局、广电总局、统计局、医保局、妇儿工委办公室、扶贫办、全国人大常委会法工委、最高人民法院、最高人民检察院、全国总工会、共青团中央、全国妇联、中国残联、关工委，其中民政部为牵头单位。

中央综治办、中央农办、中央网信办、发展改革委、教育部、公安部、司法部、财政部、人力资源和社会保障部、住房和城乡建设部、农业部、卫生计生委、税务总局、新闻出版广电总局、统计局、法制办、妇儿工委办公室、扶贫办、全国人大常委会法工委、最高人民法院、最高人民检察院、全国总工会、共青团中央、全国妇联、中国残联、关工委共27个中央部门，全国各省市也建立了相应的联席会议制度。所以，迄今为止，国内各级政府部门，基本将该界定作为统一标准。新的定义明确了被归类为"留守儿童"的年龄限制和家庭条件。它强调"父母的监护"，排除那些至少有一个父母可以履行监护人职责的人。当然，该定义只关注儿童的现状，没有考虑"留守"的历史。例如，在统计数据时，孩子的父母可能已经回家，但孩子已经"留守"多年。因此，在以"留守儿童"为研究对象的研究中，还有很多超出定义之外的因素需要考虑。然而，不管留守儿童的数量有多少，或者用何种定义来描述这一重要群体，留守儿童的影响都是深远的。

（三）留守儿童的界定标准

通过以上梳理发现，对于留守儿童的界定，学术领域和政府部门在操作层面主要围绕三个层面进行：一是父母外出的数量情况，二是连续外出时长，三是儿童的年龄限定，我们对留守儿童界定标准的讨论也围绕以上三个方面进行。

首先，可以肯定的是，父母外出务工无法与子女共同生活，造成了家庭结构的"暂时性"不完整，对未成年的孩子来说是会有一定的影响，这在国内研究中已被证实，国外研究也发现，"留守经历"会对儿童的教育成就和心理发展产生深远的影响，[1] 特别是影响心理稳定和性格发展。[2] 只不过，父母双方外出和一方外出，对留守在家的孩子造成的影响层面和范围是有区别的，有研究发现，父亲外出打工对留守儿童学

---

① Berker, A., "The impact of internal migration on educational outcomes: evidence from turkey", *Economics of Education Review*, Vol. 28, No. 6, 2009, pp. 739 - 749.

② Valtolina, G. G., & Colombo, C., "Psychological well-being, family relations, and developmental issues of children left behind", *Psychological Reports*, Vol. 111, No. 3, 2012, pp. 905 - 928.

习成绩并无显著影响，母亲外出打工则会对留守儿童学习成绩产生显著的负效应；[①] 当然，也有研究认为此影响不存在，是一种浅层次认知，[②] 无法在更大规模样本统计中予以证实。[③] 父母双方外出务工（或一方外出而另一方无监护能力）和单方外出相比，对子女家庭结构及支持体系造成的影响是显著不同的，父母双方均外出会对留守儿童社会适应造成显著影响。[④] 在普惠式社会福利发展的背景下，社会福利和政策的关注面可能更宽泛，但是重点关注对象应该更为清晰、可界定。所以，对于留守儿童的社会政策而言，更应该关注父母双方外出或者一方外出而另一方因重残、重病等原因无监护能力的状况。

其次，父母连续外出时长对于子女体会家庭温暖、获取直接社会支持也有重要影响，是界定留守儿童的一个不可忽视的维度。有研究发现，父母短期外出务工对儿童的成绩可能产生一定的正面作用，但如果外出时间较长，则对留守儿童的学习成绩产生一定的负面影响；外出务工的父母经常回家与留守子女团聚有利于提高儿童的学习成绩。[⑤] 那么，父母外出务工时间到底多长才能作为界定是否造成留守的依据呢，这一点在理论上难以明确为具体数字。但是，学术领域研究留守儿童，是将其与农民工外出相对应来看待的。所以，对于父母外出多长时间才能认定儿童留守也应该参照后者。当前学术领域和国家统计部门将农民工界定为在外连续务工半年以上的农村剩余劳动力，在界定留守儿童时也可以参照该标准。所以，父母连续外出半年以上，是其留守在家的子女被认定为留守儿童的一个必要条件。

最后是留守儿童的年龄限定问题。如前所述，14 周岁以下、16 周岁以下、18 周岁以下均在留守儿童的界定中出现过，使用较为广泛的

---

① 郑磊、吴映雄：《劳动力迁移对农村留守儿童教育发展的影响——来自西部农村地区调查的证据》，《北京师范大学学报》（社会科学版）2014 年第 2 期。

② 段成荣、吕利丹、王宗萍：《城市化背景下农村留守儿童的家庭教育与学校教育》，《北京大学教育评论》2014 年第 3 期。

③ 邬志辉、李静美：《农村留守儿童生存现状调查报告》，《中国农业大学学报》（社会科学版）2015 年第 1 期。

④ 侯玉娜：《父母外出务工对农村留守儿童发展的影响：基于倾向得分匹配方法的实证分析》，《教育与经济》2015 年第 1 期。

⑤ 梁在、李文利：《留守经历与农村儿童教育发展》，《教育科学》2021 年第 3 期。

是 18 周岁以下，主要依据是联合国儿童基金会《儿童权利公约》和《中华人民共和国未成年人保护法》。儿童是否就等于未成年人？一般来说，大龄儿童（16—18 周岁）的独立性和性格特征已经形成，对家庭生活的理解随着父母长期在外和家庭生活的固化基本定型；而义务教育阶段的儿童（16 周岁以下）如果缺少父母亲情呵护、家庭建设和亲子交流，对其认知、情感和社会性发展都会有可能造成更为深刻和持久的影响，尤其表现在学校教育上得不到正规家庭教育的补偿，生活安全和青春期教育相对缺乏，监护体系弱化以及寄宿制教育中家庭关爱不足，学业辅导欠缺等方面。由此可见，16 周岁以下的儿童，相对来说更需要完整的家庭教育和支持体系。另外，自国务院《关于加强农村留守儿童关爱保护工作的意见》发布以来，全国政府机关在统计留守儿童、制定留守儿童社会政策时，均将 16 周岁以下作为留守儿童的认定依据。虽然学术研究目前对留守儿童的年龄认定尚无统一标准，但是学术为人民服务的理念是值得倡导的，开展留守儿童研究也应该为该领域的政策制定提供支撑。所以，将留守儿童的年龄界定为 16 周岁以下更为合理。

综合以上状况，本课题组认为，留守儿童可以界定为：父母双方外出务工，或一方外出而另一方缺乏监护能力，将其不满 16 周岁的子女留在家乡生活，每年持续时间达半年以上，这些不能长期与父母生活在一起的孩子称为"留守儿童"。

一个有趣的现象是，国内各领域一提起留守儿童，虽然没有添加定语，但是全都默认为"农村留守儿童"，乃至学者、记者撰写农村留守儿童文章时，不加"农村"二字，编辑或读者也不会奇怪，均不假思索地理解为农村留守儿童。虽然这个现象看起来没什么大不了的，但是我们完全有理由反思：留守儿童全部来自农村？城市就不能有留守儿童？很显然，城市的市民中也有很多长期离家、在其他省市务工且无法与孩子共同生活的，其未成年子女自然也可以看作留守儿童。事实上，由于城市生活环境比农村更复杂，缺少家长监管、教育和照料的城市留守儿童，相对于农村留守儿童而言，有着更大的生活诱惑、更多发生"状况"的可能性。由此可见，城市留守儿童是一个"被遗忘的角落"。①本课题在对留守儿童进行界定时是不区分农村和城市的，既可以指农村留守儿童，也可以指城市留守儿童。当然，城市和农村在社会政策基础和资源占有方面有较大区别，农村相对来说更为弱势，所以本课题主要探讨农村留守儿童，对其社会政策的分析和建议，也以农村为基础和出发点。从这个角度出发，本文中的"留守儿童"主要指农村留守儿童。

二　如何看待"留守儿童"

留守儿童在大量的文本中均被呈现为"问题儿童"②：行为偏差、学业不佳、网络沉迷等不一而足。事实上，留守儿童从最开始便是基于"三农"背景下的"社会问题"而提出的，多数学者开展的实证调查更倾向于了解留守儿童群体的负面问题，主要包括心理失衡、情感缺失、道德失范、性格抑郁、易出现反社会行为等。③那么，在国家和社会各界强调关爱、保护留守儿童的背景下，到底该如何从更深层面认识留守儿童这个群体，则成为构建社会保护体系、开展留守儿童社会服务的逻辑前提。

（一）留守儿童受父母迁移的实质影响

承认留守儿童受到父母迁移的实质影响是探讨留守儿童问题、理解留守儿童的前提。如果父母迁移对留守儿童不造成影响，那也没有必要将留守儿童单独作为一类对象开展研究。相当长时期以来，有关留守儿童的研究在学术领域是一个重要议题，总体来看，该领域包括两个大的类型：一是针对中国留守儿童的研究，绝大多数集中在农民工"乡—城"国内劳动力迁移背景下开展；二是其他国家的留守儿童研究，大多数针对父母跨国输出劳务而展开。通过比较分析发现，以中国国内迁移为重点的研究占该领域的主导地位，许多其他中低收入国家在国际劳工迁移

---

① 陈世海：《城镇留守儿童：被遗忘的角落——社会支持的测量及启示》，《中国青年研究》2014年第10期。

② 本部分已作为阶段性成果发表。

③ 李艳红、刘晓旋：《诠释幸福：留守儿童的电视观看——以广东揭阳桂东乡留守儿童为例》，《新闻与传播研究》2011年第1期。

对留守儿童影响的研究与前者有着较大的研究差距。而这其中，探讨因父母的劳动力迁移给留守儿童造成何种影响的研究最为广泛。

针对中国留守儿童的许多研究均发现，父母迁移对留守儿童健康总体上呈负面影响。[1][2] 当然，其影响范围、程度因人口特征而呈现一定差异。有研究指出，与非迁移家庭的儿童相比，留守儿童更易患病，急慢性疾病患病率较高；[3] 留守儿童与高血压前期或高血压密切相关，[4] 其受到各种意外伤害的风险更大，与双亲生活的儿童相比，留守儿童的年损伤率在两倍以上。[5] 在父母单方外出和双方均外出务工方面，有研究指出，双方都缺席的儿童更有可能从事危险的行为，如不健康的饮食、不运动、久坐不动的生活方式、吸烟和饮酒；[6] 有研究指出，由单亲父母抚养的孩子往往比父母双方抚养的孩子更容易生病。[7] 也有更为细致的研究发现，母亲单独迁移不会影响孩子的健康，但母亲和父亲一起离开会对留守儿童产生显著的负面影响，其中与母亲一起生活的人比那些只与父亲一起生活的人更有可能健康。[8] 加入了留守儿童的年龄和性别等变量后，一些研究表明，留守青少年（13—18 岁）受父母外出务工的负面影响可能比年幼的儿童更为糟糕，由于没有父母照顾，女孩可能比男孩更

① Tong, Y., Luo, W., & Piotrowski, M., "The association between parental migration and childhood illness in rural china", *European Journal of Population*, Vol. 31, No. 5, 2015, pp. 561 – 586.

② Wen, M., & Li, K., "Parental and Sibling Migration and High Blood Pressure among Rural Children in China", *Journal of Biosocial Science*, Vol. 48, No. 1, 2016, pp. 129 – 142.

③ Mo, X., Xu, L., Luo, H., et al., "Do different parenting patterns impact the health and physical growth of 'left-behind' preschool-aged children? A cross-sectional study in rural china", *European Journal of Public Health*, Vol. 26, No. 1, 2016, pp. 18 – 23.

④ Wen, M., & Li, K., "Parental and Sibling Migration and High Blood Pressure among Rural Children in China", *Journal of Biosocial Science*, Vol. 48, No. 1, 2016, pp. 129 – 142.

⑤ Shen, M., Yang, S., Han, J., et al., "Non-fatal injury rates among the 'left-behind' children' of rural china", *Injury Prevention*, Vol. 15, No. 4, 2009, pp. 244 – 247.

⑥ Zhou, C., Sylvia, S., Zhang, L., et al., "China's left-behind children: impact of parental migration on health, nutrition, and educational outcomes", *Health Affairs*, Vol. 34, No. 11, 2015, pp. 1964 – 1971.

⑦ Mo, X., Xu, L., Luo, H., et al., "Do different parenting patterns impact the health and physical growth of 'left-behind' preschool-aged children? A cross-sectional study in rural china", *European Journal of Public Health*, Vol. 26, No. 1, 2016, pp. 18 – 23.

⑧ Li, Q., Liu, G., Zang, W., "The health of left-behind children in rural China", *China Economic Review*, Vol. 36, 2015, pp. 367 – 376.

容易受到伤害。[①] 当然，也有研究得出完全不一样的结果，郭茜（Qian Guo）等人的研究指出，没有发现父母外出务工与儿童健康状况之间有任何显著的关系;[②] 黄友琴（Youqin Huang）等人的研究指出，并无证据表明，与父母一起生活的孩子比留守儿童健康状况更好。[③]

西方学术领域也开展了一些针对中低收入国家（地区）国际移民及其留守儿童的研究。斯米肯斯（Chantal Smeekens）等学者在菲律宾的一项研究发现，留守青少年（13—18 岁）的身体健康状况比非留守儿童差，而且留守青少年因父母国际劳务输出所受到的负面影响比年幼儿童更多。[④] 埃德尔布劳特（Heather B. Edelblute）等学者在墨西哥的一项研究中比较了母亲和父亲移民之间的差异，发现父亲为国际移民的留守儿童比非移民父亲的子女健康结果更差。[⑤] 一项斯里兰卡的研究结果发现，与非留守儿童相比，父母一方或双方出国务工的留守儿童发育迟缓（11.5% 对 14.8%）、消瘦（18.1% 对 21.5%）和体重不足（24.3% 对 26.2%）现象更为显著。[⑥] 但是，来自埃塞俄比亚、印度和秘鲁的一项研究则与此相反，研究发现：与来自非移民家庭的儿童相比，移民家庭儿童的体重较重和身高较高，营养不良儿童的比例较低。[⑦] 一项来自墨西哥的研究发

[①] Lei, L. L., Liu, F., Hill, E., "Labour Migration and Health of Left-Behind Children in China", *Journal of Development Studies*, Vol. 54, 2018, pp. 93 – 110.

[②] Guo, Q., Sun, W. K, Wang, Y. J., "Effect of Parental Migration on Children's Health in Rural China", *Review of Development Economics*, Vol. 21, No. 4, 2017, pp. 1132 – 1157.

[③] Huang, Y., Song, Q., Tao, R., & Liang, Z., "Migration, family arrangement, and children's health in China", *Child Development*, Vol. 4, 2020, pp. e74 – e90.

[④] Smeekens, C., Stroebe, M. S., & Abakoumkin, G., "The impact of migratory separation from parents on the health of adolescents in the Philippines", *Social Science & Medicine*, Vol. 75, No. 12, 2012, pp. 2250 – 2257.

[⑤] Edelblute, Heather, B., & Altman, Claire, E., "Father absence, social networks, and maternal ratings of child health: evidence from the 2013 social networks and health information survey in Mexico", *Maternal and child health journal*, Vol. 22, No. 4, 2018, pp. 626 – 634.

[⑥] Renuka, J., & Kolitha, W., "What effect does international migration have on the nutritional status and child care practices of children left behind?", *International Journal of Environmental Research & Public Health*, Vol. 13, No. 2, 2016, p. 218.

[⑦] Nguyen, V., & Cuong, "Does parental migration really benefit left-behind children? comparative evidence from Ethiopia, India, Peru and Vietnam", *Social Science & Medicine*, Vol. 153, 2016, pp. 230 – 239.

现，留守儿童的体力活动低于非留守儿童，与来自非移民家庭的儿童相比，有父母迁移经历的儿童每天的体力劳动时间（小时）减少 0.56 小时。[1] 同时，在菲律宾和越南进行的另一项研究并不支持留守儿童身体状况弱于非留守儿童的观点，[2] 孟加拉国和斯里兰卡的两项研究也发现，父母跨国迁移对留守儿童的体重和身高结果没有显著的负面影响。[3][4] 当然，也有一些研究提出了不同的观点，例如塞博塔里（Victor Cebotari）等学者在摩尔多瓦和格鲁吉亚进行的一项研究发现，父母国际移民与儿童健康状况之间没有任何重大关联。[5]

　　总体来看，在各种学术载体报告的研究成果中，大多数针对中国留守儿童的研究发现，与非留守儿童相比，留守儿童的身体健康状况较差，这些与身体健康相关的不良因素主要表现在体重不足、体重下降、发育迟缓、不健康的食物偏好、较低的体力活动、吸烟、饮酒、受伤和不完全接种疫苗等。在大多数情况下，父母迁移对留守儿童健康的影响是负面的（除了极少数积极影响，如改善儿童营养状况，但这种改善又在一定程度上增加了儿童肥胖的风险），[6] 这在中国的留守儿童中往往更为普遍。而大多数以国际移民家庭的留守儿童为对象的研究认为，有移民父母可能是营养不良的预防措施（父母移民有利于改善儿童营

① Palos-Lucio, G., Flores, M., Rivera-Pasquel, M., et al., "Association between migration and physical activity of school-age children left behind in rural Mexico, *International Journal of Public Health*, Vol. 60, No. 1, 2015, pp. 49 – 58.

② Graham, E., & Jordan, L. P., "Does having a migrant parent reduce the risk of undernutrition for children who stay behind in South-East Asia?", *Asian & Pacific Migration Journal*, Vol. 22, No. 3, 2013, pp. 315 – 348.

③ Wickramage, K., Siriwardhana, C., Vidanapathirana, P., et al., "Risk of mental health and nutritional problems for left-behind children of international labor migrants", *BMC Psychiatry*, Vol. 15, 2015, p. 39.

④ Islam, M. M., Khan, M. N., Mondal, M. N. I., "Does parental migration have any impact on nutritional disorders among left-behind children in Bangladesh?", *Public Health Nutrition*, Vol. 22, No. 1, 2019, pp. 95 – 103.

⑤ Cebotari, V., Siegel, M., & Mazzucato, V., "Migration and child health in Moldova and Georgia", *Comparative Migration Studies*, Vol. 6, No. 1, 2018.

⑥ Raait, J., Lindert, J., Antia, K., et al., "Parent emigration, physical health and related risk and preventive factors of children left behind: A systematic review of literature", *International Journal of Environmental Research and Public Health*, Vol. 18, No. 3, 2021, pp. 1 – 15.

养不良），其留守子女的身体健康状况甚至优于非留守儿童。当然，国内和国际范围的父母迁移，在不同程度上给留守儿童的身体、心理和生活环境造成一些影响，虽然其影响性质可能不同，但是这种影响的存在是客观的。

（二）留守儿童也是人类自身生产的承载

马克思和恩格斯在《德意志意识形态》中指出："生命的生产，无论是通过劳动而生产自己的生命，还是通过生育而生产他人的生命，就立即表现为双重关系：一方面是自然关系，另一方面是社会关系。"[1] 儿童的诞生，既是人类自然繁衍的产物，又预示着原生家庭新一层社会关系的产生。恩格斯在《家庭、私有制和国家的起源》第一版的序言里写道："根据唯物主义观点，历史中的决定性因素，归根结底是直接生活的生产和再生产。但是，生产本身又有两种。一方面是生活资料即食物、衣服、住房以及为此所必需的工具的生产；另一方面是人自身的生产，即种的繁衍。"[2] 马克思主义把生产看作"一切人类生存的第一个前提"，而生产包括了物质生产、精神生产和人类自身生产三个部分。事实上，这三类生产又以人类自身生产为基础。从这个意义上来说，人类自身生产是社会发展的根源。

以连续形态[3]出现的儿童构成了社会发展的未来希望，他们是人类自身生存的承载对象。这个过程遵循了这样的逻辑：在社会生产资料的积累和家庭发展的背景下，儿童得以产生，家庭的生态系统和社会关系得以拓展，家人既要为抚育儿童而更加辛勤地劳动，还要为其成才提供适当的教育和熏陶。从亲子关系的原始属性来看，这个过程不一定遵循着工具理性的指引，可能更多的还是从人自身繁衍和家族发展的原始驱动力而来。随着家庭和社会的不断抚育，儿童逐渐成长，与父辈并肩作

---

① 《马克思恩格斯选集》第一卷，人民出版社 2012 年版，第 79 页。

② 《马克思恩格斯选集》第四卷，人民出版社 2012 年版，第 2 页。

③ 这里说的"连续形态"是指：一代又一代的新生婴儿不断出生，形成了"出生—成长—年老—死亡—新的婴儿出生"的连续统，这个过程既是代际更替的过程，也是人类不断繁衍、发展和进步的过程。即便社会在某一阶段会产生短暂的倒退，但是人类前进的步伐，随着一代代儿童的出生，从未停止。

战乃至替代父辈，成为社会生产和人自身生产的主要力量，进而完成代际更迭，人类社会的发展也一步一步得以延续。所以，如果我们从人类最原始的动物属性和社会属性两个角度来看待儿童，可以得出的一个基本结论就是，儿童是人类自身生产的承载。和普通儿童一样，留守儿童自出生一开始，便进入连续形态的家庭、社会再生产过程之中，他们和其他各种类型的儿童（事实上，从人生而自由、生而平等的角度来说，我们没有必要区分儿童的类型）一道，共同承载了人类自身的生产和延续。

（三）留守儿童也是国家的财富

2010 年首届国际幼儿教育和保育大会以"构筑国家财富"为主题，凸显了对幼儿、儿童的重视。从所处社会结构来看，儿童来自一个个的家庭，但是家庭又构成了社会运行的元素，所以，儿童不仅仅是父母的，也是国家的；通常来说，儿童被认为是家庭的希望、未来，是家庭的财富。结合以上两个分析可以得出结论：儿童是国家的财富，也代表国家的希望和未来；留守儿童虽然多数出生在欠发达地区、相对贫困的家庭，但他们也是国家的重要财富。可是，在实际的社会运行中随处可以看到，很多人并没有将儿童认为国家财富，特别是农村留守儿童，甚至在实际上被认为是经济发展的"包袱"：从政府和政策层面来看，通常表现为学前教育投入不足、资源过于集中在城市、农村义务教育阶段学校撤并过快、在教育投入上过于注重工具理性思维的"投入产出比"、以经济发展为纲忽视社会发育等；从家庭和个人层面来看，通常的表现包括重男轻女思想、忽视女童教育和发展、片面追求家庭经济积累忽视对儿童的陪伴等。

国家和社会对儿童教育和成长的投入不足，其重要原因还是在于财政投入的理念问题，大量的资金被投入到了经济再生产等短期可以获得回报（事实上，很多的财政投入并未获得预期的回报）的项目上，以此换取经济的短期、快速增长，而不是侧重于向欠发达地区、投入产出不那么明显的基础教育领域倾斜。阿马蒂亚·森在《以自由看待发展》一书中指出："对发展的恰当定义，必须远远超越财富的积累和国民生产总值以及其他与收入有关的变量的增长。这并非忽视经济增长的重要性，而是我们必须超越它。"① 之所以要超越，是为了"将实现自由发展作为一种社会的承诺",② 社会政策应该增强人们的可行能力（例如足够的营养、避免疾病灾害、社会参与及自尊等），以便促进个体的实质性自由，实现社会的真正发展。"增强人们的可行能力"的最主要渠道是人力资源培养，具体到儿童来说，也就是教育投入和保育。③ 可以说，这些投入是保障儿童成长（特别是欠发达地区的留守儿童）、促进个体赋能、增进地区经济均衡发展的前提条件。

（四）留守儿童是"发展的利益受损者"

课题组在商量拟定这个标题的时候，心中还是很有不甘：难道留守儿童没有享受到社会发展、经济进步的成果，没有受益而仅是"受损"吗？显然不是。社会的整体发展为留守儿童提供了大的生存环境，这种环境以我们无法想象、难以碰触的方式，无时无刻不在滋养、影响着包括留守儿童在内的社会公众，为我们提供养分。当然，社会有机体也会产生一些垃圾影响人的生长，这是一体两面的。就像课题组在实地调查中经常看到的一个情景：农村留守儿童在学校穿着"名牌"的衣服（父母从城市带回来的山寨名牌，以耐克、阿迪达斯为常见），相对而言，家里没有劳动力外出打工的农村孩子所穿的衣服则没有这么光鲜了。教师也有感触，认为有父母在外打工的家庭，比没有人出去打工、仅在家务农的家庭，经济上还是要好一些。从这个角度来看，父母在外务工所创造的财富为留守儿童提供了相对更好的生活资源，留守儿童从家庭发展、社会发展中得到了益处。

即便如此，我们也不能忽视留守儿童在社会发展中所处的无奈和不

---

① ［印］阿马蒂亚·森：《以自由看待发展》，任赜、于真译，中国人民大学出版社2002年版，第10页。

② 阿马蒂亚·森将自由分为工具性自由与实质性自由，其中，工具性自由包括政治自由、经济条件、社会机会、透明性保障、防护性保障等，它们是实现实质性自由的条件。而实质性自由是一个人有能力选择自己有理由珍视的生活的自由。为了能实现实质性自由，社会政策就必须以增强人们的可行能力为最高目标，所谓可行能力，是指一个人"有可能实现的、各种可能的功能性活动组合"，而"功能性活动"是反映"一个人认为值得去做或达到的多种多样的事情或状态"。

③ 钱宁、陈立周：《政策思维范式的演变与发展性社会政策的贡献》，《探索》2011年第5期。

利境况。首先，新中国成立以来，我国农村发展落后的主要原因并不是农民懒惰，也不是地理条件限制，而是持续几十年的以农补工、城乡二元结构和工农"剪刀差"，农村虽有先天不足，但后天的资源流失、积累不足则是贫困落后的主要原因。美国学者约翰·博得利在《发展的受害者》一书中指出："在21世纪，公开的增长测量标准，如GDP和道琼斯指数，持续地成为增长这一意识形态的具体化，好比古代文明中用来支撑权力的雕塑和纪念性建筑。"① 正是在以经济建设为纲、唯GDP论的发展观念下，为了推动城市和工业的快速发展，才从本不富裕的农村吸取资源"补贴"工业发展和城市建设，这直接造成了我国城乡发展的巨大差距，也为农村剩余劳动力外出谋生埋下了伏笔。其次，我国东、中、西部地区发展不平衡是农村劳动力外出务工的现实背景。事实上，地区发展不平衡除了地理因素、资源因素等先天原因之外，国家对东部地区、重点城市的政策支持和资金投入，乃是造成地区发展不平衡的后天原因。虽然西部大开发政策执行十余年以来，我国西部地区城乡发展取得了显著成效，但是仍然难以弥补原本与中东部地区经济发展水平存在的巨大差距，这也是众多西部农民工现在还愿意到沿海打工而将子女留守在家的重要原因。最后，城市对农村剩余劳动力的吸纳，并非因为国家为了缩小城乡差距，而是城市发展过程中出现劳动力短缺，为了降低城市工资增长压力而从农村吸引劳动力。事实上，学者回顾我国农村劳动力流动后发现，政府在不需要农村劳动力进城务工的时候，会制定相关政策将农民"捆绑"在土地上；而政府在需要农村劳动力进城的时候便在一定程度上放开政策限制；当城市对劳动力的需求不大（例如下岗、失业工人相互为工作岗位竞争激烈）的时候，政府又会做出一些限制农民工进城的措施。② 在政府调控和市场经济相融合之后，政府对农村劳动力流动的干预措施才真正逐渐减少。

从以上分析中可以看出，政策因素是导致城乡发展差距、地区发展

---

① ［美］约翰·博德利：《发展的受害者》，何小荣、谢胜利、李旺旺译，北京大学出版社2011年版，第9页。

② 田北海：《农民工社会管理模式转型与创新路径探讨》，《华中农业大学学报》（社会科学版）2011年第2期。

不平衡、农民是否能够到城市务工的主要原因。不论如何，这些因素都是农民无法左右的，留守儿童对此更是无能为力，他们看似在为自己、为孩子寻求更好的明天，而实际上似乎更像"被别人牵着鼻子走"。总之可以肯定的是，农民工在为改变自身现状的过程中，卷入了市场经济的大潮；留守儿童嵌入这个潮流中，过着缺乏父母陪伴、照料和家庭教育的童年生活。博得利指出："多数人都没有意识到，不断增加的社会、市场和经济规模，实际上减少了人类的幸福，消极地改变了社会文化体系和支撑人类的生态系统。"① 很显然，在留守儿童的生态系统中，因其父母外出务工而产生一定缺憾。从这个角度来看，说留守儿童是"发展的受损者"似乎也不过分。

（五）获得支持是留守儿童的权利而不是"施舍"

权利在本质上是为了保护人们生活的安全和幸福，同社会福利紧密相连。正如马歇尔所指出的："任何法定的权利都会与福利必然具有的直接的或间接的性质存在着关联，因为权利存在于那些可以被期待带来福利的利益，以及就平均的计算而言，那些将会带来福利的利益。"② 从这个角度来看，权利是社会福利的政治基础。正如钱宁教授研究指出，人类的权利本质是福利权利，而福利权利的现代理论形式就是公民权利。在公民权利的政治理念下，人们把享有社会福利保障当作自己的应有权利，救助贫病不必再借助人性的同情与怜悯。所有社会成员都拥有了政治上和道德上的平等地位，这就改变了社会福利的慈善救济性质，在消除福利救助中的社会歧视方面迈出了重要的一步。③ 从这个角度来看，留守儿童有权利获得来自政府、社会、家庭的照料和支持，以保障其自身得到适宜的发展条件。

---

① ［美］约翰·博德利：《发展的受害者》，何小荣、谢胜利、李旺旺译，北京大学出版社2011年版，第12页。

② Marshall, T. H., "The Rights to Welfare", In N. Timms & D. Watson, eds., *Talking about Welfare: Readings in Philosophy and Social Policy*, London: Routledge & Kegan Paul, 1976, p. 52.

③ 钱宁：《从人道主义到公民权利——现代社会福利政治道德观念的历史演变》，《社会学研究》2004年第1期。

《世界人权宣言》指出，儿童有权享受特别照料和帮助。在此，"特别照料和帮助"是儿童的权利，而不是基于贫弱状态下的"怜悯"或"施舍"。"权利"和"施舍"是两个概念：前者是人天生具备的，是在法律和制度上应予以保障的，享受它是正常的（换句话说，是不应受到非议的）；后者是基于同情的，受道德的软约束而非法律硬管辖，享受它有可能招致他人的不屑和非议，容易被贴上"失败者""弱者"的标签。联合国《儿童权利公约》从三个方面提出了对儿童的保护：一是从儿童自身层面指出，"儿童因身心尚未成熟，在其出生以前和以后均需要特殊的保护和照料，包括适当的法律上的保护"；二是从家庭层面指出，"家庭作为社会的基本群体，作为家庭所有成员，特别是儿童生长和幸福的自然环境，应获得必要的保护和帮助……儿童应该在家庭环境里，在幸福、爱抚和理解的气氛中成长"；三是从国家和政府层面指出，"缔约国承担确保儿童享有其幸福所必需的保护和照料，考虑到其父母、法定监护人或任何对其负有法律责任的个人的权利和义务，并为此采取一切适当的立法和行政措施"。我国于1990年8月29日签署了《儿童权利公约》，1991年12月29日第七届全国人民代表大会常务委员会决定批准中国加入《儿童权利公约》，1992年3月2日，中国常驻联合国大使向联合国递交了中国的批准书，从而使中国成为该公约的第110个批准国，该公约于1992年4月2日对中国生效。

留守儿童是儿童中的一个特殊群体，更是一个"处境不利"的特殊群体。从一般层面来看，国家要为儿童提供普惠的社会福利和社会保障体系；当家庭为儿童提供的教育、生活环境不足以保障儿童发展时（例如留守儿童），国家更要承担起自身责任。从教育公平的角度来说，政府的投入应优先向这些处境不利的儿童倾斜，以促进教育的起点公平。事实上，这也是许许多多教育政策的共同取向。从儿童自身来说，留守儿童的身份并非自己所导致，也非自己所能掌控的。在国家政策和家庭发展的双重作用下，留守儿童其实处在了相对不公平的境况，而其自身的教育和发展事实上关系到了家庭贫困的代际传递和欠发达地区可持续发展等重要问题，需要给予更多关注。由此可见，我国必须尽快增加对农村地区和贫困地区基础教育的投入，大力发展公立的普惠性幼儿园、小学、中学，将公共资金更多用于促进教育的起点公平，同时完善留守儿童的福利政策体系，最终实现对国际社会和儿童的承诺。

三　中国留守儿童基本概况

"留守儿童"现象并不仅限于中国，在世界其他国家和地区也广泛存在，包括东欧、拉丁美洲的加勒比地区、非洲和东南亚等。[①] 但是，由于我国经济社会发展转型中流动人口的庞大规模，使得留守儿童的数量更大、分布更广，尤其需要关注。儿童时期是身心发展的关键时期，个体的生理、认知和社会发展的许多最复杂的变化都发生在这一阶段，其发展的水平、速度、方向和个性的差异受到遗传因素、社会生活条件和教育的影响，而最重要的影响则是来自父母。由于父母（或其中一方）外出务工，留守在家的儿童在家庭社会化过程中存在阶段性的结构不完整，这本身就是家庭教育和儿童成长的一种缺陷。从儿童福利与政策的视角看，中国和西方发达国家有很大差距。我国的传统福利体制不健全，尤其是针对儿童的社会政策、社会服务不完善，特别是在农村，个人生存、教育、发展权益得不到完全保障的儿童，是靠家庭和家族力量来解决的，在片面强调经济发展指标、社会政策和社会服务体系不健全的背景下，农村儿童可用的社会资源在农村"空心化"的趋势中越来越少。从地区均衡发展的角度看，农村外出务工劳动力通常来源于欠发达地区（特别是经济发展程度较低的西部地区），其留守在家的儿童的成长结果会在一定程度上影响本地区的人力资源积累、家庭持续发展，进而影响欠发达地区的经济社会发展。所以，开展农村儿童（特别是留守儿童）社会政策研究，推行社会服务，为留守儿童创造更好的成长环境，是非常重要的。

（一）中国留守儿童的数量变迁

事实上，目前我国学术领域针对全国或者农村地区留守儿童的全面

---

① Valtolina, G. G., & Colombo, C., "Psychological well-being, family relations, and developmental issues of children left behind", *Psychological Reports*, Vol. 111, No. 3, 2012, pp. 905 – 928.

性调查很少，多数统计数据均来自对历次人口普查或人口抽样调查数据的推论和计算。学者谭深根据全国"五普"数据中"全国 14 岁及以下留守儿童数量为 2290.45 万人"以及有学者研究指出同期"农村留守儿童所占比例为 86.5%"，[1] 推算出 2000 年我国 14 周岁及以下农村留守儿童约为 2000 万人，17 周岁及以下的约 2443 万人。[2] 段成荣等学者根据 2005 年全国百分之一人口抽样调查数据，计算得出全国 14 周岁以下留守儿童约为 4849 万人，17 周岁以下留守儿童约为 5861 万人。[3] 在大量的留守儿童研究中，以上数据被引用得较为广泛。

全国妇联组织北京师范大学、中国人民大学等单位的学者开展了全国性的留守儿童研究，分别于 2008 年和 2013 年发布相关调查报告，其数据经常被引用以反映我国留守儿童总体的特征，特别是其中指出的全国农村各年龄段留守儿童人数分布数据，更是为相关媒体和学者所关注。中国妇联 2013 年发布调查报告认为，全国有农村留守儿童 6102.55 万，占全国儿童总数的 21.88%，与 2005 年全国 1% 抽样调查估算数据相比，八年间全国农村留守儿童增加约 242 万。在全部农村儿童中，留守儿童的比例达 37.7%，平均每三个农村儿童中就有超过一个是留守儿童。留守儿童高度集中在中西部劳务输出大省，四川、河南的农村留守儿童规模大，占全国农村留守儿童的比例最高，分别达到 11.34% 和 10.73%，而安徽、广东、湖南的农村留守儿童规模占全国百分比也很高，分别为 7.26%、7.18% 和 7.13%。以上五个省份留守儿童在全国留守儿童总量中占到 43.64%。另外，从农村留守儿童占全部农村儿童的比例来看，重庆、四川、安徽、江苏、江西和湖南的比例已超过 50%，湖北、广西、广东、贵州的比例超过 40%。由此可见，农村留守儿童数量庞大，且广泛分布于中西部省份。[4]

教育部自 2010 年起持续统计全国留守儿童（学生）数量，指出 2010—2013 年我国在义务教育阶段学生（一般指 6—15 周岁）中的农村

---

① 段成荣、周福林：《我国留守儿童状况研究》，《人口研究》2005 年第 1 期。

② 谭深：《中国农村留守儿童研究述评》，《中国社会科学》2011 年第 1 期。

③ 段成荣、杨舸：《我国农村留守儿童状况研究》，《人口研究》2008 年第 3 期。

④ 全国妇联课题组：《全国农村留守儿童 城乡流动儿童状况研究报告》，《中国妇运》2013 年第 6 期。

留守儿童①数量分别为 2270 万人、2200 万人、2271 万人、2019 万人;②时任教育部部长袁贵仁在 2016 年全国"两会"期间接受采访时表示,中国有 6000 余万留守儿童,其中义务教育阶段就有约 2400 万人。③ 课题组将以上数据进行了整理,详见表 1-1。

表 1-1　　　　中国不同历史时期农村留守儿童数量变迁统计

2000 年"五普"数据估计	2005 年全国 1% 人口抽样调查估计	2013 年全国妇联调查估计	2016 年教育部留守儿童统计
14 周岁以下留守儿童约为 2000 万,17 周岁以下留守儿童约为 2443 万	14 周岁以下留守儿童约为 4849 万,17 周岁以下留守儿童约为 5861 万	17 周岁以下农村留守儿童 6102.55 万	6—15 周岁义务教育阶段留守儿童约 2400 万

显然,不同学者、相关部门根据不同的统计和计算口径,研究得出了不同时期中国留守儿童数量规模,这些有关留守儿童的研究为政策制定做出了重要贡献。但是,因为年龄、父母外出务工人数、连续留守时间等操作指标不同,特别是在无全国性的留守儿童直接调查统计的背景下,以上数据仅能在一个时期从某一侧面反映中国留守儿童状况,更为准确、符合实际的数据,有待全国性的留守儿童直接调查和统计。

（二）当前中国留守儿童概况

2016 年 2 月,国务院发布《关于加强农村留守儿童关爱保护工作的意见》（国发〔2016〕13 号）,民政部根据要求牵头组建了"全国农村留守儿童关爱保护工作部际联席会议",并着手在全国范围内第一次开展专

---

① 教育部界定的"留守儿童"需具备三个条件:父母单方或双方每年外出务工连续三个月以上,户籍所在地为农村,处于义务教育阶段的儿童。

② 《全国教育事业发展统计公报（2010—2018）》,2021 年 8 月 31 日,教育部网站（http://www.moe.gov.cn/jyb_sjzl/sjzl_fztjgb/）。

③ 袁贵仁:《中国有 6000 万留守儿童 义务教育阶段 2400 万人》,2021 年 8 月 31 日,http://www.Xinhuanet.com/politics/2016-03/10/c_128790150.htm。

门针对留守儿童的入户统计调查，发布数据表明，2016 年我国留守儿童数量为 902 万人。[①] 该数据是民政部组织全国民政系统、教育系统和公安系统集中四个月时间，对全国农村家庭逐一入户调查采集而得，具有很高的准确性。该数据与公众印象中的 6100 万留守儿童有很大差距，引起了较大争议。民政部专门组织专家就统计口径、调查方法进行了解释。2017 年 10 月 10 日，民政部部署了"全国农村留守儿童信息管理系统"，实现留守儿童的动态更新、信息采集和通报共享，包括数据录入、审核报送、汇总分析等功能模块，可以与建档立卡贫困户信息系统、最低生活保障信息系统、残疾人信息管理系统实现数据共享，为开展农村留守儿童数据更新、比对核实、组合查询、定期通报、实时报送等工作提供了可靠的平台支撑和有效的技术保障，对建立翔实完备的农村留守儿童信息台账，推动社会资源的有效对接，实现对留守儿童的精准关爱、精准帮扶、精准保护具有重要意义。

2018 年，民政部依托全国农村留守儿童信息管理系统继续公布了我国农村留守儿童基本状况数据，这是迄今为止我国政府层面公布的留守儿童最新数据。课题团队向民政部申请了数据公开，得到《民政部政府信息公开告知书》（民信公〔2019〕156 号），获取了当前我国农村留守儿童详细的基本状况。

从总体规模看，2018 年根据全国农村留守儿童和困境儿童信息系统的数据统计，全国共有农村留守儿童 697 万余人。与 2016 年全国摸底排查数据 902 万余人相比，全国农村留守儿童总体数量下降 22.7%。山西、辽宁、吉林、福建、海南、陕西、甘肃省下降比例在 40% 以上，江西、山东、重庆、贵州下降比例在 35% 以上，浙江、广西、青海下降比例在 20% 以上，黑龙江、江苏、安徽、河南、湖南、广东、四川、云南下降比例在 12% 以上。

从区域分布看，2016 年初次摸排时，留守儿童数量达 70 万人以上的有江西、四川、贵州、安徽、河南、湖南、湖北 7 省，占全国总数的 67.7%。2018 年根据全国农村留守儿童和困境儿童信息系统的数据统计，四川省农村留守儿童规模最大，总人数为 76.5 万人；其次为安徽、湖南、

---

① 潘跃、沈亦伶：《农村留守儿童 902 万》，《人民日报》2016 年 11 月 10 日第 11 版。

河南、江西、湖北、贵州，留守儿童总人数分别为 73.6 万人、70 万人、69.9 万人、69.1 万人、69 万人、56.3 万人，占全国农村留守儿童总数的比例分别为 10.6%、10.1%、10.1%、9.9%、9.9%、8.1%，上述 7 省的农村留守儿童总数占全国总数的 69.7%。

从监护情况看，2016 年初次摸排时，由（外）祖父母监护的占89.3%。2018 年根据全国农村留守儿童和困境儿童信息系统的数据统计，96%的农村留守儿童由祖父母或者外祖父母照顾，4%的农村留守儿童由其他亲戚朋友监护（包括无事实监护人）。

从年龄分布看，2016 年初次摸排时，0—5 周岁、6（含）—13 周岁、14（含）—16 周岁农村留守儿童分别为 250 万人、559 万人和 92 万人，各占 27.8%、62.0%和 10.2%。2018 年根据全国农村留守儿童和困境儿童信息系统的数据统计，0—5 周岁、6（含）—13 周岁、14（含）—16 周岁农村留守儿童总人数的比例分别为 21.7%、67.4%和 10.9%。

以上即为当前可以获取的我国农村留守儿童基本状况的权威数据。自 2018 年以后，民政部暂未公开发布我国留守儿童最新数据和相关信息。

我国农村留守儿童问题产生于改革开放以来社会转型背景下的城乡二元经济社会结构：区域经济发展的差异、就业政策的放松，使得农村剩余劳动力有需要也有条件进入城市务工，以赚取高于农村收入水平的报酬；而农民工在城市的生活条件限制、市民化的门槛、子女就学的障碍以及医疗、社保等各方面的不利因素，导致大量农民工不得已将子女留在农村。留守儿童这个群体的规模庞大，其面临的生活、安全、教育、亲情缺失、资源匮乏等方面的困境一直以来都受到了学术领域的关注，也产生了大量的研究成果。正如谭深所指出："留守儿童问题不单纯是留守所带来的问题，而是与更广泛、更深层的社会问题关联在一起，不可能通过一揽子行政措施和零散的项目解决。它是一个既紧迫又持久的问题，因此，对于政府、社会组织和每一个关注者来说，都任重而道远。"[①]所以，开展留守儿童研究、探讨解决留守儿童问题的对策，需要从一个系统化、层次化的视角来进行。从这个角度来说，厘清我国留守儿童政策发展历程，是开展政策研究的重要基础。

----

① 谭深：《中国农村留守儿童研究述评》，《中国社会科学》2011 年第 1 期。

四 本章小结

对留守儿童形成全方面的认知，是探讨留守儿童关爱保护政策的基本前提。本章从留守儿童的界定、如何看待留守儿童问题和我国留守儿童的基本概况等三个方面进行了探讨。

首先，在留守儿童的界定上，学术界和政府机关存在一定差异，但在当前基本达成了共识。学术领域探讨留守儿童，主要考虑的维度包括六个方面：一是父母双方外出务工还是其中一方，二是外出时间达到多长，三是多大年龄才可以被认定为"儿童"，四是是否在校/园，五是是否为独生子女，六是留守后的监护结构。前三个方面是多数研究在界定留守儿童时均予以探讨的问题，后三个方面是部分学者研究认为对留守儿童基本生活状况会造成较为显著影响的延伸问题。政府机关及群团组织在开展实际的政策制定和关爱服务时，因为要考虑到服务对象的准确性，也对留守儿童进行了操作层面的界定。当然，民政部门、妇联和统计部门对留守儿童的界定不完全一样，考虑的因素包括父母外出务工的人数、外出时间、儿童户籍及年龄等几个主要因素。2016 年以后，随着国务院《关于加强农村留守儿童关爱保护工作的意见》出台，留守儿童的界定在全国政府部门达成了基本一致。综合学术界和政府部门对留守儿童的界定，本研究将留守儿童界定为：父母双方外出务工，或一方外出而另一方缺乏监护能力，将其不满 16 周岁的子女留在家乡生活，每年持续时间达半年以上，这些不能长期与父母生活在一起的孩子称为"留守儿童"。

其次，留守儿童在大量的文本中被呈现为"问题儿童"。本课题经过论证认为，留守儿童因父母迁移而受到了实质性的影响，他们同其他普通儿童一样，是人类自身生产的承载者，是国家可持续发展的重要财富。在我国经济社会快速发展中，留守儿童成为事实上的"利益受损者"，从这个角度来看，获得照料、关爱和保护是留守儿童本身的基本权利。这些基本认识，是我们开展留守儿童社会政策探讨的重要基础。

最后，我国留守儿童的规模较大。因为不同的界定方法以及统计口径（或推算方法），我国留守儿童数量自 2000 年以来有着较大起伏变化，

最高达到 6100 万人,最少为 697 万人。因为年龄、父母外出状况等多种
界定方法的不同,特别是之前的多数数据均为推算或估算而得,数据差
距很大的现象并不奇怪。当前,我国留守儿童总体状况是:以中西部地
区为主但分布广泛,绝大多数由老人监护但也存在极少无事实监护人的
情况,6(含)—13 周岁占比较大。开展留守儿童关爱保护的社会政策研
究,是改善我国包括留守儿童在内的儿童群体社会福利状况的重要途径。

第二章

儿童的基本权利及留守儿童的特殊性

探讨留守儿童关爱保护的社会政策问题，首先需要明确儿童享有哪些方面的基本权利，以为政策改进树立目标。从整体角度来说，留守儿童子群体是儿童总群体中的一个组成部分，其本身不享有独特或排他性权利，"儿童权利"对儿童总群体具有适用的普遍性。所以，有关儿童权利的探讨，事实上也是对留守儿童权利的厘清。根据新修订的《中华人民共和国未成年人保护法》及相关法律法规，结合联合国《儿童权利公约》及配套的《一般性约定意见》等相关权威国际条约文本，本章主要阐述儿童的生存权、受保护权、发展权、参与权及其具体内涵。当然，作为儿童大群体中的一个部分，留守儿童因日常生活中的家庭结构及生活环境等方面的特殊性，其在基本权利的享受方面也有一定的特殊性。

"儿童权利"是一个相对较新的概念。在人类历史的大部分时间里，儿童不享有任何权利。只是在 20 世纪，儿童才从财产的地位（被视为非实体）上升到"人"的地位。然而，在 19 世纪和 20 世纪的大部分时间里，对儿童权利的第一次承认是基于这样一种观点，即儿童是被动、脆弱和易受伤害的生物，因此需要保护；或者不理性、不守规矩，具有威胁性，因此需要控制。[①] 当前，在工业化发展、民权运动兴起以及国际妇

---

① Jiang, X., Kosher, H., Ben-Arieh, A., & Huebner, E. S., "Children's Rights, School Psychology, and Well-Being Assessments", *Social Indicators Research*, Vol. 117, No. 1, 2014, pp. 179 – 193.

女儿童地位提升的背景下，儿童权利及其保护取得了可喜成绩，1924 年的日内瓦《儿童权利宣言》、1959 年的联合国《儿童权利宣言》以及 1989 年联合国通过的《儿童权利公约》，均表明国际社会对儿童权利问题给予了前所未有的关注。作为《儿童权利公约》的缔约国，我国在儿童权利保护方面也取得了长足进展。有学者将儿童权利归纳为四个方面的内容：生存权、受保护权、发展权和参与权；[①] 也有学者以"基本的健康和福利""教育、闲暇和文化活动"及"特别保护措施"来进行分类。[②]不论对类型如何划分，我们所说的儿童受保护权中诸如儿童免受各种形式的剥削等内容，可以归到生存权利中儿童享有快乐而有尊严的生活的权利，而参与权也是儿童潜能全面发展所必需的，可以归到发展的权利当中。所以，儿童权利可归结为两大方面的内容：一方面是国家、社会和家庭对儿童个体生命和生存权利的特别保护，另一方面涉及儿童在特定社会条件下能获得个人潜质的全面发展。简言之，也就是生存的权利和发展的权利。根据联合国《儿童权利公约》，儿童权利包括如下具体权利：生命权，最高标准的健康权，享有充分营养食品、清洁饮水权，适当标准的生活水准权，名誉、荣誉和智力成果权，姓名、肖像和国籍权，教育权，接受抚养和继承权，发展权，劳动权，司法保护权，隐私权，发表意见权，以及表达自由、通信自由、结社自由、和平集会自由等权利。这种非常细致的划分为各缔约国开展儿童保护提供了明确的方向，当然也在儿童保护实践中引发了一些争议。中国于 1991 年批准了《儿童权利公约》，成为《儿童权利公约》的缔约国。自此，《儿童权利公约》成为我国广泛认可并认真遵循的国际公约。即便如此，为充分考虑并以我国国情为基础来分析问题，本研究还是遵从《中华人民共和国未成年人保护法》立法框架，从生存权、发展权、受保护权和参与权四个方面对儿童权利及其内容进行阐述，其中融入《儿童权利公约》的相关条款和文本进行深入分析。

---

　　① Schutter, O. D. , "Economic, Social and Cultural Rights as Human Rights", *Edward Elgar*, Vol. 52, No. 9 – 10, 2013, pp. 1452 – 1454.

　　② Dean Hartley, "Social Policy and Human Rights：Re-thinking the Engagement", *Social Policy & Society*, Vol. 7, No. 1, 2008, pp. 1 – 12.

一　儿童的生存权及其具体内容

生存的权利是首要的人权，是指儿童享有生命安全受特殊保护以及获得基本生活保障的权利。生存权并不经常在国际文件或国家宪法中出现，就国际层面上看，它来源于儿基会讨论儿童问题的建议，目的是考察生命权的动态方面。就各国宪法规定来看，德国 1919 年的《魏玛宪法》首次明文规定保障生存权，这一首创对人类生活的进步具有重大的意义，高扬了福利国家把实现生存权的保障作为国家义务的理念。这之后，《法兰西第四共和国宪法》《意大利宪法》《印度宪法》都对生存权的保障做了规定。生存权的概念和内容也是一个有着诸多歧义的问题。从广义角度看，生存权不仅包括维持基本生活的权利，还包括劳动权、教育权，对家庭、母亲和儿童予以保护之类的生存权性质的基本权利；从狭义角度看，生存权仅指健康且带有一定文化内涵的最低限度生活的权利。最低限度生活指人在肉体上、精神上能过像人那样的生活。① 我国学者指出，人类文明发展到今天，生存不仅指一个人生而固有的生命，还包括在恶劣环境的威胁下获得的生存；不仅包括衣食温饱，还包括个人的欢乐，个人与他人及周围环境的和谐共生；不仅指生命的延续，还要有尊严地活着。② 日本学者大须贺明指出："把生存权的特征放在与自由权的对比之下来理解，就较易得其精髓。"自由权旨在保障应该委任于个人自治的领域，使其不受国家权利的侵害。生存权的目的在于保障国民能过着像人那样的生活，以在实际社会生活中确保人的尊严。二者的区别在于：自由权要求国家权力在公民自由领域中不予作为；生存权主要是保护、帮助生活贫困者和经济上的弱者，要求国家权力的积极干预，为国家权力划定应该去做的范围。③ 本研究采取狭义生存权的理解，而将有"生存权性质侧面的基本权利"，如教育权、自由权等放到发展权部分予以论述。在此，聚焦于儿童生存应具备的基本权利，集中讨论受监护

---

① ［日］大须贺明：《生存权论》，林浩译，法律出版社 2001 年版，第 95 页。
② 郝卫江：《尊重儿童的权利》，天津教育出版社 1999 年版，第 30 页。
③ ［日］大须贺明：《生存权论》，林浩译，法律出版社 2001 年版，第 16 页。

人保护的权利、获得合法身份的权利以及适当水准的生活权。

（一）儿童有权获得监护人的保护

这里的监护人包括父母以及对儿童负有责任的其他类型家庭（如联合家庭、主干家庭、单亲家庭等）成员。承认儿童的权利并不意味着削弱了家庭的重要性，相反是增加了家庭成员对儿童给予保护的必需付出。对儿童的保护负有首要责任的是父母。《儿童权利公约》并未对"父母"做出解释，通常来说，和儿童关系最为密切的应当是有血缘关系的父母，即生物学意义上的父母。父母对儿童的养育责任大致表现在两个方面：一方面是对儿童生命安全的保护，以及涉及儿童生存和发展的物质满足方面的保障，比如儿童健康所需的身体照顾、适当生活水准物质条件的提供等；另一方面是满足儿童生存和发展的精神和心理需求，这不仅涉及对儿童意见的尊重、儿童教育权的实现，还包括对儿童人格尊严的尊重。

1. 儿童确保生命安全的权利

儿童的生命权是其他权利实现的前提条件。《儿童权利公约》第 6 条确认每个儿童均有固有的生命权，并敦促缔约国有"最大限度地确保儿童的存活与发展"的责任。这一条款可以看作统领其他条款的纲领性条款，"最大限度地确保"意味着即使在最贫穷的国家也要尽量满足保障儿童生命权所需要的资源和措施，并应当予以优先考虑。生存权体现生命权的动态方面，缔约国需要采取积极的措施促进儿童的健康和发展。在《儿童权利公约》第 6 条的讨论中，儿童的生存和发展问题是讨论的主要焦点，其中涉及对生存和生存权、发展和发展权的理解问题。一是就生存和生存权而言，"生存"的确是一个语意模糊的概念，从联合国很多文件中可以看出，生存的概念被不断地扩大理解，包括成长的监督、疾病控制、母乳喂养、免疫、儿童空间、食品和女童教育等一系列内涵。而生存权涉及生命权的国际准则，在许多国际文件中都有所涉及，比如《世界人权宣言》第 3 条、《公民权利和政治权利国际公约》第 6 条。生命权和生存权是互补的，而不是互相排斥的。二是关于儿童的发展和发展权。生存是发展的前提，保障儿童的生存权就是为了确保儿童能够获得全面的发展，包括身体和精神方面的发展，《儿童权利公约》在第 24

条和第 25 条中也对此做出了规定。对儿童生命权的讨论很多都涉及堕胎问题。关于胎儿到底是不是公约所保护的客体，这在制订公约的讨论中也是一个意见分歧的焦点。① 有些国家（包括中国）的代表认为，未出生的胎儿还不能算作完全意义上的人，公约所保护的是自出生到 18 岁的儿童；有的代表认为，《儿童权利公约》不应该排除保护胎儿的权利，建议公约的正式文本不应忽视对未出生儿童的保护这个重要问题。从欧洲人权委员会的判例法中可以清楚地了解到，在受精初期，没有绝对的生命权。根据医学和社会标准，在某种范围内实施堕胎是允许的。② 与堕胎问题相关的还有怀孕妇女及新生儿的保健问题，如果母亲营养不良或患有疾病，新生儿将面临健康和生存问题。国际社会鼓励怀孕妇女避免饮酒、用药和抽烟，以保证儿童有一个健康的开始。当然，儿童的生命安全还涉及广泛意义上的儿童生态环境的安全，其中，儿童免遭虐待以及其他形式的暴力、各种形式的剥削、避免遭受意外事故等，都是生命安全权利的必然内容。

2. 儿童的人格尊严权利

《儿童权利公约》第 18 条明确指出，父母双方对儿童的养育和发展负有共同责任的原则得到确认。父母或视具体情况而定的法定监护人对儿童的养育和发展负有首要责任，儿童的最大利益将是他们主要关心的事务。监护人的首要责任、家庭环境的重要意义贯穿整个儿童期，以下基本原则是需要坚守的：一是在现代监护制度确认的监护人对儿童的保护和照料中，儿童的权利和父母的权利是"手牵手"的关系，不能将儿童权利的条款解释为对抗父母的"权利"；二是父母的责任和义务是指父母双方对儿童的养育和发展负有的共同责任，核心是为了儿童的最大利益；三是父母有责任提供良好的家庭环境，其中要充满幸福、亲情和谅解的气氛；四是排除对儿童在身体、精神、心理及其他任何方面的家庭暴力，对儿童隐私、尊严予以充分的尊重和保护。这其中，第四项原则

---

① 李长健、杨永海：《胎儿权利实现：选择权与生命权冲突的利益衡量——从罗伊诉韦德案谈起》，《河南教育学院学报》（哲学社会科学版）2019 年第 4 期。

② Gudmundur Alfredsson, *The Universal Declaration of Human Rights: A Standard of Achievement*, Naciones Unidas Publishers, 1999.

明确对儿童人格尊严予以保护。由此可见，《儿童权利公约》在提升儿童的道德地位的同时可以延伸出儿童的法律地位，要求对儿童的人格尊严给予尊重。《儿童权利公约》第 16 条第 1 款规定：儿童的隐私、家庭、住宅或通信不受任意或非法干涉，其荣誉和名誉不受非法攻击。该条规定对儿童隐私、家庭、住宅或通信自由予以特别保护，这就使儿童获得了一种积极维护个人人格尊严权利的保障。本条还明确规定儿童的"家庭、住宅"不受任意或非法干涉，也就承认了儿童的"家庭隐私"和"家庭自治"的权利受国家的保护。同时，其还规定保护儿童的荣誉和名誉不受侵害，这些权利和儿童的个人利益是息息相关的。儿童隐私权是儿童人格尊严的一个重要方面，现实生活中，儿童的隐私受到多方面的侵扰，例如，儿童的私人通信权利就难以得到真正的保护。在有些地方，儿童的私生活受到窥视。美国号称对公民自由权利的保护是最全面的，但与《儿童权利公约》的规定相比，儿童的基本自由权仍然没有得到充分的保护，比如通信自由，儿童的通信自由不受非法干预是儿童隐私权和表达自由的自然延续。① 隐私权还包括该公约其他条款明确规定的权利，包括私人日记、信件、生理方面的疾病，以及曾受到过的侮辱、经受过的痛苦、生活习惯、生活方式、儿童的身份、健康状况等。

（二）儿童有权获得合法身份

　　人的身份是因身份关系所生的权利，是一个人存在获得承认的根基，也是一个人参与社会生活的基础。人也因身份而形成一定的家庭关系、社会关系、法律关系。一个人只有由生物学身份过渡到法律身份并拥有确定其承担特定权利和义务的法律人格，才能和社会产生亲近和互动，所以，在任何社会中，人的身份对人的成长都是非常重要的。尽管国际人权条约未对"身份"做过限定，但是有相当的内容涉及身份权，如法律上承认儿童的家庭关系、姓名和国籍，以及与儿童的种族、性别和宗教有关的要素。儿童的身份权较成人的身份权有所不同。从法理上来看，"身份权与其身份有不可分离之关系，为与身份相始终之权利，故身份权

---

① 王理万、狄磊：《从"保护"走向"赋权"：对〈儿童权利公约〉一般性原则的再考察》，《预防青少年犯罪研究》2021 年第 3 期。

原则上为归属一身的专属权，身份权之行使，以由行为人之自由意思决定为必要，原则上他人不得代为行使"。① 但是，在国际儿童权利实践中，因行为主体的儿童年龄尚小，其身份权常由其父母或其他监护人代为行使。

1. 儿童出生登记权利

《儿童权利公约》第 7 条第 1 款规定："儿童出生后应立即登记，并有自出生起获得姓名的权利，有获得国籍的权利，以及尽可能知道谁是其父母并受其父母照料的权利。"《公民权利和政治权利国际公约》第 24 条也对儿童出生后立即登记做了明确规定。事实上，出生登记是儿童实现一系列权利的基础保障，是国家对新生儿法律身份的认可、登记地政府为其提供保护服务的基本依据。所以，出生登记是保护儿童身份最有效、最基础的方法之一，也理应是各国社会所倡导的儿童保护基本理念。

1958 年我国颁布《中华人民共和国户口登记条例》之后，我国新生儿户口登记逐渐走上了法治化的轨道，确立了新生儿出生登记制度，第七条规定"婴儿出生后一个月内，由户主、亲属、扶养人或者邻居向婴儿常住地户口机关申报出生登记"，弃婴由收养人或者育婴机构申报登记。该条例对儿童意义重大：第一，登记是国家对儿童法律身份的承认，同时确认儿童的亲生父母是谁，而知道亲生父母是儿童知情权的重要方面；第二，登记是儿童权利保障的基础，将直接影响儿童福利、医疗保健及接受教育等多种权益的实现；第三，出生登记也是国家制定有效人口政策的基本要素以及资源分配和利用的基础。但是，由于这么多年社会经济发展以及人口政策等发生了极大的变化，现实中，儿童出生登记制度暴露出一些问题，例如出生登记管理机构设置不合理，表现在管理的层级多、管理部门多，在管理部门的职权划分以及管理体系的运行模式上存在不科学等问题，这些都不同程度地影响了我国新生儿获得便捷的出生登记服务。②

---

① 史尚宽：《亲属法论》，中国政法大学出版社 2000 年版，第 34—35 页。
② 牛帅帅、赵越：《〈未成年人保护法〉的国际法评析：以〈儿童权利公约〉为视角》，《中华女子学院学报》2021 年第 1 期。

2. 儿童获得姓名和国籍的权利

儿童的姓名权是最基本的权利，姓名是家庭和社会区分儿童身份的首要参考要素。儿童姓名标志着儿童获得了特定的身份，姓名权本身也包含了儿童的人格利益和财产利益，这项权利对非婚生儿童尤其重要，《儿童权利公约》第 7 条和第 8 条都确认了儿童获得姓名和国籍的权利。姓氏的传承可以增强人的归属感和责任感，以及对其生活原初环境的认同感，因此，这对儿童的健康成长是有利的。《中华人民共和国民法典》第一千零一十五条规定，自然人应当随父姓或者随母姓，也是对儿童出生后获得家庭归属、情感延续的一个重要规制。《儿童权利公约》第 7 条和第 8 条同时还确认了儿童出生后应当立即登记并获得一个国籍的权利，国家有义务确保儿童此项权利的实现，避免儿童无国籍之情形发生。我国对于国籍的原始取得方法采用了双系血统主义为主、出生地为辅的原则，并辅之以申请原则，即只要儿童出生时父母双方或一方有中国国籍，则儿童可以获得中国国籍；父母无国籍或国籍不明，定居在中国，本人出生在中国则具有中国国籍，这样就严格避免了无国籍和双重国籍的情况发生。《中华人民共和国民法典》第一千零一十二条规定，自然人享有姓名权，有权依法决定、使用、变更或者许可他人使用自己的姓名，但是不得违背公序良俗；第一千零一十四条规定，任何组织或者个人不得以干涉、盗用、假冒等方式侵害他人的姓名权或者名称权。

3. 儿童获得居民身份和户籍的权利

中国在身份证制度基础上还设置了户籍制度，所以其身份权利还应该包括户籍权利。2003 年我国颁布《中华人民共和国居民身份证法》，其第三条规定：居民身份证登记的项目包括：姓名、性别、民族、出生日期、常住户口所在地住址、公民身份证号码、本人相片、证件的有效期和签发机关。这样一来，对于 16 周岁以下又没有申请办理居民身份证的儿童，通过户籍登记落实其身份地位，登记的项目大致与居民身份证的项目相同，就可以通过户籍制度和身份证制度的双轨制确定儿童的身份，以便明确儿童的身份信息，儿童也可以通过户籍登记了解其父母的信息。2014 年国务院印发《关于进一步推进户籍制度改革的意见》，拟建立城乡统一的户口登记制度。这意味着以"农业"和"非农业"区分户口性质的城乡二元户籍制度将成为历史，也便于解决农村儿童户口登记问题——这些被称为儿童"黑户"问题。

（三）儿童有获得适当生活水平的权利

《儿童权利公约》第 27 条明确指出：缔约国确认每个儿童均有权享有足以促进其生理、心理、精神、道德和社会发展的生活水平。"适当"与"生活水平"都是比较宽泛和笼统的概念，国际公约及国内律法并未对其做出明确限定。一般来说，"适当生活水平"除了充足及符合质量要求的食品、饮用水、衣着、医疗、住房以外，还应该包括让儿童享有足以促进其生理、精神、心理、道德和社会发展的生活水平。[1] 营养和清洁饮水是最基本的条件，这些条件的提供还涉及环境污染问题。贫穷、营养不良等状况可能增加儿童对环境污染危害的易感性，这些危害又可转而进一步加剧贫穷和恶化程度。因此，符合生产条件的自然环境状况也应作为衡量儿童适当生活水平的指标之一。为儿童提供适当的生活条件，显然和父母及家庭经济权利的实现有关，而经济权利又直接地表现为财产权（为适当生活水平权利的实现提供基础，也为生活的独立和自由奠定基础）。传统意义上的财产权不可能在平等的基础上为所有人所平等享有，必须同时具备工作权和社会保障权等另外两种权利。前者提供确保适当生活水平的收入，后者补充或替代因财产匮乏或就业不充分而导致的收入不足从而保证适当的生活水平。这一系列权利的实现不单单取决于个体的努力，更是与国家、政府的就业政策及对家庭养育和照护的监督和约束紧密相关。由此可见，作为父母或其他负责照顾儿童的人，在其能力和经济条件许可范围内，负有确保儿童发展所需生活条件的首要责任；国家和政府需按照本国条件，采取适当措施帮助父母或其他负责照顾儿童的人履行此项职责，并在需要时提供物质援助和资助方案，特别是在儿童营养、衣着和住房等基本生活条件方面；当因监护人有能力而不履行确保儿童适当生活水平责任时，政府应采取一切适当措施，向在本国境内或境外儿童的父母或其他对儿童负有经济责任的人追索儿童的抚养费，从而保障儿童实现适当生活水平的权利。

---

① 姜安印、陈卫强：《高质量发展框架下中国居民生活质量测度》，《统计与决策》2020 年第 13 期。

二　儿童的受保护权及其具体内容

　　儿童的受保护权与狭义的"儿童保护"有大致相同的内涵，包括对遭到忽视、剥削、虐待、遗弃以及各种形式暴力伤害的儿童予以保护。儿童受保护权的满足状况，与其生存环境的健康和安全状况紧密相关，包括健康的家庭环境和安全的社会环境。一方面，健康的家庭环境主要保护儿童免遭家庭成员任何形式的忽视、虐待、剥削、遗弃等现象；另一方面，安全的社会环境主要保护儿童免遭人身、精神、药品、色情等伤害，免遭经济剥削及其他损害儿童福祉的现象，也可以督促家庭成员承担提供健康家庭环境的责任。保障儿童安全健康生存环境权，要求家庭、社会和国家保护儿童免遭伤害、剥削和侵犯，为身心遭受伤害的儿童提供合理且充分的治疗。《中华人民共和国未成年人保护法》第七条指出，国家采取措施指导、支持、帮助和监督未成年人的父母或者其他监护人履行监护职责。本节拟从保护儿童免遭家庭忽视和虐待、免遭各类形式剥削、免遭暴力侵害以及受伤害儿童治疗与重返社会等四个方面，论述儿童受保护权的具体内容。

（一）儿童有权免遭家庭忽视和虐待

　　家庭内部，父母及其他监护人的首要职责在于提供安全、健康的家庭环境，严禁对儿童的忽视和虐待。对儿童的忽视和虐待（来自日常照料方面、身体方面以及精神层面，也包括性虐待）是儿童、父母、家庭成员关系中最为尖锐且对儿童伤害最直接的问题，也是一个世界性的难题。[①] 自20世纪60年代开始，许多西方国家开始认识到家庭内部对儿童忽视和虐待现象的普遍性，开始重视预防、禁止儿童忽视和虐待，许多国家建立了预防和处理儿童被忽视与虐待的专门机构，为儿童提供保护性的家庭预防、寄养、收养等福利服务。该类服务构建的基础是"国家亲权责任"，强调国家有责任促进家庭的可持续性以保护儿童免遭忽视和虐待，当父母及监护

[①] 彭咏梅、凌瑞、蔡燕怡等：《童年期虐待对医学生睡眠障碍的影响：正念和心理弹性的作用》，《中国临床心理学杂志》2021年第5期。

人失职或失去保护意愿时应由国家出面予以协调，同时动员亲属、社会组织和社区等力量承担补充性保护责任。1977 年，国际防止虐待与忽视儿童协会成立，标志着该问题受到了世界范围内的普遍关注。1999 年，我国第一届"预防虐待与忽视儿童研讨会"在陕西召开，会上成立了"东亚防止虐待与忽视儿童专业委员会"，这是我国第一个有关儿童忽视与虐待的非政府组织。亚洲、美洲等许多国家及我国台湾、香港地区，都在儿童福利与政策规定中，将儿童的忽视和虐待问题纳入法制范畴并予以规制。

因自身具有较强的隐蔽性，家庭内的"儿童忽视"问题本身即为容易被忽视的问题。通常来说，"忽视"可以被理解为家庭监护人在具备知识、方法和途径时未能有效满足儿童生理、心理、教育、医疗等各方面需求，或者未能保护儿童免遭不必要或可避免的风险。生理层面的忽视一般是指监护人或照料者没有为儿童提供必要的物质生活需要，例如，住所、食品、衣着、睡眠等，其具体情形可能包括：不提供合理的生活照料和基本营养需要，不照顾或疏于照顾儿童甚至抛弃儿童，未能提供安全的生活条件及环境，不允许儿童回家或逐出家门，等等。心理或情感层面的忽视一般是指监护人或照料者未能满足儿童对关爱、接纳、尊重及自我实现等需要，其具体情形可能包括：经常当着儿童的面争吵或者实施家庭暴力，放纵或鼓励儿童捣乱、破坏、吸烟、攻击他人等不良行为，未能识别儿童情绪或行为偏差，或者在识别后不提供适当帮助，等等。教育层面的忽视是指监护人或照料者因疏忽或故意等原因导致儿童教育需求未能满足或被人为剥夺，其具体情形可能包括：不为儿童提供适当的教育安排，未让满足法定年龄要求的儿童接受义务教育（包括在条件允许的情况下未能提供更高层面的教育），纵容儿童无故旷课、逃学、不遵循合理教育规范，等等。医疗层面的忽视是指监护人或照料者具备经济能力而不为儿童提供合理健康照料的行为，其具体情形可能包括：在条件允许的情况下，不为儿童提供基础免疫疫苗注射或注射不及时、不完整，对儿童牙齿、视力、身高、体重等出现问题时不及时关注并提供医疗服务，对身体残疾的儿童不提供治疗或康复服务，不为患病儿童提供必要治疗或医疗保障，等等。家庭忽视行为或不作为，会对儿童的身心健康造成严重影响，妨碍儿童形成必要的依赖心理和社会交往能力，导致儿童在成长过程中形成不良的情感体验或社会认知，而这些影响将可能伴随儿童一生。① 联合国《儿童权利公约》第 5 条要求父母对儿童成长的不同阶段给予指导，第 9 条要求父母与儿童非必要不分离（如果必须分离，则应该符合儿童的最大利益），第 18 条要求父母双方共同履行监护责任，第 19 条要求家庭内部应避免对儿童的暴力行为，第 27 条要求父母须承担儿童照料的首要责任。《中华人民共和国未成年人保护法》第七条指出，未成年人的父母或者其他监护人依法对未成年人承担监护职责；第十五条要求父母或其他监护人应当学习家庭教育知识，为儿童创造良好、和睦、文明的家庭环境；第十七条对各种形式的放任、纵容、教唆、利用未成年人实施不良行为进行了明确禁止。

虽然各种法律法规和国际条约均要求父母对儿童须承担养育和监护责任，避免儿童遭受任何形式的侵害。但事与愿违的是，父母、监护人、照料者和共同生活成员，往往是儿童虐待的首要实施者。② 在不同文化背景中，"虐待"的含义差异很大，同样的举动在不同时代、不同国家、不同文化背景中都有不同理解。只有提升文化感知能力后，虐待儿童才升级为一种社会问题。罗斯·肯普指出，虐待儿童呈现为一个社会问题，其历史使人们认识到虐待是一项罪过的过程，也是辨别受伤害的技术能力不断提高的过程，更是整个社会准备建设性地解决问题的进程。③ 当儿童因身边人重复、长期、故意对其做出某些举动或言语，造成身体或心理受伤或受损的情形，都可以称为虐待。身体虐待是直接的、可观测的，也更容易受到外界环境的监督，而心理虐待则更为隐蔽，其影响也更为深远和不可衡量。④ 所谓儿童心理虐待，通常是指影响或危害儿童情绪或智力发展，对其自尊心、自我判断等造成损害的长

① M. V. Clément, A. Bérubé, Goulet, M., & S. Hélie., "Family profiles in child neglect cases substantiated by child protection services", *Child Indicators Research*, Vol. 13, No. 2, 2020, pp. 433 - 454.

② Chen, J. Q., Dunne, M. P., & Ping, H., "Prevention of child sexual abuse in china: Knowledge, attitudes, and communication practices of parents of elementary school children", *Child Abuse & Neglect*, Vol. 31, No. 7, 2007, pp. 747 - 755.

③ [美] 罗斯 S. 肯普、C. 亨利·肯普：《虐待儿童》，凌红、徐玉燕、梅青、龚秀军译，辽海出版社 2000 年版，第 98 页。

④ 白卫明、刘爱书、刘明慧：《儿童期遭受心理虐待个体的自我加工特点》，《心理科学》2021 年第 2 期。

期重复行为或语言，主要表现形式如辱骂、贬低人格、过度批评、长期拒绝、恫吓或隔离等，这些言行往往使儿童情绪低落、感到羞辱，进而造成心理虐待。与打骂等身体虐待相比，心理和精神层面的虐待更容易被忽视。研究显示，因为心理和精神虐待的隐蔽性且不像肉体虐待那样容易证明，精神虐待的危害远大于身体上的虐待，其对儿童会造成很深的精神创伤，以致大量出现自我否定、焦虑、行为偏差、缺乏爱心、社会适应能力及相互支持能力弱等多种心理与行为障碍；童年遭受虐待甚至与成年后走上犯罪道路有一定的相关性。[①] 联合国《儿童权利公约》第 19 条规定要预防来自父母或照料者的虐待，《中华人民共和国未成年人保护法》第十七条、第二十二条、第五十四条、第六十二条、第九十八条都对各种虐待儿童现象予以了规制。特别是第九十八条指出，国家建立性侵害、虐待、拐卖、暴力伤害等违法犯罪人员信息查询系统，向密切接触未成年人的单位提供免费查询服务，被视为涉及未成年人工作岗位的"职前调查"系统，对于有过虐待儿童行为的个体从事未成年人相关职业予以屏蔽，有助于儿童实现免遭虐待的权利。

（二）儿童有权免遭各类形式的剥削

剥削儿童是普遍的现象，是指主观恶意利用儿童身体获得不当经济利益或其他权益的行为。《经济、社会和文化权利国际公约》第 10 条明确要求，"儿童和少年应予保护免受经济和社会的剥削"；《儿童权利公约》从第 32 条到第 36 条都对保护儿童免遭各种形式的剥削做了明确规定；我国《中华人民共和国民法典》《中华人民共和国劳动法》《中华人民共和国未成年人保护法》《未成年工特殊保护规定》《禁止使用童工规定》等法律法规也对保护儿童免遭剥削予以了详细规定。一般来说，剥削儿童包括对儿童实施的经济剥削、性剥削及其他形式的剥削现象。

对儿童的性剥削已经成为一个越来越严重的社会问题，许多国家都给予了高度的重视。联合国《预防买卖儿童、儿童卖淫和儿童色情制品

---

① Parton，N. & Mathews，R.，"New Directions in child protection and family support in Western Australia：A policy initiative to re-focus child welfare practice"，*Child and Family Social Work*，Vol. 6，2001，pp. 97 – 113.

的行动纲领》《反对利用儿童从事商业色情活动大会宣言和行动议程》以及《关于买卖儿童、儿童卖淫和儿童色情制品问题的任择议定书》，都对利用儿童身体进行性剥削的各种现象予以密切关注，号召各国采用全面的方法来消除引发性因素，其中包括文化发展不足、经济贫困与失衡、家庭结构解体与教育不足、乡城移徙、成年人对儿童不负责任的性行为、性别歧视及有害的传统习俗、武装暴乱和贩卖儿童等。我国 2020 年颁布的《中华人民共和国预防未成年人犯罪法》规定，教唆、胁迫、引诱未成年人实施淫乱或者色情、卖淫等严重不良行为，或者为未成年人实施严重不良行为提供条件，构成违反治安管理行为的，由公安机关依法予以治安处罚；构成犯罪的，依法追究刑事责任。

（三）儿童有权免遭暴力侵害

暴力侵害给儿童带来的影响也可能是毁灭性的，使"儿童的生存和生理、心理、精神、道德和社会发展"受到非常严重的影响。[1] 暴力侵害儿童与虐待儿童一样，其对儿童的生理、心理、认知等方面可能造成短期或长期危害的后果已经得到广泛证实。[2] 有研究表明，接触暴力会使儿童自身进一步增加受害和累积暴力经历的风险，包括成年以后对亲密伴侣的暴力。[3] 从理论上来看，对儿童暴力的施与者采取高压政策，甚至给予更为暴力的惩罚措施，往往只能满足公众对于儿童安全的关切和大众媒体的宣传需求，"以暴制暴"的方法难以解决儿童暴力的根源问题。[4] 联合国儿童权利委员会 2006 年《第 8 号一般性意见：儿童受保护免遭体罚和其他残忍或不人道形式惩罚的权利》、2011 年《第 13 号一般性意见：儿童免遭一切形式暴力侵害的权利》以及《儿童权利公约》都对防止儿童

---

① Edleson, J. L., "Making prevention of violence against women and children a priority", *Sex Roles*, Vol. 67, No. 3 - 4, 2012, pp. 251 - 252.

② Hoeffler, A., "Violence against children: a critical issue for development", *European Journal of Development Research*, Vol. 29, No. 5, 2017, pp. 945 - 963.

③ Chamberland, C., Fortin, A., & Laporte, L., "Establishing a relationship between behavior and cognition: violence against women and children within the family", *Journal of Family Violence*, Vol. 22, No. 6, 2007, pp. 383 - 395.

④ 申素平、崔晶：《从受教育权保护的视角看新的〈中华人民共和国义务教育法〉》，《中小学管理》2007 年第 3 期。

遭受暴力侵害做出了详细约定。国际社会已经形成了如下共识：任何针对儿童的暴力侵害，无论其严重程度如何，都是不被允许、不可原谅的。

与《儿童权利公约》第 19 条相匹配，联合国儿童权利委员会《第 13 号一般性意见：儿童免遭一切形式暴力侵害的权利》明确提出，暴力是指"任何形式的身心摧残、伤害或凌辱，忽视或照料不周，虐待或剥削，包括性侵犯"。[1] 这里对"暴力"的界定超出学术领域的一般性理解，将"忽视或照料不周"也纳入进来，显示了对于非主观故意而造成的"暴力后果"同样不予容忍的态度。从形式来看，针对儿童的暴力通常包括以下类型。一是针对人身伤害性的暴力，主要有殴打、体罚及其他形式的身体惩罚，残忍或有辱人格的待遇或处罚；部分女童可能面临溺亡的暴力行为，部分流浪儿童可能面临被拐卖、殴打、故意致残等暴力行为，残疾儿童还可能遭受强迫绝育等特殊形式的人身暴力行为，违法儿童可能受到逼供等非法刑罚风险。二是针对心理和精神方面的暴力，主要有精神凌辱、心理虐待、情感凌辱或辱骂、忽视，例如对儿童心理长期的损害性接触（言行中对儿童表示厌恶、嫌弃、孤立、侮辱等）；还包括网络色情、媒体暴力渲染、色情信息泛滥等新型媒体暴力等。三是针对儿童的性剥削、侵犯和犯罪，包括直接对儿童进行性侵犯、引诱或胁迫儿童从事各种性质的性活动，例如拍录儿童色情音像制品、胁迫或控制儿童卖淫等。四是某些针对儿童的暴力习俗，如某些形式的残忍或有辱人格的体罚、针对女童的割礼、针对儿童的"巫术"或地方性习俗、有辱人格的成年礼等。[2] 从对儿童施与暴力的来源看，暴力既可能来自家庭成员、社会个体等成年人，也有可能来自儿童群体内部。在校园暴力等常见现象中，部分儿童个体或团伙对其他儿童施与人身、心理霸凌以及各种形式的性侵害行为，也属于儿童暴力的重要来源。事实上，在儿童同伴欺凌中，受害者与施暴者双方都会受到严重的负面影响且可能付出惨重的代价。[3] 从儿童暴力分布来看，暴力往往与性别和年龄有一定关联，

---

① 何海澜：《论儿童优质教育权利的法治保障》，《人权》2020 年第 1 期。

② 薛国凤：《"变"与"不变"：中国共产党的百年儿童观》，《少年儿童研究》2021 年第 7 期。

③ 王丽荣、孟静：《未成年人校园暴力犯罪预防的德育理念——以日本创价学园德育思维为借鉴》，《高教探索》2018 年第 12 期。

在家庭中，女孩可能比男孩更容易遭受性暴力，而男孩则更有可能遭遇刑事司法领域中的暴力；年幼的儿童和青春期儿童遭受暴力的可能性也相对其他年龄段更大。[①]

（四）受害儿童有权接受治疗并重返社会

受害儿童接受治疗并重返社会是儿童自身拥有的救济性权利。《儿童权利公约》第 39 条要求各缔约国应采取一切适当措施，促使身体或心理遭受各种暴力和剥削侵害的儿童获得康复、治理并重返社会，并特别强调应该在能够促进健康、尊严的环境中提供康复和重返社会的服务。公约明确指出"遭受暴力和侵害的儿童"包括遭受任何形式的忽视、剥削或凌辱虐待及其他暴力和罪行侵害的儿童，遭受酷刑或任何其他形式的残忍、不人道或有辱人格的待遇或处罚的儿童，受武装冲突影响儿童、难民儿童和流浪儿童，童工和被强迫劳动的儿童，受家庭冲突、毒品滥用、买卖和贩运侵害的儿童，在司法程序中受到负面影响的儿童；可以提供的保护措施主要包括提供安全食品、住房等基本生存帮助和服务，提供咨询和信息、医疗服务，提供心理支持和物质帮助，提供就业、教育和培训机会等。在以上服务和保障中，要强调实施过程中的六个注意事项：一是尊重儿童的尊严，要求儿童的康复社会化并具备可及性；二是应尊重儿童合理自治和个人隐私保护，不仅儿童参与个人康复决策的权利应当受到尊重，而且心理保健服务也要求避免对儿童自由的不合理的限制和侵犯隐私而冒犯儿童的个人尊严以致形成二次伤害；三是强调家庭内部的重要作用并支持家庭结构完整，强调对儿童的家长进行心理疏导以尽快恢复正常家庭生活，这对受害儿童心理康复也有特别重要的意义；四是要求深入审查是否有必要脱离家庭对孩子进行康复和治疗，这种审查需基于社区系统的选择和判断；五是对儿童的康复、治疗设施以及涉及的人员培训需有制度上的保障；六是强调儿童权益侵害的预防体系建设。

《儿童权利公约》及其一般性意见中指出，在儿童接受治疗并重返社

[①] 李颖、贾涛、宋志英：《儿童虐待和忽视综合性研究进展》，《陕西学前师范学院学报》2020 年第 9 期。

会的实施过程中，除以上的一般性支持和服务，还需要按照一定步骤并
遵循一些基本原则。第一个步骤是治疗，特别是针对儿童心理康复开展
服务，恢复儿童生理和心理功能以便其顺利重返社会。发现儿童遭受侵
害后，需要为其提供医疗、精神康复、社会及法律服务和支持以及长期
的后续服务。在治疗阶段，需要注意倾听儿童的意见，对其意见给予足
够重视和及时反馈；关注儿童的人身安全，特别是甄选儿童是否需要立
即安置以保障空间隔离侵害；注意所使用的干预手段对儿童的长期福祉、
健康和发展有何可预见的影响，将短期治疗与可持续发展综合考虑。① 第
二个步骤是后续行动，受各种剥削和暴力侵害儿童的康复和重返社会的
后续行动对救助的持续效果十分重要，需注意的事项包括：从报告和转
交案件起直到后续行动，要明确有关儿童及其家庭由谁负责；任何一项
行动的目的必须与儿童当事人和其他利益攸关方充分探讨；实施的细节
和最后期限应该以干预手段发挥足够效用为判断依据；各种干预手段之
间必须保持连续，需制定并遵循案件管理程序，及时对干预行动开展审
查、监督和评估。在儿童治疗及重返社会的服务中，对儿童身体上的伤
害和剥削的救济是最直接、浅层面的服务，但是侵害行为对儿童的道
德、精神和心理上的影响和伤害可能更持久，也是康复服务的难点。②
所以，对儿童的心理和精神伤害的康复问题应当予以充分重视并持续给
予服务。

三　儿童的发展权及其具体内容

人的发展是由作为自然个体的人成长为社会个体的过程，儿童发展
权即儿童有权利获得机会成长为社会有机体的合格成员。③ 发展是一个持
续不断的过程，在此过程中，儿童的身心及其生活经验等各方面不断成
熟起来，逐渐成长为一个能够独立面对生活挑战的完整的社会个体。赋
予儿童发展权，既是儿童自身成长的需要，是家庭再生产的直接体现；

---

① 王雪梅：《儿童受教育权的法律保护》，《预防青少年犯罪研究》2012 年第 10 期。
② 尹力：《儿童受教育权》，教育科学出版社 2011 年版，第 120 页。
③ 孙绵涛、郭玲：《新时代教育法治建设的新探索》，《复旦教育论坛》2018 年第 1 期。

也是一个国家、社会可持续发展的基础，是社会再生产的基本立足点。儿童发展不仅涉及身体发育的成熟，还涉及精神、心理、认知、文化和社会等各方面，需要儿童具备社会交往的能力和社会生活的各种技巧，应该能够在生活中理解他人以及理解生活本身的意义和价值，从而具备社会个体属性、发展成为一个合格的"社会人"。[①] 需要说明的是，儿童发展权往往是通过不同阶段来实现的，而其中的幼儿期和青春期是关键阶段。联合国儿童权利委员会在《第7号一般性意见：在幼儿期落实儿童权利》（2006年）中指出，幼儿期是实现儿童权利的一个关键时期，是个体在身体、意识、智力、能力等方面发育成长最快的阶段，其在情感上形成对养育人的强烈依恋并寻求得到抚育、指导和保护，在人际关系上学会协商、形成合作、解决冲突以及承担责任，在智识发展上从其生活环境和社会支持系统中学习知识和社会意识。[②] 幼儿阶段发展权的实现主要取决于其和家庭及身边少数关键人员能否建立密切关系，国家和政府对儿童发展权的保护重点也在为其提供建立以上密切关系的相关条件要素上。联合国儿童权利委员会在《第4号一般性意见：青少年的健康和发展》中指出，青春期是儿童发展的另一个关键时期，儿童在该阶段获得身体和认知的逐渐成熟并向成年期过渡，但同时面临身心压力和外界各种诱惑，更容易在社会发展中面临风险。如果儿童在青春期时期可以与来自内部和外界的影响形成良性互动，则有助于其顺利实现社会化并获得进一步发展，否则将面临不利境况影响发展权的实现。在青春期，儿童实现发展权的关键在于家庭和社会能够营造一个充满信任、沟通顺畅、能够彼此倾听的环境，儿童在其中能够获得良好的青春期指导。因此，儿童青春期发展权有赖于国家和社会采取一切措施，营造良好的成长环境并提供发展机会，促进青春期儿童的健康发展。总体来看，儿童发展权的基本内容包括儿童有权接受各种形式的教育、培训，以及享有基本自由、闲暇娱乐等社会生活能力形成所必需条件的权利。

---

① 关颖：《儿童健康权保护：问题反思与责任履行》，《理论与现代化》2014年第3期。
② 万新娜：《"保护"到"超越保护"：媒介技术与儿童发展研究脉络梳理——基于传播学视角的文献考察》，《新闻知识》2017年第11期。

（一）儿童有权获得各种形式的教育

教育是保障人权发展的先决条件，既包括接受正规的学校教育，也包括正规教育以外的有利于儿童的知识、心理、性格等方面健康成长的非正规教育。所以，儿童教育权应该是指儿童有权接受一切形式的教育的权利，而不仅仅是基于知识和技能层面的教育，是现代人权的基本组成部分。首次倡导儿童教育权的国际文件是联合国 1959 年出台的《儿童权利宣言》，该宣言的"原则七"明确指出，儿童有受教育的权利，且其所受教育至少在初级阶段应是免费的，父母在儿童教育上负有首要责任；1966 年联合国大会发布的《经济、社会和文化权利国际公约》要求各缔约国为包括儿童在内的所有人提供不同层次和类型的教育，以鼓励人的个性和尊严得到充分发展；同年联合国大会在《世界人权宣言》基础上通过的《公民权利和政治权利国际公约》指出，尊重儿童的父母及法定监护人保证儿童实现宗教和道德教育的自由。1989 年《儿童权利公约》第 28 条明确指出儿童有受教育的权利，并对各层次的教育进行了说明。我国对儿童教育权非常重视，在《中华人民共和国宪法》《中华人民共和国教育法》《中华人民共和国义务教育法》等予以立法保护，指出包括儿童在内的中华人民共和国公民都有接受教育的权利，国家提供九年义务教育并建立教育实施机制、经费保障机制以确保儿童教育权的实现。

儿童教育权的实现，有赖于免费教育、义务教育以及公平教育机会的充分实现。[1] 第一，免费教育是儿童实现教育权的重要保障。上文提到的各种国际公约均强调缔约国有实行免费教育的义务，特别是在初级教育阶段，也鼓励各国对中等教育甚至更高层次的教育实行免费政策。我国相关教育法律条文也明确规定在九年义务教育阶段不收取学费和杂费。免费教育（起码在初级阶段实施）是扫除文盲、奠定人力资源基础、确保儿童普遍教育的保障性政策，对于儿童实现教育权有着重要意义。第二，义务教育是儿童实现教育权的重要基础。义务教育是专门针对儿童而言的，是指儿童有义务接受必要的教育而不能予以拒绝，该义务既针

---

[1] 张楠、林嘉彬、李建军：《基础教育机会不平等研究》，《中国工业经济》2020 年第 8 期。

对儿童，也针对其父母及监护人。① 强调基础教育的义务性是本着儿童最大利益的原则，在国家提供基础性教育保障的前提下对父母、监护人及儿童做出的共同要求。联合国儿童权利委员会要求各缔约国审查并及时报告义务教育状况，特别是对女童、贫困儿童、移民儿童、乡村儿童等特定儿童群体及家庭是否履行义务教育的要求。教育义务性的观点来源于《世界人权宣言》，其中规定教育义务性的目的在于提高社会个体的地位，将国家实施的免费教育和家庭及儿童承担的义务教育视为相互依存的关系，以确保国家和家庭均致力于儿童基础层面教育权利的实现。第三，平等的教育机会是儿童实现教育权的重要条件。教育机会平等要求不得对任何人、因何种原因给予歧视待遇，这也是儿童权利保护应遵循的一项重要原则。② 在教育实践中容易受到不平等对待的儿童主要包括贫困儿童、女童、少数民族儿童、残疾儿童以及乡村地区的儿童。教育机会均等涉及的方面既广又复杂，其中禁止教育领域的歧视是最重要的一个方面，很多国家的教育立法对此都做出了明确规定。比如，美国的法律很多都涉及教育领域禁止基于种族、肤色、族裔、性别和残疾的歧视的规定。③《儿童权利公约》也敦促缔约国立即采取措施，防止并消灭教育领域的歧视，比如，确保学生平等入学，禁止在诸如学费、奖学金或其他形式的教育援助方面的差别对待，禁止公共援助项目对不同儿童群体进行差别对待，通过立法和行政方面的措施消灭实践中的歧视。教育机会不平等在我国也是一个极其敏感的话题，④ 特别突出的是男女童之间以及城市之间的教育机会不平等问题。⑤

① 曹骁勇、曲珍：《国内外义务教育均衡发展研究述评》，《黑龙江教师发展学院学报》2021 年第 10 期。

② 王明露、王世忠：《区域空间结构：义务教育均衡发展研究新视野》，《教育理论与实践》2021 年第 25 期。

③ 江求川、任洁：《教育机会不平等：来自 CEPS 的新证据》，《南开经济研究》2020 年第 4 期。

④ 李春玲：《"80 后"的教育经历与机会不平等——兼评〈无声的革命〉》，《中国社会科学》2014 年第 4 期。

⑤ 李煜：《制度变迁与教育不平等的产生机制——中国城市子女的教育获得（1966—2003）》，《中国社会科学》2006 年第 4 期。

（二）儿童有权获得基本自由

在经济社会快速发展中，人们对自由、尊严的追求已然发展成生存的基本诉求。在这个背景下，往往容易忽视儿童也有权获得基本自由。《儿童权利公约》第13—16 条集中对儿童的基本自由进行了明确规定，包括缔约国要保障儿童拥有表达自由、思想自由、信仰自由以及结社和集会的自由，这四项条款被誉为全球范围内儿童的"民权"条款。[1]

首先，儿童应该拥有自由表达的权利。不论是通过书面方式还是口头方式，抑或是通过艺术的或其他网络媒介的方式，儿童都应该拥有自由表达的权利。该项权利的实现（即自由表达个人观点、思想），有助于其实现选择权、基础自由权以及其他相关权利。自由表达是培养儿童心理健全的重要渠道，家庭、社会不仅要允许儿童自由表达，更有义务教会儿童如何恰当表达自身想法和感受，并告知哪些表达是不符合社会规范的、需要尽量予以避免的，由此，儿童在成长过程中才可以慢慢学会恰当表达自己的情感，促进身心健康发展。相反，表达受到压制，容易使愤怒、伤心等情绪积累，并泛化到亲情、友情等方面的压制，对儿童成长和发展极为不利。我国宪法规定了包括儿童在内的全体公民拥有言论自由的权利，允许公民对于生活和政治中的各种问题，通过语言等各种方式表达其见解和思想。《中国儿童发展纲要（2021—2030 年）》指出，要保障儿童表达的权利，涉及儿童的法规政策制定、实施和评估以及重大事项决策，应该听取儿童的意见。在实践领域，儿童自由表达的权利往往为成年人所忽视，涉及儿童权益方面的政策制定、服务举措等方面，也未充分征求儿童意见。当然，在尊重并保障儿童自由发表言论权利的同时，家庭、学校和社会均应该让儿童明确，自由表达权利的行使也有必要的限定条件，在任何形式的表达中，需要尊重他人的名誉和权利，要维护公共秩序和社会道德，不得危害国家安全等。

其次，儿童拥有思想、意识和信仰的自由。意识层面的自由是人作为独立个体、具备个人属性的基本要求，源自人自身固有的尊严和价值。

---

① 姚建龙、刘悦：《儿童友好型司法的理念与实践——以欧盟国家为例的初步研究》，《中国青年社会科学》2019 年第 1 期。

和自由表达权利一样，儿童的思想、意识和信仰自由多数时候流于表面，很少在实际上受到尊重。《儿童权利公约》第 14 条规定，缔约国应尊重儿童享有思想、信仰和宗教自由的权利，并进而规定国家有义务尊重父母及其他法定监护人以符合儿童不同阶段接受能力的方式指导儿童行使该权利，这事实上要求父母对儿童意识自由予以分阶段指导，类似"因材施教"。与思想、意识自由不同，信仰更具有显示度，前者不容易引起父母的警觉和干预，那么，儿童在什么年龄阶段可以自由选择信仰？这在众多国际公约里均未明确，特别是当父母的信仰与儿童选择不一致甚至冲突时该如何保障儿童的信仰自由，在生活实践中难以实现。当然，在某些国家，儿童没有选择信仰的自由，在公共价值观中儿童跟随父母的宗教信仰被认定为符合儿童最大利益的举措。这能否被认定为破坏儿童意识层面的自由，仍然存在诸多争议。

最后，儿童拥有结社及和平集会的自由。《儿童权利公约》第 15 条规定，缔约国要确保儿童享有结社自由及和平集会自由的权利，同时指出，除非儿童的结社、集会不符合法律规定，并对他人权利、社会秩序、公共道德或国家安全造成不利影响，不得对儿童行使该项权利予以限制。联合国《公民权利和政治权利国际公约》、我国《中华人民共和国宪法》对该项权利也予以了明确。[1] 通过结社及和平集会，儿童不仅可以有机会获得政治参与及决策的经历，提高自我组织和协调能力，促进表达能力及其他相关能力的提高，还可以增强民主、自由和遵纪守法的价值理念，所以结社及和平集会对儿童发展来说是一项非常重要的权利。但是，在诸多西方"民主"国家中，对包括儿童在内的公民行使结社及集会自由时予以了诸多限制，而我国通过少先队、共青团等全国性团体，以及各类儿童志愿服务组织，为儿童提供了很好的社会参与、政治参与机会，对其发展权的实现有着重要的促进作用。

（三）儿童拥有休息和闲暇娱乐的权利

联合国儿童权利委员会《第 17 号一般性意见：儿童享有休息和闲

---

① 蓝寿荣：《论我国宪法休息权的解释》，《东北师大学报》（哲学社会科学版）2020 年第 4 期。

暇、从事游戏和娱乐活动、参加文化生活和艺术活动的权利》（2013 年）
对儿童的休息和闲暇娱乐权予以了确认，其中指出：缔约国确认儿童有
权享有休息和闲暇，有权从事与儿童年龄相宜的游戏和娱乐活动，以及
自由参加文化生活和艺术活动；缔约国应尊重并促进儿童充分参加文化
和艺术生活的权利，应鼓励并提供从事文化、艺术、娱乐和休闲活动的
适当和均等的机会。儿童休息权是允许并提供条件使得儿童可以从任何
种类的学习、工作或体力消耗类活动中充分恢复，以保障他们的最佳健
康状况和福祉；这一权利还要求为儿童提供充足睡眠的机会，在帮助儿
童实现活动后恢复体力和充足睡眠的权利时，必须考虑儿童能力的变化
及其发展需要。儿童闲暇娱乐权，是指为儿童提供可用于游戏或娱乐的
自由时间及相应条件。"游戏或娱乐"是由儿童自身发起、控制和组织的
任何不有损他人或公共秩序的行为、活动或程序，其关键特征在于该类
活动的趣味性、挑战性、非生产性和灵活性，可以激发儿童的愉悦感，
是儿童身体、心理、认知、情感发展的重要促进因素；[①] "自由时间" 通
常是不由家长、其他监护人或管理者指定用途的时间，在该时间内儿童
不进行正式教育、不工作、不承担家庭劳务或责任、不履行其他维持生
计的职能或参加个人以外的其他人指导的活动，是属于儿童可以按照自
己的意愿自由处置的时间；"相应条件" 要求家长、监护人或其他管理者
为儿童提供用于休息和休闲娱乐的场所、时间、必要的设施或设备、必
要的安全防护措施等。

　　我国新修订的《中华人民共和国未成年人保护法》第十六条和第三
十三条也从家庭、学校等层面明确了未成年人的休息及闲暇娱乐权利，
明确要求家庭及学校应保障未成年人有充分的休息、娱乐和体育锻炼时
间，应积极引导未成年人开展有益身心健康的活动；要求学校与家庭双
方紧密配合，在未成年人的学习、休息、娱乐、锻炼等方面进行合理安
排；要求各级各类学校不得占用国家法定节假日、休息日及寒暑假期，
组织义务教育阶段的未成年学生集体补课，加重其学习负担；要求幼儿
园、校外培训机构不得对学龄前未成年人进行小学课程教育，减少未成
年人课外辅导、培训等学习层面的压力。我国教育部于 2021 年 4 月公布

---

① 郭曰君：《休息权的权利主体新论》，《广州大学学报》（社会科学版）2014 年第 3 期。

《关于进一步加强中小学生睡眠管理工作的通知》（教基厅函〔2021〕11号），5月召开全国中小学"五项管理"落实推进视频工作会，6月出台《未成年人学校保护规定》（教育部令第50号），7月中共中央办公厅、国务院办公厅印发《关于进一步减轻义务教育阶段学生作业负担和校外培训负担的意见》（简称"双减"），均要求学校和家庭对未成年人休息权予以强制性保护，要求有效减轻未成年学生过重作业负担和校外培训负担。未成年人休息娱乐权入法既是回应社会的需要，也是全面贯彻党的教育方针、落实立德树人根本任务的重要举措。[①]

在当前教育内卷严重、教育焦虑泛化的背景下，[②] 将未成年人休息娱乐权利落到实处，需要深刻把握该项权利对未成年学生（儿童）的重要意义。一方面，休息娱乐是为了儿童的可持续发展。未成年人休息权是保护其发展权的前提，未成年人发展权是其休息权得以实现的基础。[③] 在充分的学习、工作后只有得到充分的休息和娱乐，形成劳逸结合的良好状态，才有利于儿童长远发展，并对学习、工作保持兴趣，从而达到互相促进、相辅相成的良性循环。但近年来，由于重点小学、中学升学竞争白热化，以考取重点学校、重点班级为目的的校外学科类辅导班已逐渐演变为家长眼中的必修课。部分学校、家庭对未成年人发展权的保护过度聚焦于未成年人的学业。未成年人发展权实际不单指未成年人智识的发展，还包括其身体、心理的发展，劳动技能、审美意识的发展。保障未成年人休息权，让其享有充分的休息、锻炼、适度健康的娱乐，不但能促进未成年人其他方面的发展，反过来也能促进未成年人学业的发展。反之，只有注重学生的全面发展，摒弃"不惜一切代价让孩子考上名校"的狭隘观和以牺牲其他发展为代价、唯学业为重的片面做法，才能依法切实保障未成年人的休息权。另一方面，休息娱乐是为了儿童的身心健康。儿童休息权是保护其健康权的条件，保护未成年人健康权是

---

① 张志勇：《"双减"格局下公共教育体系的重构与治理》，《中国教育学刊》2021年第9期。

② 杨欣：《教育的舆论风险及其治理》，《内蒙古社会科学》2021年第4期。

③ 孙慧娟：《预防事实无人抚养儿童犯罪研究——以民法对未成年人民事权利保护为视角》，《预防青少年犯罪研究》2021年第4期。

保障其休息权的目的和结果，二者相互促进。[①]《中华人民共和国民法典》第一千零四条明确规定了自然人的健康权包括身体健康和心理健康。在以考取重点校、重点班、提高升学率为目的的教学中，升学考试压力在不断向低龄段学生传递，学校、家长、校外辅导机构三方合力，致使未成年人的学业成绩成为各方实际关注的重点，往往对未成年人休息权重视不够。教育竞赛加剧、超前教学泛化造成未成年人休息权不断被侵蚀。经年累月，未成年人健康权也随之遭受损害。近年来，未成年人近视群体不断增加，学生体质不断下降，有心理问题的未成年人也较之以往有所增多，一味追求未成年人学业成绩的恶果已经显现。因此，充分保障未成年人的休息权，使学习和休息并举，才能更好地保护未成年人健康权。只有重视未成年人健康权的保护并为之积极行动，才能真正落实未成年人的休息权。

四　儿童的参与权及其具体内容

儿童的参与权指儿童与其他主体一样享有在家庭、学校、社会等场域就相关事务发表意见、与他人互动及参与决策的权利。[②] 参与既是一个过程，也与结果密切相关。有研究将儿童参与的场域分为六个层次，由低到高包括了家庭、学校、社区、工作、国家和国际层面，认为儿童应当在以上所有层次，均作为社会的能动者和重要主体参与到成人世界的决策中来，特别是涉及儿童政策的相关事务，[③] 其主要依据是儿童的参与可以有效促进其全面而健康地发展。当然，也有观点认为，出于知识、认知、视野等多方面的局限性，儿童的参与在大多数情况下并不重要，甚至会起到相反的作用。澳大利亚有关儿童参与福利系统普遍程度的研究表明，在事关儿童政策的决策过程中缺乏对儿童声音的关注，法律文本对儿童参与的保护与儿童福利实践中儿童参与的具体表现之间存

---

① 王玉香：《未成年人权利主体地位的缺失与构建》，《中国青年研究》2013 年第 4 期。

② Tara M. Collins, "A child's right to participate: Implications for international child protection", *The International Journal of Human Rights*, Vol. 21, No. 1, 2016, pp. 14–46.

③ 中华全国妇女联合会儿童工作部、英国救助儿童会中国项目组主编：《儿童参与：东西方思维的交汇》，中国法制出版社 2004 年版，第 25 页。

在不小差距,① 政府和社会对儿童参与重要性的理解和事实保护都需要加强。②

懂得参与社会事务、愿意为自己和所属群体的主张发表意见甚至参与讨论、辩论,同时懂得听取并尊重他人意见,是参与意识的具体表现,只有具备参与意识才能有效跟进上述过程。而这种参与意识的培养需要在儿童时期开始培养,保障儿童参与权是培养其参与意识的前提条件。《儿童权利公约》规定,每个儿童在有关他们的事务中都有发表意见的权利。《公民权利和政治权利国际公约》第 19 条和第 25 条规定,人人有自由发表意见的权利;每个公民应有直接或通过自由选择的代表参与公共事务的权利和机会。③ 这里的"人人""每个公民"显然包括了儿童,特别是在涉及儿童利益的相关事务和政策决定中,将儿童自身的观点充分吸纳进来,对于活动安排的适当性、政策的针对性和有效性有着直接帮助。《中华人民共和国未成年人保护法》第三条明确了儿童的参与权,在其 2020 年修订时近 2 万名未成年人通过网络提出减轻学业负担、防止校园欺凌等意见均被很好地采纳,是我国儿童参与权受到尊重和保护的重要体现。

(一) 儿童有权获得参与的合理渠道

如前文所述,儿童的参与权在众多国际条约和法律条款中得到了明确,大量儿童保护和福利工作者都赞同儿童参与的作用和价值。然而,由于各种原因,儿童参与在实践中构成了重大挑战,包括年龄歧视、剥夺机会以及象征性和形式上的参与,儿童参与的作用和权利反映的大多数时候体现在有关儿童发展和人道主义努力等"优先事项"的言辞之中,而不是实践。④ 可见,当前儿童参与的实际渠道并不充分。

---

① Bessell, S., "Participation in decision-making in out-of-home care in Australia: What do young people say?", *Children and Youth Services Review*, Vol. 33, 2011, pp. 496 – 501.

② Ben-Arieh, A., "Where Are the Children? Children's Role in Measuring and Monitoring Their Well-Being", *Social Indicators Research*, Vol. 74, No. 2, 2005, pp. 573 – 596.

③ Theresia, D., "Disability in a human rights context", *Laws*, Vol. 5, No. 3, 2016, pp. 35 – 35.

④ Kosher, Hanita, "What Children and Parents Think about Children's Right to Participation", *The International Journal of Children's Rights*, Vol. 26, No. 2, 2018, pp. 295 – 328.

　　当前的儿童参与权在两个方面受到了较为普遍的重视：一是认同儿童参与是一个总体原则，它包含了儿童的一套权利和自由，例如可以自由发表言论的权利；二是联合国《儿童权利公约》第 12 条赋予了儿童的一项独立权利，即儿童应有机会在影响他们的任何司法和行政程序中发表意见。[1] 尽管对儿童的参与权达成了较为普遍的共识，但在付诸实践后的效果评价方面也存在一定的困难，其重要原因是公众、组织者和儿童缺乏对参与意义的共识。哈特从参与对决策产生影响的可能性指出，参与是"分享影响一个人的生活和一个人生活的社区生活的决定的过程"，但是相反的立场则认为参与是弱势群体能够质疑现有社会实践并推翻那些对其社会、文化和政治排斥负责的过程。[2] 对参与意义的不明确，使得专业的社会工作者即便让儿童参与的意图是明确的，但对于在活动中为儿童提供哪些参与渠道、让儿童扮演什么角色仍然表现出一定的模糊和保留。[3]

　　在儿童参与的实践渠道层面，较早期的模式为哈特的"八层次参与阶梯"，由低到高分别为：（1）"操纵"，指在具体活动中儿童无法了解为什么这样做，也基本不能发表意见；（2）"装饰"，儿童有机会参与活动，但不明白其意义，只起到"装饰品"的作用；（3）"表面文章"，儿童象征性参与活动，有可能被问到想法，但并没有人重视其意见；（4）"共同决策"，由成人决定具体事项，儿童了解并决定是否参与；（5）"成人咨询和告知儿童"，由成人设计事项或活动安排，征求儿童意见并认真对待意见；（6）"成人发起但与儿童一起决策"，由成人提出有关事项，让儿童参与筹划和实施，并与成人一起做决定；（7）"儿童发起及策划"，儿童主动提出有关事项并由儿童自己做决定；（8）"儿童发起，成人参与"，儿童自己提出有关事项，并以主体身份邀请成人一起讨论和

---

　　[1]　King, M., "The child, childhood and children's rights within sociology", *King's Law Journal*, Vol. 15, No. 2, 2004, pp. 273 –299.

　　[2]　Tisdall, E. K. M., Hinton, R., Gadda, A. M., Butler, U. M., "Introduction: Children and Young People's Participation in Collective Decision-making", In Tisdall, E. K. M., Gadda, A. M., Butler, U. M., eds., *Children and Young People's Participation and Its Transformative Potential*, Studies in Childhood and Youth. Palgrave Macmillan, London, 2014.

　　[3]　Archard, D. & Skivenes, M., "Hearing the child", *Child & Family Social Work*, Vol. 14, No. 4, 2009, pp. 391 –399.

做决定。① 应当说，儿童参与并完全不取决于其充分程度，而是每个儿童都应有机会选择与其能力相匹配的最合理的参与水平和渠道，并允许随着儿童年龄的增长逐渐增加参与，其重点仍然是保障适合儿童年龄和发展特征的合理参与渠道。

另一种参与层次是由哈里·希尔提出的"儿童五阶段参与阶梯"，参与程度由弱到强分别为：（1）"儿童被倾听"，即儿童表达意见时受到成人的关心和关注；（2）"儿童表达意见受到支持"，成人积极地关注并寻求儿童表达；（3）"儿童意见受到重视"，成人对儿童意见根据其年龄和成熟度给予了适当看待；（4）"儿童参与决策过程"，儿童融入决策过程；（5）"儿童在决策中分享权利和责任"，儿童既融入决策，也承担决策所带来的相关责任。② 尽管这些模式彼此不完全相同，但它们都基于这样一种思想：参与是从不参与或低参与水平到深度参与的连续统一体，该过程意味着儿童被倾听并因为认真对待自己的观点而受到尊重。③ 当然，儿童参与渠道的实现，关键在于儿童拥有自由表达的宽松环境和获取信息的权利，以助于呈现观点、意见以及拥有发表意见的适当平台，这也就涉及下文即将论述的另外两个相关具体权利。

（二）儿童有自由表达观点和意见的权利

在当前普遍强调儿童福利的背景下强化儿童参与权不仅因为这是一个时髦的词汇，更是因为良好的参与实践和促进儿童福祉有密切关系。④ 儿童在"影响他们的所有事务"中发表观点和意见对儿童福祉尤为重要，可以提高他们的自尊心、自信心、掌控感和控制感。⑤ 在有关儿童护理、

---

① Ergler C. , "Children's Participation", In Peters M. , eds. , *Encyclopedia of Educational Philosophy and Theory*, Springer, Singapore, 2016.

② Shier, H. , "Pathways to participation: openings, opportunities and obligations", *Children & Society*, Vol. 15, No. 1, 2001, pp. 107 – 117.

③ Thomas, & Nigel, "Towards a theory of children's participation", *The International Journal of Children's Rights*, Vol. 15, No. 2, 2007, pp. 199 – 218.

④ Ruth, & Sinclair, "Participation in practice: making it meaningful, effective and sustainable", *Children & Society*, Vol. 18, No. 2, 2004, pp. 106 – 118.

⑤ Bell, M. , "Promoting children's rights through the use of relationship", *Child & Family Social Work*, Vol. 7, No. 1, 2010, pp. 1 – 11.

保护的研究中发现，儿童参与有关护理的决策可以使他们更能响应成人的期望来提高干预措施的有效性。[1] 此外，拥有充分表达和交流的参与式实践有助于儿童和青少年保护自己免受进一步虐待。[2] 相反，当不邀请儿童参与决策过程并发表意见时，他们可能会尝试以消极的方式来主张反抗或退缩。[3] 可见，自由表达观点和意见，是儿童履行参与权利的重要方式。

《儿童权利公约》第 13 条第 1 款规定：儿童应有自由发表言论的权利；此项权利应包括通过口头、书面或印刷等形式或儿童所选择的任何其他媒介，寻求、接受和传递各种信息和思想的自由，而不论国界。但有研究表明，即使儿童有机会在相关活动或程序中表达自己的观点，这并不意味着他们参与了决策或观点必然受到重视或采取行动。儿童的表达很多时候是有限的、象征性的，他们对自身主张的陈述能力和辨析能力较差，难以提供足够的细节来支持自己的表达在成人眼里显得"明智"。[4] 在针对部分社会工作者等专业人员的研究中发现，儿童不适合在活动和决策中发表意见是因为儿童的社会文化形象是脆弱的，需要成人的保护，而且他们对参与的实际意义缺乏了解，所以社会工作者强调针对儿童参与能力的干预措施应当旨在使公众认识到儿童是知识丰富的社会行为者，同时也需要对儿童进行自我表达和呈现的能力予以赋权增能。[5] 当然，社会工作者普遍倾向于支持儿童参与的保护立场，并且他们在服务实践中积极探讨儿童参与日常实践的具体方式，特别是如何支持、鼓励儿童表达。[6]

[1] Khoury-Kassabri, M., Haj-Yahia, M. M., & Ben-Arieh, A., "Adolescents' approach toward children rights: Comparison between Jewish and Palestinian children from Israel and the Palestinian Authority", *Children and Youth Services Review*, Vol. 28, No. 9, 2006, pp. 1060 – 1073.

[2] Thomas, & Nigel, "Towards a theory of children's participation", *The International Journal of Children's Rights*, Vol. 15, No. 2, 2007, pp. 199 – 218.

[3] Cherney, I. D., Greteman, A. J., & Travers, B. G., "A cross-cultural view of adults' perceptions of children's rights", *Social Justice Research*, Vol. 21, No. 4, 2008, pp. 432 – 456.

[4] Bell, M., "Promoting children's rights through the use of relationship", *Child & Family Social Work*, Vol. 7, No. 1, 2010, pp. 1 – 11.

[5] Bijleveld, G., Dedding, C., & JFG Bunders Elen, "Children's and young people's participation within child welfare and child protection services: A state-of-the-art review", *Child & Family Social Work*, Vol. 20, No. 2, 2013, pp. 129 – 138.

[6] Kosher, H., & A Ben-Arieh, "Social workers' perceptions of children's right to participation", *Child & Family Social Work*, Vol. 25, No. 2, 2020, pp. 294 – 303.

(三) 儿童有获取恰当信息的权利

针对儿童对自身参与的感知开展的研究发现，儿童的自我感知并不太好。一方面，多数儿童认为他们参与涉及自身生活的决策过程的机会有限，甚至是根本没有机会，很多儿童认为，他们不太了解正在发生的事情、他们为什么接受保护、他们可以期待什么成效以及他们的参与对生活产生了哪些变化。[①] 另一方面，即便是有些儿童感到他们被倾听并有机会报告他们的观点，但这并不意味着他们参与了决策，或者他们的观点在决策过程中具有核心地位，因为他们既缺乏做出决策所需要的信息资源，也不清楚自身的表达所能产生的实际效果。[②] 由此可见，为儿童提供涉及他们自身利益的活动、安排、决策的相关信息对其实现参与权是非常必要的。

当然，在很多时候儿童自由获取的资料不一定适宜儿童，如色情、暴力以及对儿童的有害宣传。因此，《儿童权利公约》第 17 条（e）鼓励缔约国对儿童获取资料制定准则，为的是保护儿童不受可能损害其福祉的信息和资料之害。在制定这样的准则时，缔约国应当记取对儿童发展承担的基本责任。以上条款强调大众传媒信息的重要作用，并应确保儿童能够从各种渠道获得适当的信息和资料，这就意味着国家有责任和义务保障儿童通过多种渠道表达意见的同时，保护儿童免受对其身心健康和社会福祉有害的信息和资料的侵害。可见，政府尤其应对儿童参与获取信息的限制性规定予以高度重视，既不能妨碍儿童正当的社会参与，又不能对信息获取渠道和过程放任不管。对儿童获取色情资料以及发表关于色情内容等言论的限制，收看收听电视广播节目的限制，禁止儿童到一些娱乐性场所如网吧等，这些规定不是妨碍儿童的参与权，而是为儿童的健康和安全考虑。[③] 当然，这还涉及对生产、销售这些产品的行业

---

① Leeson, C. , "My life in care: experiences of nonparticipation in decision-making processes", *Child & Family Social Work*, Vol. 12, No. 3, 2007, pp. 268 – 277.

② Bessell, S. , "Participation in decision-making in out-of-home care in australia: what do young people say?", *Children & Youth Services Review*, Vol. 33, No. 4, 2011, pp. 496 – 501.

③ 王雪梅:《儿童权利论———一个初步的比较研究》，社会科学文献出版社 2005 年版，第 176 页。

的管理，如电影业、音像制造业、网吧和娱乐经营场所的管理。

五　留守儿童权利的特殊性

以上结合相关国际条约、公约和儿童保护方面的法律法规，论述了儿童普遍性的生存权、受保护权、发展权和参与权。作为儿童大群体中的一个部分，留守儿童在物质生活、日常生活结构等方面有着一定的独特之处，而这些特殊性又决定了其在享受相关权利时也呈现出一定的特殊性。厘清这些因素对于儿童关爱保护政策的制定和执行有着重要价值。

（一）留守儿童生存权的特殊性

儿童的生存权主要包括每个儿童享有固有的生命权，自出生之日起获得国籍、姓名和合法身份的权利，受到父母监护保护以及获得适当生活水平的权利。将讨论范围缩小到留守儿童时，便可以发现存在一定的特殊性。

一方面，因为父母双方外出务工或者一方外出但另一方缺乏监护能力，处于未成年阶段的留守儿童在获得父母的直接、持续保护方面存在一定的结构缺陷。造成这种特殊性的主要因素包括：在父母不在身边提供照料时，留守儿童的客观社会支持体系呈不稳定状态，大多数共同生活的爷爷奶奶、外公外婆难以替代父母提供足够的支持力量；同时，留守儿童日常生活中难免会面对来自同伴欺凌、日常生活风险等方面的挑战。在以上两个因素的综合作用下，留守儿童有可能呈现出高于其他类型儿童风险的状况，这种状况使得留守儿童在日常生活中可能面临更多来自周边人群侵害的风险。因此，开展留守儿童社会保护政策设计以及关爱活动，需要更加充分地关注留守儿童日常生活中人身安全问题的预防、技能培训，而且在具体政策和服务措施方面需要结合儿童自身特点予以设计。

另一方面，父母外出务工可能为留守儿童带来高于农村非留守儿童更高的物质生活水平，但留守儿童在资金的合理使用方面存在一定问题。早期留守儿童物质生活状况的研究认为留守儿童经济状况较差，而事实上更多的研究则发现父母外出务工能够为留守儿童提供高于非留守儿童

的物质生活水平。① 外出务工的父母通过务工汇款等途径显著提高了家庭
成员的生活水平，也提高了农村家庭收入，对农村贫困问题的改善有显
著促进作用。② 儿童社会化发轫于家庭内部的社会学习，而内嵌于家庭的
物质资本在儿童发展过程中发挥基础性作用。③ 但是，在拥有了更好的物
质生活条件后，留守儿童在资金的支配方面、留守家庭在教育的投入方
面出现了一些问题，表现出大量的非理性游戏充值、零食泛滥、假期补
习与报兴趣班等问题。因此，开展留守儿童社会保护政策设计以及关爱
活动，需要更加充分地关注留守儿童及其家庭在较高生活水平之后的资
金使用和规划问题。当然，一定数量的留守儿童仍然处于生活水平低下
的状况，基本的物质生活保障和政策兜底也是必需的。

（二）留守儿童受保护权的特殊性

从"权利利益理论"（Interest Theory of Rights）的视角出发，权利是
通过强加某种义务而被确定为值得保护的利益，但并不是所有的利益都
产生权利；为了确定哪些利益可以被认定为权利属性，必须查看其特定
的实质性作用。④ 出于儿童需要更长时间的照料才能成长为履行社会职能
个体的自然特性，予以特殊保护是完成上述过程的必然要求，所以儿童的
养育、成长对家庭和社会而言均是"值得保护的利益"，这直接决定了儿童
受保护可以成为一种权利。依次延伸分析，儿童受保护的内容主要包括被
养育、照顾，免受忽视、虐待、剥削和侵害，以及在利益受损时有权接受
治疗并重返社会。结合本研究的主题，从留守儿童日常生活结构中缺乏父
母照料、监护的角度来看，留守儿童享有受保护权也有其自身的独特性。

一方面，父母外出务工使得留守儿童在理论上减少了来自家庭成员
内部虐待的风险，但同时也增加了被忽视、被其他人员侵害的风险。只

① 叶敬忠：《农村留守人口研究：基本立场、认识误区与理论转向》，《人口研究》2019 年
第 2 期。

② Fan, S., Zhang, L., & Zhang, X., "Reforms, Investment, and Poverty in Rural China",
Economic Development and Cultural Change, Vol. 52, No. 2, 2004, pp. 395 –421.

③ Coleman, J. S., "Social Capital in the Creation of Human Capital", *American Journal of Sociology*, 1988, p. 94.

④ Federle, K. H., "Children's Rights and the Need for Protection", *Family Law Quarterly*,
Vol. 34, No. 3, 2000, pp. 421 –440.

要父母没有杀死或永久残害他们的孩子，国家和社会都不相信他们有干预孩子生活状况的责任，这种观念直到 20 世纪才逐渐扭转。[①] 在观念及福利思想改变后，孩子不被认为只是父母的财产，而是整个社会的财富，对其生活环境、人身安全是需要给予足够保护的。对于留守儿童而言，因为父母日常保护职能的弱化（这本身也是遭受家庭忽视的一种表现），往往更容易面临来自村庄、学校、工厂等不良人士的虐待、剥削甚至侵害。因此，开展留守儿童社会保护政策设计以及关爱活动，需要关注儿童社会生态系统的整体安全性建构，需要多部门、全系统综合行动，绝不是教育、公检法司某一个部门的责任。

另一方面，当留守儿童陷入被侵害的困境时，强制报告制度需要发挥重要功能。家庭结构事实上的不完整，留守儿童被侵害往往更具有隐蔽性的特点，而我国传统上存在"自己的孩子自己管"的家庭观念、"多一事不如少一事"的文化理念，强制报告制度在法律认知、执行等方面均存在欠缺。所以，突破传统的家庭和文化观念，广泛宣传强制报告制度框架、职责及操作流程，完善强制报告制度的配套政策，是落实和健全我国儿童权益保护机制、完善儿童福利体系、提升儿童保护水平的重要内容。[②] 由此可见，开展留守儿童社会保护政策设计以及关爱活动，需要对强制报告制度予以足够重视，在不履行强制报告制度的法律后果设计、强制报告的宣传策略等方面予以改进。当然，在留守儿童被侵害后，家庭和社会予以救助、治疗并帮助其重返社会的非常重要的环节，也是儿童受保护权的重要组成部分。

（三）留守儿童发展权的特殊性

发展涉及机会平等和分配正义等问题，是一个非常宽泛的概念。但是，因为已经区分了儿童生存权、受保护权等权利要素，这些要素也涉及发展机会的问题。所以，从权利类型的划分来看，儿童发展权在本研

---

① Gullatt, D. E., & Stockton, C. E., "Recognizing and Reporting Suspected Child Abuse", *American Secondary Education*, Vol. 29, No. 1, 2000, pp. 19 – 26.

② 徐富海：《中国儿童保护强制报告制度：政策实践与未来选择》，《社会保障评论》2021年第 3 期。

究中细化为儿童获得适当的、各种形式的教育，基本人身自由以及休息和闲暇娱乐的权利。因为家庭监护状况、生活环境与其他类型儿童不同，留守儿童在教育与学业表现、闲暇安排等方面有自身特点，其发展权的保护也相应具有一定的特殊性。

　　一方面，父母外出务工使得留守儿童的发展权表现出先天自然状态下的平等与后天事实状态不平等并存的局面。受城乡二元社会结构和家庭经济条件限制，大量留守儿童难以随父母进入城市接受教育并获得发展机会，与城市儿童及非留守儿童相比处于机会不均衡的不利境地，改变了父母外出务工前的相对平等状态。虽然有一些不同的观点，但是大量研究发现，父母外出务工给留守儿童的教育、心理、社会化诸方面带来了一定的负面影响。[①] 在教育方面，留守儿童的成绩相对于非留守儿童而言通常排在中下等和下等位次，学业表现不佳；[②] 心理层面上，留守儿童在不同程度上表现出"亲情饥渴""少年老成""拘谨""交际困难"等特质；[③] 从社会化层面来看，留守儿童在一定程度上表现出家庭结构观念不足、亲子关系淡化、欠缺亲戚间交往能力等方面的问题。[④] 关注留守儿童发展权需要充分考虑留守儿童在日常生活中被对待的方式，其最终落脚点是保障留守儿童有公平支配和使用发展资源的机会，尽可能消除各种不利因素对留守儿童发展的抑制和影响。[⑤] 从这个角度来看，开展留守儿童社会保护政策设计以及关爱活动，需要加强对发展机会的政策制定，同时密切关注儿童教育与学业表现问题。儿童不仅是发展的"受害者"，[⑥] 更应该是拥有权利、尊严的身心完整的个体，需要公平发展的机

---

①　李洪波：《实现中的权利：困境儿童社会保障政策研究》，《求是学刊》2017 年第 2 期。

②　叶敬忠、王伊欢、张克云、陆继霞：《父母外出务工对农村留守儿童学习的影响》，《农村经济》2006 年第 7 期。

③　范方、桑标：《亲子教育缺失与"留守儿童"人格、学绩及行为问题》，《心理科学》2005 年第 4 期。

④　李鹏：《农村留守儿童同伴交往中的问题及应对策略》，《教育观察》2013 年第 1 期。

⑤　彭清燕、汪习根：《留守儿童平等发展权法治建构新思路》，《东疆学刊》2013 年第 1 期。

⑥　Mónica Ruiz-Casares, Tara M. Collins, E. Kay M. Tisdall, & Sonja Grover, "Children's rights to participation and protection in international development and humanitarian interventions: nurturing a dialogue", *The International Journal of Human Rights*, Vol. 21, No. 1, 2017, pp. 1 – 13.

会和环境。

另一方面，在缺少父母日常照管的状况下，留守儿童的自由时间、闲暇安排往往更为充分，但在自主、自控能力不强的阶段，这些自由给留守儿童带来的不仅仅是发展，也可能是身心受到伤害。当前，我国基础教育阶段的闲暇教育状况不容乐观，特别是农村地区存在以下问题：一是闲暇时间的规划意识不强，虽然留守儿童具有较多可自由支配的闲暇时间，可以做自己喜欢做的事，但农村基础教育中对于如何合理规划自由时间、合理安排休闲项目的教育和引导不足，使得留守儿童从事具有一定危险的休闲活动较为常见；二是农村闲暇环境相对简陋，学校休闲娱乐设备相对较少，活动形式较为单调，留守儿童的参与积极性不高，[①] 校外的闲暇设施不足，而游戏厅、网吧等则更具有吸引力，使得个别留守儿童出现手机成瘾、游戏成瘾、网络成瘾。所以，开展留守儿童社会保护政策设计以及关爱活动，需要关注儿童自由时间的规划和安排问题，既要保障儿童有充分的自由时间和闲暇生活，又要保证活动安排的健康性、安全性以及对于儿童长远发展的有效性。

（四）留守儿童参与权的特殊性

儿童福祉发展的一个关键和重要方面是强调儿童积极参与社会的权利，强调不仅确保儿童免受伤害和虐待，更进一步确认其有权发展成自主个体，并在涉及和影响到儿童的问题上具有适合其自身特点的发表意见的权利。[②] 这里的关键在于"适合其自身特点"，其中蕴含了两个方面的要素：一是儿童参与应该作为儿童福利和政策发展的基本元素，二是为儿童提供恰当的参与渠道。正如米尔顿指出的，"参与权的实现必须适合儿童的发展能力以及儿童参与的具体任务或活动"。[③] 当前，各级政府、

---

① 秦琦：《闲暇教育对我国农村留守儿童的积极意义》，《教育观察》2019 年第 33 期。

② Lundy, L., "Children's rights and educational policy in europe: the implementation of the united nations convention on the rights of the child", *Oxford Review of Education*, Vol. 38, No. 4, 2012, pp. 393 – 411.

③ Romainville, C., "Defining the right to participate in cultural life as a human right", *Netherlands Quarterly of Human Rights*, Vol. 33, No. 4, 2015, pp. 405 – 436.

社会组织为留守儿童关爱保护制定了大量社会政策、提供了大量社会服务活动，相对于其他类型儿童来说，在范围和程度上均更为广泛和深入，这为留守儿童参与权的实现提供了一些特殊元素。

一方面，在涉及留守儿童社会政策的制定、社会服务方案的设计时，需要提供、拓宽留守儿童参与的基础渠道，保障其参与权的实现。在国际儿童保护实践中，对儿童和年轻人的脆弱性或依赖性的理解和做法是常见的，因为这既要求也证明了儿童保护的政策措施是必需的。[1] 但是相比之下，儿童参与政策制定过程的要求更需要得到尊重和落实，特别是在某些特殊儿童群体之中。当前，涉及留守儿童关爱保护的政策结构，已经由国家立法机关、中央政府、国务院组成部门发展到纵向的省市县等非常庞大的体系，但在大量的立法实践和政策制定过程中，留守儿童参与的渠道和方式往往不够充分。同时，在由各级政府部门、群团组织和各类社会组织开展的留守儿童社会服务实践中，留守儿童的参与权在服务方案设计过程通常仅停留在需求评估和成效评估这类开始和结项阶段，而具体服务内容、方式等更为细致的环节，留守儿童的参与往往不足。这在很大程度上可能导致留守儿童关爱和保护的针对性、有效性不足，打击留守儿童本就不高的参与积极性，降低资金投入的社会效益，更对留守儿童的长期和可持续发展造成损害。所以，开展留守儿童社会保护政策设计以及关爱活动，特别需要广泛发动留守儿童参与，同时针对不同年龄层次和能力水平的儿童，提供适合其自身特点和发展状况的参与渠道。

另一方面，留守儿童在政策制定和服务策划的参与过程，不仅体现在合适渠道方面，更应该关注参与的实质性和有效性。正如前文所述，儿童的自由表达和获取合适信息的权利也是参与权的重要表现，那么在动员儿童参与时，为其提供合理而充分的信息、鼓励发言并真正重视其观点，则显得非常必要。大量有关儿童参与过程的研究显示，当儿童服务者关注他们的表达、重视他们的观点、认真对待他们的担忧并提供现

---

[1] Ruiz-Casares, M., Collins, T. M., Tisdall, E. K. M., & Grover, S., "Children's rights to participation and protection in international development and humanitarian interventions: Nurturing a dialogue", *The International Journal of Human Rights*, Vol. 21, No. 1, 2017, pp. 1 – 13.

实的选择时，他们对自己感觉良好并觉得受到重视。① 同时，当孩子觉得儿童工作者听取了他们的意见时，他们给予的反应也是积极的，即使他们的选择在现实中并没有奏效，这意味着他们认为被倾听比他们实际得到自己想要的东西更重要。② 缺乏表达机会、行动机会，或者儿童的表达及行动没有得到重视，参与的儿童往往会产生一种被忽视的感觉，导致自尊和自我价值下降；当他们的愿望被否决而没有给出解释时，当他们的担忧没有得到解决时，他们感到沮丧，并且由于没有参与决策过程而感到无助和绝望；当孩子觉得他们认为重要的事情被忽视或被认为无关紧要时，反抗、退缩或使用一系列其他策略来避免参与将不可避免地出现。③ 所以，开展留守儿童社会保护政策设计以及关爱活动，需要发动留守儿童用语言和行动做到实质性参与。同时，对儿童参与过程中的表现予以密切关注和尊重，即便最终未予采纳，该过程也在体现儿童参与的基础上尊重了其参与权，更为关键的是，儿童参与决策、设计，往往在实际层面能够使得政策指向性和服务针对性更为符合儿童需求。

六　本章小结

本章以新修订的《中华人民共和国未成年人保护法》为主线，结合联合国《儿童权利公约》及配套的《一般性约定意见》等相关权威国际条约文本，主要论述了儿童的生存权、受保护权、发展权、参与权及其具体内涵，并结合留守儿童状况，探讨分析了留守儿童权利问题的特殊性。

一方面，与其他类型儿童一样，留守儿童同等享有生存权、受保护权、发展权及参与权。在生存权方面，儿童有权获得监护人的保护，主

① Collins, T. M., Sinclair, L. D., & Zufelt, V. E., "Children's rights to participation and protection: Examining child and youth care college curricula in Ontario", *Child & Youth Services*, Vol. 42, No. 3, 2021, pp. 268 – 297.

② Blaisdell, C., Kustatscher, M., Zhu, Y., & Tisdall, E. K. M., "The emotional relations of children'sparticipation rights in diverse social and spatial contexts: Advancing the field", *Emotion, Space and Society*, 2021, p. 40.

③ Leeson, C., "My life in care: Experiences of non-participation in decision-making processes", *Child and family Social Work*, Vol. 12, 2007, pp. 268 – 277.

要体现在儿童有确保生命安全的权利、有获得人格尊严的权利；儿童有权获得合法身份，主要体现在有权获得出生登记权利、获得姓名和国籍的权利、获得居民身份和户籍的权利；儿童有获得适当生活水平的权利，除了充足及符合质量要求的衣、食、住、行等基本条件以外，还应该包括让儿童享有足以促进其生理、精神、心理、道德和社会发展的生活水平。在受保护权方面，儿童有权免遭家庭忽视和虐待，父母及其他监护人有责任提供安全、健康的家庭环境，避免对儿童造成日常照料、身体、精神层面的忽视和虐待；儿童有权免遭各类形式的剥削，包括对儿童实施的经济剥削、性剥削及其他任何形式的剥削现象；儿童有权免遭暴力侵害，任何针对儿童的暴力侵害，无论其严重程度如何，都是不被允许的；受害儿童有权接受治疗并重返社会，这是儿童自身拥有的救济性权利。在发展权方面，儿童有权获得各种形式的教育，以便成长为能够适应社会发展的个体；儿童有权获得基本自由，包括表达自由、思想自由、信仰自由以及结社和集会的自由；儿童拥有休息和闲暇娱乐的权利，有效减轻劳务负担、学业负担和培训负担是确保儿童休闲权利的重要举措。在儿童参与权方面，儿童有权获得参与的合理渠道，拥有自由表达的宽松环境和获取信息的权利。

另一方面，留守儿童在享有权利方面有自身的特殊性。因为父母双方外出务工或者一方外出但另一方缺乏监护能力，留守儿童在获得父母的直接、持续照护方面存在一定的结构缺陷，造成了留守儿童权利表现出如下特殊性：生存权方面，留守儿童需要更多有关人身安全问题的预防能力和应对技能培训，需要更多合理规划日常生活及资金使用方面的能力培训；在受保护权方面，需要关注儿童社会生态系统的整体安全性建构，这有赖于教育、司法及其他部门、全系统综合行动；强制报告制度的有效运行、被侵害留守儿童的救济体系是该领域的重点工作；在发展权方面，需要加强对留守儿童发展机会的政策研究和制定，为其提供公平发展的机会和环境，同时密切关注留守儿童自由时间的规划和安排问题，特别是沉迷网络、手机游戏等典型问题；在参与权方面，需要广泛发动留守儿童参与有关其自身政策的探讨和服务行动设计之中，组织者需提供充分信息、畅通参与渠道，保障留守儿童在实质上用语言和行动参与。

总体来说，儿童权利的保障和实现，是促使儿童成长为合格的社会有机体成员的过程，与其说是为了儿童自身的利益，倒不如说是为了人类自身的延续和可持续发展。留守儿童是儿童群体中的一个相对特殊的群体，保障并实现其权利，既具有前述文本中的重要意义，也在促进"发展的不平衡"问题的解决方面有着显著价值。

第三章

中国留守儿童关爱保护政策的
发展历程

　　留守儿童关爱保护政策的形成和发展，既与该群体受到社会的关注程度密切相关，也与国家经济社会发展水平紧密相连。完善的社会政策通常不是一蹴而就的，有其自身发展历程并受各种因素的影响。我国留守儿童关爱保护的社会政策经历了孕育期、萌芽期、发展期和相对成熟期，仍有进一步完善的空间。这一过程既体现了党和政府对留守儿童群体的重视程度逐渐加强，更反映了儿童优先意识在政府和公众价值理念中的深化。对留守儿童关爱保护政策的历程进行梳理，有利于探讨社会政策发展经验，为更好地加强留守儿童关爱保护提供思路。

一　中国留守儿童关爱保护政策的孕育期

　　留守儿童问题既缘于家庭自身，又受社会经济发展状况的影响。一方面，在城乡经济社会发展差距较大、农村剩余劳动力充足的背景下，乡—城职业流动也就成为一个突破生活困境、获取更好发展机会的重要选择；而另一方面，受政策体制影响，城市学位不足、入学户籍限制等问题使得留守儿童缺乏随其父母流动的充分机会。留守儿童问题关系到农村家庭的结构、功能、生活方式等变化所带来的家庭观念与关系的变异等问题，[1] 既有微观性，也有全局性。事实上，我国留守儿童相关政策

---

① 潘璐：《留守儿童关爱政策评析与重塑》，《社会治理》2016 年第 6 期。

的制定，也是基于留守儿童问题形成的影响因素及其变迁而做出的，与经济社会发展状况相匹配，有其历史变迁的过程。

（一）农民工流动背景下的留守儿童与流动儿童

留守儿童受到较为广泛的关注，发轫于改革开放后进城农民工数量的不断增加。新中国成立后至20世纪70年代，基于长期国内外战争的积弱现状和为新中国工业化积累资源的客观需要，我国通过实施从上至下的人民公社制度、统购统销制度和城乡二元户籍制度限制了农民向城市无序流动的通道，将农民固定在土地及农业生产上，人口流动性及其效用基本未能释放。随着新中国成立后40年经济建设的恢复和改革开放政策的实施，截至1988年，城市对劳动力的需求有所增加，国家相关政策开始解禁，先后出台了允许农民自带粮食户口进集镇务工（1983年），准予有固定住所、有经营能力或在乡镇长期务工的农民转为非农户口（1984年），允许农民进城开店设坊、兴办服务业（1985年）和允许国有企业按照指标从农村招工（1986年）等系列规定。当然，到20世纪80年代前期，我国农民工虽然已经成为一种新的社会群体和社会现象，但总体上规模相对较小，被关注到的社会生活问题也非常有限。[1]这种情况发生改变，最为重要的契机是1984年中央一号文件《关于一九八四年农村工作的通知》。该文件指出，各省区市可以选若干集镇进行试点，允许务工、经商或从事服务业的农民自理口粮到集镇落户；[2]随后，国务院发布《关于农民进入集镇落户问题的通知》（国发〔1984〕141号）予以具体落实。该政策经过一段时间检验被证明是行之有效的，此后，大量农民进入集镇务工、经商或从事服务业，不仅解决了农村剩余劳动力的去路问题，同时促进了集镇的繁荣和建设。[3]自1985年起，我国农民工数量基本保持10%左右的增长率（详见表3-1，1989年因政治原因除外）。

---

[1]　陈世海：《农民工媒介形象再现及其内在逻辑——基于央视春晚的分析》，《青年研究》2014年第5期。

[2]　赵诚：《要跟上农村商品生产发展的形势——学习中央一号文件的体会》，《学习与研究》1984年第6期。

[3]　李军：《农民自理口粮到集镇落户若干法律问题》，《广东社会科学》1986年第4期。

表 3 - 1　　　　　　2003 年及以前我国农民工数量特征统计① 　　　单位：万人，元,%

年份	农民工数量	增幅	增幅	农民工人均工资	农民人均收入	城乡收入差距	农村居民 CPI (1978 = 100)	城镇居民 CPI (1978 = 100)
1985	5960	–	–	977. 62	325. 45	1. 3852	100. 00	134. 20
1986	6777	817	13. 71	935. 57	345. 66	1. 5684	106. 10	143. 60
1987	7386	609	8. 99	1007. 45	371. 44	1. 5631	112. 70	156. 20
1988	7870	484	6. 55	1172. 30	432. 89	1. 5228	132. 40	188. 50
1989	7769	– 101	– 1. 28	1414. 66	469. 35	1. 6475	157. 90	219. 20
1990	8866	1097	14. 12	1317. 21	547. 50	1. 6365	165. 10	222. 00
1991	9137	271	3. 06	1406. 97	556. 68	1. 7375	168. 90	233. 30
1992	9964	827	9. 05	1572. 82	599. 62	1. 8035	176. 80	253. 40
1993	11350	1386	13. 91	1462. 58	727. 09	1. 9107	201. 00	294. 20
1994	12297	947	8. 34	1832. 35	958. 02	1. 9307	248. 00	367. 80
1995	13386	1089	8. 86	2270. 99	1224. 00	1. 8414	291. 40	429. 60
1996	14266	880	6. 57	2688. 89	1475. 26	1. 6899	314. 40	467. 40
1997	14198	– 68	– 0. 48	3181. 15	1553. 54	1. 6512	322. 30	481. 90
1998	13844	– 354	– 2. 49	3445. 17	1588. 42	1. 6716	319. 10	479. 00
1999	13214	– 630	– 4. 55	3912. 85	1580. 05	1. 7606	314. 30	472. 80
2000	12891	– 323	– 2. 44	4403. 99	1551. 10	1. 8361	314. 00	476. 60
2001	12572	– 319	– 2. 47	4885. 04	1594. 50	1. 9118	316. 50	479. 90
2002	12090	– 482	– 3. 83	5437. 52	1635. 38	2. 0643	315. 20	475. 10
2003	12247	157	1. 30	5762. 92	1703. 82	2. 1580	320. 20	479. 40

数据来源：根据相关年份《中国统计年鉴》数据计算、汇总而得。

从统计数据来看，1985—2003 年，我国农民工数量总体呈上升趋势，

① 历年《中国统计年鉴》上均有 "按城乡分就业人员数" 和 "按三次产业分就业人员数" 的统计数据，后者中的二、三产业就业人数大于前者中的城镇就业人数，其差额可以被视为农民工数量。在缺乏权威统计数据的情况下，这种计算方法虽不完全准确，但理论上的误差并不大。

农民工人均工资显著高于农民人均收入，前者保持了 1.8—3.4 的倍数优势；相对于农村收入而言，城市收入保持了 1.4—2.2 的倍数优势，说明城市收入对农村剩余劳动力有明显吸引力。其间，城乡消费者物价指数（Consumer Price Index，CPI）均保持了较高增幅，且城镇居民 CPI 是农村居民 CPI 的 1.3—1.5 倍，说明在城市务工、获取相对较高的酬劳后，以务工收入在农村消费有较高的溢价效应，进一步巩固了农村劳动力转移的内驱力。自 1993 年开始，我国农民工人数首次超过 1 亿人，此后一直保持庞大的规模。随着农民工数量持续扩大，城市融入问题、子女教育问题日益凸显，国家开始在政策方面予以关注与应对，特别是在儿童教育方面，更是开始着手制定政策。与此同时，社会公众开始关心大量农民工进城后，其留守在家的孩子是否缺乏家长管教、带入城市的孩子是否可以接受良好的教育。但是留守儿童问题一开始便进入政策视野，反倒是农民工带到城市的流动儿童的教育问题，因为受到户籍、经济等条件的限制，就地入学成为较大的困难，成为各地政府重点关注的问题。

（二）备受关注的流动儿童教育

1996 年 4 月，原国家教委印发《城镇流动人口中适龄儿童少年就学办法（试行）》；1998 年 3 月，国家教委、公安部联合颁布《流动儿童少年就学暂行办法》，就解决流动儿童受教育问题提出了相关措施，这两个文件说明了国家已经在一定程度上对农民工子女教育问题给予了重视，只不过关注的重心是流动儿童。

1996 年的《城镇流动人口中适龄儿童少年就学办法（试行）》有几项重要规定，一是明确流入地政府有责任为适龄流动儿童（6—14 周岁或 7—15 周岁，为小学及初中年龄段儿童，高中年龄段并未纳入该政策范围）提供教育机会；二是要求流动儿童户籍所在地（农村）教育行政部门严格监管，有监护条件的必须在户籍所在地接受教育，无监护条件的儿童在流动期间可以在流入地（城市）接受教育；三是流动儿童在流入地以全日制"借读"为主，不具备条件的以组建教学班组的方式接受"非正规教育"；四是经各级政府批准，社会团体、企事业单位可以自筹经费，举办专门招收流动儿童的学校或教学班组，为流动儿童提供更多教育机会；五是城镇全日制中小学可利用现有资源，聘请离退休教师举办招收流动儿童的附属教学班组，可采取晚班、周末班、寒暑假班等方式组织教学，小学可以扫盲为目标只开设语文、数学课，初中也可适当减少课程门类，对考试合格的学生发放学业证明。①

　　由以上政策文件可以看出，在经济发展水平有限、城市教育资源不足的情况下，党和政府对涌入城市的农民工子女在力所能及的范围内提供了教育政策支持，其特征包括以下几个。第一，只可能在一定程度上满足义务教育阶段的流动儿童教育需求，高中阶段流动儿童无法在城市接受教育，更不能在城市参加高考。第二，进城务工的农民工应尽可能将孩子留在农村接受教育，万不得已才能带到城市生活，尽量减少对城市教育资源造成的冲击。第三，流动儿童在城市的教育地位不能与城市儿童等同，属于带有附属性质的"借读"。第四，发动社会力量开办教学班或学校，动员公办学校多开设班级，以便给流动儿童提供更多教育机会。第五，对于在城市就学的流动儿童，在教学科目和难度上可以适当降低教育要求，以适应教学条件和资源不足的现实困境。由此可见，在城市教育容量有限的情况下，流动儿童的教育政策在满足需求（提供就读机会但尽量减少儿童随农民工进入城市的数量）、措施调整（开办教学班组、举办民办学校）和目标下调（课程减少、难度降低）之间取得了一定平衡。

　　1998年由原国家教委和公安部共同发布的《流动儿童少年就学暂行办法》② 在《城镇流动人口中适龄儿童少年就学办法（试行）》做出如下调整。一是加强了教育主管部门的工作协调。文件规定，流动儿童户籍所在地政府和流入地政府要加强配合，前者要建立流动儿童登记制度，后者要为在校流动儿童建立临时学籍。二是细化了工作流程。文件第八条要求，流动儿童在流入地接受教育的，应先经常住户籍所在地的县级教育行政部门或乡级政府批准，然后由其父母或其他监护人，向流入地住所附近中小学提出申请，经同意后办理借读手续；或到流入地教育行

① 王振川主编：《中国改革开放新时期年鉴（1996年）》，中国民主法制出版社2014年版，第512页。
② 王振川主编：《中国改革开放新时期年鉴（1996年）》，中国民主法制出版社2014年版，第154页。

政部门申请后由其协调解决。三是加大了民办学校的支持力度。文件第九条指出，由企事业单位、社会组织和公民自筹经费举办的专门招收流动儿童的学校，可以酌情放宽设立条件要求，流入地政府和教育行政部门应予以积极扶持。四是加强了流动儿童入学的各项支持。文件指出，公办学校招收流动儿童须按《义务教育学校收费管理暂行办法》收取借读费，民办学校招收流动儿童须按《社会力量办学条例》执行，坚决杜绝乱收费现象；对贫困学生应酌情减免费用；维护流动儿童正当权益，在评优、奖励、加入少先队及共青团等方面不得歧视。五是提高了教育质量要求。文件要求，专门招收流动儿童的民办学校和公办附属教学班组，要努力提高教育质量，完成学业且符合要求的应发放毕业证书或证明，教育行政部门要加强指导和监督。从以上变革来看，1998 年的文件在保障流动儿童入学权利、提升教育质量与教育公平等方面有较为明显的进步。

此阶段，从政策层面，国家对农民工子女问题的关注只聚焦于流动儿童，说明留守儿童问题在这一时期还不是十分凸显，而流动儿童的教育问题已经是现实的、迫切需要解决的社会问题，因为这既关系到流动儿童的健康成长，也关系到经济发展、城市和谐与稳定。所以这一阶段政策主要聚焦于农民工子女中的流动群体，未将留守儿童作为一个特殊群体予以关照，这只是对农民工问题延伸关注的结果，是有关农民工政策的衍生政策。尽管这一时期留守儿童并未正式进入国家政策视野，但已开始引起个别新闻媒体与研究者的关注，同时，随着流动儿童群体被广泛关注，为政府的政策视线转向留守儿童打下了现实的基础。

（三）留守儿童教育权利的初步关注

2003 年 9 月，国务院出台《关于进一步加强农村教育工作的决定》（国发〔2003〕19 号）①，从八个方面对加强农村教育工作予以规定。一是明确农村教育"重中之重"的地位，指出农村教育在全面建设小康社会中具有基础性、先导性、全局性的重要作用。二是加快推进"两基"攻坚（在西部地区基本普及九年义务教育、基本扫除青壮年文盲），以加

---

① 《国务院关于进一步加强农村教育工作的决定》，2022 年 3 月 20 日，国务院网站（http：//www. gov. cn/zwgk/2005 – 08/13/content_22263. htm）。

强农村中小学校舍和初中寄宿制学校建设、扩大初中学校招生规模、提高教师队伍素质、推进现代远程教育、扶助家庭经济困难学生等为工作重点，到2007年"普九"人口覆盖率达到85%以上、青壮年文盲率降到5%以下。三是以服务"三农"为方向，深化农村教育改革，增强办学的针对性和实用性，实行基础教育、职业教育和成人教育的"三教统筹"。四是明确各级政府保障农村教育投入责任，在中央加大转移支付力度的同时，落实农村义务教育"以县为主"的管理体制。五是建立健全资助家庭经济困难学生就学制度，保障农村适龄少年儿童接受义务教育的权利，争取到2007年全国农村义务教育阶段家庭经济困难学生都能享受到"两免一补"（免杂费、免书本费、补助寄宿生生活费），努力做到不让学生因家庭经济困难而失学。六是加快推进农村中小学人事制度改革，大力提高农村教师队伍素质。七是实施农村中小学远程教育，促进城乡优质教育资源共享，提高农村教育质量和效益。八是切实加强领导，动员全社会力量关心和支持农村教育事业。

《关于进一步加强农村教育工作的决定》是我国农村教育发展史上一份重要政策文件，在明确农村教育地位、统筹城乡教育均衡发展、增加农村教育投入、理顺农村教育管理机制等方面都做出了重要规定，为我国农村教育发展注入了强心剂。文件中特别要求加大城市对农村教育的支持和服务力度，保障进城务工农民子女接受义务教育的权利，这其中涵盖了留守子女教育问题。夯实农村教育基础、普及九年义务教育，都为留守儿童教育权的实现提供了重要保障。本阶段，学术界有关留守儿童问题研究也处于初始阶段。

经搜索国内外数据库发现，截至2003年，包含"留守儿童"题名的中英文论文仅13篇，可见该时期学术领域对留守儿童的关注程度并不高。早期留守儿童学术研究成果是1998年蒋忠、柏跃斌所撰写的《"民工潮"下的农村家庭教育现状及思考》，两位学者通过实证调查分析了留守儿童由于父母较弱的教育基础、外出务工后对子女教育培养不足，造成"缺乏正确引导""学习成绩普遍较差""容易走上犯罪道路"等一系列问题，提出了相关建议。① 2000—2003 年，留守儿童教育理论研究也产出了一些成果，研究主题基本集中在留守儿童的隔代教育、生活困境和行为偏差等方面，对留守儿童关爱保护政策的思考尚未提上日程。与此同时，《人民日报》《光明日报》《都市青年报》《楚天都市报》等媒体先后报道了农村留守儿童面临的困境（特别是隔代教育问题），使得留守儿童教育问题作为一个"新社会问题"显现出来，很快引起了党和政府的重视。

二　中国留守儿童关爱保护政策的雏形期

2003 年中央农村工作会议召开后，全国将"三农"问题作为全党全国工作的重中之重，明确指出发挥城市对农村的带动作用、推动城乡经济社会一体化发展。与"三农"问题密切相关的留守儿童问题的关注热点超过被农民工带到城市生活的流动儿童，有关留守儿童关爱保护的社会政策进入制定的雏形期。

（一）农民增收政策对留守儿童关爱保护的促进

2004 年中央一号文件《中共中央　国务院关于促进农民增加收入若干政策的意见》② 指出，要树立科学发展观和正确的政绩观，改善农民工劳动条件，着力解决农民工子女教育问题，优化农村学校布局，加强农村教师队伍建设。其中，"农民工子女教育问题"既包括流动儿童在城市入学问题，也包括留守儿童享受高质量的农村教育问题，为留守儿童教育关爱保护政策的探讨和制定提供了重要基础。事实上，对农村问题、农村教育问题重视程度的加强，是我国破除城乡二元结构、推动城乡关系发展转型的直接体现。

新中国成立至改革开放之前，为应对复杂的国际环境和国内经济社

---

① 蒋忠、柏跃斌：《"民工潮"下的农村家庭教育现状及思考》，《江西教育科研》1998 年第 3 期。

② 《关于促进农民增加收入若干政策的意见》，2022 年 3 月 20 日，中共中央　国务院网站（http：//www.gov.cn/test/2006 - 02/22/content_207415.htm）。

会的恢复式建设，我国形成了城乡二元体制，总体形成了以政府为主导、以破解国外经济封锁以及确立农业经济基础地位为目标，同时确立了优先发展重工业的重要战略。在经济结构方面建立了以工业（特别是重工业）为主导的工农二元经济体系；[①] 产业方面通过设立农产品统购统销等显性制度、工农"剪刀差"等隐性制度将农村剩余产值转移至工业生产领域，形成了事实上的"以农补工"的产业格局；[②] 要素方面通过实施户口登记制度限制农村人口"盲目外流"对城市资源造成冲击，将农民沉淀在农村和土地，[③] 由此形成了城乡二元分割的经济格局、社会结构。自1978 年以来，随着国际环境逐渐宽松，"备战备荒"指导思想下重工业主导式的发展格局不再适应国家经济发展形势，我国明确了改革开放的发展战略，将发展目标调整为"以经济建设为中心"，初步明确了"社会主义市场经济"的发展体制。一是打破农村集体所有制、分田到户，放宽户籍制度对农村剩余劳动力的流动限制；二是逐步取消统购统销制度，初步实现价格市场调节，进一步放松了生产要素对劳动人口的制约。1978 年安徽小岗村"大包干"拉开了我国家庭联产承包责任制序幕，将土地自主经营权赋予农民，打破了大锅饭带来的农业生产消极氛围，提升了劳动力、生产资料等基础要素配置效率，充分调动农民生产积极性。党的十一届三中全会肯定了大包干、分产到户、分田到户等农村生产改革方式，同时提出缩小工农产品"剪刀差"、改革农产品收购价格，使得农村改革带来的农产品丰富与国家政策红利叠加，极大地促进了农村经济发展。此后，国家在允许农民从事工商业、倡导多种经营方式、放宽城镇落户限制等方面进一步改革，使得城乡差距进一步缩小、城乡协调发展格局初步形成，城乡二元格局得以破冰。

随着改革开放的进一步深入，1984—2003 年，各种资源受到政策及市场引导逐渐向城市聚集，城市成为市场改革的主战场，但同时农业和农村的发展仍然受到重视。为调动广大城镇企业职工的生产积极性，政

---

① 林毅夫、陈斌开：《发展战略、产业结构与收入分配》，《经济学》2013 年第 4 期。

② 李周：《改革以来的中国农村发展》，《财贸经济》2008 年第 11 期。

③ 吴丰华、韩文龙：《改革开放四十年的城乡关系：历史脉络、阶段特征和未来展望》，《学术月刊》2018 年第 4 期。

府开始推动非公有制经济改革，调整国有企业产权制度、城镇收入分配制度，搞活城市经济；在农业改革方面，坚持农产品价格体制改革，同时推动粮食流通体制改革，加强城乡要素流动，乡镇企业得以快速发展。1997年6月国务院批转公安部《小城镇户籍管理制度改革试点方案和关于完善农村户籍管理制度意见的通知》，规定在小城镇购买了商品房或者有合法自建房的居民可以办理城镇常住户口，城镇和中小城市户口限制得以放宽，加速了人口城镇化进程，为城市发展带来了大量劳动力，也为农村发展提供了大量务工收入。虽然农村剩余劳动力转移带来了农村生产效率的提高，但是工农"剪刀差"仍然存在，农民税赋负担重、收入增幅低于城市的格局没有得到彻底改变，新中国成立以来"以农补工"的状况也未彻底扭转。

在改革开放的大力推动下，我国作为发展中国家的"后发追赶"优势不断显现，整体经济实力不断增强，但经济结构性矛盾、城乡关系问题逐渐凸显，逐渐成为制约经济社会可持续发展的重要因素。面对城乡发展不平衡、发展差距不断扩大的现实，2002年党的十六大提出"城乡统筹发展"的指导思想，旨在构建"工业反哺农业，城市带动农村"的新型城乡发展关系。在此背景下，2003年中央农村工作会议明确了解决"三农"问题"多予、少取、放活"的六字方针，提出要不断增加对农业、农村的政府投资，通过粮食直补、良种补贴、农机具购置补贴和农资综合补贴等四项补贴全方位支持农村农业生产；同时取消乡统筹、农村教育集资等面向农民征收的行政事业性收费和政府性基金、集资，取消统一规定的劳动义务工、屠宰税，调整农业税和农业特产税政策（至2006年废止《农业税条例》后全面取消农业税）；通过免除农村义务教育阶段学费和杂费、为贫困家庭学生提供补助等方式提高农村义务教育经费的财政保障范围；开展新型农村合作医疗保障制度试点，破解农村基本公共服务边缘化格局，为农村医疗卫生事业发展注入了新生力量。在"城乡统筹发展"思想的引领下，我国城乡关系表现更为和谐，发展差距出现缩小趋势。当然，城乡关系是积累了几十年而形成的问题，其发展过程中依然存在基础设施建设、基本公共服务等方面的很多不平衡，在经济社会持续发展的背景下，城乡融合发展又逐渐成为新的发展理念（见图3-1）。

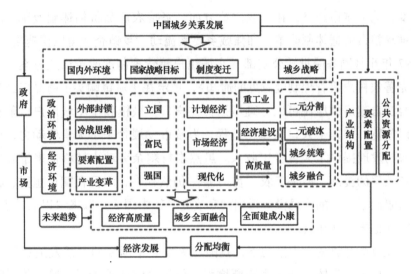

图 3-1 中国城乡关系发展历程①

由此可见，留守儿童问题的形成，根植于国家经济社会发展过程中城乡关系不断调整的历史事实，对其采取关爱保护政策，也是基于着力发展工业、提升城市建设水平三十余年后，对"欠了账"的农村发展予以重视的直接结果。这一结果体现在调整农民收入增长结构、夯实农村教育基础等方面，既为农村留守儿童受教育权的保障和提质增效创造了更好的条件，也为具体的政策设计指明了方向，催生了专门针对留守儿童关爱保护政策的制定进入雏形期。

（二）留守儿童问题的全面关注

自2004年以后，随着城乡统筹发展理念的深入，"三农"问题越来越受到重视，留守儿童作为农村相对特殊群体更是备受关注。《人民日报》自2003年底每周日设置两个版面的《新农村周刊》，专门报道"三农"问题。2004—2008年的五年时间里，刊发以留守儿童为主题的报道分别为27篇、26篇、55篇、58篇、26篇，而2003年仅为1篇，聚焦留

---

① 叶璐、王济民：《新中国成立以来城乡关系的演变历程与未来展望》，《华中农业大学学报》（社会科学版）2021年第6期。

守儿童教育、性格养成、生活质量等热点；《中国教育报》等权威教育媒体也在该时期关注并报道有关留守儿童教育问题，使得以教育部为首的国家高层机关率先开展留守儿童问题专题研究。①

2004 年 5 月，教育部邀请相关专家召开"中国农村留守儿童问题研究"座谈会，指出中共中央和国务院领导非常关注留守儿童问题，教育部将加强对该问题的研究，广泛听取专家意见，共同做好留守儿童教育工作。同年 6 月，中国人民大学和中国人口学会联合召开"现代化进程中的人口迁移流动与城市化研讨会"，专门设置留守儿童议题，开展了广泛而深入的探讨，时任全国人大常委会副委员长、中国人口学会会长彭珮云出席会议并指出，人口迁移流动和城市化直接关系到我国社会主义现代化进程，在中国特色的城市化道路建设进程中要关注人口迁移流动过程衍生出来的相关问题，特别是贫困地区留守妇女和儿童问题，要大力开展人口发展战略研究，消除全面建设小康社会进程中的阻碍。② 同年 10 月，中央教科所研究团队在《教育研究》刊发《农村留守儿童问题调研报告》，对留守儿童生活学习情况进行实证调查，分析了留守儿童面临的各种问题及其成因，并从消除城乡差距、加大社会帮扶力度、建立留守儿童教育和监护体系、增设心理课程、加强寄宿学校建设等方面提出了建议。③

2005 年 5 月，为贯彻落实《中共中央 国务院关于进一步加强和改进未成年人思想道德建设的若干意见》，全国妇联与中国家庭文化研究会联合在郑州召开"中国农村留守儿童社会支援行动研讨会"。会议指出，根据第五次人口普查推算，我国农村留守儿童有近 2000 万且增长趋势明显；在形成原因上，农村留守儿童问题根植于农村剩余劳动力向城市转移，所以需要纳入总体经济社会发展规划中予以解决，这也是一个长时期存在并应该面对的问题；会议呼吁社会各界为留守儿童提供有效的社会支持，共同关注留守儿童面临的困境，努力为其营造良好的成长和发

① 王爽：《党报视野中的留守儿童报道——以〈人民日报〉留守儿童报道为例》，《东南传播》2009 年第 5 期。

② 彭珮云：《加强人口迁移流动和城市化研究 促进城乡协调发展——在"中国现代化进程中的人口迁移流动和城市化"学术讨论会上的讲话》，《人口研究》2004 年第 4 期。

③ 吴霓：《农村留守儿童问题调研报告》，《教育研究》2004 年第 10 期。

展环境。① 同年10月，叶敬忠等主编的《关注留守儿童》由社会科学文献出版社出版，首次对我国各地开展的留守儿童社会支持行动予以汇总、评价，并就改进对策开展研究，大大推进了学术界、舆论界有关留守儿童问题的研究和讨论。

2006年3月中旬，敬一丹等24名政协委员在全国政协十届四次会议上提交了《关于为农村留守儿童建立成长保障制度的提案》，提出在全国人大修订《中华人民共和国未成年人保护法》时要从法律上保障农村留守儿童权益等六点建议，引起全国范围内的广泛关注。2006年3月28日，国务院发布《关于解决农民工问题的若干意见》（国发〔2006〕5号），第二十一条指出农民工输出地政府要解决好农民工留守在农村子女的教育问题，切实保障农民工子女平等接受义务教育；第三十五条指出，将涉及农民工子女教育等有关经费纳入正常的财政预算支出范围，切实把解决农民工问题摆在重要位置。② 这是我国中央政府第一次从政策层面对留守儿童问题给予直接原则性的回应与干预。同年5月，教育部《关于教育系统贯彻落实〈国务院关于解决农民工问题的若干意见〉的实施意见》出台，指出要以建立寄宿制学校的教育和监护体系、开设留守儿童教育的地方和校本课程等方式促进留守儿童教育问题的解决。同年7月，全国妇联发布《关于大力开展关爱农村留守儿童行动的意见》，提出将留守儿童教育纳入家庭教育"十一五"规划、发展示范家长学校、开展丰富多彩的主题活动、为留守儿童办好事实事等一系列举措。2006年9月，全国妇联组织召开全国留守儿童工作电视电话会议，公安部、教育部、财政部、民政部、司法部、全国妇联、国家人口计生委、关工委等有关部门参加。全国人大常委会副委员长、全国妇联主席顾秀莲出席会议并讲话，指出要围绕农村留守儿童迫切需要解决的问题，建立农村留守儿童工作的工作机制、统筹协调机制和激励机制，促使农村留守儿童

---

① 熊飞：《中国农村留守儿童社会支援行动研讨会在郑举行》，《河南日报》2005年5月23日，https：//www.zynews.cn/2005-05/23/content_196174.htm。

② 《关于解决农民工问题的若干意见》，2022年3月20日，国务院网站（http：//www.gov.cn/zhuanti/2015-06/13/content_2878968.htm）。

工作持续有效开展。① 2006 年 10 月，我国第一个留守儿童协调议事机构"农村留守儿童专题工作组"由全国妇联牵头成立，包括国务院农工办、教育部、公安部、民政部、司法部、财政部、农业部、卫生部、国家人口和计划生育委员会、中央文明办、全国总工会、共青团中央、中国关心下一代工作委员会等十余个部门组成，工作组将推动建立农村留守儿童指导服务机构，促进形成学校、家庭、社会相结合的监护网络，扩大社会宣传营造农村留守儿童健康成长的良好环境，致力于解决我国日益突出的农村留守儿童问题。② 当然，该工作组成员由相关部门司（局）级领导担任，在议事深度和决策高度方面存在一定的不足。

以上情况表明，留守儿童已经成为中国政府和社会各界高度关心和重视的问题。全国妇联在该时期发挥了关爱保护留守儿童的重要作用，组建工作组、推进关爱保护行动，取得了较大的社会影响力；教育部等部门在留守儿童教育支持等方面也做了一定的工作。当然，由于缺乏更为权威部门的协调和推动，留守儿童关爱保护政策和措施尚未形成具有实质性的突破。

（三）留守儿童关爱保护政策体系的初步形成

2007 年以后，随着全国妇联牵头"农村留守儿童专题工作组"推动留守儿童关爱保护行动的开展，特别是中组部介入留守儿童领域，我国留守儿童关爱保护政策体系得以初步构建。2007 年 5 月，全国妇联联合教育部、公安部等共计 13 个中央部门共同发布了《关于开展"共享蓝天"全国关爱农村留守流动儿童大行动的通知》（妇字〔2007〕20 号），拟从四个方面开展全国范围内的留守儿童关爱保护行动。③

第一，"共享蓝天支持行动"。旨在通过强化政府行为，探讨从源头

---

① 顾秀莲：《在全国农村留守儿童工作电视电话会议上的讲话》，《中国妇运》2006 年第 12 期。

② 全国妇联：《农村留守儿童专题工作组将分 4 路赴 8 省开展调研》，《广西教育》2006 年第 12 期。

③《全国妇联　教育部　公安部　民政部　司法部　财政部　农业部　卫生部　国家人口计生委　中央文明办　全国总工会　共青团中央　中国关工委关于开展"共享蓝天"全国关爱农村留守流动儿童大行动的通知》，载司法部法律援助中心编《中国法律援助年鉴·2007》，中国民主法制出版社 2008 年版。

上解决农村留守流动儿童问题的方法。主要支持行动包括以下两方面。一方面，研究并制定进一步做好农村留守流动儿童工作的指导意见，探讨建立多部门协作的工作机制，加强工作宏观指导；特别是以户籍制度改革、卫生保健服务、接受义务教育、社会救助等为突破口，推动各部门出台有针对性的政策和法规，为农村留守流动儿童平等发展提供强有力的政策支持和保障。另一方面，加强留守儿童保护的重点工程投入。保障农村义务教育经费投入，结合乡村学校布局调整、建立中小学校舍维修改造长效机制，适当改扩建农村寄宿制学校，着力解决留守儿童寄宿上学问题；在学校、村委会建立农村留守儿童动态监测机制和资料库，共同构建农村留守儿童教育监护体系。

第二，"共享蓝天维权行动"。旨在通过出台相关法律法规、开展维权服务、加强法制宣传教育、严厉打击违法犯罪行为等措施，切实维护农村留守流动儿童合法权益。主要支持行动包括以下四点。一是针对强化父母的法定监护责任、完善委托监护制度、确立监护人监督法律制度、建立国家监护制度等方面开展调查研究，提出立法建议。推动地方立法部门在制定或修订未成年人保护实施条例时，将农村留守流动儿童权益保护的内容纳入其中，推动农村留守流动儿童法律保护体系的不断完善。二是加强对《中华人民共和国未成年人保护法》《中华人民共和国义务教育法》等相关法律法规的宣传，做好农村留守流动儿童法制教育、安全教育工作，提高维权意识和能力。三是充分利用各地区和各部门的维权机制、阵地、队伍，面向农村留守流动儿童开展维权服务，鼓励支持有条件的法律服务机构设立法律、心理咨询热线，为农村留守流动儿童提供维权服务。四是严厉打击侵害农村留守流动儿童权益的违法犯罪行为，进一步加大执法检查和工作督查力度，保障农村留守流动儿童各项权益落到实处。

第三，"共享蓝天关爱行动"。在以各地区各部门现有关爱活动基础上，旨在动员社会力量为留守流动儿童办好事办实事。主要支持行动包括以下几方面。一是面向社会，重点推进"代理家长"等关爱留守儿童行动，发展儿童公益项目，对留守儿童学习、生活等给予有效指导和帮助。二是面向家长，推进"家长联系卡""亲情电话卡"等关爱行动，增进农村留守儿童与父母的亲情联系。依托"四老"家长学校、农村留守儿童及流动人口子女示范家长学校等，向家长宣传科学的家庭教育知识和方法。在劳动力转移培训中增加监护人教育指导的内容，使他们切实担负起教养孩子的责任和义务。三是面向儿童，重点开展"一对一结对子""留守小队""手拉手关爱留守少年儿童行动"等互帮互学活动，通过开展活动，弘扬民族精神，传承乐善美德，帮助困难同伴，享受助人乐趣。

第四，"共享蓝天宣传行动"。旨在充分发挥大众传媒优势，通过多渠道的宣传教育，努力营造农村留守流动儿童健康成长的良好氛围。主要支持行动包括以下三点。一是政策法规宣传。以修改后的《中华人民共和国未成年人保护法》颁布实施为契机，大力宣传国家保护儿童权益的法律法规，宣传留守儿童家长及监护人的职责任务，宣传家庭教育科学知识和方法。二是关爱理念宣传。大力宣传爱的教育、无歧视教育和城乡平等参与发展的教育，为农村孩子平等融入城市创造良好的条件。三是典型事迹宣传。开展农村留守流动儿童工作创新案例评选，推出一批农村留守流动儿童工作示范县（市、区），选出一批优秀的农村留守流动儿童及家长，充分发挥他们的示范带动作用，推进全国农村留守流动儿童工作深入开展。在宣传形式上，通过"五个一"行动，即在全国推出一批宣传口号、宣传一批先进典型、制作一批公益广告、聘请一批形象代言人、编印一批宣传资料，努力扩大关爱行动的宣传覆盖面。

从留守儿童政策发展的历程来看，《关于开展"共享蓝天"全国关爱农村留守流动儿童大行动的通知》，是我国首次由涉及留守儿童工作的众多中央部门共同协力制定的留守儿童关爱保护大纲，是留守儿童关爱保护政策进入雏形期的代表性事件。从内容上来看，该《通知》涵盖了留守儿童政策制定、权益保护、关爱举措和社会宣传，为后续诸多留守儿童政策文件的出台提供了重要参照，对留守儿童的调查研究、政策改进发挥了重要的推动作用。

2007年7月，中共中央组织部、全国妇联、教育部、公安部、民政部、卫生部、共青团中央七部门日前联合发布《关于贯彻落实中央指示精神　积极开展关爱农村留守流动儿童工作的通知》，要求进一步发挥各级党组织、政府部门及群团组织在推动农村留守流动儿童工作中的积极作用，促进农村留守流动儿童问题的有效解决。①《通知》对留守儿童教育管理工作、户籍管理与权益保护工作、救助保障机制完善工作、医疗保健服务、关爱支持工作进行了明确要求，特别是"农民工输入地要坚持以公办学校为主接收农民工子女接受义务教育""优先满足留守儿童的寄宿学习需求""对接收留守儿童较多的学校在核实教师编制与经费时给予倾斜""建立和完善优秀农民工及其配偶、子女的落户政策""将符合条件的留守儿童全部纳入低保范围""加强对农村留守儿童特别是有过流浪经历的留守儿童的关爱和保护""将农村留守流动儿童的医疗保健作为当前妇幼卫生工作的重点之一""推动构建留守儿童教育监护网络"等提法都是首次出现，对留守儿童关爱保护政策的深入发展有重要的推动作用。特别是中央组织部首次出现在留守儿童政策文件之中，对于全国范围内各级政府加强留守儿童问题的关注、加快政策制定执行，有着重要的推动意义。

2008 年，在中央一号文件《中共中央　国务院关于切实加强农业基础建设　进一步促进农业发展农民增收的若干意见》中，"留守儿童"一词首次出现，指出"农民工输出地要为留守儿童创造良好的学习、寄宿和监护条件。深入开展'共享蓝天'关爱农村留守、流动儿童行动"。这是我国首次在中央一号文件关注留守儿童问题，特别是确保留守儿童教育权利的实现、推动全国范围内由全国妇联牵头实施的"共享蓝天"行动，对于我国留守儿童关爱保护政策的发展发挥了重要作用。自此以后，"留守儿童"经常出现在中央一号文件、国务院政府工作报告、中央农村工作会议决议等党和国家最高层次文件之中，全国范围内的留守儿童关爱保护氛围逐渐形成，关爱保护政策措施也如雨后春笋般不断出台。

总体来看，留守儿童问题在该阶段被逐渐纳入国家政策视野，留守儿童关爱保护政策的制定和广泛实施得以正式开启。具体来看，由全国妇联牵头制定、13 个部门共同实施的留守儿童关爱保护政策体系，从可操作的角度来看，政策条文的指导性和宏观性较强，对于各地各级政府

---

① 《七部门发通知要求积极开展关爱农村留守流动儿童》，2022 年 3 月 20 日，新华社网站（http：//www.gov.cn/jrzg/2007－07/26/content_698406.htm）。

加强对留守儿童问题的关注有重要作用，但在具体实施上缺乏较为细致的规范；从系统性的角度来看，多部门共同参与、划分职责且分工合作的体系已经初步搭建，但在合作的层面上还不够高、在合作的机制上仍然不够完善；从政策指向性来看，留守儿童与流动儿童一同放在政策文件之中（而且中央和国务院的政策文件中将这两个群体共同放在农民工政策之中），尚未细致区分留守儿童和流动儿童各自面临问题的巨大差异性，使得关爱保护政策的执行存在一定程度的偏差。当然，留守儿童关爱保护政策的各参与部门，在自身工作实践中结合具体情况制定了相对具体的政策举措、开展了大量服务实践，这对留守儿童关爱保护政策的落实有着重要帮助。

三　中国留守儿童关爱保护政策的发展期

作为一个"整数年"的起始，各项全国层面的规划陆续在 2010 年出台，"留守儿童"一词首次进入我国最高层面的规划文本，标志着留守儿童关爱保护政策进入了发展期。课题组收集了 2010—2015 年中共中央、国务院和各中央部门出台的有关留守儿童关爱保护政策的文本，经过分类整理后，从教育保护等四个维度论述我国留守儿童政策发展期的基本概况。

（一）发展期的留守儿童教育保护政策

2010—2015 年我国留守儿童政策发展期出台的教育保护政策主要包括《国务院办公厅关于开展国家教育体制改革试点的通知》《国务院关于当前发展学前教育的若干意见》《国家中长期教育改革和发展规划纲要（2010—2020 年）》《全国指导推进家庭教育五年规划（2011—2015 年）》《国务院关于深入推进义务教育均衡发展的意见》《关于加强义务教育阶段农村留守儿童关爱和教育工作的意见》《国务院关于进一步完善城乡义务教育经费保障机制的通知》《乡村教师支持计划（2015—2020 年）》，文件发布的主体有国务院、国务院办公厅、全国妇联、教育部（见表3－2），主要内容既涵盖了教育体制改革、义务教育均衡发展等宏观政策，也包括了学前教育、家庭教育、教育经费保障、乡村教师队伍建设等微观政策，从综合层面为留守儿童构建了较为全面的教育保护政策体系。

表3-2 我国留守儿童政策发展期有关教育保护政策的文件及内容分解①

序号	年份	政策文件名称	主要内容
1	2010	《国务院办公厅关于开展国家教育体制改革试点的通知》（国办发〔2010〕48号）	在"基础教育综合改革试点"中，由山东省、湖南省、重庆市牵头探索建立健全农村留守儿童关爱服务体系
2	2010	《国务院关于当前发展学前教育的若干意见》（国发〔2010〕41号）	扩大农村学前教育资源，重点支持中西部地区推进农村学前教育；乡镇和大村独立建园，小村设分园或联合办园，人口分散地区举办流动幼儿园、季节班等，配备专职巡回指导教师，逐步完善县、乡、村学前教育网络
3	2010	《国家中长期教育改革和发展规划纲要（2010—2020年)》	重点发展农村学前教育，努力提高农村学前教育普及程度，保证留守儿童入园；巩固义务教育普及成果，建立健全政府主导、社会参与的农村留守儿童关爱服务体系和动态监测机制；加快农村寄宿制学校建设，优先满足留守儿童住宿需求；实施义务教育学校标准化建设
4	2011	《全国指导推进家庭教育五年规划（2011—2015年)》（妇字〔2012〕8号）	将家庭教育指导服务纳入农村留守儿童关爱服务体系，有条件的地区在学校、社区、乡村设置专业社工岗位，为特殊儿童及家庭提供救助及指导服务

① 本节政策文本，均来自中国政府网及各中央部门网站，具有权威性，不再单独标注出来源，下同。

续表

序号	年份	政策文件名称	主要内容
5	2012	《国务院关于深入推进义务教育均衡发展的意见》（国发〔2012〕48 号）	把关爱留守学生工作纳入社会管理创新体系，构建学校、家庭和社会各界参与的关爱网络；统筹协调留守学生教育管理工作，实行留守学生的普查登记制和社会结对帮扶制；加强留守学生心理健康教育，建立安全保护预警与应急机制；优先满足留守学生进入寄宿学校的需求
6	2013	《关于加强义务教育阶段农村留守儿童关爱和教育工作的意见》（教基一〔2013〕1 号）	优先满足留守儿童教育基础设施建设，优先改善留守儿童营养状况，优先保障留守儿童交通需求，切实改善留守儿童教育条件；加强留守儿童受教育全程管理，加强留守儿童心理健康教育、法制安全教育，加强家校联动组织工作，提高留守儿童教育水平；支持做好留守儿童家庭教育工作，逐步构建社会关爱服务机制
7	2015	《国务院关于进一步完善城乡义务教育经费保障机制的通知》（国发〔2015〕67 号）	加快建立乡村小规模学校办学机制和管理办法，建设并办好寄宿制学校，慎重稳妥撤并乡村学校，保障当地适龄儿童就近入学；加强义务教育民办学校管理，加强留守儿童教育关爱服务
8	2015	《乡村教师支持计划（2015—2020 年）》（国办发〔2015〕43 号）	全面提高乡村教师思想政治素质和师德水平，拓展乡村教师补充渠道，提高乡村教师生活待遇，统一城乡教职工编制标准，职称（职务）评聘向乡村学校倾斜，推动城镇优秀教师向乡村学校流动，全面提升乡村教师能力和素质，建立乡村教师荣誉制度，为乡村提供优质教育

综合以上 8 份政策文本来看，本阶段留守儿童教育保护政策的特点包括以下几个方面。一是落实了前一阶段"构建留守儿童关爱保护体系"

的举措，使其从口号阶段进入试点阶段。由山东省、湖南省和重庆市开展的试点工作，对于探索留守儿童关爱保护体系的内涵、构架、协作机制做出了突出贡献，为下一阶段留守儿童关爱保护政策的完整出台奠定了基础。二是强化了教育公平、教育均衡发展的理念内涵。如前所述，城乡关系由"以农补工"向"以工哺农"转变，在教育政策层面直接体现在了城乡教育均衡发展方面，多个文件提到"重点支持中西部地区推进农村学前教育""优先满足留守学生进入寄宿学校的需求""优先满足留守儿童教育基础设施建设"等内容，正是教育均衡发展的体现。三是系统化关爱保护得到进一步加强。学前教育、义务教育、家庭教育、教师队伍建设、经费保障、基础教育设施建设、服务岗位设置等，体现了教育关爱内容的系统化；"完善县、乡、村学前教育网络""建立健全政府主导、社会参与的农村留守儿童关爱服务体系""将留守儿童纳入社会管理创新体系，构建学校、家庭和社会各界参与的关爱网络"等表述，体现了关爱保护实施主体的系统化。四是关爱保护的举措更为细化。《国务院关于当前发展学前教育的若干意见》中有关农村幼儿园设置的要求、《全国指导推进家庭教育五年规划（2011—2015 年）》有关服务岗位设置的要求、《关于加强义务教育阶段农村留守儿童关爱和教育工作的意见》有关留守儿童心理健康教育的要求、《乡村教师支持计划（2015—2020年）》有关乡村教师发展指标的要求，都非常细致、具体，可操作性相对于前一阶段更为明确。由此可见，经过孕育期、雏形期的积累，留守儿童教育保护政策在发展期取得了长足进展。

（二）发展期的留守儿童基本公共服务政策

2010 年至 2015 年我国留守儿童政策发展期出台的教育保护政策主要包括《国家人口发展"十二五"规划》《关于进一步做好人口计生与扶贫开发相结合工作的若干意见》《"十二五"期间深化医药卫生体制改革规划暨实施方案》《社会保障"十二五"规划纲要》《国家基本公共服务体系"十二五"规划》《中国食物与营养发展纲要（2014—2020 年）》《深化医药卫生体制改革 2014 年重点工作任务》《全民健康素养促进行动规划（2014—2020 年）》《全国精神卫生工作规划（2015—2020 年）》以及《国务院办公厅关于推进基层综合性文化服务中心建设的指导意见》

等10个文件（见表3-3），主要内容涉及留守儿童人口计生服务、扶贫开发服务、医药卫生服务、营养健康、精神卫生、文化服务等方面。

表3-3　我国留守儿童政策发展期有关基本公共服务政策的文件及内容分解

序号	年份	政策文件名称	主要内容
1	2011	《国家人口发展"十二五"规划》	切实解决留守儿童救助等问题，加强未成年人保护；加大对留守家庭等特殊困难家庭的扶持力度，建立健全家庭发展政策；探索建立以家庭为中心的人口计生公共服务体系，开展留守家庭关怀服务
2	2012	《关于进一步做好人口计生与扶贫开发相结合工作的若干意见》（国办发〔2012〕10号）	开展关怀关爱农村留守儿童活动，大力推进"生育关怀行动""幸福工程"等重点服务项目
3	2012	《"十二五"期间深化医药卫生体制改革规划暨实施方案》（国发〔2012〕11号）	加强农村留守儿童公共卫生服务和重大传染病防控工作，提高公共卫生服务的可及性
4	2012	《社会保障"十二五"规划纲要》	建立健全农民工留守家属关爱服务体系
5	2012	《国家基本公共服务体系"十二五"规划》	在外出就业较为集中的农村地区，重点解决好留守家属的关爱服务，充分利用布局调整后闲置资源用于开展托老、托幼等服务；加快建设社会工作专业人才队伍，建立专业人员引领志愿者服务的机制
6	2014	《中国食物与营养发展纲要（2014—2020年）》	着力降低农村儿童青少年生长迟缓、缺铁性贫血的发生率，做好农村留守儿童营养保障工作

续表

序号	年份	政策文件名称	主要内容
7	2014	《深化医药卫生体制改革2014年重点工作任务》（国办发〔2014〕24号）	重点做好流动人口以及农村留守儿童基本公共卫生服务，人均基本公共卫生服务经费标准提高到35元，完善公共卫生服务均等化制度
8	2014	《全民健康素养促进行动规划（2014—2020年）》（国卫宣传发〔2014〕15号）	针对留守儿童等重点人群，开展符合其特点的健康素养传播活动
9	2015	《全国精神卫生工作规划（2015—2020年）》	教育、司法行政、工会、共青团、妇联、老龄等单位要针对留守儿童等重点人群分别制订宣传教育策略，有针对性地开展心理健康教育活动
10	2015	《国务院办公厅关于推进基层综合性文化服务中心建设的指导意见》（国办发〔2015〕74号）	广泛开展流动文化服务，把基层综合性文化服务中心建成流动服务点，积极开展文化进社区、进农村和区域文化互动交流等活动；为农村留守儿童等特殊群体提供有针对性的文化服务，推出一批特色服务项目

现有研究发现，父母外出务工，对留守儿童的健康生活质量（Health-related quality of life）有着直接负面影响，[①] 特别是小学期间被父母留守在农村，儿童的自我评价和心理健康状况均会受到长期的不利影响，亟需开展较全面的农村基础公共服务。[②] 由此可见，除了对留守儿童开展教育关爱保护以外，该阶段各中央部门都关注到了留守儿童基础公共服务，这从政策配套的角度来看，无疑是一个很大的进步。

[①] Jia, Z., Shi, L., Cao, Y., Delancey, J., & Tian, W., "Health-related quality of life of 'left-behind children': a cross-sectional survey in rural China", *Quality of Life Research*, Vol. 19, No. 6, 2010, pp. 775 – 780.

[②] Liang, Z., & Sun, F., "The lasting impact of parental migration on children's education and health outcomes: The case of China", *Demographic Research*, Vol. 43, 2020, pp. 217 – 244.

　　从以上 10 份文件综合分析来看，本阶段留守儿童基本公共服务政策呈现出以下几个特点。一是强化了人口计生服务。通常来说，针对儿童的计生服务包括了孕期胎儿检查、胎儿父母婚姻状况及遗传疾病筛查、贫困家庭特别扶助、生殖保健等内容，对这些方面的强化，有利于保障留守儿童获得合法身份、预防先天疾病，对其生存权的保护有重要价值。二是拓展了农村基本医疗健康服务。《"十二五"期间深化医药卫生体制改革规划暨实施方案》中提出"加强农村留守儿童公共卫生服务和重大传染病防控工作"，《中国食物与营养发展纲要（2014—2020 年）》提出"着力降低农村儿童青少年生长迟缓、缺铁性贫血的发生率"，《深化医药卫生体制改革 2014 年重点工作任务》指出"重点做好流动人口以及农村留守儿童基本公共卫生服务"，《全民健康素养促进行动规划（2014—2020 年）》指出"针对留守儿童等重点人群，开展符合其特点的健康素养传播活动"，以上政策规定，既强调了留守儿童基本医疗健康服务的重要性，更从提高公共卫生服务可及性、完善公共卫生服务均等化的角度，提升了制度设计背后的人本关怀。三是强化了文化服务对留守儿童健康成长的重要性。《国务院办公厅关于推进基层综合性文化服务中心建设的指导意见》指出，广泛开展流动文化服务，把基层综合性文化服务中心建成流动服务点，积极开展文化进社区、进农村和区域文化互动交流等活动；为农村留守儿童等特殊群体提供有针对性的文化服务，推出一批特色服务项目，根据服务目录科学设置"菜单"，采取"订单"服务方式，实现服务供给与服务需求的有效对接。"流动文化"概念在该文件首次提出，是对因劳动力流动而催生的新兴群体开展文化服务的一种制度创新，对于宣传流动人口及留守人口价值、逆转污名化评价有直接帮助。四是强调了基础公共服务的人才队伍建设，有助于将服务落到实处。多个政策文件都提到了农村基础公共服务人才队伍建设问题，其中较有代表性的是《国家基本公共服务体系"十二五"规划》，文件指出，"加快建设社会工作专业人才队伍，建立专业人员引领志愿者服务的机制"。社会工作介入留守儿童公共服务并发挥重要功能已经成为当前学术领域的一种共识，"社会工作服务在流动人口心理健康服务等诸多领域均可以做出巨大贡献"。[①] 而早在2012年的政策文本中就已经要求加快社会工作人才队伍建设并开展流动人口服务，不得不说是一种颇有先见的制度设计。

（三）发展期的留守儿童发展保障政策

2010—2015年我国留守儿童政策发展期出台的社会发展政策主要包括6份文件（见表3-4）。

表3-4　我国留守儿童政策发展期有关发展政策的文件及内容分解

序号	年份	政策文件名称	主要内容
1	2011	《国务院关于印发中国妇女发展纲要和中国儿童发展纲要的通知》（国发〔2011〕24号）	着力保障留守女童入园，切实保障女童平等接受学前教育，确保受人口流动影响儿童平等接受义务教育；加快农村寄宿制学校建设，优先满足留守儿童的住宿需求；积极稳妥推进户籍制度和社会保障制度改革，建立和完善流动儿童和留守儿童服务机制；健全农村留守儿童服务机制，加强对留守儿童心理、情感和行为的指导，提高留守儿童家长的监护意识和责任感
2	2011	《中国儿童发展纲要（2011—2020年）》	加快农村寄宿制学校建设，优先满足留守儿童住宿需求；积极稳妥推进户籍制度和社会保障制度改革，健全农村留守儿童服务机制，加强对留守儿童心理、情感和行为的指导；提高留守儿童家长的监护意识和责任，建立和完善留守儿童服务机制
3	2011	《中共中央、国务院关于加强和创新社会管理的意见》（中发〔2011〕11号）	建立多部门联动、覆盖城乡的流动人口统筹管理信息系统，创新流动人口服务管理；切实保障流动人口子女入学、医疗卫生等方面存在的突出问题

---

① Diaz-Strong, D. X., Roth, B. J., Velazquillo, A., & Zuch, M., "Social work research on immigrants: A content analysis of leading journals from 2007 to 2016", *Social Work*, Vol. 66, No. 2, 2021, pp. 111 – 118.

续表

序号	年份	政策文件名称	主要内容
4	2011	《中国农村扶贫开发纲要（2011—2020 年）》	关注留守妇女和儿童等重点人群的贫困问题，纳入扶贫开发纳入规划，统一组织、同步实施，同等条件下优先安排，加大支持力度
5	2013	《中国反对拐卖人口行动计划（2013—2020 年）》（国办发〔2013〕19 号）	在留守妇女儿童集中地区发挥妇女互助组、巾帼志愿者等作用，提高流动、留守妇女儿童反拐能力；加强流动、留守儿童及其监护人反拐教育培训
6	2013	《国务院关于印发芦山地震灾后恢复重建总体规划的通知》（国发〔2013〕26 号）	营造关心帮助灾区孤老、孤残、孤儿及留守儿童的社会氛围，建设妇女儿童和青少年活动中心

　　文件主要包括《国务院关于印发中国妇女发展纲要和中国儿童发展纲要的通知》《中国儿童发展纲要（2011—2020 年）》《中共中央、国务院关于加强和创新社会管理的意见》《中国农村扶贫开发纲要（2011—2020 年）》《中国反对拐卖人口行动计划（2013—2020 年）》《国务院关于印发芦山地震灾后恢复重建总体规划的通知》，政策文件制定的主体主要包括中共中央、国务院、国务院办公厅，政策层次非常高；政策内容主要涉及儿童发展权中教育权利保护、合法身份保护、心理健康保护、人身安全保护等多个领域。

　　从以上 6 份政策文件综合分析来看，本阶段留守儿童发展的保护政策呈现以下几个特点。① 一是对儿童发展所需的教育权利保障再次在高层

————————

① 需要说明的是，本节探讨的"儿童发展保障"与其他内容存在一定的交叉，其主要原因在于：一是"儿童发展权"与儿童生存权、受保护权、参与权在保护内容上本就存在交叉，使得在探讨"儿童发展保障"时难免会涉及儿童获得监护、免受侵害等内容；二是政策文本设计过程中，大多数不会局限于某一领域（教育保护除外），涉及"规划""规划纲要"之类的政策文本，大多会在教育、发展、保障等多个领域进行制度规范，所以在论证时，难免在儿童权利保护的多个维度之间产生交叉。

面予以确认。《国务院关于印发中国妇女发展纲要和中国儿童发展纲要的通知》等多个政策文件对留守儿童入园、入学，加强学校教育质量、强化家庭教育等都予以政策规定，事实上这些教育保障方面的内容，在此前的多个政策文本中都有提及。特别需要指出的是，多个政策文本提及"农村寄宿制学校"的建设问题，这是基于当时政府对于父母外出务工后留守儿童缺乏照顾而大量选择在学校寄宿的特点所做出的政策选择。特别是建立起农村小学和初中阶段相衔接的寄宿制学校，使其成为留守儿童"暂时的家"①，是一个重要且符合留守儿童实际需求的制度安排。二是对留守儿童家长的监护责任进行了再次强化。多个政策文件均指出，"提高留守儿童家长的监护意识和责任"，这可以视为对我国留守儿童政策雏形期倡导"从源头上减少留守儿童"政策的一种调整。从理论上看，减少留守儿童在改革开放初期是难以实现的，因为减少的方法无非是减少农村剩余劳动力转移或者将孩子带到城市与农民工共同生活。这样一来，要么降低了农村劳动力经济获取能力，要么增加了城市资源承载压力，在以经济建设为中心的宏观政策背景下均难以实现。提高价值监护责任和意识，无非是强化农民工在外务工期间要加强与留守儿童沟通，特别是加强履行监护和家庭教育的功能，使得留守儿童获得更多的身心健康发展条件。三是对留守儿童的安全救助予以关注。《中国反对拐卖人口行动计划（2013—2020 年）》提及"提高流动、留守妇女儿童反拐能力""加强流动、留守儿童及其监护人反拐教育培训"；《国务院关于印发芦山地震灾后恢复重建总体规划的通知》指出"营造关心帮助灾区孤老、孤残、孤儿及留守儿童的社会氛围"。

（四）发展期的留守儿童综合保护政策

2010—2015 年我国留守儿童政策发展期出台的综合政策主要包括 3 份文件（见表 3 - 5）。

---

① 龚保华：《社会转型期的农村留守子女问题探析》，《社会科学家》2008 年第 5 期。

表3－5　　　我国留守儿童政策发展期有关综合保护政策的文件
及内容分解

序号	年份	政策文件名称	主要内容
1	2011	《关于开展全国农村留守流动儿童关爱服务体系试点工作的通知》（妇字〔2011〕32号）	在河南省等9个中西部省份开展为期一年的农村留守流动儿童关爱服务体系试点：将农村留守儿童关爱服务纳入当地经济社会发展总体规划，统筹协调，综合施策；建立农村留守儿童关爱服务的领导协调机制，做到有明确的目标要求、有专人负责、有严格的监督考核，列入当地财政预算或设立专项经费；结合地方实际，建立留守儿童动态监测机制，及时掌握留守儿童状况及需求情况；在农村留守儿童集中的学校、村建立儿童活动场所、托管机构，有专门工作人员对留守儿童进行关护；建立留守儿童与其他家庭之间的互助机制，形成学校、家庭、社区相衔接的关爱服务网络；针对留守儿童面临的突出问题，开展可持续的关爱服务活动，建立一支由专职工作人员、专业人员和志愿者相结合的关爱服务队伍；加强对留守儿童家长及委托监护人的家庭教育指导服务，建立健全家长学校等家庭教育指导服务机构
2	2014	《国务院关于进一步做好为农民工服务工作的意见》（国发〔2014〕40号）	建立健全农村留守儿童关爱服务体系。实施"共享蓝天"关爱农村留守儿童行动，完善工作机制、整合资源、增加投入；依托中小学、村民委员会普遍建立关爱服务阵地，做到有场所、有图书、有文体器材、有志愿者服务；继续实施学前教育行动计划，加快发展农村学前教育；全面改善贫困地区薄弱学校基本办学条件，加快农村寄宿制学校建设，优先满足留守儿童寄宿需求，落实农村义务教育阶段家庭经济困难寄宿生生活补助政策；实施农村义务教育学生营养改善计划，开展心理关怀等活动，促进学校、家庭、社区有效衔接；加强社会治安管理，保障留守儿童安全，发挥农村社区服务设施关爱留守人员功能

序号	年份	政策文件名称	主要内容
3	2014	《国家贫困地区儿童发展规划（2014—2020年)》	建立健全儿童心理健康教育制度，重点加强对留守儿童等特殊儿童的心理辅导；加强农村寄宿制学校建设，优先满足留守儿童就学、生活和安全需要；学校对留守儿童受教育实施全程管理，注重留守儿童心理健康教育和亲情关爱，及早发现和纠正个别留守儿童的不良行为；强化父母和其他监护人的监护责任并提高其监护能力，加强家庭教育指导服务，引导外出务工家长以各种方式关心留守儿童；依托现有机构和设施，健全留守儿童关爱服务体系，组织乡村干部和农村党员对留守儿童进行结对关爱服务；开展城乡少年"手拉手"等活动，支持为农村学校捐建手拉手红领巾书屋，建设流动少年宫，丰富留守儿童精神文化生活、健全关爱服务体系

　　文件主要包括《关于开展全国农村留守流动儿童关爱服务体系试点工作的通知》《国务院关于进一步做好为农民工服务工作的意见》和《国家贫困地区儿童发展规划（2014—2020年)》，制定主体包括国务院、全国妇联等，均为带有全局性的政策文件。因为政策文本涵盖内容非常丰富，所以课题组将其归入"综合保护"政策范畴。

　　从政策文本分析来看，本阶段留守儿童发展的综合保护政策呈现出以下几个特点。一是开展由试点到普及、以点带面的工作尝试，真正探索建立留守儿童关爱保护体系。全国妇联联合、中央综治办、国家发改委和教育部于2011年开展的"农村留守流动儿童关爱服务体系试点"取得了丰富的服务成效：依托学校、家庭、社区新建留守儿童关爱服务阵地7000多个，初步构建了相互衔接的关爱服务网络；部分试点地区努力构筑了留守儿童教育管护网络、基层帮扶网络、社会帮扶网络、安全保护网络；山东德州探索建立了农村留守儿童数据信息库，初步建立了留守儿童动态监测电子信息平台；部分地区探讨形成了留守儿童的

"点阵式关爱模式""多位一体关爱模式"等。① 这些试点取得的经验和教训，为下一阶段我国留守儿童关爱保护政策的完善奠定了良好基础。二是综合保护的体系化更强。以上留守儿童综合保护政策文本从工作机制、资源整合、财政投入等方面构建了管理体系，从学校、家庭、社区、服务机构等方面构建了执行体系，从学前教育、义务教育、营养保健、治安管理、困难补助、监护职责等方面构建了内容体系，使得留守儿童综合保护的体系化更强。三是综合保护层次更深。主要体现在服务岗位设置的要求方面（当然，这些要求在试点和后期实践中没有完全执行），要求有专人负责留守儿童关爱服务的领导协调，在活动场所、托管机构等关爱服务阵地有专门工作人员负责，组建由专职人员、专业人员和志愿者相结合的持续关爱服务队伍，组织乡村干部和农村党员对留守儿童进行结对关爱服务，开展城乡少年手拉手等活动加强城乡资源整合。

总体来看，以上发展期制定的相关政策，将留守儿童关爱保护纳入地方经济社会发展总体规划以及社会管理创新体系之中，政府主导、统筹协调、联动合作的关爱保护原则被进一步明确，尤其强调保护留守儿童的教育、人身安全、生活保障等基本权益，标志着这一阶段政策对留守儿童成长与享受社会发展红利之间关系更为紧密，政府和社会对关爱保护工作的认识达到了新的高度。②

四　中国留守儿童关爱保护政策的初步成熟期

十二届全国人大常委会第十八次会议 2015 年通过《中华人民共和国反家庭暴力法》，特别规定了"人身保护令""强制报告制度"，强化了对儿童侵害问题的法律保护，掀起了全国妇女儿童保护的讨论热潮。推

---

① 赵东花：《关爱农村留守流动儿童　统筹推进服务体系试点工作》，《中国妇运》2012 年第 3 期。

② 王玉香、吴立忠：《我国留守儿童政策的演进过程与特点研究》，《青年探索》2016 年第 5 期。

动了中央政府进一步加强留守儿童关爱保护政策改革的决心，也促使
2016年成为我国留守儿童政策发展的一个重要转折点，标志性事件是国
务院2月4日印发《关于加强农村留守儿童关爱保护工作的意见》。需要
说明的是，在2016年以前，我国政府和学界对"留守儿童"的界定并未
统一，导致对于留守儿童数量的统计存在巨大差异。自2016年以来，我
国农民工数量一直保持在2.8亿左右，五年增幅保持在－1.8%至1.7%
之间，总体规模较为稳定（见图3－2），这通常也意味着我国留守儿童数
量在2016年以后并未呈现大规模增长的局面。所以，国家在此期间密集
出台留守儿童关爱保护政策，一方面是前期在留守儿童关爱保护工作方
面有较长的时间积累，并取得了一定的经验，在中央和地方财政收入增
长的基础上有较为充分的经费投入到该项工作之中；另一方面则与各地
报道的留守儿童侵害、自我伤害等事件有着一定的关联。

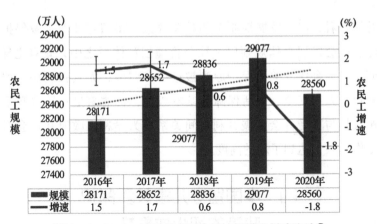

图3－2　2016—2020年我国农民工规模及增速统计①

　　课题组统计了自2016年以来涉及留守儿童关爱保护的法律法规及相
关重要政策文本，共计21项，按时间排序主要包括《关于加强农村留守
儿童关爱保护工作的意见》《全民科学素质行动计划纲要实施方案
(2016—2020年)》《关于加快中西部教育发展的指导意见》《关于统筹推
进县域内城乡义务教育一体化改革发展的若干意见》《关于同意建立农村

---

① 本表格依据历年国家统计局发布的农民工监测调查报告整理而得。

留守儿童关爱保护工作部际联席会议制度的函》《关于启动实施贫困地区农村留守儿童健康教育项目的通知》《关于做好农村留守儿童健康关爱工作的通知》《关于深入推进农业供给侧结构性改革　加快培育农业农村发展新动能的若干意见》《关于在农村留守儿童关爱保护中发挥社会工作专业人才作用的指导意见》《关于同意建立农村留守儿童关爱保护和困境儿童保障工作部际联席会议制度的函》《关于实施乡村振兴战略的意见》《关于进一步健全农村留守儿童和困境儿童关爱服务体系的意见》《关于坚持农业农村优先发展　做好"三农"工作的若干意见》《中华人民共和国民法典》《中华人民共和国未成年人保护法》《中华人民共和国预防未成年人犯罪法》《关于建立侵害未成年人案件强制报告制度的意见（试行）》《关于抓好"三农"领域重点工作　确保如期实现全面小康的意见》《关于全面推进乡村振兴　加快农业农村现代化的意见》《中华人民共和国乡村振兴促进法》以及《关于印发中国妇女发展纲要和中国儿童发展纲要的通知》。以上政策文本，支撑了我国留守儿童关爱保护政策进入初步成熟期。

　　需要说明的是，有学者认为，2016年以后，我国留守儿童关爱保护政策已经进入成熟期。事实上，从政策发展的角度来说，留守儿童关爱保护的政策自2004年才步入雏形期，尚未形成较为规范的政策体系；自2010年刚刚进入发展期，只是初步拟定了约束层级不高的政策框架。即便是2016年以后制定的更为详细的政策体系，其政策的目标导向、细致程度、可操作水平、服务体系设计与经费保障、未完成关爱保护的追责措施、关爱保护的具体实施规范等问题，均有一定的提升空间，[①]很难用"成熟"予以表述。所以，课题组使用"初步成熟期"的说法，以体现自2016年以来我国留守儿童关爱保护政策所取得的显著成效，也预留进一步发展改进的空间。

（一）留守儿童关爱保护政策的层级显著提高

　　2016年以后，我国留守儿童关爱保护政策的层级得到了显著提高。

---

① 董才生、马志强：《留守儿童关爱保护政策需要从"问题回应"型转向"家庭整合"型》，《社会科学研究》2017年第4期。

前三个时期，留守儿童关爱保护政策的发文主体，主要为国务院、国务院各部门及群团组织，但是自留守儿童关爱保护政策进入初步成熟期后，政策层级及约束力得到了显著增强，主要体现在以下两个方面。

一方面，本阶段出台的留守儿童关爱保护政策，有相当部分是以全国人大及其常委会立法，中共中央、国务院一号文件等形式呈现，相对于前三个阶段而言，有了非常显著的层级提升。从广义视角来看，社会政策由高到低可以分为五个层级：第一层级是由全国人大制定的宪法，第二层级是由全国人大及其常委会制定的国家法律，第三层级是由国务院制定的行政法规，第四层级是由省（含设区的市、自治州、省会城市、经济特区所在地的市）人大及其常委会制定的地方性法规、由自治区（含州）人大及其常委会制定的自治条例和单行条例，第五层级是由国务院组成部门制定规章（含决定、通知、规定、办法等）、由地方政府（含省、设区的市、自治州、省会城市、经济特区所在地的市）制定的规章（含决定、通知、规定、办法等）。从以上层级体系来看，前三个阶段制定的留守儿童关爱保护政策主要集中在第五层级，而本阶段的政策较多上升到了第二层级。另外，2016 年以后的中央一号文件都提及了留守儿童问题的解决对策，其权威性显然高于前三个阶段。同时，由国务院直接出台《关于加强农村留守儿童关爱保护工作的意见》，相较于前期由全国妇联牵头发布类似文件，在效力上也有质的提升。

另一方面，法律文本及党和国家最高层级文件中对留守儿童关爱保护的相关规定，有更为广泛、更强的约束力，所能发挥的关爱保护成效也相应更高。例如：《中华人民共和国民法典》明确规定父母对未成年子女负有抚养、教育和保护的义务，监护人严重损害未成年人身心健康、严重侵害合法权益的可视情形剥夺监护权，禁止借收养名义买卖未成年人，未成年子女在父母不履行监护义务时可要求给付抚养费，这些法律条文对包括留守儿童在内的全体未成年人的生存权、受保护权、发展权进行了强制规定，有极高的约束力。最新修订的《中华人民共和国未成年人保护法》从家庭保护、学校保护、社会保护、网络保护、政府保护和司法保护等六个维度全方位构建了包括留守儿童在内的未成年人保护体系。最新修订的《中华人民共和国预防未成年人犯罪法》从预防犯罪的教育、对不良行为的干预、对严重不良行为的矫治、对重新犯罪的预防等多个角度对预防未成年人实施侵害行为进行了规制，有利于约束留守儿童群体内部以及留守儿童对其他群体实施的侵害行为。最高人民检察院联合国家监察委员会等 9 个部门制定的《关于建立侵害未成年人案件强制报告制度的意见（试行）》，规定了未成年人遭受不法侵害时密切接触未成年人的各类组织及其从业人员必须向相关部门报告，以及不予报告所应承担的法律后果，对包括留守儿童在内的儿童群体人身安全保护有着重要意义。《中华人民共和国乡村振兴促进法》规定，国家推进城乡最低生活保障制度统筹发展、加强对农村留守儿童等其他的关爱服务，严厉打击非法收买和使用被拐骗儿童劳动、乞讨等违法犯罪行为，督促未成年人监护人履行监护职责、保护农村儿童的受教育权，严惩针对农村留守儿童等实施的强奸、猥亵、拐卖、收买、诈骗等犯罪行为，这些法律条文对于乡村振兴过程中留守儿童权利保护和可持续发展，具有重要的法律约束。与此同时，中共中央和国务院发布的有关留守儿童关爱保护文件，从政府公文制定规范来说，各省、直辖市和自治区党委政府，均应结合各自情况制定并下发相应的政策文本；各地市州及县级党委政府收到上级有关留守儿童关爱保护政策的文件后，也必须结合自身情况制订更为详细的实施方案，这样一来，留守儿童关爱保护政策才能实现从中央到基层贯彻和实施，相比于前三个阶段政策文本而言，能够发挥更大的关爱保护效力。

（二）留守儿童关爱保护政策的理念更趋科学化

首先，由依附型政策向独立型政策的转向。从前文的分析来看，孕育期、雏形期和发展期的留守儿童关爱保护政策，主要倡导的是通过政府力量的投入，着力解决留守儿童的入学、寄宿学校建设、营养健康等紧迫问题，这是因为当时留守儿童问题是依附于农村剩余劳动力进城务工所直接引发的结构性变迁才进入政策视野的，一定程度上是为了让农民工减少后顾之忧、安心务工而制定的，多数具有较强约束层级的政策并未将留守儿童作为独立关照的政策主体，所以对于留守儿童面临问题的认知与理解不太深入、对其关爱保护政策的制定也难以充分考虑群体特殊性。改革开放之初，"生产主义"和"发展主义"导向的社会政策是主导理念，国家和社会着重关注的是怎样以把"蛋糕做大"的方式推动经济总量发展，并早日实现"翻两番"和全面建成小康社会的发展目标。[①] 随着改革开放的持续推进和经济社会转型发展，国家经济实力得到显著提升，更为强化社会再分配效应，这也是相对弱势群体实现公平发展的基本要求。在这种背景下，留守儿童政策的制定，不能再依附于农民工政策，而应该逐渐发展成独立的政策对象。于是，留守儿童关爱保护的初步成熟期，大多数政策文本都是基于系统视角综合看待留守儿童问题并制定政策举措的。由此可知，本阶段留守儿童关爱保护政策的理念，由前期的"依附型政策导向"发展到了"独立型政策导向"。当然，"农民工—留守儿童"是一对无法回避的结合体，从源头上解决留守儿童问题就不得不与农民工政策挂钩，当前倡导农民工返乡就业创业等政策举措，也是解决留守儿童问题的重要方法。所以，本节指出的由依附向独立的转变，并非割裂这一对关系主体，而是仅指政策理念的一种转变。

其次，由问题导向到发展导向的转变。早期留守儿童社会政策直接以留守儿童面临的各项问题为导向而制定，从社会政策的目标定位和精准性来看，是非常正确的政策选择。无论是针对父母外出务工后留守儿童缺乏照护而强调寄宿制学校的建设，还是因父母不在身边而强化家庭教育的重要性，抑或针对较低的生活条件而强调儿童计生服务、医疗保健和营养供给，都是以问题为导向制定的有效政策。2016 年以后，大量的留守儿童关爱保护政策除了仍然紧盯问题以外，还着重从系统角度出发，强化了儿童全面发展的理念。例如，《关于加强农村留守儿童关爱保护工作的意见》建立了留守儿童强制报告、应急处置、评估帮扶、监护干预等环节在内的连续性救助保护机制，规定了强制报告情形，确定了强制报告主体和受理主体，细化了应急处置措施，明确了评估帮扶主体，强化了监护干预措施，不仅回应留守儿童问题本身，更是从全面发展的角度，以"问题"入手，提供介入、问责、恢复、健康成长的系列发展链条；既立足当前实际情况来完善政策措施、着力解决农村留守儿童监护缺失、教育不足等突出问题，又着眼长远来统筹城乡发展、从根源上解决儿童留守问题，突出了"标本兼治"的思路，很好地体现了从问题

---

① 林卡：《回顾与展望：中国社会保障体系演化的阶段性特征与社会政策发展》，《人民论坛·学术前沿》2021 年第 20 期。

导向到发展导向的理念提升。

最后，由补缺型向适度普惠型发展。"21 世纪我国发展的核心目标是以改善民生为重点的社会建设，伴随中国社会兴起，加强以改善民生为重点的社会建设和社会管理制度创新成为主要的社会议题，儿童议题也首次从政府行政管理问题转换为具有政治、经济、社会、文化特征的'社会性问题'。"① 国家开始注重儿童的发展问题，儿童发展纲要三部曲——《九十年代中国儿童发展规划纲要》《中国儿童发展纲要（2001—2010 年）》和《中国儿童发展纲要（2011—2020 年）》是推动我国儿童福利发展的纲领性文件，它们分别规划了"我国儿童福利在不同时期的目标、政策、措施、发展方向"②。在这些纲领性文件的指导下，我国儿童福利建设由补缺型朝向适度普惠型的方向发展，留守儿童群体得到了更多的福利政策庇护，③ 2016 年国务院颁布的《关于加强农村留守儿童关爱保护工作的意见》是重要的代表性政策文本。该《意见》的出台，反映了国家层面对于留守儿童社会政策的基本态度——即国家制定相应的留守儿童福利政策是以具体的留守儿童问题为基准，根据既定已经发生的留守儿童社会问题事实制定系统化解决对策，以期提供全面健康发展环境、促进留守儿童实现可持续发展，是留守儿童政策由补缺型向适度普惠型转变的重要标志。

（三）留守儿童关爱保护政策的系统性得到强化

初步成熟阶段的留守儿童关爱保护政策，从体系上来看，既包括全国人大及其常委会制定的法律，也包括中共中央、国务院发布的工作意见，还包括国务院颁布的规划、意见，以及国务院相关部门和群团组织单独或联合颁布的具体政策文本，由此形成了一个有多个层级分布、多个部门协同的政策体系，使得我国留守儿童政策由开始在教育领域的单一性探索、以全国妇联为牵头单位的局部性实践，发展到了系统化的、较为完整的政策体系。

2016 年国务院《关于加强农村留守儿童关爱保护工作的意见》出台

---

① 刘继同：《改革开放 30 年来中国儿童福利研究历史回顾与研究模式战略转型》，《青少年犯罪问题》2012 年第 1 期。

② 王雪梅：《儿童福利论》，社会科学文献出版社 2014 年版，第 45 页。

③ 夏蓓蕾、陈世海：《积极福利思想对我国留守儿童福利政策的启示》，《宜宾学院学报》2020 年第 1 期。

以后，各省（自治区、直辖市）均制定并出台了相应的执行意见，各地市级、县区级政府也根据上级意见形成了留守儿童关爱保护的实施方案，搭建了由中央部门到省级部门、市级部门和县级部门的四级政策执行体系。同时，国务院办公厅于2016年发布了《关于同意建立农村留守儿童关爱保护工作部际联席会议制度的函》，部际联席会议由民政部、中央综治办、中央农办、中央网信办、发展改革委、教育部、公安部、司法部、财政部、人力资源和社会保障部、住房和城乡建设部、农业部、卫生计生委、税务总局、新闻出版广电总局、统计局、法制办、妇儿工委办公室、扶贫办、全国人大常委会法工委、最高人民法院、最高人民检察院、全国总工会、共青团中央、全国妇联、中国残联、关工委共27个部门和单位组成，由民政部牵头（至此，我国留守儿童关爱保护工作的牵头单位由全国妇联改为民政部），同时制定联席会议制度及各部门职能分工。①2018年，随着困境儿童问题越来越受到党和政府关注，国务院调整农村留守儿童关爱保护工作部际联席会议制度，发布了《关于同意建立农村留守儿童关爱保护和困境儿童保障工作部际联席会议制度的函》，部际联席会议由民政部、中央政法委、中央网信办、发展改革委、教育部、公安部、司法部、财政部、人力资源和社会保障部、住房和城乡建设部、农业农村部、卫生健康委、税务总局、广电总局、统计局、医保局、妇儿工委办公室、扶贫办、全国人大常委会法工委、最高人民法院、最高人民检察院、全国总工会、共青团中央、全国妇联、中国残联、关工委等26个部门和单位②组成，民政部为牵头单位。③ 文件要求，民政部要

---

① 《国务院办公厅关于同意建立农村留守儿童关爱保护工作部际联席会议制度的函》，《中华人民共和国国务院公报》2016年第11期。

② 此次调整，中央综治办调整为中央政法委，加大了统筹力度；因中央农村工作领导小组办公室设置在农业农村部，后者已为部际联席会议成员，故删除了中央农办；因机构名称调整，农业部、卫生计生委、新闻出版广电总局分别改名为农业农村部、卫生健康委和广电总局，继续保留；医保局为2018年3月新设国务院直属机构，增加列入联席会议成员单位。2019年2月，国资委和中国铁路总公司增补为部际联席会议成员单位，以便分别协调指导中央企业做好农村留守儿童工作、务工父母春运或集中外出务工期间运输保障工作，所以，该部际联席会议成员单位共有28个部门。事实上，2021年由原国务院扶贫开发领导小组办公室整体改组而成的国家乡村振兴局，作为国务院直属机构，也应该加入该联席会议体系。

③ 《国务院办公厅关于同意建立农村留守儿童关爱保护和困境儿童保障工作部际联席会议制度的函》，《中华人民共和国国务院公报》2018年第25期。

牵头做好联席会议各项工作，各成员单位要按照职责分工，认真落实联席会议议定事项及分工任务，主动研究并制定农村留守儿童和困境儿童关爱保护工作政策措施，积极提出工作建议，及时处理需要跨部门协调解决的问题。要求各成员单位加强沟通，密切配合，相互支持，形成合力，充分发挥联席会议作用。部际联席会议制度，打通了党组织、政府、人大、司法和群团组织之间在留守儿童关爱保护中的壁垒，有利于充分整合资源，共同致力于留守儿童关爱保护政策的完善。在此基础上，各省、市、县区均按照上级文件要求，组建相应级别的联席会议制度，形成了从中央到地方的留守儿童（含困境儿童）关爱保护工作联席会议制度体系，破解了传统行政管理中"条块分割"的弊端，较好地解决了留守儿童关爱保护工作系统性不足的问题。

（四）留守儿童关爱保护政策的内容更趋丰富

自 2016 年以来，我国留守儿童保护政策在内容方面的演进，呈现出由单一性和局部领域的有关要求，向多样性、全方位规定的转变，形成了较为丰富的政策实践经验和成果。

首先，实现了由早期对留守儿童学校教育的关注向注重心理健康教育、家庭教育和社会关爱的转变。如 2006 年教育部有关实施意见提出要建立寄宿制学校，开设生存教育、安全教育以及法制教育等有针对性课程，后来全国妇联提出了关爱行动的具体要求：不仅将留守儿童教育纳入家庭教育"十一五"规划，而且提出发展一批示范家长学校、开展大型关爱保护活动；国务院《关于加强农村留守儿童关爱保护工作的意见》中更是要求全方面加强留守儿童教育关爱，在完善控辍保学部门协调机制、落实义务教育和教育资助政策、加强中小学校心理健康教育、加强对农村留守儿童相对集中学校教职工培训、加强校园安全管理做好安全教育、提升监护人责任意识和教育管理能力、帮助留守儿童加强与父母的情感联系和亲情交流、完善寄宿制学校制、引导留守学生积极参与社会实践活动等方面均有具体要求，在儿童健康、安全管理、强制报告、权益维护等各方面也进行了全方面的规定。由此可见，留守儿童关爱保护政策实施的具体内容由开始的强调教育、安全服务，逐步扩大到教育、心理、卫生、安全、救助、社会融入、社会支持等多个方面。

其次，对留守儿童保护主体方面的政策规定，由开始的政府与学校，逐步转化到"坚持政府主导"，强调将留守儿童关爱保护工作列为各级政府的重要工作内容，强化民政等有关部门的监督指导责任，落实县、乡镇人民政府属地责任；强化"坚持家庭尽责"，要求严格落实家庭监护的主体责任，强调监护人要依法尽责，将儿童利益置于家庭发展的优先考虑位置，同时加强对家庭监护以及委托监护的督促和指导，确保留守儿童可以得到妥善监护、照料、关爱和家庭温暖；"坚持全民关爱"，充分发挥村（居）民委员会、社会组织、群团组织、专业社会工作者以及志愿者等各方面的积极作用，着力解决农村留守儿童在生活、监护、成长过程中遇到的困难和问题，形成全社会关爱农村留守儿童的良好氛围。①由此可见，新的留守儿童关爱保护政策在实施主体方面，强化了在政府的主导下社会各方面的积极参与，同时强化家长和监护人的主体责任，强化留守儿童安全意识和自我发展意识及能力的培养，强化关爱保护体系及动态监测制度的建构，顺应"党委领导、政府负责、社会协同、公众参与、法治保障"的社会治理格局。

再次，在关爱保护的实施过程方面，由开始较为笼统模糊的要求、权责不清，到逐步要求明确、责权分明。民政部等10部门2019年印发的《关于进一步健全农村留守儿童和困境儿童关爱服务体系的意见》（民发〔2019〕34号）②中要求：各级民政部门要充分发挥牵头职能，会同有关部门（各级联席会议成员单位）推进农村留守儿童关爱服务体系建设；公安部门要及时受理有关留守儿童侵害等问题的报告，依法迅速处警，会同、配合有关方面调查，有针对性地采取应急处置措施，依法追究失职父母或侵害人的法律责任，严厉惩处各类侵害留守儿童的犯罪行为，按政策为无户籍儿童办理入户手续；教育部门要强化适龄儿童控辍保学、教育资助、送教上门、心理教育等工作措施，将有特殊困难的留守儿童

---

① 《国务院办公厅关于同意建立农村留守儿童关爱保护工作部际联席会议制度的函》，《中华人民共和国国务院公报》2016年第11期。

② 《关于进一步健全农村留守儿童和困境儿童关爱服务体系的意见》，《中华人民共和国教育部公报》2019年第5期。

优先安排在校住宿；司法行政部门要依法为留守儿童家庭申请提供法律援助，推动落实"谁执法谁普法"责任制，加强留守儿童关爱服务相关法律法规宣传；人力资源和社会保障部门要推动落实国务院关于支持农民工返乡创业就业系列政策措施，加强农村劳动力就业创业培训；妇儿工委办公室要督促各级地方人民政府落实儿童发展纲要要求，做好农村留守儿童关爱保护工作；共青团组织要会同未成年人救助保护机构开通12355未成年人保护专线，探索"一门受理、协同处置"个案帮扶模式，联动相关部门提供线上线下服务；妇联组织要发挥妇女在社会生活和家庭生活中的独特作用，将倡导家庭文明、强化家庭监护主体责任纳入家庭教育工作内容，引导家长特别是新生代父母依法履责，充分发挥村（居）妇联组织作用，加强对留守儿童的关爱帮扶服务；残联组织要积极维护残疾儿童权益，大力推进残疾留守儿童康复、教育服务，提高康复、教育保障水平。以上政策规范，对留守儿童关爱保护过程及各部门职责分工进行了明确和具体化，相对于前一阶段的政策而言，在执行层面有明显提升。

最后，在关爱保护机制方面，由最初的简单、单一到现在的翔实、全面与系统的转变，由开始简单的关爱教育与活动的组织，到后来强调构建协调、动态监测、互助、预警与应急、评估帮扶、监护干预的综合服务机制。这些保护政策内容方面的丰富，意味着留守儿童保护工作将会得到更为具体的指导与支持，关爱与保护活动会更深入与全面地展开。①

随着2016年以来留守儿童政策的逐步完善，留守儿童关爱保护工作得到了较为有效的落实，政策实践直接推动各地联动服务机制形成，产生了许多有影响力的留守儿童关爱保护行动和项目，如民政部和财政部牵头实施的"中央财政支持社会组织参与社会服务项目"，自2012年以来累计直接投入中央财政资金20亿元，大量资助包括留守儿童在内的弱势群体社会服务，取得了巨大的社会效益；中国青少年发展基金会面向留守儿童以及流动儿童的"希望社区"项目，为留守儿童提供自习辅导、

---

① 王玉香、吴立忠：《我国留守儿童政策的演进过程与特点研究》，《青年探索》2016年第5期。

快乐电影、兴趣小组等多种服务，组建教育中心、辅导中心以及社工服务中心促进留守儿童健康成长；中国红十字基金会的"鲁冰花"关爱留守儿童公益项目，以"爱心凝聚力量 情系留守儿童"为主题，每年为贫困地区儿童建设100个红十字书库，同时开展志愿者助教、心理辅导等关爱服务活动；中国儿童少年基金会联合北斗航天卫星应用科技集团发起的"北斗关爱新行动"——关爱留守儿童公益项目，运用新技术丰富发展儿童慈善项目资助服务体系，对儿童特别是留守儿童问题进行精准分析，构建国家级留守儿童关爱大数据平台；北京市西部阳光农村发展基金会的驻校社会工作项目，致力于改善西部农村教育和促进社区发展；等等。多地基层政府部门创新了留守儿童关爱保护工作，出现了一大批有影响力的工作模式，如四川的"青神模式"、重庆的"石柱模式"、湖南的"山田模式"、陕西的"石泉模式"等。一些行之有效的留守儿童关爱服务方法，如"四点半课堂""亲情连线""代理妈妈"等得以推广与应用。在"建立健全政府主导、社会共同参与的农村留守儿童关爱和服务体系"①、"形成学校、家庭、社区相衔接的关爱服务网络"② 等政策精神的引领下，留守儿童关爱保护工作不断地朝着系统化、规范化、综合化、网络化的方向发展。政策实践导向趋向系统化的逐步显现，从宏观层面来看，得益于国家行政在社会政策制定与实施方面主体意识的增强；从微观层面来看，得益于义务教育发展的稳步推进，这两个方面依然是今后进一步构建留守儿童保护网络的工作重点。③

五 本章小结

本章以时间为线索，系统、全面地梳理了我国留守儿童关爱保护政策的形成和发展过程，得出了如下研究结论。

---

① 《国家中长期教育改革和发展规划纲要（2010—2020年）》，2022年3月20日，http：//www. gov. cn/jrzg/2010 – 07/29/content_1667143. htm。

② 《关于开展全国农村留守流动儿童关爱服务体系试点工作的通知》，2022年3月20日，http：//www. 110. com/fagui/law_388047. html。

③ 王玉香、吴立忠：《我国留守儿童政策的演进过程与特点研究》，《青年探索》2016年第5期。

第一，从整体上来看，我国留守儿童关爱保护的社会政策经历了孕育期、萌芽期、发展期和相对成熟期，每一个阶段都有各自的贡献，也为下一阶段政策的制定和完善提供了基础。当然，随着"共同富裕"新阶段的到来，留守儿童关爱保护政策仍有进一步完善的空间。从发展历程来看，留守儿童政策的制定与阶段转换，与我国农村剩余劳动力进城务工的规模及形势紧密相关，国家经济社会发展水平是其根本基础，城乡关系、国家经济发展侧重点的变化是其方向调整的重要依据。

第二，改革开放至 2003 年可视为留守儿童关爱保护政策的孕育期。国家和政府首先关注到的是进城务工人员流动儿童教育问题，城市学位不足、入学户籍限制等因素等使得呼吁重视并解决流动儿童"入学难"的声音越来越大。原国家教委适时出台了相关政策，但是在经济发展水平有限、城市教育资源不足的背景下，党和政府对涌入城市的农民工子女只能是在力所能及的范围内提供教育政策支持，在满足入学需求、举办民办学校以及开办教学班组等措施调整和下调教育质量目标之间取得平衡。随着农民工规模不断扩大，权威媒体对留守在农村的儿童面临的监护不足、缺乏关爱等问题予以报道，使得政府的政策视线逐渐转向留守儿童。在 2003 年国务院《关于进一步加强农村教育工作的决定》中，对农村教育地位、城乡教育均衡发展、保障农民工子女教育权等方面均有重要论述（并未单独提出留守儿童教育政策，是一种带有笼统色彩的关注），推动留守儿童关爱保护政策进入雏形期。

第三，2004—2009 年可视为留守儿童关爱保护政策的雏形期。随着"三农"问题被提到前所未有的高度，国家调整城乡发展关系，将城乡经济社会一体化发展作为重要理念，也提升了对留守儿童关爱保护的政策水平。在 2004 年中央一号文件提出"促进农民增加收入"的宏大主题后，城乡统筹发展理念越发深入人心，留守儿童作为农村相对特殊群体引起了更多关注，国务院、教育部、全国妇联（当时制定留守儿童政策的牵头单位）出台相应政策，回应留守儿童的教育、监护、健康等紧迫问题。特别是全国妇联 2007 年牵头成立"农村留守儿童专题工作组"，很好地推动了留守儿童关爱保护政策的制定和服务的开展，我国留守儿童关爱保护政策体系得以初步构建。但是，当时的留守儿童关爱保护政策体系较为宏观，缺乏立足基层的可操作性，部门合作的层级和范围存在局限，政策指向的明确性稍显不足。

第四，2010—2015 年可以视为留守儿童关爱保护政策的发展期。中共中央、国务院和各中央部门出台了 27 份涉及留守儿童的重要政策文本，从教育保护、公共服务、发展权保障以及综合保护等维度，对留守儿童面临的各层面、各类型问题予以全面回应，大大提高了留守儿童关爱保护的政策水平，取得了很好的服务成效。总体来看，该阶段党和政府将留守儿童关爱保护问题纳入地方经济社会发展总体规划以及社会管理创新体系，政府主导、统筹协调、联动合作的关爱保护原则被进一步明确，尤其强调保护留守儿童的教育、人身安全、生活保障等基本权益，标志着这一阶段政策对留守儿童成长与享受社会发展红利之间关系更为紧密，政府和社会对留守儿童关爱保护工作的认识达到了新的高度。

第五，2016 年以来我国留守儿童关爱保护政策进入了初步成熟期。国务院《关于加强农村留守儿童关爱保护工作的意见》及随后由民政部牵头组建的留守儿童关爱保护部际联席会议（2018 年将困境儿童并入），标志着我国留守儿童关爱保护政策及其实施体系初步成熟。本阶段，中共中央、全国人大、国务院和各中央部门出台了 22 份涉及留守儿童问题的重要政策文本，留守儿童关爱保护的层级提高到了国家法律层面，保护理念实现了由依附型政策向独立型政策的转向、由问题导向到发展导向的转变、由补缺型向适度普惠型发展，保护体系实现了由中央到地方以及各部门之间的"垂直＋横向"整合，保护内容实现了由单一性和局部领域的有关要求向多样性、全方位规定的转变，取得了较为丰富的政策实践经验和成果。

第六，留守儿童关爱保护政策仍然存在一定的发展空间。从脉络上来看，我国对留守儿童的关注受到流动儿童的影响而形成，其社会政策发轫于教育政策，受城乡关系发展变化的影响而产生，因经济社会发展成效的扩大而逐步发展和成熟。但是，当前的政策存在问题聚焦尚不精准、政策对象的主体性未被充分激发、政策的执行力不足、政策的效果评估薄弱等问题。随着新时代"共同富裕"理念的提出，我国也将步入以共同富裕为导向的社会政策时代。在坚持中国特色社会主义发展方向的基础上，全面传承中国共产党的社会政策价值理念，借鉴当代社会政策研究中有价值的理论成果，结合我国社会政策实践经验及教训，[①] 探讨适合中国国情的留守儿童社会政策体系，也成为当前学界必须面对的问题。从发展历程来看，我国社会政策"兜底性—基础性—普惠性"的逻辑变迁也必然随着新时代共享发展红利理念的普及而进一步深入，社会政策的落脚点也将向"共享服务型"政策转型。在留守儿童社会政策领域，以发展型社会政策为导向，以人力资源投资为发展道路，以积极型社会政策为突破方向，走"社会服务国家"[②] 之路或许将成为必然选择。有研究指出，社会政策作为改善和促进社会平等以及保护公民（特别是相对弱势群体）免受与社会变迁相关的固有风险和经济不安全的工具，在整体的社会治理格局中具有重要地位，而其发展变迁需要多方力量共同参与，其中以社会工作者为代表的社会力量，已被证明可以发挥完善社会政策重要参与者的角色。[③] 所以，作为致力于促进社会和谐发展的专业力量，社会工作领域在留守儿童政策制定、服务实施、成效评价、政策完善等方面，可以发挥重要作用。

[①] 关信平：《中国特色社会政策理论构建及其主要议题》，《社会政策研究》2021 年第 3 期。

[②] 林闽钢：《中国社会政策体系的结构转型与实现路径》，《南京大学学报》（哲学·人文科学·社会科学）2021 年第 5 期。

[③] Hugh, S., Karen, S., & Kim, O., "Social work faculty engagement in social policy practice: A quantitative study of the Canadian experience", *The British Journal of Social Work*, Vol. 51, No. 4, 2021, pp. 1277 – 1295.

第 四 章

中国当前留守儿童关爱
保护政策详解

在系统梳理我国留守儿童关爱保护政策的发展历程后，我们有
必要对当前的保护政策进行详细分析和解读。总体来看，我国当前
的留守儿童关爱保护政策，包括立法保护和单独的政策保护两个部
分。作为未成年人群体中的一个重要部分，我国留守儿童的立法保
护主要体现在新修订的《中华人民共和国未成年人保护法》上；单
独的政策保护主要体现在《国务院关于加强农村留守儿童关爱保护
工作的意见》以及民政部《关于进一步健全农村留守儿童和困境儿
童关爱服务体系的意见》两个政策文本上。本章对以上政策文本进
行深度分析，全面勾勒我国当前留守儿童关爱保护政策体系。

一 《中华人民共和国未成年人保护法》
关爱保护政策解读

《中华人民共和国未成年人保护法》（以下简称《未保法》①）最早于
1991 年由第七届全国人大常委会第二十一次会议通过，1992 年 1 月 1 日
正式施行；2006 年 12 月由第十届全国人大常委会第二十五次会议通过第
一次修订版，于 2007 年 6 月 1 日起正式施行；2012 年 10 月第十一届全国
人大常委会第二十九次会议对该法律条款再次修改，2013 年 1 月 1 日起

---

① 本章下文如无特殊说明，《未保法》均指 2021 年 6 月 1 日起正式施行的《中华人民共和
国未成年人保护法》，不再区分具体版本；有关法条引用均来自新《未保法》，不再单独标注。

施行；2020 年 10 月第十三届全国人大常委会第二十二次会议完成最新修订，2021 年 6 月 1 日起正式施行。① 截至目前，《未保法》是未成年人保护领域最基础、最重要、最全面的一部综合性法律。留守儿童是我国未成年人的重要组成部分，是《未保法》的重要保护对象之一。解析我国留守儿童关爱保护政策，从《未保法》出发是非常合理的选择。

（一）构建了具有中国理念、中国特色的未成年人保护体系

作为我国未成年人保护领域的综合性法律，《未保法》对未成年人享有的权利、未成年人保护的基本原则和未成年人保护的责任主体等做出了明确规定，是一部理念先进、目标明确、体系清晰的未成年人保护法律。

首先，《未保法》构建了普惠制保护的价值理念。儿童保护政策理念的发展经历了传统取向（将父母定义为天然保护者）、保护取向（强调政府和社会在保护政策方面的规制和干预作用）、自由主义取向（强调儿童主体性以及权利获得的天然性）等三个阶段，② 保护的对象从特殊困难儿童向全体儿童转变。《未保法》保护的对象是"未满十八周岁的公民"，即全体法律意义上的未成年人，是明确的普惠制保护。③ 除此以外，《未保法》第四条指出应坚持"最有利于未成年人"的原则，强调"特殊、优先保护""尊严""尊重隐私""适应身心发展规律""听取未成年人意见"以及"保护和教育相结合"。以上理念与当前国际范围内全面尊重儿童、保护儿童的总体价值观完全相符。

其次，《未保法》明确了未成年人保护的工作目标体系。一是明确了未成年人的权利范围，主要包括生存权、发展权、受保护权、参与权，与联合国《儿童权利公约》保持了基本一致，符合国际公约要求，兑现了我国在儿童权利保护方面的国际承诺；二是明确了未成年人享受权利的平等地位，直接指出未成年人享受权利时"不因本人及其父母或者其

---

① 《中华人民共和国未成年人保护法》，2022 年 3 月 31 日，中国人大网（http：//www.npc.gov.cn/npc/c30834/202010/82a8f1b84350432cac03b1e382ee1744.shtml）。

② 熊跃根：《福利国家儿童保护与社会政策的经验比较分析及启示》，《江海学刊》2014 年第 3 期。

③ 闫晓英、周京：《加快建设普惠型儿童福利和保护制度》，《社会政策研究》2021 年第 4 期。

他监护人的民族、种族、性别、户籍、职业、宗教信仰、教育程度、家庭状况、身心健康状况等受到歧视"，符合"法律面前人人平等"的立法精神；三是明确了未成年人保护的最终目标，是"为了保护未成年人身心健康，保障未成年人合法权益，促进未成年人德智体美劳全面发展，培养有理想、有道德、有文化、有纪律的社会主义建设者和接班人，培养担当民族复兴大任的时代新人"，契合了中国特色社会主义发展理念。特别需要指出的是，《未保法》将原来法条"未成年人享有生存权、发展权、受保护权、参与权等权利"修订为"国家保障未成年人的生存权、发展权、受保护权、参与权等权利"，虽然权利范围没有变化，但是特别强调了国家在保障未成年人四大权利方面的主体责任，同时明确了各级政府部门在该项工作中应承担的职责以及违法处置措施，并要求发展未成年人保护方面的科学研究和统计调查，夯实了未成年人保护工作的实施基础，对今后未成年人保护工作具有重要意义。

最后，《未保法》构建了较为完善的未成年人保护体系。《未保法》分为总则、家庭保护、学校保护、社会保护、网络保护、政府保护、司法保护、法律责任和附则，共九章132条，明确要求各级政府应当建立未成年人保护工作协调机制，细化政府及有关部门在未成年人保护工作中的具体职责；强化监护人的第一责任人意识，明确在学校、幼儿园等建立强制报告制度；对监护人监护、校园安全、学生欺凌、学习负担等问题均有全面的规范。特别需要指出的有两点。第一，本次《未保法》修订中，将原来"四大保护"变更为"六大保护"，单设"政府保护"一章，特别新增了"网络保护"一章。这些变化更为契合新时期未成年人发展特点，并进一步确认了政府的主体责任，使得法律文本更为科学、与时俱进。第二，《未保法》的许多新表述为完善未成年人保护体系提供了明确指引："县级以上人民政府应当建立未成年人保护工作协调机制"（具体由民政部门承担）；在未保工作职能部门应设立内设机构及专门人员，乡镇、村居委会"设置专人专岗负责未成年人保护工作"，为在全国推动的儿童主任制度提供了法律依据；明确规定公检法司等司法机关"应当确定专门机构或者指定专人负责办理涉及未成年人案件"，其文本由原来的"根据需要设立"修改为"应当确立"，具有明显的强制性要求，为儿童法庭等司法创新提供了法律支撑。

（二）强化家庭监护的同时完善了国家监护制度

一方面，《未保法》进一步强化了未成年人家庭监护制度。父母及家庭在未成年人成长中有着不可替代的作用，是儿童发展的首要监护主体，这既体现在联合国《儿童权利公约》之中，也是各国制定儿童保护政策的共同立足点。但是对于父母和家庭成员在儿童成长过程中应承担哪些监护职责，应当做什么、不应该做什么，我国原来的未成年人保护法律条文中只有较为笼统的规定。《未保法》指出，父母或其他监护人应当承担未成年人的家庭教育、安全保障、身心健康等方面的监护职责，在此过程中根据未成年人年龄和智力状况听取其意见（强化参与权的保障），不得使8周岁以下儿童处于无人看护状态或交由不适宜人员照护。更为重要的是，《未保法》对父母或其他监护人必须履行"为未成年人提供生活、健康、安全等方面的保障"等十大监护职责，不得实施"虐待、遗弃、非法送养未成年人或者对未成年人实施家庭暴力"等11类行为，以上详细规定为未成年人父母及其他监护人更好履行监护职责提供了明确的法律支撑。《未保法》还明确创设了家庭监护的"代为照护"制度，对于留守儿童家庭有非常强的指导意义。《未保法》规定：父母或其他监护人不得让未满16周岁儿童脱离监护独立生活，因外出务工等原因阶段性不能完全履行监护职责的，应当委托具有照护能力的完全民事行为能力人代为照护；无正当理由的，不得委托他人代为照护。作为一种特殊监护制度，"代为照护"既为农民工外出务工提供了自由，更明确了法律上的监护义务，即不允许在16周岁以下儿童缺乏合理照护时父母双方均外出务工，这对保障留守儿童生存和发展权利有重要意义。更为细致的是，《未保法》规定村（居）委会有义务协助政府部门监督代为照护者，使其合理履行临时监护责任。原未保法对村（居）委会的要求是"委托监护"，这在实际上往往难以落实，且在语义上淡化了父母的监护责任，毕竟对子女的情感付出、教育、关爱在事实上难以"委托"。而村（居）委会在具体监护工作的落实中，显然无法承担那么多留守儿童的"委托监护"。以上法律规定，在很大程度上完善了包括留守儿童在内的未成年人家庭监护制度。

另一方面，《未保法》完善了未成年人国家监护制度。原《未保法》

对未成年人的国家监护制度并无过多规定，第五十三条有关"撤销监护资格"的法条也因缺乏可操作性而被戏称为"沉睡的条款"。① 此后最高法和最高检的《依法处理监护人侵害未成年人权益行为若干问题的意见》以及《中华人民共和国民法典》逐渐构建并规范了未成年人国家监护的制度体系和内容。新《未保法》与既有法律规范进行了有效衔接，完善了我国具有中国特色的以家庭监护为基础、国家监护为保障的未成年人监护制度。其中，"家庭保护"中明确规定了父母或其他监护人必须履行的监护职责，"社会保护"中规定村（居）委会的监护监督职责，"司法保护"等章节中规定了"人身安全保护令""撤销监护人资格""训诫""接受家庭教育指导"等内容。特别是在"政府保护"中对国家监护制度制定了7条重要规定：第八十二条明确要求"各级人民政府应当将家庭教育指导服务"纳入城乡公共服务体系，这为《中华人民共和国家庭教育促进法》的出台奠定了良好基础，也在事实上强化了对父母在开展未成年人家庭教育父母的支持力度；第九十一条要求，各级人民政府及其有关部门对困境未成年人开展分类保障，采取措施满足其生活、教育、安全、医疗康复、住房等方面的基本需要，这条规定与国务院关于加强困境儿童及留守儿童关爱保护的政策相衔接，既对各级各类政府部门开展特殊儿童保护提出了明确要求，也形成了事实上的法律支持；第九十二条至九十三条明确规定了国家要承担临时监护的"未成年人流浪乞讨或者身份不明，暂时查找不到父母或者其他监护人"等七种情形（主要由民政部门执行），以及"委托亲属抚养""家庭寄养""救助机构收留""福利机构抚养"等四种方式，并明确了回归家庭的路径；第九十四条至九十六条明确规定了国家承担长期监护的"查找不到未成年人的父母或者其他监护人"等五种情形，以及由其他家庭收养的具体方法。以上法律规定细化、发展了我国的国家监护制度体系，为政府部门、司法机关和社会各界开展未成年人监护保护提供了重要法律依据。

（三）完善了预防及处置未成年人性侵、校园欺凌制度

性侵害与校园霸凌是当前包括留守儿童群体在内的未成年人领域备

---

① 佟丽华：《激活沉睡28年法律条款》，《民主与法制》2015年第5期。

受瞩目的问题，不仅对儿童身体健康造成了直接伤害，更对其性格、心理、认知和价值观念造成长远影响，是未成年人保护领域急需加强法律规制的重点问题。

一方面，《未保法》完善了预防和处置未成年人性侵案件的基本制度体系，从多个方面做出了规定。一是在"家庭保护"中对于委托监护人的要求，"曾实施性侵害、虐待、遗弃、拐卖、暴力伤害等违法犯罪行为"的人不得作为监护未成年人的被委托人。二是在"学校保护"中，要求学校、幼儿园"应当对未成年人开展适合其年龄的性教育"，提高自我保护意识和能力；"应当建立预防性侵害、性骚扰未成年人工作制度"，对于发现该类现象须及时上报并配合调查处理，对被侵害的未成年人应当及时采取相关保护措施。三是在"社会保护"中，"禁止对未成年人实施性侵害、性骚扰"；密切接触未成年人的单位不得聘用有性侵害等违法犯罪记录的人员，招聘前及日常工作中（每年）定期向公安机关和人民检察院查询应聘者及员工有无性侵害等违法犯罪记录，查证属实的不得录用（解聘）；禁止制作、复制、发布、传播或者持有有关未成年人的淫秽色情物品和网络信息，净化未成年人成长环境。四是在"政府保护"中，"国家建立性侵害、虐待、拐卖、暴力伤害等违法犯罪人员信息查询系统"，向相关单位免费提供查询服务。五是在"司法保护"中，除了要求对性侵害未成年人严厉打击以外，还特别要求公、检、法、司等协同其他部门和社会组织对遭受性侵害的未成年人予以干预和保护；要求在办理未成年人性侵案件的询问时采取录音录像措施且尽量一次性完成（避免给未成年造成多次伤害）；被害未成年人是女性时，应由女性工作人员进行询问。未成年人遭遇性侵或性骚扰后，往往要承受来自各方面的压力和歧视，以上极具人性化的法律条款，对于预防及处置未成年人性伤害有着重要价值。

另一方面，《未保法》完善了预防和处置校园欺凌的相关制度。2016年以来校园欺凌问题频发，引起了党和政府的高度关注。2016年国务院教育督导室发布《关于开展校园欺凌专项治理的通知》，教育部等九部委发布《关于防治中小学生欺凌和暴力的指导意见》；2017年教育部十一部门发布《加强中小学生欺凌综合治理方案》，从政策层面对校园欺凌现象予以约束。新《未保法》第一次在国家法律层面对防治校园欺凌问题进行了专门规制。"附则"对发生在校园的"学生欺凌"进行了界定，是指发生在学生之间，一方蓄意或者恶意通过肢体、语言及网络等手段实施欺压、侮辱，造成另一方人身伤害、财产损失或者精神损害的行为，这是第一次我国法律层面对该现象进行明确界定，为认定欺凌现象并予以及时处置提供了基础；"学校保护"一章对各类学校如何预防和处理校园欺凌规定了"建立工作制度""教育和培训"等八项内容，对学校、教职员工和学生各方面的职责进行了规定，尽管这些规定还较为笼统，但也代表了我国在防治校园欺凌问题上走出了重要一步。

（四）发展并创新了强制报告制度

强制报告制度有利于相关部门及早发现未成年人遭受侵害的事件，有助于预防案件发生或者避免更为严重的后果。从起源来看，虐待和忽视儿童的强制性报告制度起源于 20 世纪 60 年代的美国，[①] 现在已经逐渐发展成政府在早期阶段发现虐待和忽视案件、保护儿童以及促进向儿童和家庭提供服务的核心政策。[②] 我国最早在 2013 年最高人民法院、最高人民检察院、公安部和司法部联合出台的《关于依法惩治性侵害未成年人犯罪的意见》中规定，对未成年人负有监护、教育、训练、救助、看护、医疗等"特殊职责人员"发现未成年人遭受性侵的，有责任向公安、检察院或法院举报。[③] 之后，这一制度在有关留守儿童保护、困境儿童保护和反对家庭暴力立法等方面均有体现。为了进一步推动该制度的完善和落实，最高人民检察院联合国家监察委员会等共计 9 部门在 2020 年 5 月发布了《关于建立侵害未成年人案件强制报告制度的意见（试行）》，将针对未成年人性侵害的强制报告拓展至包括性侵、欺凌、虐待、遗弃、拐卖、非正常伤亡等 9 类情形；将之前具有报告义务的"特殊职责人员"

① Ainsworth F. , "Mandatory reporting of child abuse and neglect: does it really make a difference?", *Child & Family Social Work*, Vol. 7, No. 1, 2010, pp. 57 – 63.

② Mathews, B. , & Kenny, M. C. , "Mandatory reporting legislation in the United States, Canada, and Australia: A cross-jurisdictional review of key features, differences, and issues", *Child maltreatment*, Vol. 13, No. 1, 2008, pp. 50 – 63.

③ 《关于依法惩治性侵害未成年人犯罪的意见》，2022 年 4 月 1 日，最高人民法院、最高人民检察院、公安部、司法部网站（https://www.spp.gov.cn/zdgz/201310/t20131025_63797.shtml）。

拓展至"密切接触未成年人行业的各类组织",将"不负有特殊职责但具有密切接触未成年人条件的企事业单位、基层群众自治组织、社会组织"也纳入强制报告主体,大大增强了强制报告制度的保护范围。①

　　新修订的《未保法》从国家立法层面全面确立、创新和发展了强制报告制度。从报告主体来看,新法条将原主体扩大到了"国家机关、居民委员会、村民委员会、密切接触未成年人的单位及其工作人员",首次将"国家机关"整体纳入报告主体,且增加了村（居）委会的强制报告职责,明显扩大了主体范围;从报告渠道来看,将原政策中的公、检、法等司法部门,扩大到公安、民政、教育等有关部门,报告渠道更为明确,特别是将与儿童保护工作密切相关的民政部门（牵头开展留守儿童困境儿童保护）以及教育部门（接触未成年人最密切的部门）纳入进来,大大便利了强制报告的执行。另外,除了总则中明确三类报告主体以外,《未保法》还特别规定了其他报告事项:一是在"家庭保护"中规定了父母或其他监护人发现未成年人身心健康受到侵害、疑似受到侵害或者其他合法权益受到侵犯,情况严重的,应当立即向公安、民政、教育等部门报告;二是在"学校保护"中规定了对严重欺凌行为和性侵害、性骚扰未成年人等违法犯罪行为,学校应当及时向公安机关、教育行政部门报告;三是在"网络保护"中规定了互联网企业发现用户发布、传播含有危害未成年人身心健康内容信息的,应该向网信、公安等部门报告,发现用户利用其网络服务对未成年人实施违法犯罪行为的,应当向公安机关报告。规定互联网企业具有强制报告义务,在当前互联网快速发展、未成年人网络使用频繁的背景下具有很强的针对性。

（五）加强了未成年人的人身安全保障制度

　　人身安全保护是未成年人权利保护最为基础的问题,也是涉及面最为广泛的问题。家庭、学校、社区都是未成年人生活学习的重要场所,日常生活风险防范、饮食安全、交通安全等都需要考虑进保护体系,《未

---

　　① 《关于印发〈关于建立侵害未成年人案件强制报告制度的意见（试行）〉的通知》,2022年4月1日,最高人民检察院网站（https：//www.spp.gov.cn/spp/xwfbh/wsfbt/202005/t20200529_463482.shtml）。

保法》对此做出了较为全面的规范。

在"家庭保护"中，除了严禁父母及其他监护人对儿童实施人身伤害以外，还特别要求家庭要为未成年人提供生活、健康、安全等方面的保障，对未成年人进行安全教育、提高未成年人的自我保护意识和能力，预防和制止未成年人的不良行为和违法犯罪行为并进行合理管教。在"学校保护"中除了要求学校不得体罚、侮辱未成年人、建立安全制度之外，还要求提供符合卫生要求、安全要求的教学场地和设施，特别新增"配备安保人员"的规定；要对未成年人开展安全教育、青春期教育和生命教育。另外，对校车安全、突发公共卫生事件预案、安全演练等事项给予了明确规范。在"社会保护"中要求：村（居）委会应设置专人专岗负责未成年人保护工作，特别提到要建立留守未成年人信息档案并予以关爱保护；禁止虐待、拐卖等侵害未成年人人身安全的行为，禁止利用未成年人乞讨、胁迫未成年人从事违法犯罪活动；生产、销售用于未成年人的物品须符合标准、注明安全事项；未成年人集中活动场所须符合安全标准、定期维护、明示安全标志和注意事项，大型商场等人流量集中的场所要设置搜寻走失未成年人的安全警报系统；公共场所发生突发事件时，应当优先救护未成年人。在"政府保护"中规定：地方政府部门应保障校园安全，监督、指导学校落实校园安全责任，建立突发事件的报告、处置和协调机制；公安机关及相关部门应维护校园周边治安和交通秩序、设置监控设备和交通安全设施，预防和制止侵害未成年人的违法犯罪行为。

以上具体条款，为未成年人的人身安全保护提供了重要基础，为处理未成年人受到的各类人身伤害案件提供了法律依据，特别是强调学校、公共场所、商业场所等在未成年人安全问题上应尽的预防和保护义务，为相关伤害事故的责任认定提供了重要依据。新增的对宾馆、酒店等住宿经营主体在接待未成年人入住时应询问其监护人状况等要求，对于尽早发现引诱未成年人在酒店开房性侵、拐卖等严重侵害未成年人人身安全的犯罪行为具有重要的预防功能。另外，大量研究发现，针对儿童开展的个人安全技能训练是预防儿童人身安全问题的有效方法，这里"早期努力"在儿童人身安全保护工作中具有巨大价值;[1] 土耳其实施的旨在确保儿童了解自己的身体并获得自我保护技能的"身体安全培训计划",有效地提高了土耳其幼儿的儿童性虐待预防和自我保护技能。[2] 所以,《未保法》中要求家庭、学校及各类相关主体开展未成年人安全能力教育、突发事件演练等,对于提升未成年人安全意识和安全能力有着重要价值。

(六) 发展并创新了未成年人网络保护制度

未成年人沉迷网络对其身心健康和学业发展有着重要影响,甚至也可能导致道德观与价值观扭曲,是一个"世界性难题"。[3] 究其原因,主要在于互联网快速发展背后预防网络沉迷的法律义务和法律责任不明确、制度设计不足、监督执法不严、多方合作治理尚未落实。在防治网络沉迷的策略方面,形成了以日本和韩国为代表的多部门立法与全过程干预的"亚洲模式"和以美国和德国为代表的社会组织参与和项目推动的"欧美模式"。[4] 应该说,防治未成年人沉迷网络是一项艰巨、复杂且需持续努力的重要工作,对营造良好的社会氛围、促进未成年人健康成长有着重要价值。近年来,留守儿童沉迷网络、高额充值游戏币、网吧伤害事件屡屡发生,对完善未成年人网络沉迷的政策设计提出了紧迫要求。有研究指出,明确教育的价值导向、引导网络行为的合理化选择是防治未成年人沉迷网络的第一道关口,强化家长监护责任、降低学业压力、丰富课后生活是必要之举,完善网络监管制度、开发预防网络迷系统是重要防线,而最终来看,健全未成年人网络使用的法律体系、重视政策

---

① Estell, D. B., & Perdue, N. H., "Social support and behavioral and affective school engagement: The effects of peers, parents, and teachers", *Psychology in the Schools*, Vol. 50, No. 4, 2013, pp. 325 – 339.

② Gulseren Citak Tunc, Gulay Gorak, Nurcan Ozyazicioglu, Bedriye A. K., Ozlem Isil, & Pinar Vural, "Preventing Child Sexual Abuse: Body Safety Training for Young Children in Turkey", *Journal of Child Sexual Abuse*, Vol. 27, No. 4, 2018, pp. 347 – 364.

③ 康亚通:《青少年网络沉迷研究综述》,《中国青年社会科学》2019 年第 6 期。

④ 周梦蝶、胡杰、杨文:《未成年网络成瘾者的行为特点与原因分析及其对学前教育的启示》,《学前教育研究》2016 年第 3 期。

落实是防治未成年人网络沉迷的前提保障。① 国家新闻出版署 2019 年出台《关于防止未成年人沉迷网络游戏工作的通知》，对未成年人网络沉迷问题予以干预，但是法律层面的规制还是由新修订的《未保法》来实现。

《未保法》单设"网络保护"一章，是我国未成年人关爱保护政策发展史上的一个重要创新举措，初步构建了未成年人网络保护的法律基础。《未保法》至少从以下几个方面对未成年人网络使用问题做出了规定：明确了教育、新闻出版、卫生健康、文化旅游、网信等政府部门的具体责任，且要求相互配合、协同；对容易导致未成年人沉迷网络的内容做出了规范，特别是网络直播、网络游戏、网络音视频、网络社交等所有网络服务内涉及未成年人使用其服务时要设置权限管理、时间管理、消费管理等功能；明确了网络游戏要经过特殊审批制度，且在青少年网络游戏使用时间予以规范，并建立"未成年人网络游戏电子身份认证系统"，要求实名注册、登录；明确保护未成年人隐私，特别是遭受网络欺凌的未成年人信息，网络服务提供者必须采取删除、屏蔽、断开链接等措施予以保护；规定了网络保护软件等技术措施在不同场所、各类智能产品的应用要求；规定了互联网企业要建立合理、便捷、有效的投诉和举报渠道；明确规定了家庭及其他监护人、学校在未成年人网络使用方面的教育和引导职责，这些规定都具有很强的现实意义。

需要特别指出的是，《未保法》还针对当前一些热点问题给予了规范。一是明确规定，未成年学生不得将手机等智能终端产品带入课堂，带入学校的应当由学校安排统一保管。这种对学校的赋权为解决当前较为普遍的学生在校用手机上网的现象提供了支持。二是强化了未成年人网络信息保护。信息泄露的问题已成为未成年人保护领域的重大问题，这不仅涉及未成年人隐私权的保护，个人信息泄露还会导致孩子容易成为网络欺凌、网络欺诈、线上性引诱等侵害的目标。所以《未保法》规定，处理不满十四周岁未成年人个人信息的，应当征得未成年人的父母或其他监护人同意；未成年人或者其父母、监护人任何一方都有权提出更正、删除未成年人的个人信息。三是明确了未成年人参与网络直播的

① 程斯辉、刘宇佳：《防治中小学生沉迷网络的国外模式与借鉴》，《人民教育》2019 年第 10 期。

规范。《未保法》要求，网络服务提供者不得为未满十六周岁的未成年人提供网络直播发布者账号注册服务，为年满十六周岁的未成年人提供网络直播发布者账号注册服务时，应当对其身份信息进行认证，并征得其父母或者其他监护人同意。

（七）强化了未成年人保护工作的法律责任

1991 年版、2006 年版和 2012 年版《中华人民共和国未成年人保护法》对未成年人保护做出了重要贡献，但是由于法条中有关法律责任方面的规定较为笼统，缺乏有效执行的标准和处罚条件，更多的是对其他相关法律条文的重复，所以欠缺执行基础，更像一种"道德宣言"。[①] 法律与道德最根本的区别在于法律具有强制执行力，违反道德可能导致舆论谴责，个人执行与否依赖的是自觉；但是违反法律则要受到处罚，不依赖于个人意志。所以，法律责任条款的可执行程度与其强制力有密切关系。新的《未保法》修订，颠覆了社会法领域强制性不足的传统，在"法律责任"一章明确规定了很多处罚措施，使这部法律有了力量，"长出了牙齿"。[②]

第一，违反强制报告制度有明确的惩罚措施。"未履行报告义务造成严重后果的，由上级主管部门或者所在单位对直接负责的主管人员和其他直接责任人员依法给予处分"，确定了违反强制报告需要接受处罚的原则。第二，未成年人父母或其他监护人不依法履行监护职责或实施侵犯行为的，村（居）委会应予以劝诫、制止；情节严重的及时报案；公安机关应当予以训诫，并可以责令其接受家庭教育指导。第三，未成年人教育、照护机构人员违反规定的，由公安等部门责令改正；拒不改正或者情节严重的，对直接负责的主管人员和其他直接责任人员给予处分。第四，不依法给予未成年人免费或优惠待遇的，由市场监督管理等部门按照职责分工责令限期改正，给予警告；拒不改正的，处一万元以上十万元以下罚款。第五，违反有关图书、音像制品等法律条款的，由新闻

① 高维俭：《〈未成年人保护法（2020 修正案）〉评述》，《内蒙古社会科学》2021 年第 2 期。
② 郗杰英、郭开元：《与时俱进的〈中华人民共和国未成年人保护法〉》，《预防青少年犯罪研究》2021 年第 2 期。

出版等部门予以责令限期改正、警告、没收违法所得、罚款、责令暂停相关业务、停产停业或者吊销营业执照、吊销相关许可证等处罚。第六，场所运营单位违反规定的，由市场监督管理等部门给予责令限期改正等处罚。第七，违反禁止向未成年人出售烟酒、使用童工、网络使用规范等规定的，由相关主体给予责令改正等多种处罚。第八，国家机关工作人员玩忽职守、滥用职权、徇私舞弊，损害未成年人合法权益的，依法给予处分。第九，视违法程度，违法主体须承担民事、治安处罚或刑事责任。总体来看，《未保法》中对法律强制力的表述非常清晰：一是违法情形描述清楚，二是处罚主体和处罚对象范围明确，三是处罚措施清晰得当。

二 国务院的关爱保护政策文件解读

迄今为止，由国务院直接出台的专门针对留守儿童的直接社会政策文件为《国务院关于加强农村留守儿童关爱保护工作的意见》（国发〔2016〕13号，本节简称《意见》），① 构成了我国在国家层面构建的留守儿童社会政策主体。各省（自治区、直辖市）及各地市、县（区）级部门，均遵照国务院文件精神，出台了相应的实施细则，连同国务院文件一起构建了从上到下的留守儿童关爱保护政策的完整体系。对《意见》的深度剖析，可以厘清我国当前关爱保护留守儿童政策的总体概貌。

（一）《意见》的总体文本结构

《意见》主体文本共计六章18条、6078个字符，从意义阐释、总体要求、关爱保护主体、关爱保护措施、源头治理、组织架构和保障措施等七个领域对我国关爱保护留守儿童进行了全面的政策规范（见表4-1），是我国实施留守儿童关爱保护工作的总体纲要。

---

① 《国务院关于加强农村留守儿童关爱保护工作的意见》，《中华人民共和国国务院公报》2016年第6期。如无特殊情况，本节有关《国务院关于加强农村留守儿童关爱保护工作的意见》政策文本的引用，均来自该文件，不再一一标注。

表 4 - 1　　　　　　　　　　　《意见》的总体文本结构分解

序号	框架板块	结构内容
1	意义阐释	对个体、对社会、对政府公共服务的价值意义
2	总体要求	指导思想，基本原则，总体目标
3	关爱保护主体	强化家庭监护主体责任；落实县、乡镇人民政府和村（居）民委员会职责；加大教育部门和学校关爱保护力度；发挥群团组织关爱服务优势；推动社会力量积极参与
4	关爱保护措施	建立强制报告机制；完善应急处置机制；健全评估帮扶机制；强化监护干预机制
5	源头治理	为农民工家庭提供更多帮扶支持；引导扶持农民工返乡创业就业
6	组织架构	领导协调机制、经费保障机制、基本权益保障（生活保障、监护落实、医疗康复、教育保障等）、救助保护机制（监测预防、强制报告、应急处置、评估帮扶、监护干预等）、能力建设（工作机构、儿童之家、工作队伍、业务培训）
7	保障措施	加强组织领导；加强能力建设；强化激励问责；做好宣传引导

　　《意见》客观肯定了农民工为我国经济社会发展做出了积极贡献，指出留守儿童问题是"我国城乡发展不均衡、公共服务不均等、社会保障不完善等问题的深刻反映"，肯定了留守儿童"和其他儿童一样是祖国的未来和希望"，明确了做好留守儿童关爱保护工作的重要意义（关系到未成年人健康成长、关系到家庭幸福与社会和谐、关系到全面建成小康社会大局）。同时，《意见》首次在国家行政机关层面明确了留守儿童的界定，为开展留守儿童关爱保护工作提供了基准。在此基础上，《意见》明确了留守儿童关爱保护工作的指导思想、基本原则和总体目标。

　　在具体关爱保护政策方面，《意见》明确了关爱保护主体，包括强化家庭监护主体责任，落实县、乡镇人民政府和村（居）民委员会职责，加大教育部门和学校关爱保护力度，发挥群团组织关爱服务优势，推动社会力量积极参与；制定了关爱保护措施，包括建立强制报告机制，完善应急处置机制，健全评估帮扶机制，强化监护干预机制；提出了源头治理策略，包括为农民工家庭提供更多帮扶支持，引导扶持农民工返乡创业就业；构建了组织架构，包括明确领导协调、经费保障机制、基本权益保障、救助保护机制、能力建设等内容；完善了保障措施，包括加强组织领导、加强能力建设、强化激励问责、做好宣传引导。

(二) 完善了留守儿童关爱服务体系

"留守儿童关爱服务体系"是从"谁提供服务"的角度，明确了留守儿童关爱保护的实施主体及其具体职责，为本项工作的开展奠定了"来源"层面的基础。总体来看，本部分共计规定了五个方面、八大主体的责任（见表4-2）。

表4-2　　　　　　《意见》构建的留守儿童关爱服务体系

序号	关爱服务主体	关爱保护职责概要
1	家庭	监护、抚养；禁止留守儿童脱离监护；常联系、多关爱；村（居）委、公安及有关部门劝诫、制止不履行监护职责；情节或后果严重应追责
2	县级政府及部门	统筹协调、督促检查；制定政策措施，组织开展关爱保护行动，确保全覆盖；为乡镇、村（居）提供政策指导和技术支持
3	乡镇政府及部门	加强监护责任宣传、监护监督和指导，提高监护能力；建立翔实的信息台账，为相关力量参与提供支持；核查重点对象，确保妥善照料
4	村（居）民委员会	加强监护责任宣传、监护监督和指导，提高监护能力；要定期走访、全面排查，及时掌握信息并向上报告；为双方电话、视频联系提供便利

序号	关爱服务主体	关爱保护职责概要
5	教育行政部门	完善控辍保学，确保义务教育；落实义务教育和教育资助政策；支持、指导中小学校心理健康教育；加强学校教职工专题培训；会同公安机关加强校园安全管理、法治宣传和安全教育
6	中小学校	全程管理，加强与家长、受委托监护人的沟通，提升监护意识和教育能力；加强控辍保学；帮助留守儿童与外出务工方面沟通；寄宿制学校加强安全管理，丰富校园文化生活
7	群团组织	提供假期照料、课后辅导、心理疏导、家庭教育指导、残疾留守儿童康复等多种形式的关爱服务
8	社会力量	孵化培育各类社会组织，加大政府购买服务力度，广泛开展监护指导、心理疏导、行为矫治、社会融入和家庭关系调适等专业服务；发挥市场机制作用，支持各类组织举办托管服务机构，落实税费减免政策

　　首先，强化了家庭作为留守儿童监护主体的首要责任。《意见》明确要求：一是外出务工人员尽可能将未成年子女带在身边（进入务工地生活），或者留一方在家照料，以便尽到监护和抚养职责；二是要求不具备条件的应当委托亲属或其他成年人（需有监护能力）的人承担"代为监护"职责，总体原则是不得让不满 16 周岁的儿童处于无人监护状态；三是要求外出务工的父母要与留守在家的儿童保持密切联系，多了解其身心健康等各方面状况，让孩子感受到更多亲情关爱；四是对于违反以上政策规定的，村（居）委会及其他部门有权予以劝诫和制止，直至追究更高层面的责任。这些政策规定，强化了父母、家庭在留守儿童监护方面的主体责任，有利于儿童权利在家庭层面得到最基础的落实。

　　其次，落实县、乡镇政府（街道）和村（居）委会职责。《意见》分三个层级提出了要求。一是县级人民政府承担留守儿童关爱保护工作的"统筹协调""督促检查""制定政策措施"等三大主要职责，同时要组织开展具体的关爱保护行动，要求覆盖到本辖区内的全体留守儿童；

县级民政部门及其下属机构要为各乡镇（街道）、村（居）委会开展留守儿童关爱保护工作提供政策指导以及技术支持。二是乡镇政府（街道）要加强外出农民工监护责任的法治宣传、监督和指导工作，提高农民工的监护能力；要以"一人一档"为原则建立本辖区留守儿童信息台账并进行动态管理，为相关部门和组织参与留守儿童关爱保护工作提供包括信息在内的各种支持；以党员家访、干部探访、社工随访等多种方式对重点关注的留守儿童（主要是困境留守儿童）进行核查，以确保重点留守儿童也能得到妥善照顾。三是村（居）委会要督促外出农民工履行监护责任，加强法治宣传和监督指导；要定期、全面摸排留守儿童的家庭、监护、学业等情况，向乡镇政府（街道）报告；要畅通电话、视频等渠道便于留守儿童与外出务工父母经常联系。以上从县、乡、村三级规定留守儿童关爱保护的主体责任且形成责任流程的"闭环"，对于各层级、各部门配合提高留守儿童关爱保护工作成效有显著意义。

再次，加大教育部门和学校关爱保护力度。《意见》从县级政府、教育行政部门和学校三个层面提出了具体要求。一是要求县级政府在控辍保学方面完善部门协调机制，督促留守儿童监护人严格履行国家义务教育的法定要求。二是要求教育行政部门严格落实教育资助与免费义务教育制度，确保留守儿童不因经济困难失学；要指导和支持学校加强留守儿童心理健康教育，及早发现并纠正留守儿童的心理、行为问题；要加强学校教职员工有关留守儿童问题的专题培训，提升关爱保护能力；要会同公安等部门协助和指导学校做好校园安全管理、法制宣传和安全教育，完善人防、物防和技防体系，增强留守儿童防范侵害意识、应对意外情况的能力。三是要求中小学校实施留守儿童教育情况"全程管理"，多渠道与家长、受委托监护人加强沟通交流，帮助监护人及时了解儿童情况，同时提升监护意识和家庭教育能力；对于有脱离义务教育迹象的留守儿童，要严格落实登记、劝返复学和书面报告制度，无效时应报告乡镇政府（街道）和县级教育行政部门，采取法律措施劝返复学；加强学校基础设施建设，帮助留守儿童能够以视频、电话等方式与外出务工父母加强亲情交流；要求寄宿制学校完善值班制度、宿舍安全管理制度，确保留守儿童在校安全，同时创新艺术、体育、社会实践等活动组织方式，丰富校园文化生活。以上由县级政府、教育行政部门和学校构建的由上到下、由下到上的教育保护主体及责任体系，对于留守儿童的学校关爱有很强的指导意义。

复次，发挥群团组织在留守儿童关爱服务上的优势。《意见》要求各级工会、共青团、妇联、残联以及关工委等群团组织发挥各自阵地和项目优势，为留守儿童提供假期日间照料、心理疏导、课后辅导等关爱服务。具体来说，要求各级工会、共青团广泛动员职工、团员开展各种形式的留守儿童服务和互助行动；要求各级妇女儿童之家等阵地加强留守儿童监护人在监护意识、关爱意识、家庭教育能力等方面的指导，为留守儿童提供关爱服务；要求各级残联着力开展留守儿童康复保护工作；要求关工委广泛动员"五老"等离退休老同志协同做好留守儿童关爱以及服务工作。具有"半行政"性质的各级群团组织在整合资源、动员社会参与方面有明显优势，是我国关爱保护留守儿童的重要力量，以上政策规定对于群团组织致力于留守儿童关爱保护工作有明确的指导意义。

最后，推动社会力量积极参与留守儿童关爱保护工作。《意见》要求各地各级政府部门（主要是民政部门）要加强培育、孵化社会工作专业组织、志愿服务组织和公益慈善类组织，为留守儿童服务提供更多专业来源；要求民政等部门加强政府购买服务，以支持各类社会组织进入留守儿童相对集中地区、学校开展专业服务；要求发挥市场机制作用，鼓励和支持爱心企业、社会组织举办针对留守儿童的托管服务机构；要求财税部门为这类机构落实税费减免政策。社会工作等专业力量开展留守儿童关爱服务，在满足需求的针对性、服务成效的明确性等方面有一定的优势，大量培育、充分资助这类组织开展留守儿童服务，对于提升留守儿童关爱保护质量有重要价值。

（三）建立健全了留守儿童救助保护机制

在《未保法》等法律文本及民政部等相关文件中，均有儿童救助保护机制的相关规范，但在体系化、可操作性方面存在不足。《意见》首次在国家最高行政机关层面建立健全了强制报告、应急处置、评估帮扶、监护干预等体系化的留守儿童救助保护机制（见表4-3），为我国留守儿童救助保护工作奠定了重要的执行基础。

表4-3　　　　《意见》构建的留守儿童救助保护机制分解

序号	救助保护机制	救助保护机制概要
1	强制报告机制	负有强制报告责任的单位和人员发现留守儿童脱离监护单独居住生活或失踪等四类情况时，应第一时间向公安机关报告；未履行报告义务的要严肃追责；其他个人、组织积极报告的给予表扬和奖励
2	应急处置机制	公安机关及时受理报告并第一时间出警调查，根据强制报告的四种情况分别采取应急处置措施，并通报乡镇政府（街道办）
3	评估帮扶机制	乡镇（街道）接到公安机关通报后会同民政、公安在相关单位的协助下，对留守儿童的安全处境、监护情况、身心健康状况等进行调查评估并有针对性地安排专业服务或纳入相关保障范围
4	监护干预机制	对留守儿童实施家暴等权利侵害人，公安机关应视情况采取批评教育、治安处罚、立案侦查等处置措施；对于监护人将农村留守儿童置于无人监管和照看状态导致其面临危险且经教育不改等三种情况，其近亲属、村（居）民委员会、县级民政部门要依法向人民法院申请撤销监护人资格，另行指定监护人

首先，完善了留守儿童权益侵害的强制报告机制。《意见》要求，负有强制报告责任的单位和个人（主要包括幼儿园、学校、村/居委会、医疗机构、社会服务机构、福利机构、救助管理机构等七类主体），在实际工作中发现留守儿童缺乏监护单独居住或失踪、疑似遭遇家庭暴力、监护人丧失监护能力或者不依法履行监护责任、疑似遭遇意外伤害或其他不法侵害等四类情形，必须第一时间向公安机关报告，不履行强制报告制度的个人和单位，其上级机关或有关部门有权严肃追责。其他组织及个人积极报告的予以表彰。强制报告机制对留守儿童遭遇严重权利侵害时，哪些主体、何种情形、报告渠道、违反责任进行了规范，有利于在操作层面落实该项制度。

其次，明确了留守儿童权益侵害的应急处置机制。当留守儿童权利遭受严重侵害且报告到公安机关时，《意见》给出了明确的应急处置规范：公安机关应及时受理并第一时间出警调查，根据不同情况采取应急处置措施：一是留守儿童脱离监护单独生活的，公安机关要责令外出务工的父母立即返回承担监护责任或者委托明确的代理监护人，同时对父母予以训诫；二是监护人不履行监护职责或者丧失了监护能力的，公安机关应联系另一位有能力的监护人返回监护或者委托其他亲属监护，以上两种情形中无法联系上留守儿童父母的，不得让留守儿童处于脱离监护状态，应就近护送儿童至亲属家庭、村（居）委会、儿童福利机构或救助管理机构临时照护，并继续协助通知父母或重新确定受委托监护人；三是发生失踪情形的，应遵照儿童失踪快速查找机制开展调查；四是发生针对留守儿童的家庭暴力、不法侵害或意外伤害的，公安机关要立即制止且对儿童予以保护，必要时要协助民政部门将被侵害儿童转移至临时庇护场所，协助留守儿童就医、鉴定伤情，为下一步的干预和追责打下基础。对于四种情形的应急处置，公安机关要将相关信息及时通报乡镇政府（街道）。以上成体系、成链条的闭环式应急处置机制，为面临不法侵害的留守儿童构建了快速、有效介入的渠道，可以很好地保护、救助留守儿童。特别是由具备执法权的公安机关主导实施应急处置，能够避免无法采用某些强制措施的情形。

再次，明确了留守儿童权益侵害的评估帮扶机制。经过应急处置程序后，受侵害留守儿童的帮扶便成了下一阶段的工作重点。《意见》规定：乡镇政府（街道）在接到公安机关有关留守儿童侵害及应急处置状况的通报后，要会同民政部门和公安机关，在留守儿童亲属、所在地村（居）委会、学校、医疗机构、社会工作专业机构的协助下，针对留守儿童遭受侵害后的监护状况、安全处境、身心健康状况等进行综合调查评估，并有针对性地开展监护指导、心理疏导、医疗救治、法律服务、行为矫治等专业服务。如果留守儿童家庭经济困难且符合相关政策，民政和其他救助部门须将其纳入合适的社会保障范围。

最后，明确了留守儿童权益侵害的监护干预机制。在受侵害留守儿童得到合理的帮扶之后，对相关监护措施的干预成为留守儿童后期健康成长的重要影响因素。《意见》规定：一是对于实施家暴、遗弃、虐待留守儿童等不法行为的父母或其他监护人，公安机关视情节严重情况应予以批评教育、治安处罚，构成犯罪的应依法立案调查；二是对于父母或其他监护人将留守儿童置于无人照料状态以致其生活面临危险且经过教育仍然不予改正的，或者六个月以上拒不履行监护责任导致留守儿童生活无着落的，或者因家暴、遗弃、虐待留守儿童致其身心健康严重受损的，留守儿童的近亲属、村（居）民委员会及县级民政部门等有关人员或者单位要向当地人民法院申请撤销监护人资格，另外指定合适的监护人。以上针对留守儿童的监护干预措施，由轻微到严厉，直至撤销监护资格，可以很好地保障留守儿童生存权等各项权利的实现。

（四）配套了源头上解决留守现象的政策措施

除了为留守儿童构建关爱服务体系、健全救助保护机制以外，《意见》还考虑到从源头上减少儿童留守的政策措施。一方面从输入地的角度来说，为农民工家庭提供更多帮扶和支持，包括：一是要求各地大力推进农民工向市民转化，符合城镇落户条件的应推进其本人和家属落户，为其监护照料子女提供更好的条件；二是符合城镇住房保障条件的应纳入保障范围，以发放租赁补贴、提供公共租赁住房等方式满足农民工家庭基本居住需求，改善进城儿童生活保障；三是不符合以上条件的，地方政府要在日间照料、医疗卫生、义务教育等方面提供合理帮助；四是倡导用工单位和各种社会力量，为农民工照料未成年子女提供更多帮助和便利条件；五是公办义务教育阶段学校应普遍接纳农民工未成年子女，政府部门要通过购买服务等方式支持农民工子女接受义务教育；六是完善并落实符合条件的农民工子女在务工地参加中考和高考等相关教育政策，保障其教育权利。另一方面从输出地的角度来说，引导并扶持农民工返乡创业就业，包括：一是总体上要求各地大力发展县域经济，严格落实国家有关支持农民工返乡创业就业系列政策；二是要求中西部地区依托比较优势承接东部地区的产业转移，加强各项配套政策，为农民工返乡创业就业提供更多便利；三是地方人社部门要积极研究农民工返乡创业就业的鼓励政策并加强宣传，强化能力培训，有针对性地推荐创业信息和就业岗位信息。以上从农民工输入地和输出地两个维度制定的相关政策意见，对于从源头上减少儿童留守现象，有明显的积极意义。

（五）强化了留守儿童关爱保护工作的保障措施

为了保障留守儿童关爱保护政策的有效落实，《意见》制定了整套保障措施，主要包括：一是加强组织领导，要求各地将留守儿童关爱保护工作纳入重要议事日程，建立政府领导、民政部门牵头、各部门参与的领导机制及分工合作体系，统筹解决留守儿童关爱保护问题；二是加强能力建设，要求各地方统筹资源，综合发挥政府、市场和社会的作用，加强和完善救助管理机构、福利机构、农村寄宿制学校、留守儿童托管机构、各级关爱保护工作队伍等建设，确保"事有人干、责有人负"；三是强化激励和问责机制，要求各地建立留守儿童关爱保护的工作考核与责任追究机制，对于工作落实到位、成效显著的予以表扬和奖励，对于工作不认真甚至造成严重后果的予以追责；四是做好宣传和引导工作，要求各地开展多种形式的未成年人保护法律法规宣传，强化全社会关爱儿童、家庭自觉履行监护职责的氛围，建立舆情监测预警机制和应对机制，及时回应社会关切，为留守儿童等未成年人营造良好的成长环境。

三　民政部等国家部门关爱政策文件解读

2019 年 4 月，由民政部牵头，教育部、公安部、司法部、财政部、人力资源和社会保障部、国务院妇儿工委办公室、共青团中央、全国妇联、中国残联等共计 10 个国家部门出台了《关于进一步健全农村留守儿童和困境儿童关爱服务体系的意见》（民发〔2019〕34 号，本节简称《意见》），① 进一步对《国务院关于加强农村留守儿童关爱保护工作的意见》进行了细化，特别是在平台、资金、人员等方面予以强化，对于促进我国留守儿童关爱保护工作有重要意义。

（一）提升两类救助和保护机构服务能力

在《国务院关于加强农村留守儿童关爱保护工作的意见》中有较多

---

① 《关于进一步健全农村留守儿童和困境儿童关爱服务体系的意见》，《中华人民共和国教育部公报》2019 年第 5 期。如无特殊情况，本节有关《关于进一步健全农村留守儿童和困境儿童关爱服务体系的意见》政策文本的引用，均来自该文件，不再一一标注。

关于受侵害留守儿童临时委托监护、变更监护人的政策条款，一旦发生紧急情况需要为留守儿童寻找短期或长期监护人、生活场所时，有充足、合理、安全的监护承接方是非常必要的，否则不论是提供临时监护服务还是变更监护人，都无法实施。正是认识到该情况，《意见》对公办救助保护机构的定位和功能进行了重新规范。

首先，明确未成年人救助保护机构和儿童福利机构的功能定位。《意见》明确，"未成年人救助保护机构"是指县级以上政府及其民政部门根据需要设立，对生活无着的流浪乞讨、遭受监护侵害、暂时无人监护等未成年人实施救助，承担临时监护责任，协助民政部门推进农村留守儿童和困境儿童关爱服务等工作的专门机构，具体包括按照事业单位法人登记的未成年人保护中心、未成年人救助保护中心和设有未成年人救助保护科（室）的救助管理站。可见，以上三类救助平台均可以称为未成年人救助保护机构，同时应该承担为流浪乞讨的未成年人提供救助和临时监护等十项具体职责（见表4-4）"儿童福利机构"是指由民政部门设立的，主要收留抚养由民政部门担任监护人的未满18周岁儿童的机构，包括按照事业单位法人登记的儿童福利院、设有儿童部的社会福利院等。可见，儿童福利机构主要代表国家对18周岁以下的特殊儿童（包括长期脱离监护、撤销父母监护权的儿童等）提供长期监护的政府公益组织。《意见》还要求，各地区采取工作试点、定点帮扶、业务培训、结对互学等多种方式，支持贫困地区尤其是"三区三州"等深度贫困地区的未成年人救助保护机构、儿童福利机构提升服务能力。由此可见，明确未成年人救助保护机构和儿童福利机构的功能定位，可以分别为有需要的留守儿童提供临时救助、监护以及长期监护，对遭受侵害或陷入特殊困难的留守儿童基本权利保护有重要意义。

表4-4　　　《意见》规定的未成年人救助保护机构职责简况

序号	主题词	具体职责描述
1	负责	对生活无着的流浪乞讨等三类未成年人实施救助，承担临时监护责任

序号	主题词	具体职责描述
2	负责	定期分析本地区留守和困境儿童关爱保护工作情况，制订工作计划、方案
3	负责	为乡镇、村（居）开展的留守儿童监护、监督、保护工作提供指导和支持
4	负责指导	开展留守和困境儿童基本信息摸底排查、登记建档和动态更新
5	负责协调	开通未成年人保护专线，协调推进监护评估、个案会商、服务转介、技术指导、精神关怀等线上线下服务，针对重点个案组织开展部门会商和帮扶救助
6	负责组织或指导	开展儿童督导员、儿童主任业务培训
7	负责支持	引进和培育儿童类社会组织、招募志愿者或发动其他社会力量参与留守儿童关爱保护和困境儿童保障工作，并为其开展工作提供便利
8	负责组织	开展留守儿童、困境儿童、散居孤儿等未成年人保护政策宣传
9	负责	对流浪儿童、困境儿童、留守儿童等未成年人依法申请、获得法律援助提供支持
10	负责协助	司法部门打击拐卖儿童、对儿童实施家暴以及胁迫、诱骗或利用儿童乞讨等违法犯罪行为

其次，推进未成年人救助保护机构转型升级。《意见》要求，各地未成年人救助保护机构要对照十项职责，规范工作流程，健全服务功能，提升关爱服务能力。要求已设立流浪未成年人救助保护机构的，要扩大范围转型到未成年人救助保护机构；尚未建立的，县级民政部门要整合资源，明确现有救助管理机构、儿童福利机构扩充职责以便承担相关工作；要求县级民政部门和未成年人救助保护机构要对辖区内乡镇、村（居）开展监护监督等工作提供政策指导和技术支持；救助保护机构抚养

和照料儿童的能力存在不足的，可就近委托儿童福利机构代为养育并签订委托协议。

最后，拓展儿童福利机构的社会服务功能。《意见》要求，各地要积极推动将孤儿（弃儿）数量较少、专业力量薄弱、基础设施差的县级儿童福利机构抚养的儿童向地市级儿童福利机构移交，以优化儿童福利机构区域布局；已经转出的县级儿童福利机构，要设立儿童福利指导中心或者积极向未成年人救助保护机构转型，探索开展包括留守儿童在内的各类困境儿童、散居孤儿、社会残疾儿童及其家庭的临时照料、定期探访、特殊教育、康复指导、精神慰藉、宣传培训等工作；对于地市级以上的儿童福利机构，鼓励有条件的不断拓展集养、治、教、康于一体的综合服务功能，力争将儿童福利机构纳入定点康复机构，探索向贫困家庭残疾儿童开放。

（二）加强基层儿童工作队伍建设

基层一线儿童关爱保护工作队伍，是落实留守儿童保护工作最为基础的环节，是保障留守儿童权利的重中之重。留守儿童社会政策发展历史经验表明，缺乏充足的、高质量的儿童工作队伍，是留守儿童等相对弱势儿童群体保护工作难以落实、难以取得成效的关键。《意见》对该项工作给出了政策规范。

一是要求加强留守儿童工作人员安排。乡镇政府（街道）要明确具体工作人员负责留守儿童的关爱保护服务工作，工作中对外一般称为"儿童督导员"；村（居）委会要明确由委员、专业社会工作者或大学生村官等人员负责留守儿童关爱保护服务工作（村/居委会委员中优先安排女性委员担任），工作中对外一般称为"儿童主任"。选配人员时，确保安排有爱心、有能力、有责任心的人员从事该项工作，做到"事有人干、责有人负"。

二是加强留守儿童工作人员业务培训。《意见》要求，各级民政部门要高度重视儿童工作人员业务培训，原则上县级民政部门负责培训到儿童主任，地市级民政部门负责培训到儿童督导员，要求每年至少轮训一次，初次担任儿童主任和儿童督导员的人员需经培训及考核合格后方可上任。培训内容要围绕儿童督导员工作职责（见表4-5）、儿童主任工作职责（见表4-6）设定培训内容，突出家庭走访、强制报告、信息更新、政策链接、强化家庭监护主体责任及家庭教育等重点。要求各地要加大对贫困地区培训工作的支持力度，做到培训资金重点倾斜、培训对象重点考虑、培训层级适当下延。

表4-5 　　　　　　《意见》规定的儿童督导员工作职责简况

序号	主题词	具体职责描述
1	负责	推进农村留守儿童关爱保护和困境儿童保障等工作，制订有关工作计划和工作方案
2	负责	儿童主任管理，做好选拔、指导、培训、跟踪、考核等工作
3	负责	农村留守儿童、困境儿童、散居孤儿等信息动态更新，建立健全信息台账
4	负责	指导儿童主任加强对困境儿童、农村留守儿童、散居孤儿的定期走访和重点核查，做好强制报告、转介帮扶等事项
5	负责	指导村（居）民委员会做好儿童关爱服务场所建设与管理
6	负责	开展农村留守儿童、困境儿童、散居孤儿等未成年人保护政策宣传
7	负责协调	引进和培育儿童类社会组织、招募志愿者或发动其他社会力量参与儿童工作
8	负责协助	做好农村留守儿童、困境儿童、散居孤儿社会救助、精神慰藉等关爱服务工作

表4-6 　　　　　　《意见》规定的儿童主任工作职责简况

序号	主题词	具体职责描述
1	负责	做好农村留守儿童关爱保护和困境儿童保障日常工作，定期向村（居）民委员会和儿童督导员报告工作情况

续表

序号	主题词	具体职责描述
2	负责	开展信息排查，及时掌握农村留守儿童、困境儿童和散居孤儿等服务对象的生活保障、家庭监护、就学情况等基本信息，一人一档案，及时将信息报送乡镇人民政府（街道办事处）并定期予以更新
3	负责	指导监护人和受委托监护人签订委托监护确认书，加强对监护人（受委托监护人）的法治宣传、监护督导和指导，督促其依法履行抚养义务和监护职责
4	负责	定期随访监护情况较差、失学辍学、无户籍以及患病、残疾等重点儿童，协助提供监护指导、精神关怀、返校复学、落实户籍等关爱服务，对符合社会救助、社会福利政策的儿童及家庭，告知具体内容及申请程序，并协助申请救助
5	负责	及时向公安机关及其派出机构报告儿童脱离监护单独居住生活或失踪、监护人丧失监护能力或不履行监护责任、疑似遭受家庭暴力或不法侵害等情况，并协助为儿童本人及家庭提供有关支持
6	负责	管理村（居）民委员会儿童关爱服务场所，支持配合相关部门和社会力量开展关爱服务活动

三是加强工作跟踪。《意见》要求各地要建立和完善儿童主任、儿童督导员工作跟踪机制，对认真履职、工作落实到位、工作成绩突出的予以奖励和表扬，并纳入有关评优评先表彰奖励推荐范围；对工作责任心不强、工作不力的及时作出调整。要求各地依托全国农村留守儿童和困境儿童信息管理系统，对儿童督导员、儿童主任实行实名制管理，并及时录入、更新人员信息。

（三）鼓励和引导社会力量广泛参与

《意见》基本沿袭了《国务院关于加强农村留守儿童关爱保护工作的意见》中有关"鼓励和引导社会力量广泛参与"留守儿童关爱保护中的

相关精神，在以下方面有一定新的政策表述。

一是在培育和孵化社会组织方面，将"未成年人救助保护机构"连同各地民政部门一起纳入培育孵化的主体，明确了项目合作、政府委托、孵化扶持、重点推介等培育孵化方式，支持培育的社会组织加强专业能力建设以提升留守儿童关爱保护水平，要求各地在培育孵化社会组织过程中提供包括税费优惠在内的场地、水电、食宿等诸多便利条件，侧重于向深度贫困地区整合资源以强化儿童服务类社会组织发展。

二是在推进政府购买服务方面，明确要求各地将留守儿童关爱保护纳入政府购买服务指导目录，结合实际做好资金保障；购买服务的内容方面，侧重于购买走访核查、监护评估、热线运行、业务培训、政策宣传、心理服务、家庭探访督导检查等关爱服务；要求各地引导承接购买服务的社会组织优先聘请儿童主任协助开展工作，并为其适当解决交通、通信等必要费用开支。

三是发动社会各方参与，支持社会工作者、心理咨询工作者、法律工作者等专业人员，针对农村留守儿童特点，提供亲情关爱、心理疏导、权益维护等服务。动员引导广大社会工作者、志愿者等力量深入贫困地区、深入贫困服务对象提供关爱服务。积极倡导企业履行社会责任，通过一对一帮扶、慈善捐赠、实施公益项目等多种方式，重点加强贫困农村留守儿童及其家庭救助帮扶，引导企业督促员工依法履行对未成年子女的监护责任。

（四）强化留守儿童关爱保护工作保障措施

《意见》基本沿袭了《国务院关于加强农村留守儿童关爱保护工作的意见》中有关"保障措施"的相关精神，特别是在加强组织领导、强化部门协作、严格工作落实方面，但在提供资金支持方面有更明确的政策表述：《意见》要求，各级财政部门要结合实际需要，做好农村留守儿童关爱服务经费保障。要统筹使用困难群众救助补助等资金，实施规范未成年人社会保护支出项目。民政部本级和地方各级政府用于社会福利事业的彩票公益金，要逐步提高儿童关爱服务使用比例。要加大对贫困地区儿童工作的支持力度，各地分配各类有关资金时要充分考虑贫困地区未成年人救助保护机构数量、农村留守儿童等服务对象数量，继续将

"贫困发生率"和财政困难程度系数作为重要因素，向贫困地区倾斜并重点支持"三区三州"等深度贫困地区开展儿童关爱服务工作。

四 本章小结

由《中华人民共和国未成年人保护法》《国务院关于加强农村留守儿童关爱保护工作的意见》以及《民政部关于进一步健全农村留守儿童和困境儿童关爱服务体系的意见》等法律和政策文本构建的我国当前留守儿童关爱保护体系，对我国留守儿童关爱保护工作有着全面的、基础性的指导意义，初步构建了我国留守儿童关爱保护政策网络，在以下几个方面有突出亮点。

一是突出家庭的首要监护责任，强化留守儿童的父母要依法履行义务。有研究指出，家庭中的父母监护是确保儿童健康成长的最基本制度，符合儿童利益的最大化。① 当前的留守儿童关爱保护政策首先要求外出务工人员要尽量携带未成年子女共同生活或父母一方在家照顾，如果没有条件，应该委托其他人进行监护，16 岁以下的儿童不能单独居住；其次，公安机关应当对不能及时履行监护义务的监护人予以批评和教育，对情节严重的可以依法查处；情节特别严重的，有关亲属或单位有权利向人民法院依法申请撤销监护人资格，另行任命监护人；最后，为了减少留守儿童的来源，实现"治标也治本"的目标，留守儿童关爱保护政策提出了为进城农民工家庭提供支持、为返乡创业就业农民工提供支持，能够有效减少儿童留守现象。

二是明确了政府及各部门在留守儿童关爱保护中的主导责任。不论是在未成年人保护的法律文本，还是在国务院及中央部门政策文件中，都对政府在留守儿童关爱保护工作中承担主导职责有所规范，体现了我国在对弱势群体民生工作中的担当意识。同时，各类政策文本对各级民政部门、教育部门、财政部门等涉及留守儿童关爱保护的相关部门在职责分工、协同工作上有较为清晰的规定，特别是"农村留守儿童关爱保护工作部际联席会议"及其制度确定了 27 个中央部门的职责分工，"农

---

① 佟丽华：《法律保护是儿童权益的重要保障》，《中国校外教育》2021 年第 5 期。

村留守儿童关爱保护和困境儿童保障工作部际联席会议"及其制度再次规定了26个中央部门的职责及分工（2019年增加国资委和中国铁路总公司，合计为28个部门），确保留守儿童关爱保护政策的人力、物力、财力都准确到位，各部门能够形成分工合作，共同致力于留守儿童的健康成长。

三是强化了学校和教育行政部门在留守儿童接受义务教育方面的重要管理职责。当前的政策体系对学校在开展留守儿童教育权利保护方面有更高、更全面的要求。体现在：要求学校应当加强与留守儿童父母、监护人或委托监护人之间的沟通，帮助留守儿童父母了解儿童的学习以及生活条件；落实寄宿制学校安全管理职责，强化与其他部门协同做好安全工作；丰富校园文化生活，使学校教育的吸引力显著提高；特别强调学校及教职员工履行强制报告制度，并为报告后的相关工作提供支持；要求教育行政部门在留守儿童就学、义务教育及教育补贴、心理健康、校园安全管理等多方面应承担主要职责，在加强校园安全管理力度、提升留守儿童应对非法侵害和意外伤害等方面的意识和能力均有明确规定。

四是强化了基层乡镇政府和村（居）委会在留守儿童监护监督和评估帮扶等方面的职责。留守儿童的主要活动基本在乡镇人民政府和村（居）委会的管辖范围内进行，乡镇人民政府应当充分利用其管辖权，为留守儿童提供最直接、最有效的保护和照顾服务；村（居）委会应该充分发挥自我管理、自我服务和自我教育职能，为留守儿童提供直接有效的关爱服务。在当前的政策体系中，对于乡镇政府、村（居）委会在人员配备、政策落实、转介评估等方面均有全面的规定，对于留守儿童关爱保护政策的落实有基础意义。

五是强化社会力量的广泛参与以及专业服务的提供。政策体系强化了各级人民政府及民政部门、未成年人救助保护部门要积极培育孵化社会组织，通过政府购买服务等多种方式，发掘专业的社会服务组织和志愿服务组织力量，引导他们进入基层，为留守儿童的关爱保护提供专业力量和社会支持，是当前留守儿童关爱保护政策的重要支撑。同时，政策文本鼓励和引导企事业单位关注和帮助留守儿童，为留守儿童获得更多的关爱和保护。

总体来看，我国留守儿童关爱保护已经形成纵向和横向两套政策执行体系：纵向上，已经构建了由民政部牵头，省、市、县、乡民政部门共同组成的五级儿童关爱保护执行体系；横向上，已经形成了由民政部门牵头，各层级的教育、公安等近30个部门参与儿童保护工作委员会的横向协同执行体系。这些政策执行体系，组织结构严密、层次清晰、职能分工明确、合作关系健全，在留守儿童关爱保护中发挥了重要作用。当然，留守儿童关爱保护政策也可能存在一定问题：我国各地经济社会发展差异较大，在执行具体政策方面可能存在一定差距；部分政策在落实过程中可操作性仍然存在不足；农村基层组织和社会事业弱化，缺乏政策落实的具体实施人员；各类社会组织开展留守儿童服务的项目在可持续性方面存在不足，需要在后续工作中逐步完善。

第 五 章

留守儿童关爱保护服务
主要行动及反思

自2016年国务院出台《关于加强农村留守儿童关爱保护工作的意见》以来，我国各级各类政府部门（也包括党的部门、司法部门）、群团组织、社会组织、中小学校及其他组织开展了大量留守儿童关爱保护行动，取得了较大的社会效益和影响力，有效提升了留守儿童关爱保护水平。对这些有代表性的行动进行梳理和反思，可以为后续完善留守儿童关爱保护政策，进一步提高关爱保护行动水平提供有益参考。

一 政府及司法部门开展的
留守儿童关爱保护服务

从当前来看，政府与社会各界对留守儿童开展了形式多样的关爱保护服务行动，对留守儿童的教育、支持、健康都产生了积极影响。开展这些关爱行动的主体涉及政府部门、学校、社区、企业、家庭、志愿者、社会组织（含国际组织）等，服务行动的类型包括了留守儿童工作队伍建设行动、关爱专项行动、寄宿学校建设、代理家长、家长学校、托管家庭、结对帮扶、学校心理辅导、社区亲情活动室等多种形式。这些主体多元、形式多样的关爱服务行动，一方面说明留守儿童的处境已经引起了各方面的高度关注，另一方面也说明关爱行动目前尚处于缺乏完善的制度和体系而呈现"群龙治水"的状态。当然，在众多关爱保护服务中，政府部门发挥了主导作用。

（一）基层儿童工作队伍建设行动

自 2010 年 5 月以来，民政部社会福利和慈善事业促进司、联合国儿童基金会和中国儿童福利示范区专家委员会三方开展合作，依照《儿童权利公约》及中国政府的有关政策，将儿童福利递送体系延伸到村或社区，将儿童福利的服务对象范围由孤儿和脆弱儿童扩展到包括留守儿童在内的所有困境儿童，将儿童福利服务的内容由目前的"治疗康复"型服务扩展为"预防、治疗、康复相结合"的普惠型服务，实施了为期 6 年（2010—2015 年）的"中国儿童福利示范项目"。该项目由联合国儿童基金会提供资金支持，在云南、四川、新疆、河南及山西等 5 个省、12 个县、120 个村建设了"中国儿童福利示范区"，以村为单位建设"儿童之家"，通过招募、考核、培训、上岗的方式，为每个示范村设置 1 名"儿童福利主任"，以基层儿童福利社会工作服务的要求让儿童福利主任开展工作。

儿童福利主任工作内容主要包括六个方面。一是定期家访儿童，建立儿童数据库，收集并更新所有儿童数据，填写表格并上报；甄别需要帮助的困境儿童，判断儿童需求。二是协助所有儿童获得基本福利：督促家庭给儿童及时登记户口，办理医疗保险、大病保险等手续，送适龄儿童上学。三是协助困境儿童获得福利服务：协助贫困儿童、孤儿和大病儿童申请补贴、救助和辅导；为孤儿家庭协调补助，为失学儿童协调上学或职业培训，为残疾儿童协调康复及特殊教育等。四是开展儿童之家活动，进行社区宣传倡导：组织开展儿童之家活动；开展家庭养育、儿童早期发展、儿童社会保障等方面宣传及教育培训。五是提供紧急救助服务：为受虐待和被忽视的儿童协调保护；当儿童处于紧急状况时，每天探访，积极协助解除紧急状况。六是链接资源，提供儿童福利服务平台：向乡民政专干或县民政局汇报工作，为困难儿童及其家庭提供转介服务；链接各种社会资源，为各类困难儿童提供支持。①

---

① 王振耀：《村儿童福利主任："赤脚"儿童社工体系建设前瞻》，2022 年 4 月 12 日，http://www.bnu1.org/child/2540.html。

公开资料显示，项目实施以来取得了相当突出的成效：中国儿童福利示范区共覆盖了 120 个村庄的 7.4 万多名儿童，项目区儿童新农合参保率从 83.8% 上升到 99.7%、残疾儿童就学率从 59.4% 提高到 84.5%、16 岁前打工儿童比例从 4% 下降到 2%、学龄儿童辍学率从 5.3% 下降到 1.8%、18 岁以下儿童结婚率从 3% 下降到 1.2%，儿童福利主任协助了 3550 名儿童办理了户籍手续、为 6649 名孤儿申请到孤儿津贴、为 8083 名贫困儿童申请到最低生活保障、为 4084 名儿童申请到教育补贴、为 708 名病残儿童申请到资金补助或辅助设备。①

以设置"儿童福利主任"为基本举措的"中国儿童福利示范项目"，解决了儿童福利服务"最后一公里"的问题，也就使得现有儿童福利政策设计框架具有服务的可及性问题。在我国儿童关爱保护服务制度、机构、设施、人员均不完备的今天，这种探索具有重要意义。当然，在项目运行中也存在一定的问题：一是项目可持续问题，即 2015 年联合国儿童基金会结束资助后，项目如何实现在地化发展。二是儿童福利主任的工作量问题，每名儿童福利主任大约需要服务 1000 名儿童，每月补助为 800 元，任务重、待遇低。事实上，据项目专家测算，每名儿童一年的服务经费大约需要 60 元（包括儿童福利主任的补助、"儿童之家"的运行、人员培训、服务活动的物资成本、外部专家支持等所有成本），这样的投入对于政府部门而言，应该不算多，而起到的作用是投入小、产出大。此后，民政部、浙江、湖南等部门和省份逐渐推广该项目经验，由政府出资，在更多的地方聘请儿童福利主任，为包括留守儿童在内的各类困境儿童提供直接和细致的服务。

自 2019 年民政部在《关于进一步健全农村留守儿童和困境儿童关爱服务体系的意见》中明确要求建立儿童督导员和儿童主任工作队伍后，"中国儿童福利示范项目"中的"儿童福利主任"制度在全国范围内得到了采纳和应用。可以查询到的最近数据显示，截至 2020 年 6 月，民政部牵头在全国范围内已组建了由 4.8 万名乡镇（阶段）儿童督导员和 66.3

---

① 王振耀：《村儿童福利主任："赤脚"儿童社工体系建设前瞻》，2022 年 4 月 12 日，http：//www.bnu1.org/child/2540.html。

万多名村（居）儿童主任组成的基层儿童工作队伍，[①] 构成了在基层开展儿童（特别是留守儿童）关爱保护工作、提供儿童服务的重要力量。当然，目前的儿童督导员和儿童主任队伍建设还存在不少问题：一是该队伍基本上为兼职人员，在原有工作职责基础上增加有关儿童关爱保护职责，大大增加了工作任务；二是缺乏固定的薪酬体系，队伍稳定性和工作积极性受到较大程度的影响，仅湖南、宁夏、广西等地建立了省级层面儿童主任津补贴制度，每人每月给予 100—300 元不等的补贴，[②] 其他地区还在积极探索；三是队伍基本来源于基层，儿童关爱保护的政策素养和服务能力存在一定不足。儿童工作队伍是否能够专职配备、享受较高的薪酬待遇，与地方经济发展水平和财政收入状况紧密相关，在目前还难以很好地实现，但是从发达国家儿童福利发展过程来看，"专岗专薪"是一条必由之路。有关知识和技能培训，民政部已于 2019 年牵头组织编写了《儿童督导员工作指南》和《儿童主任工作指南》，在全国各地由不同层级的民政部门组织了业务培训，基本实现了儿童主任培训的全覆盖，对基层儿童关爱保护工作队伍的能力提升有明显帮助。

（二）逐步精准建设儿童信息管理系统

2016 年国务院《关于加强农村留守儿童关爱保护工作的意见》要求"建立翔实完备的农村留守儿童信息台账"，在留守儿童部际联席会议的协调下，民政部牵头会同教育部和公安部在全国范围内开展了留守儿童首次摸底排查，这是我国第一次实施留守儿童普遍调查，为厘清留守儿童基本状况打下了良好基础。经过调查，全国农村 16 周岁以下、父母双方均外出务工或者一方外出务工而另一方没有监护能力的儿童共计 902 万人，其中，江西省的留守儿童规模最大，总人数为 108 万人；其次为四川、贵州、安徽、河南、湖南和湖北，以上 7 个省份的留守儿童总人数

---

① 杨剑、李晨、熊泰松：《2019 年中国儿童福利工作发展状况分析》，载苑立新主编《中国儿童发展报告（2020）》，社会科学文献出版社 2020 年版，第 85—86 页。

② 杨剑、李晨、熊泰松：《2019 年中国儿童福利工作发展状况分析》，载苑立新主编《中国儿童发展报告（2020）》，社会科学文献出版社 2020 年版，第 87 页。

约占全国总数的 67.7%。[①]

2017 年，民政部组织开发了"全国农村留守儿童信息管理系统"（后升级为"全国农村留守儿童和困境儿童信息管理系统"），同年全国范围内将留守儿童信息均录入该系统，该项基础工作由基层工作人员负责完成，各村（居）委会及乡镇工作人员统计所在辖区符合条件的留守儿童姓名、户口性质、民族、性别、身份证号码、居住地、身体健康状况、就学情况、享受福利政策情况以及监护人及家庭基本信息，所有信息实现每季度更新一次，以保证信息准确性。由此，全面建立了农村留守儿童信息数据台账。该信息系统功能强大，布局了数据录入、审核报送、汇总分析等功能模块，实现了与建档立卡贫困户信息系统、最低生活保障信息系统、残疾人信息管理系统的数据共享，为开展农村留守儿童数据更新、组合查询、比对核实、定期通报、实时报送等工作提供了可靠的平台支撑和有效的技术保障，对建立翔实完备的农村留守儿童信息台账、推动社会资源的有效对接，实现对留守儿童的精准关爱、精准帮扶、精准保护具有重要意义。

2018 年 9 月，民政部再次公布了我国留守儿童基本信息：全国农村留守儿童数量从 2016 年的 902 万名下降到了 697 万名，下降比例为 22.7%。留守儿童数量排名前七的省份为四川、安徽、湖南、江西、湖北、河南和贵州，约占全国留守儿童的 69.7%。[②] 排在前七位的省与 2016 年相同，但排名有所变化，四川省上升为第一位，江西省则从 2016 年的第一位下降到第四位。2019 年，为贯彻落实国家打赢脱贫攻坚战决策部署，充分发挥信息系统在全国农村留守儿童、留守妇女和留守老人关爱保护体系建设中的支撑作用，民政部进一步将"全国农村留守儿童和困境儿童信息管理系统"升级为"全国'三留守'人员信息管理系统"，通过与全国妇联等部门联合开展的暑期关爱服务活动和"把爱带回家"寒假特别行动要求各地动态更新，进一步摸清农村留守儿童等儿童

---

① 杨剑、李晨、熊泰松：《2019 年中国儿童福利工作发展状况分析》，载苑立新主编《中国儿童发展报告（2020）》，社会科学文献出版社 2020 年版，第 93—94 页。

② 刘文、于增艳、林丹华：《新时代背景下留守儿童社会适应促进：特点、挑战与应对》，《苏州大学学报》（教育科学版）2021 年第 4 期。

福利服务对象底数。同年公布数据显示，全国农村留守儿童数量进一步下降到 644 万名。[1]

2021 年，民政部进一步开发了"金民工程"项目，实现了儿童信息系统录入与其他民政工作一体化衔接。在"金民工程"项目中，民政部建设了全国儿童福利综合管理系统，系统包括农村留守儿童、困境儿童（含事实无人抚养儿童和监护不当儿童）、孤儿、艾滋病病毒感染儿童，还包括儿童收养、未成年人救助保护机构、儿童福利机构、儿童督导员、儿童主任等儿童福利工作信息模块，同时与社会救助、残联等业务系统进行数据对接，真正实现了儿童福利业务的一网通办，进一步提升了包括留守儿童在内的各类儿童关爱保护工作的信息化水平。

（三）"合力监护、相伴成长"关爱保护专项行动

2016 年 11 月，为贯彻落实国务院《关于加强农村留守儿童关爱保护工作的意见》，切实解决留守儿童摸底排查工作中发现监护不足、保护不力等突出问题，民政部牵头中央综治办、最高人民法院、最高人民检察院、教育部、公安部、财政部、卫计委等八部门发布《关于在全国开展农村留守儿童"合力监护、相伴成长"关爱保护专项行动的通知》（民发〔2016〕198 号），在全国联合开展以"合力监护、相伴成长"为主题的农村儿童关爱保护专项行动。

专项行动要求，严格坚持"儿童权益优先"的原则，将维护留守儿童合法权益作为当前的首要任务，严格落实户口登记、家庭监护、临时监护、强制报告、控辍保学等基础责任，依法严厉打击遗弃行为。具体来看：要求各级公安机关会同当地民政部门落实留守儿童的家庭监护责任，对家长遗弃留守儿童等违法行为予以惩处，为无户口的留守儿童依法登记常住户口并逐一建档，特别要求对"非亲生落户"的留守儿童须采集录入其 DNA 信息进行比对，以便查实是否属于拐卖、失踪等特殊情况；对于发现的无人监护留守儿童，公安机关会同相关部门要求在外务工的父母返回监护或确定明确的受委托监护人，后种情形需签署

---

[1] 杨剑、李晨、熊泰松：《2019 年中国儿童福利工作发展状况分析》，载苑立新主编《中国儿童发展报告（2020）》，社会科学文献出版社 2020 年版，第 94 页。

《农村留守儿童委托监护责任确认书》，相关部门予以评估、监督；要求各级教育、民政部门等强制报告责任主体单位和个人严格落实强制报告制度，发现留守儿童脱离监护等特殊情况应当第一时间向当地公安机关报告，未履行报告义务并造成严重后果的，相关责任单位和责任人将依法依规受到处分；对缺乏监护且无法联系外出务工父母的要落实临时监护责任，公安机关应就近护送其至近亲属、村（居）委会、福利机构或救助管理机构接受临时监护和照料，民政部门要指导承担临时监护的主体按照"最有利于儿童"的原则确定爱心家庭寄养、机构内养育等最适合的照料服务方式；要求县级政府要完善留守儿童控辍保学的部门协调机制，县级民政部门、教育行政部门和乡镇政府（街道）各自履行信息报送、入户家访、信息核查、联系督促、组织劝返等职能，对适龄留守儿童监护人不依法履行义务教育法定责任并造成严重后果的需追究责任；对于父母或其他监护人遗弃留守儿童的不法行为，公安机关要及时受理并出警处置，涉嫌遗弃犯罪的依法追究相关人员的刑事责任。

"合力监护、相伴成长"关爱保护专项行动 2017 年 12 月结束，取得了显著成效：为 18 万余名无户籍的农村留守儿童登记落户，切实保护其人身权益；累计帮助 78 万余名缺乏监护的留守儿童得到有效监护，有效改善其生活安全条件；累计帮助 1.7 万余名适龄留守儿童返校复学，切实维护了留守儿童的教育权；依法依规撤销失职父母监护权案例共计 17 个，严厉打击了遗弃留守儿童等不法现象，有力推动了留守儿童监护落实。① 目前，多地已经将"合力监护、相伴成长"关爱保护专项行动制度化，纳入留守儿童常态化关爱保护体系。

（四）未成年人保护工作专项宣传行动

自《中华人民共和国未成年人保护法》《中华人民共和国预防未成年人犯罪法》《中华人民共和国家庭教育促进法》等国家法律颁布实施以来，各级立法机关、司法机关、政府部门组织了全国范围的未成年人保

---

① 杨剑、李晨、熊泰松：《2019 年中国儿童福利工作发展状况分析》，载苑立新主编《中国儿童发展报告（2020）》，社会科学文献出版社 2020 年版，第 90 页。

护工作专项宣传行动，对于在全社会范围内加强未成年人保护意识、提升未成年人保护能力有着重要的促进作用。

2021 年以来，最高法牵头全国各级人民法院开展了大量有关未成年人保护的宣传活动。为贯彻新修订的《中华人民共和国未成年人保护法》和《中华人民共和国预防未成年人犯罪法》，最高法出台了加强未成年人审判工作意见，完善了具有中国特色的少年司法制度；会同全国妇联、共青团中央等开展寒假关爱儿童服务及宣传活动，在全国范围内开展法官进校园、上讲台活动，法院领导干部和法官担任中小学法治副校长、校外法治辅导员，用典型案例帮助未成年人增强法治观念，与全社会共同保护未成年人健康成长。① 为充分发挥典型案例的指引功能和教育警示意义，最高法于 2022 年 3 月筛选并发布了侵害未成年人权益的 9 起案例，涉及侵害未成年人的人身权、健康权、抚养权、社会保障给付等热点案件,② 在全国范围内引起了高度关注。2021 年 5 月 30 日，最高检开展"检爱同行，共护未来"检察开放日活动，并组织全国人大常委会法工委、最高法、公安部等部门有关负责人参加贯彻落实"两法"精神座谈会，营造良好的未成年人关爱保护氛围;③ 在新修订的未保法生效前一天（2021 年 5 月 31 日），最高检举行"落实两法 护航青春"新闻发布会，解读未成年人保护法相关内容，发布检察机关协同各方力量构建未成年人保护大格局的典型案（事）例;④ 2021 年 6 月 1 日儿童节，最高检发布与重庆市人民检察院等联合摄制的《你的成长 我来守护》公益宣传片,⑤ 展示未成年人检察工作，很好地营造了全社会关心关爱未成年人健康成长的氛围。

---

① 周强：《最高人民法院工作报告》，2022 年 4 月 14 日，http：//gongbao. court. gov. cn/Details/342529c11d2af722964a6b1c961105. html。

② 《未成年人权益司法保护典型案例》，2022 年 4 月 14 日，最高人民法院网站（https：//www. court. gov. cn/zixun-xiangqing – 347931. html）。

③ 《最高检开展"检爱同行，共护未来"检察开放日活动》，2022 年 4 月 14 日，最高人民检察院网站（https：//www. spp. gov. cn/spp/tt/202105/t20210530_519686. shtml）。

④ 《最高检举行"落实两法 护航青春"新闻发布会》，2022 年 4 月 14 日，最高人民检察院网站（https：//www. spp. gov. cn/spp/hhqc/xwfbh. shtml）。

⑤ 《未成年人检察公益宣传片重磅来袭！你的成长，我们守护！》，2022 年 4 月 14 日，最高人民检察院网站（https：//www. spp. gov. cn/spp/sp/202106/t20210601_519967. shtml）。

2021 年 4 月 28 日，民政部下发《关于开展"未成年人保护工作宣传月"活动的通知》，要求全国民政系统组织开展未成年人保护工作宣传，以宣传和落实《中华人民共和国未成年人保护法》为主题，强化未成年人关爱保护的主线，多举措开展现场宣传、专题学习培训、新闻媒体宣传、网络知识竞赛等系列具有影响力的活动。民政部要求全国各级民政部门积极发挥未成年人保护工作协调机制的牵头作用，组织动员各界力量广泛参与宣传，创新宣传形式、丰富宣传载体，既要充分发挥广播、电视、报纸等传统媒体优势，又要运用门户网站、"三微一端"等新兴媒体，提供通俗易懂、公众喜闻乐见的宣传形式、打造宣传品牌，普及未成年人保护相关法律法规，凝聚依法保护未成年人合法权益的社会共识，提升社会各界参与未成年人关爱保护的思想认识，为培养担当民族复兴大任的时代新人营造良好的法治环境和舆论氛围。① 通知下发后，全国各省、市、县级民政部门积极响应，转发并制订当地宣传月活动计划，组织开展了大量的"书记县长话未保""为未成年人添翼""儿童主任小课堂""传承历史、展望未来""儿童主任的一天"等系列宣传活动，在全国范围内取得了巨大的社会影响力。

二 群团组织开展的留守儿童关爱保护服务

全国总工会、共青团中央、全国妇联等群团组织在留守儿童关爱保护工作部际联席会议机制下，也积极开展了大量服务行动，依据政策文件要求积极践行工作职责，取得了很大的服务成效。

（一）农民工监护意识和能力专项宣教行动

2018 年以来，全国总工会、民政部和国资委指导中国建筑集团连续三年组织开展了关爱留守儿童"百场宣讲进工地"大型活动，旨在全方位提升务工人员对未成年子女的责任意识，通过多种方式关心关爱困难

---

① 《民政部对组织开展"未成年人保护工作宣传月"活动作出部署》，2022 年 4 月 14 日，民政部网站（http：//mzzt. mca. gov. cn/article/zt_wcnrbhgz2021/gzbs/202106/20210600034516. shtml）。

务工人员及其留守子女。中建集团组建了一支 700 人的"流动宣讲志愿者服务队",围绕未成年人保护政策法规宣传、亲情技巧提升、家庭美德教育、安全知识普及四个专题,每年走进 300 余个建筑工地、开展大型宣讲近 200 场,覆盖了 31 个省(区、市),6 万余个务工人员家庭直接受益。① 该项目既发挥宣传未成年人保护的功能,更是在宣讲中强化对农民工开展监护责任意识、家庭教育方法和亲子沟通技巧等方面的培训,特别是把"务工人员需要依法履行对未成年子女的监护责任"纳入劳务合同,合同以外附"监护子女责任书"等举措,初步形成了具有劳动密集型行业特点、中央企业特色的农村留守儿童关爱服务模式。在此基础上,全国总工会联合其他部门印发《关于劳动密集型企业进一步加强农村留守儿童和困境儿童关爱服务工作的指导意见》,要求全国范围内的劳动密集型企业把关心关爱留守儿童作为提升务工人员素质、履行企业社会责任、增强企业凝聚力、提升企业形象的重要内容,切实采取多种方式引导务工人员强化家庭监护主体责任意识,依法依规履行对留守儿童等未成年子女的监护责任和抚养义务。由此,大型劳动密集型国企在工会等部门的推动下,逐渐将关爱保护留守儿童的初步探索上升到了制度层面。

(二)"情暖童心"留守儿童关爱保护行动

自 2017 年起,为贯彻落实《国务院关于加强农村留守儿童关爱保护工作的意见》,切实履行农村留守儿童关爱保护工作部际联席会议成员单位划定职责,共青团中央启动"情暖童心"关爱保护留守儿童专项行动,服务留守儿童身心健康成长。团中央要求各级团组织加强与各级民政部门等相关方面的衔接,发挥共青团及少先队组织优势,以农村留守儿童相对集中的省份为重点区域,形成全团合力,打造统一品牌,在党政部门、全社会关爱保护留守儿童工作的总体格局中做出更大贡献。要求各级团组织聚焦"手拉手"志愿服务、重点支持保障、关爱服务项目三个方面集中打造"暖心工程",突出共青团对农村留守儿童

---

① 《传递爱心力量 全国农村留守儿童关爱保护"百场宣讲进工地"》,2022 年 4 月 15 日,中国日报网(https://cn.chinadaily.com.cn/a/202109/29/WS6154256aa3107be4979f0915.html)。

的情感心理关怀和精神成长引导。① 具体来看，各级团组织依托自身密切接触儿童青少年的优势，在全国各地探索实施了"七彩假期"青年志愿者关爱行动、大手牵小手团员志愿服务活动、少先队员"手拉手"互助等活动，动员广大团员、青年志愿者、少先队员为留守儿童提供课后辅导、情感关怀、心理疏导、生活照料等关爱服务和互助活动；推动实施"希望社区——留守儿童 I 陪伴"和"青年之家——红领巾梦想村塾"、红领巾微心愿圆梦行动、"情暖童心"公益夏令营活动等服务项目。据统计，共青团中央的"情暖童心"在全国 12 个省（市、区）中 44 个县（市、区）114 个村（社区）全面实施，在 3284 个服务点直接服务了 18.4 万名留守儿童和随迁子女，关爱保护服务时长累计达到 402.6 万小时。② "情暖童心"项目的实施，为留守儿童健康成长提供了新助力、播种了新希望。

（三）留守儿童寒暑假专项服务行动

2019 年 7 月和 12 月，全国妇联分别牵头下发了《关于认真做好暑期家庭教育和关爱儿童服务工作的通知》和《关于开展"把爱带回家"双百万结对寒假特别行动的通知》，要求全国各级妇联系统协调各相关部门、志愿组织，利用寒暑假机会，以留守儿童为主要服务对象开展关爱保护服务。

全国妇联牵头组织教育部等 8 个部门发布的《关于认真做好暑期家庭教育和关爱儿童服务工作的通知》要求，各级妇联及相关部门利用暑期广泛开展家庭教育和关爱儿童服务（留守儿童是重点服务对象），让暑期成为儿童快乐成长的关键期、黄金期和安全期。一是各地组织儿童开展爱祖国爱家乡的教育实践活动，充分利用儿童活动中心、儿童快乐家园、儿童之家、童心港湾、乡村少年宫、"四点半学校"等基层儿童活动场所，通过假日游览、实践体验、研学参观等多种方式，充实儿童假期生活；二是充分发挥《全国家庭教育指导大纲》的指导功能，依托各类

① 孟露窈：《团中央"情暖童心"精准帮扶农村留守儿童》，《农家书屋》2018 年第 3 期。
② 杨剑、李晨、熊泰松：《2019 年中国儿童福利工作发展状况分析》，载苑立新主编《中国儿童发展报告（2020）》，社会科学文献出版社 2020 年版，第 92 页。

家长学校、12355青少年服务台、家庭教育指导服务站点、"儿童之家"活动阵地等，组织家庭教育指导员深入城乡社区，分享科学教子经验、举办家庭教育培训，深入重点家庭开展面对面指导服务，解决暑假期间儿童的家庭教育不足问题；三是组织儿童和家庭开展以预防溺水、食品安全、出行安全、生活安全、防自然灾害等为主的安全教育活动，提高儿童自我防护、自我救助的基础安全能力；四是动员社会各界力量与最需要帮助的留守儿童结对，切实开展关爱保护、家庭教育、沟通帮扶等综合服务。在全国妇联的组织动员下，100余所高校的3800余名大学生志愿者返回家乡开展"关爱儿童　服务社会"关爱儿童志愿服务，广泛开展家庭教育培训课程、为儿童辅导家庭作业、组织儿童开展闲暇娱乐等实践服务，取得了广泛成效。①

　　全国妇联牵头组织教育部等7个部门发布的《关于开展"把爱带回家"双百万结对寒假特别行动的通知》要求，各地相关部门要利用寒假契机，发动社会各界力量，开展"把爱带回家"双百万结对②寒假特别行动，以"把良好家风带回家""把社会关爱带回家""把安全法治带回家"为主题，组织相关方与包括留守儿童在内的各类需要关爱帮助的儿童结对，大力营造关心关爱留守儿童、困境儿童的良好氛围。其中，"把优良家风带回家"是要求各村（社）妇联主席及执委、儿童主任等利用农民工春节返乡契机，深入其家庭开展家访，开展家长和监护人的家庭教育工作；"把社会关爱带回家"是要求各地妇联等部门组织动员公益组织、大学生志愿者等社会力量，与留守儿童等结对开展具体的关爱服务活动；"把法治安全带回家"是要求以法治副校长进校园、法治辅导员进社区等多种方式，面向留守儿童等开展群体性和面对面的法制宣传、安全教育、自我防护能力提升等活动。③

---

① 《暑期关爱农村留守儿童困境儿童工作综述》，2022年4月15日，中国妇女报网站（https://www.women.org.cn/art/2019/8/8/art_19_162579.html）。

② "双百万"是指一百万名各级妇联干部、大学生、家庭教育专家等各类志愿者，与一百万名留守儿童和困境儿童。

③ 《全国妇联、教育部等部门将开展双百万结对寒假特别行动》，《教育现代化》2019年第99期。

三 中小学校开展的留守
儿童关爱保护服务

中小学校是开展留守儿童关爱服务的主要阵地。我国有关留守儿童关爱保护的主要政策文本中，有大量有关中小学校应主动开展留守儿童服务的文字要求，特别是为留守儿童和外出务工的家长提供日常联络的便利、密切与监护人联系并反馈留守儿童学习情况、提供心理辅导、加强寄宿学校管理等。课题组在走访调查中发现，大多数留守儿童较为集中的中小学校都为其提供了建立儿童档案、与父母加强沟通、开展心理辅导、组织课外娱乐活动等服务，其中较为典型的是为留守儿童提供心理辅导和寄宿管理服务。

（一）留守儿童学校心理辅导服务

学界和社会各界通常认为留守儿童存在厌学、孤僻、自我封闭、内向等心理问题，于是，心理咨询服务被当作一种基本的关爱措施，受到政府、学校以及社会各界的重视，在留守儿童中得以广泛开展。从形式上来看，留守儿童心理咨询服务往往依托农村及乡镇中小学校开展，通常的载体是"留守儿童心理咨询室"。课题组在多地考察了依托学校建立的留守儿童心理咨询室及其运行情况，其中陕西的 S 小学较有代表性。

陕西 S 小学是一所硬件设施较好的寄宿学校，全校学生 486 人，其中留守儿童 312 人，占总学生数的 64.2%。S 小学自 2010 年起，就在当地妇联的帮助下，在学校建成了心理咨询室，配备网络视频设备，以便留守儿童与父母在网络上见面；放置了玩具、体育用品以吸引留守儿童兴趣。学校挑选了四名女性班主任（校长认为班主任最了解学生的情况，所以最适合为留守儿童开展心理辅导）兼职组成了心理咨询小组，每周三为留守儿童做心理辅导。当地妇联组织专家为心理咨询小组的老师进行了短期培训和心理辅导的示范工作，以增强老师的专业性。考察发现，老师的"心理辅导"工作更像"情感辅导"，即通过情感感化的方式同留守儿童谈心，例如，描述父母外出打工的辛苦场面，让孩子能够体谅父母；介绍外面的世界很精彩，让孩子安心读书，以后能够有所作为，回乡后受人尊敬等。留守儿童对于"心理辅导室"也不畏惧，主要原因是将这里当作了游乐室（因为这里有很多儿童玩具），来这里的主要目的是玩游戏，对于老师与自己的谈话，也没有什么特别感受，并未当作"心理辅导"。由于没有补贴，兼职老师的工作积极性并不高，除了维护心理咨询室的秩序外，不会过多地主动找孩子们谈话。心理辅导的工作制度、工作记录基本没有。一位老师的话很有代表性，"我们做这个事情，全凭责任心和爱心"。邻近的城关镇中心小学与此不同，除了心理咨询室的设施配备更好以外，该校还配备了两名有正式编制的专职心理辅导教师（均为女性），由心理学专业大学毕业生担任。这两位老师不用上课，仅负责全校学生的心理辅导工作。考察发现，这里有较为完备的心理辅导制度和工作流程，并将规定上墙公示；课题组虽然未能翻阅心理辅导的工作日志和工作记录，但是从展示的记录本来看，应该有着较为严格的制度落实；心理辅导老师每个学期都分三次进入各个班级开展讲座，并介绍自己，欢迎有苦恼的学生来找自己谈心；心理咨询室挂着"心情港湾"的门牌，门上挂着一个造型很卡通的"知心姐姐信箱"，以便对心理咨询有些畏惧的同学和老师取得联系；室内摆放着一张书桌，有基本的办公设备，用屏风隔出的里间摆放了一个色彩柔和的沙发和两把圆椅，中间的茶几上还摆放了一盆花，整个布置显得非常温馨，这是真正开展心理辅导的地方。自建成两年以来，两位心理辅导老师共为 200 余名留守儿童提供了心理咨询服务，受到了学生和老师的很高评价。

（二）寄宿学校开展的留守儿童服务

从 20 世纪 90 年代开始，我国农村寄宿学校尤其是寄宿小学开始出现，并逐渐成为一种重要的办学方式。伴随着农村生源减少、从小学逐渐向上延伸的撤点并校政策实施，农村孩子上学的便利性较之以前有所降低。相对来说，农村中学的生源覆盖面更广，学校离家的距离更远，也就更有寄宿的必要；中学生生活自理能力更强，也就更有寄宿的可能。所以在农村中学实施寄宿制是一种较好的选择。在撤点并校、大力建设中心小学后，很多农村地区尤其是山区，孩子上学距离变得更远，往返路途上的安全性、吃饭的便利性都存在问题，于是小学提供寄宿服务也越来越常见。对于留守儿童而言，家庭教育和生活照料的总体状况均较非留守儿童稍差，而寄宿学校既可以提供食宿方面的便利，又有着相对更好的学习环境，所以从理论上看，寄宿学校对于留守儿童而言，是一种很好的制度安排。

课题组在四川、云南等地的农村寄宿学校调查发现，寄宿为留守儿童带来了这样一些好处。第一，解决了吃饭和住宿的问题。虽然住读生每学期要缴纳200—300元不等的住宿费、每月150—200元不等的生活费，但是调查发现，绝大多数的学生家庭能够承担这些费用，而且，地方教育部门对于住宿费和生活费有着严格的管理规范，学校很少存在乱收费的现象。父母外出务工后，留守儿童的基本生活照料主要依靠老人、兄弟姐妹和自己，有些大龄留守儿童还要照顾家里的老人。留守儿童在学校住读后，省去了家人接送的麻烦，减轻了生活照料的负担。从对监护人的访谈中也发现，无论是外出务工的父母，还是家里的老人，对孩子在校住读总体上比较放心，当然，部分孩子年龄较小的监护人还是担心学校的照料不会那么细致。留守儿童也反映，在学校住读很好，"不用每天走那么远上下学""人多一起吃饭更香"。相对而言，离校较远的非住读学生有一定的心理压力，他们一方面每天都要往返学校和家里，路途比较辛苦；另一方面认为家里交不起住宿费和生活费，觉得有些自卑，有些羡慕住读的学生。第二，住读生在学习时间的保障和学习困难求助等方面更有优势。很多学校都为高年级的住读学生组织早晚自习，这相对于非住读学生而言无疑延长了学习时间；而且，非住读学生回家后往往都要做一定时间的家务，而住读学生则多数将这些时间用于玩耍、锻炼和学习。留守儿童的家庭教育在父母外出务工后更为欠缺，但是寄宿制能够在一定程度上进行弥补，主要原因是住读的留守儿童在遇到学习困难时，可以向老师或其他同学寻求帮助；而且，部分学校还会主动组织老师为住读生答疑，开展课外教育活动。第三，在学校住宿的生活环境更为丰富。很多住宿生表示，如果不是住在学校，自己放学后就回家帮家里做事，吃完晚饭后做些作业、看看电视就睡觉了；而现在住在学校里，周围都是自己同学，放学吃饭后可以一起娱乐、做作业，有不懂的还可以相互问一问，生活比在家里丰富。课题组在一所农村小学看到，虽然已经是破烂不堪的足球，但住宿的学生在吃晚饭之前的空余时间里，还是追逐着球在操场上飞奔，这种场面对于走读生来说很难拥有。针对无法提供住宿的学校的对比调查发现，这些学校通常为农村基点校（农村中心学校下属的、分散在各村庄附近的学校，通常只提供低年级的教学服务），基础设施落后，教学软硬件缺乏，师资队伍匮乏。好在多数这类学校距离学生的家比较近，当然，也有部分山区学校，由于居住分散，学生上学距离很远，地方教育投入有限，无法建设宿舍楼、食堂、澡堂等必备设施。对于这些学校应该给予更多关注。

当然，农村寄宿学校在实际运行中也存在一些问题。首先，持续性的资金投入缺乏，硬件的扩建、维护存在困难。在建设好宿舍楼、食堂、卫浴设施等寄宿的基础设施之后，维护方面难以有持续的资金投入。同时，当设施不能满足需求的时候，寄宿学校给上级教育主管部门打报告争取资金，比初次建设更为困难。其次，师资力量严重不足。通常，寄宿学校仅为学生们配备生活老师，负责照料学生的住宿安全、卫生等方面的事宜。而事实上，家长们希望寄宿学校能够承担学生（尤其是留守学生）的生活照料、课外教育的功能。显然，待遇相对较差、文化水平相对较低的生活老师，很难满足家长的期望和孩子们的实际需求。最后，除了基本的食宿之外，多数寄宿学校难以解决留守学生在安全教育、心理辅导、人际交往能力和资源链接能力提升等更高层次的需求。课题组调查发现，很多寄宿学校为留守学生开设了心理咨询室，但是由于缺乏专业人员，心理咨询室往往被闲置或者挪作他用。基本没有农村学校配备社会工作专业人才，更没有办法组织开展社会工作专业服务活动提升留守儿童能力，只有极少学校的领导和老师听说过社会工作专业和社会工作人才。从理论上来说，由于农村寄宿学校较好地集中了农村留守儿童，而且具备相对较好的活动场地和设施，是开展留守儿童学校社会工作的良好阵地。从目前留守儿童在寄宿学校获得的服务来看，内容少、层面低是其主要特征，较高层面的需求尚未满足，这也为留守儿童学校社会工作的介入留下了大量空间。

四　社会组织开展的留守
儿童关爱保护服务

（一）中央财政资助社会组织开展的留守儿童服务

近年来，随着社会公益事业的蓬勃发展，大量社会组织也积极投入到留守儿童社会服务的行动之中。政府和基金会对于社会组织开展的留守儿童服务也进行了大量支持和资助，其中最有影响力的是自2012年以来由民政部和财政部共同实施的"中央财政支持社会组织参与社会组织服务项目"。该项目每年投入资金约2亿元，在全国范围内资助社会组织参与社会服务。课题组根据公布的立项清单进行不完全统计发现，近十年以来，受中央财政资助的社会组织开展以留守儿童（含困境儿童）为主要服务对象的项目共计122项，累计获得资助经费5740万元。除全国性社会组织之外，其他地方性社会组织涉及以中西部地区为主的广西、四川、安徽、宁夏、重庆、甘肃、江西、贵州、陕西、湖南、青海、湖北、广东、山东、吉林、辽宁、黑龙江、新疆等18个省（市、区）。服务内容涉及留守儿童学习设施改善、幼儿教育、幼儿托管、"留守儿童之家"建设、科技教育、职业教育、健康教育、家庭教育、预防网瘾、儿童扶贫、社工服务、代理家长培训、预防流浪、公共安全等诸多方面。

课题组以两个项目的实施为例，探讨社会组织开展留守儿童社会服务的成效和不足。一是由中国下一代教育基金会实施的"雪中送炭温暖留守儿童"项目。公开资料显示，中国下一代教育基金会选择了中西部贫困地区、少数民族地区留守儿童相对集中的青海、云南两省符合资助条件的6个县21所中小学实施了该项目，资金总投入558.6万元，其中由中央财政支持资金100万元。项目组为这些学校建立了"留守儿童教育帮扶中心"，具体服务内容包括：配备电脑，让留守儿童通过视频与外出务工的父母亲情互动；随时帮助留守儿童解决出现的问题；向中心捐赠图书及读书卡、教学教具、教育礼包等，为留守儿童学习最新知识、改善学习条件提供帮扶；帮助他们养成良好的学习习惯，开阔眼界，丰富知识。项目直接受益的留守儿童和学校师生超过 2 万人。①

二是由宜宾市 RH 社会工作服务中心组织实施的农村留守儿童之家援建发展示范项目，该项目在四川省宜宾市六所留守儿童集中的农村小学及农村社区实施，资金总投入 32 万元，其中由中央财政支持资金 30 万元。项目组用近三分之二的经费完善留守儿童之家现有的场地及设施，其中设施主要包括：儿童图书、儿童体育用品、儿童玩具三大类。在留守儿童之家硬件建设的基础上，项目组依托农村小学和农村社区，持续地开展针对留守儿童的社会工作专业服务，主要涉及改善留守儿童生活、学习条件，提升留守儿童心理适应能力、安全意识（包括预防性侵犯，提升应对火灾、落水、诱拐等紧急状况的能力）、与外出务工父母的沟通能力、同伴性质识别技巧（预防群体失范行为，如团体犯罪、网络成瘾等）、人际交往能力等方面。项目直接受益的留守儿童为 1167 人，累计提供社会工作服务 10503 人次，累计服务时间 5200 小时。②

从上述两个项目的实施来看，各层次的社会组织为留守儿童提供了内容丰富的服务行动，对于留守儿童的生活改善、能力提升做出了重要贡献。事实上，在当前行政力量主导资源分配的格局下，单靠政府部门是很难从微观层面为留守儿童提供适合的社会服务的。而社会组织在获取资金资助后，运用自身的组织网络和专业人才优势，可以在很大程度上弥补政府服务的不足。从共性上来看，以上两个项目都为留守儿童搭建了一定的服务平台，提供了一些设备物资，但是服务的层面不同：两个全国性的社会组织开展的留守儿童服务范围广、受益面大，以硬件建设及物资捐赠为主；宜宾市 RH 社会工作服务中心开展的留守儿童服务项目是扎根于农村基层学校和农村社区，受益面虽然较窄，但是派驻社工持续开展了服务，深度和专业性更强，特别是针对留守儿童广泛面临的安全能力提升问题、人际交往问题、资源链接问题、与父母交流问题，运用社会工作方法进行了介入，能够在微观层面解决很多具体问题。

---

① 《雪中送炭温暖留守儿童》，2022 年 2 月 8 日，中国下一代教育基金会网站（http：//www. chinanpo. gov. cn/showsfxmBulltetin. do？id = 67316&dictionid = 4900&catid = &netTypeId = 1&websitId = 100）。

② 宜宾市 RH 社会工作服务中心内部资料。

（二）"童伴妈妈"留守儿童关爱保护行动

自 2015 年起，中国扶贫基金会整合社会资金启动了"童伴妈妈"项目，该项目以培训并聘任当地农村女性来开展留守儿童（后扩展是困境儿童）关爱保护工作为总体思路，采取"一个人、一个家、一条纽带"的模式构建留守儿童保护和监护网络，打通儿童福利传递的"最后一公里"。

"一个人"是指童伴妈妈，由项目方为每个村（社）聘任一位专职儿童关爱保护人员，所在村的儿童即为其服务对象，服务内容主要包括儿童安全、政策落实、健康监护等，主要承担关爱儿童、发现问题并上报、协调资源解决问题等职能，是整个项目的抓手；"一个家"是指童伴之家，由项目方与所在村（社）整合资源共建共享，利用现有场地及设备资源建设一个童伴之家，童伴妈妈依托该阵地定期组织不同类型的主题活动助力儿童健康成长，是整个项目的阵地；"一条纽带"是指构建项目的联动机制，项目实施地的县级政府建立多部门参与的联动机制，构建上下联通的、直达儿童身边的服务网络，确保儿童关爱保护政策及服务落到实处，项目方提供资金、培训、督导及各种资源整合服务。每个实施"童伴妈妈"的村可以获得 5 万元资金，可用于童伴之家配备设备和物资、童伴妈妈补贴、项目培训及管理等方面。

截至 2021 年底，中国扶贫基金会组织发起的"童伴妈妈"项目，在阿里巴巴公益、敦和慈善基金会、卡特彼勒基金会、中银慈善基金会、兴业慈善基金会及众多爱心企业的捐助下，在四川省、贵州省、江西省、云南省、湖北省、安徽省、陕西省等 10 个省份的 106 个县 1379 个村得以实施，惠及近 75 万名儿童，其中多数为留守儿童。[①]"童伴妈妈"是由我国公募基金会实施的具有高度社会影响力的留守儿童关爱服务项目，已经探索形成了一套实施体系清晰、可持续发展的服务模式，取得了很大的服务成效。

---

① 《童伴妈妈项目简介》，2022 年 4 月 25 日，中国扶贫基金会网站（http：//www.cf-pa. org. cn/project/GNProjectDetail. aspx？id＝46）。

（三）其他社会组织开展的留守儿童关爱保护行动

除以上两类典型的服务行动以外，我国各级各类基金会、社会团体和社会服务机构开展了大量留守儿童关爱保护服务，如北京九台公益基金会、河南省儿童希望救助基金会、北京桥爱慈善基金会实施的留守儿童"品格课堂""心灵放映室"等项目，候鸟慈善基金会发起的"关爱农村留守儿童助学活动"，中国志愿服务基金会为山区留守儿童捐建路灯的"灯山行动"，中央专项彩票公益金为留守儿童校外活动场所配置设施的"儿童快乐家园"项目，中华儿慈会的"留守儿童关爱计划"项目，北京彩虹基金会"彩虹之家""彩虹合唱团"等留守儿童公益陪伴项目，都取得了较好的社会影响，很好地响应了留守儿童政策中"动员社会参与""整合社会资源"的要求。在民政部等政府主管部门的积极引导下，越来越多的社会组织投入到留守儿童关爱服务之中，对我国留守儿童社会政策的落实有着积极作用。

五　其他类型的留守儿童关爱保护服务

（一）村（社）开展的留守儿童服务

我国当前的留守儿童社会政策体系要求村（居）委会在留守儿童关爱保护工作中应承担诸多职能，主要表现在督促外出务工方面承担监护责任、保障留守儿童教育权、承担强制报告职责、聘任儿童福利主任开展服务、开展未成年人保护宣传等方面。课题组在多省份的走访调查中发现，村（居）委会承担留守儿童关爱保护的职责难以在实际层面显现出来，呈现出零散、偶发、不持续、不系统的基本特征。常规的留守儿童服务，主要体现在建立各种形式的"留守儿童之家"并开展少量服务活动上。较有代表性的是重庆 X 镇的"留守儿童幸福家园"。

重庆 X 镇有留守儿童 1130 人，自 2011 年 8 月开始，镇政府投资陆续为每个村建设"留守儿童幸福家园"，每个家园依托村委会的活动场地，建有心理咨询室、亲情聊天室、图书室、儿童活动室等；每个家园都实现了通电、通网络、通电话。基本的硬件投入全部由镇政府解决，承担老师儿童心理辅导任务的是大学生村官，该镇 24 个大学村官每周 2 人，轮流去就近的"留守儿童幸福家园"值班，主要任务是为留守儿童提供心理辅导服务。从开展的具体工作来看，大学生村官对留守儿童进行了调查登记，建立了留守儿童成长档案，根据各自情况制订了一些辅导方案；对留守儿童的监护人及返乡农民工开展培训，指导与留守儿童的交流；为来园的留守儿童辅导功课、帮他们疏导心理疑惑，开展一些课外活动。实际考察发现，留守儿童到幸福家园的人数不多，一般同时来的不超过 10 人；大学生村官到家园的主要工作是签到、辅导作业和组织一些游戏，真正开展的心理辅导很少。访谈中也发现，多数大学生村官不具备心理学背景，自身掌握的心理学知识较少，镇上没有组织过相关培训，很难开展专业心理辅导。大学生村官有自己的固定工作内容，每周要抽出一天时间到家园开展服务已是不容易，且没有津贴，工作热情很有限。邻近的 B 镇仿效 X 镇的做法，但是没有将该项工作铺开，而是在硬件条件较好的一个村庄建立了"留守儿童心理咨询室"，指派了两名有高中学历的村干部担任咨询室的心理辅导老师，免费为留守儿童提供学习辅导、心理辅导和体育锻炼指导等服务。课题组调查时刚好碰到这两位老师带着孩子们在村委会的院子里打篮球，年龄较小的几个孩子围在一起跳绳，村委会二楼的一间房子门口挂着"留守儿童心理咨询室"的牌子，里面摆放了网络视频设备和一些体育用品。据两位村干部介绍，他们先后为 8 名留守儿童提供了心理辅导，为近百人次的留守儿童和他们的父母提供了网络视频连线服务。但是从实际情况来看，留守儿童心理辅导基本是流于表面，其重要性更多体现在门牌所蕴含的字面意义上。当然，两位村干部为留守儿童提供了很多课外活动的机会。

（二）留守儿童"代理家长"服务

留守儿童"代理家长"，是为了弥补父母外出务工、留守儿童欠缺亲情关爱、家庭教育的一种举措（具体来说，是一种类似于以"人员替补"的方式对留守儿童生活和教育进行介入和帮扶），体现了社会各界对留守儿童问题的关心。就目前来看，留守儿童代理家长基本在农村实施。从调查走访和资料收集情况来看，留守儿童代理家长制度的实施范围遍布除了西藏之外的西部绝大多数省区市，但是在组织方式上来说，存在较大的差异，实施效果也各有不同。

课题组在四川、广西、云南、重庆等地开展实地调查后发现，各地留守儿童代理家长制度的实施呈现以下方式：从代理家长制度的组织来看，有学校、关工委、教育局、妇联、共青团等多种组织方式。例如，广西 Q 小学的代理家长制度是由学校组织教师来开展的；重庆 Y 小学留守儿童代理家长制度是由当地关工委组织退休老人和留守儿童结对实施的。从形式上来看，多数的留守儿童代理家长和留守儿童结成一对一帮扶制度，也有部分地区是以班级为单位建立"代理家长委员会"，为本班的全部留守儿童开展帮扶，不具体到个人。从代理家长的来源来看，主要包括亲属、教师、邻里、驻村民警、具有声望的人士、爱心人士、"五老"（老干部、老战士、老专家、老教师、老模范）、大学生志愿者、村官、党员干部等。从代理家长的工作内容来看，主要包括各种形式的"一"，例如"四个一"：每月找班主任或任课教师了解一次留守儿童在校表现情况，每月一次与留守儿童谈心、检查或辅导家庭作业，每月与其父母交流留守儿童的学习、生活、思想状况，与现监护人共同商讨儿童的教育管理措施，每年陪留守儿童过一次节日（生日）；"五个一"：每周与留守儿童联系交流（或辅导作业）一次、每月与留守儿童家长、老师联系一次，每两个月到留守儿童家中走访一次，每学期总结一次；"八个一"：协助建好一个"留守儿童之家"，举办一次法制、安全、心理健康教育或其他类型的讲座，参加留守儿童一项课外兴趣小组活动，每周与留守儿童谈一次心，指导留守儿童读一本好书，指导留守儿童写一封亲情书信，陪留守儿童过一次生日，指导留守儿童为学校、家庭做一件有意义的事。以上所介绍的这些代理家长制度都不是由留守儿童家庭出面组织的，所以基本都是义务实施的，课题组在四川 Y 县调研的时候发现，也有外出务工父母为年幼却缺乏照管的留守儿童，雇请"有偿代理家长"的现象。

代理家长制度在实际运行中为留守儿童提供了一定的帮助。首先，大范围地实施代理家长制度，能够让留守儿童及其父母、监护人感受到社会各界对留守儿童的关心关爱，特别是在制度落实比较严格的地区，留守儿童切身感受到了这些关爱。从社会支持的视角来看，这些将"远端支持"转化为留守儿童比较欠缺的"近端支持"，较好地完善了留守儿童的社会支持结构。其次，代理家长对于留守儿童面临的日常生活、学习、道德教育等问题给予的帮助，能够切实、及时解决留守儿童的实际困难，可以在一定程度上弥补留守儿童监护人教育能力缺乏的不足，减少外出务工父母的牵挂和担忧。最后，良好的代理家长制度的实施，可以在学校、社区、区域社会形成一定的留守儿童关爱环境，有利于互帮互助精神的培养以及公民社会的发育。

（三）留守儿童托管家园服务

留守儿童托管家园（也有的地方称为"托管中心""托管家庭"）是指由学校、社会爱心人士、普通家庭为缺乏照管、教育帮助的留守儿童提供相应服务的一种方式。全国妇联信息显示，为使农村留守儿童的学习、生活、成长环境得到有效改善，全国各级妇联广泛动员社会力量，建立农村留守儿童托管中心 6500 多所，农村留守儿童家庭教育服务机构 3 万多个，[①] 对留守儿童给予全方位的关爱。事实上，当前留守儿童托管家园的形式已经远远超过全国妇联最初的建设范围，起码包括了依托寄宿制学校建设的托管家庭、社会营利（或微利）式托管家庭、民间公益式托管家庭等几种。

课题组在重庆 D 县调研发现，该县依托农村寄宿制的中小学建起了 36 家托管家园，全县 1.9 万余名留守儿童可以享受周一至周五的全托教育管理（除寄宿费外，不另外收费）；社会人士利用固定场所，通过申报审批，建成留守幼儿托管家园 32 家，由家园聘请专职人员照管和承担监护责任，全日制托管留守儿童 1600 多名（需要缴纳托管费，收费标准类似于当地幼儿园）；县妇联、关工委等部门还发动了一批有知识、有能力的爱心人士，通过双向选择、自愿协议等方式，将亲属、近邻的留守儿童集中在自己家中托管，组建托管家庭 2000 多个，动员各类爱心人士 5000 余名，采取"一对一"或"一对多"的结对托管方式，让约 2 万名留守儿童得到直接的管理和教育服务（非营利性，不向留守儿童及其家庭收费）。除此以外，课题组在调研中也发现某些经济较为发达的农村地区，针对留守儿童的营利性托管家庭也大量存在，主要形式有两种。一

---

① 敖蓉：《妇联组织重视儿童发展事业成效显著》，2022 年 4 月 23 日，http：//paper.ce.cn/jjrb/html/2009 - 06/02/content_67102.htm。

是由教师私下开办的留守儿童托管家园。课题组在四川省 L 镇中心小学调查发现，由于学校寄宿条件不佳且有限，部分教师租用场地或者用自己的住房私下开设托管家庭，为包括留守儿童在内的学生提供住宿、饮食、作业辅导等服务，托管人数在 10—30 人不等。由于托管场所条件有限，留守儿童餐饮、做作业都混在一室，甚至低年级的学生在住宿上不分男女，管理人员少，卫生条件差，人员密度大，存在一定的安全隐患。算上课业辅导费，留守儿童缴纳的托管费用不比学校寄宿费用低。二是由社会人士开办的临时性托管家园，主要针对低龄、放学后家长来不及接的留守儿童，提供临时容纳、课业辅导等服务，收费相对低廉，但是多数没有营业资质，相关政府部门也缺乏监管。

六　留守儿童关爱保护服务行动反思

在党中央和国务院的高度重视下，在各级部门、各类组织和爱心人士的共同参与下，我国留守儿童社会政策体系得到了较好的实施，留守儿童关爱保护工作取得了长足进展，儿童的生存权、受保护权、发展权、参与权得到了较好的保障，儿童的获得感、幸福感、安全感不断增强，初步构建了以国家法律为保障、以国家政策文件为基础、以从上到下的执行体系为核心、以各类服务行动为基本要素的留守儿童关爱保护政策框架及其执行体系。[1] 但同时也应该清醒地看到，留守儿童关爱保护政策体系、执行体系仍然存在一定的薄弱环节，留守儿童的整体保护水平、运行机制和专业化程度距离国家和人民的期望，仍然存在一定的差距。

（一）儿童保护立法的健全程度仍然存在一定上升空间

在儿童保护的立法和司法领域，我国已经取得了长足进展。在新修订的《中华人民共和国未成年人保护法》和《中华人民共和国预防未成年人犯罪法》的基础上，《中华人民共和国民法典》在"总则"部分突

---

① 夏蓓蕾、陈世海：《积极福利思想对我国留守儿童福利政策的启示》，《宜宾学院学报》2020 年第 1 期。

出强调了未成年人监护制度体系，《刑事诉讼法》单独专章设立了未成年人刑事案件诉讼程序，《民法总则》完善了未成年人监护制度，最高法、最高检、公安部、民政部的《关于依法处理监护人侵害未成年人权益行为若干问题的意见》和最高法、最高检、公安部、司法部的《关于依法惩治性侵害未成年人犯罪的意见》等一系列司法解释细化了未成年人保护的具体操作规定，充分体现了国家对未成年人保护工作的重视。但是，在包括留守儿童保护工作在内的未成年人立法领域，仍然存在一定的上升空间。

　　总体来看，我国未成年人保护法律体系需要进一步开展顶层设计工作。从国际社会来看，大多数发达国家有关未成年人立法都包含法典和部门法，其内容涵盖未成年人教育、民事保护、儿童福利、刑事司法等领域，联合国儿童基金会的儿童保护也由《儿童权利公约》以及一系列准则构成，形成了系统而完善的法律体系。我国各级政府和司法部门依据儿童保护的相关法律和政策文本开展的系列留守儿童关爱保护行动，强化了留守儿童家长的监护责任以及国家和社会对此的补充性和救济性监护责任，强化了儿童工作队伍建设。尽管如此，我国儿童保护与关爱服务过程中仍存在较为明显的主体责任不清、部门各干一块、服务供给不持续不规范、服务供给能力不高等现象，[①] 而与儿童保护和福利供给相关的法律法规及其司法解释多分散并依附在其他法律条文之中，许多法律法规在制定过程中并未考虑儿童的特殊性，且法律条文存在较为粗糙、可操作性差的问题。大量有关儿童保护的政府文件和规划纲要均强调目标考核、过程评估和执行监督，不断建立和完善问责机制，在执行层面较好地保障了儿童关爱保护政策的落实，但政策文件和法律文本相比，对政府部门及各级领导干部的约束力明显较弱。世界各国儿童保护经验表明，规范且系统化的儿童立法是充分保护儿童权利的基础架构，以《儿童保护法》或《儿童福利法》来明确儿童应该享有的权利、儿童优待政策、儿童及其家庭救济措施是在执行层面保障儿童权益的基本元素。我国当前的儿童立法滞后于儿童保护的政策实践，缺乏以儿童为本位的

① 刘继同：《中国现代儿童福利服务体系制度化建设论纲》，《探索与争鸣》2021年第10期。

法典式、系统化立法，① 存在以救助和保护替代普惠式福利等问题，于是出现了大量以政府部门规章和政策文件作为儿童保护和福利工作主要依据的状况。虽然多部门共同制定儿童保护文件并联合发文，具有较强的执行力和灵活性，但是存在法律效力不足、可持续性不强、"运动式保护"等问题。从根本上来说，为了规范儿童保护中的主体关系、权利义务、职能架构、执行体系，强化制度约束力，非常有必要专门开展儿童立法，建立起超越儿童救助、以保护为本体、以普惠式儿童福利为基本理念的《儿童福利法》。留守儿童是儿童群体中的重要组成部分，《儿童福利法》的制定能够将留守儿童社会政策从关爱保护层面提升到儿童福利层面，是具有根本性的保护变革。

（二）对儿童保护理念的认知仍然不足

新中国成立以来，儿童被定位为"社会主义接班人""未来的主人翁"，是国家崛起、民族振兴的后备力量。在此理念的指导下，我国儿童保护与福利政策强化国家和政府的重要职能。当然，在经济积累尚不充分的历史阶段，儿童保护的主要职能落在了家庭层面。随着经济社会持续发展，包括留守儿童在内的儿童关爱保护回归到政府主导、家庭承担基本监护职能的局面，② 这也是社会福利发展的必然规律。当前，我国在儿童政策理念层面，距离"儿童优先""儿童主体"等尚有一定差距，对儿童关爱保护的执行造成了一定的负面影响。

一方面，"儿童优先"是联合国《儿童权利宣言》及《儿童权利公约》明确的基本原则，主张优先向儿童的生存和健康发展提供基本保护。我国在多年实施的儿童发展纲要及其他重要文本中也将其确定为基本原则，强调儿童健康服务优先供给、儿童教育优先发展、儿童福利优先保障，回应了我国儿童关爱保护工作中面临的突出问题。尽管如此，与福利发达国家相比，我国儿童保护理念仍然存在将"优先"停留在文本层面的状况，导致各级政府部门重视经济发展投入而忽视儿童福利供给的

① 闫晓英、周京：《加快建设普惠型儿童福利和保护制度》，《社会政策研究》2021 年第 4 期。

② 朱浩：《新中国 70 年儿童福利的理念、政策与发展趋向》，《中州学刊》2020 年第 2 期。

问题。事实上，当前欧美主要福利国家的福利理念正在积极向"社会投资"转变，强化对社会和人力资本的投入，在儿童保护方面，将儿童视为"未来的公民"，① 作为政策投资的主要对象，以便其在未来发展潜能，实现国家经济社会的持续发展。需要关注的是，"儿童优先"在较高层面有着明确的认知，但是在基层和民间社会，儿童优先的理念并未得到深入普及。大量由政府部门组织的儿童保护宣传中，侧重于宣传父母应履行监护保护责任、营造关爱儿童的社会氛围，但是对于儿童优先的核心理念宣传存在明显不足。另一方面，当前儿童立法和政策体系中强调对儿童的监护和保护，一定程度上忽视了儿童的主体地位，特别是对其参与权的保障存在瑕疵。不论是由政府、司法机关组织的农民工监护意识和能力专项行动，还是寒暑假专项服务，又或者是学校、社会组织开展的各类留守儿童关爱保护服务行动，均强化国家、政府、社会、家庭对儿童给予监护和保护，事实上，儿童不仅仅是被保护的对象，也理应是积极的权利主体，② 儿童保护的实质是保护儿童发展成为能够合理合法行使权利、履行责任的主体成员，只有具备这种认知，才能在开展儿童教育和关爱服务中，不仅仅将眼光停留在儿童的"弱势"地位上，而是更为长远地看到儿童今后发展所能达到的可能性，并为此提供健康成长的环境及条件。

（三）留守儿童关爱保护执行体系的衔接仍然不足

我国留守儿童关爱保护，已经形成了由相关法律法规和政府部门文件构成的政策指导体系，由国家、省、市、县四级联席会议以及从民政部到县级民政机关设置的儿童福利主管部门组成的政策执行体系，由各级各类群团组织、学校、村（居）委会、各类基金会、社会服务机构和社会团体组成的政策协同体系，综合构建了以党委领导、政府负责、社会协同、公众参与、法治保障为线索的留守儿童关爱保护政策系统。从

---

① 魏秀春：《公共健康视阈下的英国儿童福利研究述评》，《中国社会科学院研究生院学报》2020年第2期。

② 王顺双：《论最大利益原则在儿童性权利保护中的法律运用》，《理论月刊》2014年第2期。

形式上来看，该系统逻辑严密、分工明确、协同有力，是我国独具特色、契合经济社会发展水平的留守儿童关爱保护体系，但是在实际执行过程中，仍然存在不少运行机制衔接不通畅、不协调的问题。

一是各级留守儿童部门联席会议的协调功能发挥不突出。从中央部门到县级部门，我国都构建了20余个部门参与的留守儿童关爱保护联席会议制度，对各参与部门的职能分工均予以了明确，为留守儿童关爱保护提供了强大的执行保障。但是在实际运行中，各部门在自身职能范围内开展留守儿童关爱保护行动，虽然可以从某一个角度保障留守儿童的权利，但是综合性、协同性、互补性的行动举措较少。例如，由民政部主导实施的基层儿童工作队伍建设行动中，绝大多数儿童督导员、儿童主任配备到了乡镇和村社一级，但是由于缺乏财政、编制等部门的协同而使得实际服务成效不足；留守儿童信息管理系统已经搭建成功并能够实现持续更新，但是该系统与学术领域的衔接不足，使得大量数据信息躺在后台，对留守儿童关爱保护政策和服务举措的研究不足，无疑在很大程度上限制了政策与服务的创新；由最高法牵头组织的未成年人保护工作专项宣传行动虽然取得了巨大成效，但是在部门之间联动基础上的持续性问题未能解决，持久营造儿童保护氛围、深化儿童保护理念的目的无法达到。二是强制报告等制度的部门衔接尚未形成协同。自2016年国务院下发加强留守儿童关爱保护的意见以来，我国就构建了留守儿童保护的强制报告、应急处置、评估帮扶、监护干预等救助保护机制，并明确了"由谁提供报告""在什么情形下需要报告"以及"向什么部门报告"等内容。但是在具体实践中，强制报告的系列制度在总体上仍然停留在文本层面，各级各类学校、医疗机构、社会服务组织、村（居）委会对于强制报告的责任意识仍然不强，报告之后的应急处置、评估和干预没有形成链条，由谁评估、如何评估、评估后由谁进行干预等方面，既缺乏承接主体，也欠缺实施能力。三是基层的留守儿童关爱保护执行体系尚待健全。当前形成的县、乡、村三级留守儿童关爱保护体系，由县民政局牵头、乡镇儿童督导员和村社儿童福利主任组成的执行体系，因为缺乏固定人员、资金等问题，难以形成上下贯通的协同工作体系。

（四）留守儿童关爱保护的基层人才队伍建设仍然不足

当前，民政部门已经在全国范围内推动了留守儿童工作基层队伍建设，取得了较大成效；各类群团组织也积极开展寒暑假留守儿童关爱志愿服务行动，补充留守儿童工作中存在的人员不足问题；各类社会组织开展的留守儿童安全能力提升行动、助学活动、社会支持行动，在一定程度上加强了留守儿童服务的专业性。但无法回避的一点是，有关留守儿童关爱保护的社会政策，需要在执行层面解决"最后一公里"问题。早在2016年，国务院在加强困境儿童保障工作的文件中就提出，要在村社层面设立儿童权利监察员或儿童福利督导员，2019年民政部牵头发布的《关于进一步健全农村留守儿童和困境儿童关爱服务体系的意见》明确要求在乡镇设置儿童督导员岗位、在村社设置儿童福利主任岗位，并明确了各自工作职责，从形式上解决了留守儿童关爱保护的基层人才队伍建设问题，使得留守儿童社会政策的传导可以延伸到位。但是该文件并非法律文本，留守儿童基层工作队伍的身份问题、权利和待遇问题均难以明确，在顶层设计层面弱化了留守儿童工作队伍本应发挥的功能。

一是基层儿童工作队伍稳定性不足。当前，我国儿童督导员和儿童主任基本由乡镇和村社干部兼任，在原有工作任务的基础上增加儿童关爱保护的系列职能，而且缺乏实际的经济回报，不符合义务和权利相匹配的基本原则，使得该队伍体系的稳定性不足。二是现实能力状况不符合岗位能力要求。儿童督导员和儿童主任多为来自农村基层的本土人才，虽有易于接触儿童、熟悉对方情况等先天优势，但在儿童工作经验和服务技巧方面存在不足，这种不足难以通过政府部门组织的培训完全弥补。《儿童社会工作服务指南》要求儿童社会工作者应持有社会工作职业资格证书或具备社会工作专科及以上学历，要求儿童社会工作督导应具备社会工作师资格且具有5年以上工作经验。以上要求在当前的留守儿童基层工作队伍中基本无法实现。三是留守儿童服务过程中的转介支持体系不完善。在留守儿童县、乡、村三级服务体系之中，儿童主任和儿童督导是最基层、最直接接触留守儿童的队伍，面临留守儿童侵害事件及其他服务事项时，超出自身处理能力范围以外的需要及时取得乡镇、县级相关部门的支持，并在儿童福利机构、未成年人救助保护中心等部门实现转介，但是当前的转介执行体系并不明确，有能力承接转介服务的机构（或寄养家庭等）发展不充分。转介网络薄弱、转介资源匮乏在很大程度上阻碍了留守儿童服务工作的持续发展。

（五）留守儿童家庭监护的主体意识仍然不足

与留守儿童相关的法律法规、政策文件均明确了外出务工的父母要积极履行留守儿童监护的主体责任，由各级政府机构、司法部门、劳动密集型企业和社会组织开展的留守儿童服务活动中，对家庭监护责任的宣传非常丰富，在一定程度上强化了农民工对未成年子女的监护意识。当前留守儿童社会政策要求外出务工人员要尽量携带未成年子女进城，并对其进行密切的监管和照顾；携带子女外出务工有困难的，需要父母其中一方留在家中照看；对于确实有困难需要外出务工的，可以委托临时监护人对未成年子女进行监管教育，但临时监护人一定要有监护能力。总之，不允许外出务工人员让未成年子女独自留守在家生活，处于无人监管的"放养状态"。

家庭作为儿童成长的初始环境，在儿童健康发展中起着不可替代的重要作用。但在实际情况中，仍然有少数外出务工的父母缺乏家庭监护意识和能力，对留守儿童的家庭教育不足；也有少数父母疏于履行监护职责，将留守儿童交给老人"一托了之"；作为留守儿童的实际监护人，祖（外）父母往往面临身体健康、文化素质等问题，仅能在日常生活照料方面给予帮助，更高层面的监护难以实现；其他代理监护人往往由留守儿童亲属担任，在自身生活压力以外还要承担留守儿童的监护职责，实际履职状况堪忧；各级司法机关对于严重失职父母的教育、训诫、惩处力度不足，剥夺监护权的情况极少出现，对忽视、虐待儿童的责任人警示程度不足。家庭监护不足，对留守儿童造成的危害是显而易见的：因缺乏亲情关爱导致人际交往能力不足、性格出现偏差、心理焦虑及失衡，因缺乏生活安全指导导致留守儿童假期安全问题、意外伤害频发，因缺乏生活观、价值观指引导致留守儿童网络成瘾、手机沉迷甚至误入歧途。

（六）留守儿童关爱保护的设施建设仍然不足

当前的留守儿童关爱保护政策体系中，有较多关于受侵害留守儿童临时委托监护、变更监护人的政策要求，即当留守儿童面临紧急情况时，有为其寻找短期或长期监护人、生活场所的需求，相关政策文本对此也有规范要求，但实际情况并不乐观。

一是如果指定未成年人救助保护机构和儿童福利机构为留守儿童的短期或长期监护人，则需要未成年人救助保护机构和儿童福利机构有充分的硬件建设和人员配备。但实际情况是前者目前的主要服务对象仍然是流浪乞讨、生活无着人员，留守儿童的监护保护经验非常欠缺，且大多数救助保护机构并未针对儿童的生活特点开展设施设备改造及人才配备；后者的服务对象仍然是弃婴和孤儿，虽然有适合儿童成长的硬件条件和专业人员，但与家庭寄养相比，机构化养育在国内外的儿童救助实践中并无很好的成效，短暂寄养在儿童福利机构对留守儿童也可能造成一定的负面影响。二是如果指定家庭承担留守儿童短期或长期寄养职能，则面临寻找适合家庭的问题，如果对家庭评估以证明其能够承担寄养职能、如何监督寄养效果、是否需要给予寄养家庭补贴、补贴标准如何确定、由谁来给予补贴，在投入寄养和结束寄养时如何处理消除陌生感和别离情绪等，都需要在政策层面予以完善。在当前城乡基本公共服务不均等、社会参与不充分的背景下，农村地区提供留守儿童关爱服务软硬件设施资源不足，能够承担服务的社会组织及其他社会力量仍很匮乏，各级政府部门在这方面投入的资金和政策力度亟须加强。

（七）留守儿童的部分关爱保护行动存在一定风险

各级政府机关、司法部门、群团组织、社会组织积极开展了大量留守儿童关爱服务项目，特别是自2017年民政部牵头下发《关于在农村留守儿童关爱保护中发挥社会工作专业人才作用的指导意见》以来，社会工作机构及社会工作者以更快的速度、更高的热情投入留守儿童关爱保护工作，营造了良好的社会氛围，也切实提高了留守儿童关爱保护工作的质量。但是，课题组研究发现，当前的部分留守儿童关爱服务方式和服务项目，虽然在执行留守儿童关爱保护政策，但其执行过程存在一定的风险。

一是各种类型的留守儿童心理咨询服务。从课题组在各地的实地考察来看，许多农村社区和中小学校以心理咨询室及其他形式的功能室为留守儿童提供了一定的心理咨询服务，服务水平和服务质量有较大差异。但是无论如何，此举体现了社会各界对留守儿童生活状况、心理健康的关心。调查发现，专职的、有专业背景的人员提供的留守儿童心理咨询服务质量更高、操作也更规范，但是教育行政主管部门在城乡基础教育学校的师资招聘时，将心理学、社会工作列入招聘专业目录的极少；各地村社更是缺乏能够掌握心理咨询技能的专业人才。事实上，留守儿童心理咨询是非常专业的服务活动，如果缺乏基础技能而盲目开展这类服务，造成的负面影响有可能会大于儿童心理问题本身。

二是代理家长服务。代理家长服务作为一项主要由地方政府部门、学校和社会公益组织推动的非硬性关爱措施，在具体实施过程中也面临诸多问题。代理家长的服务成效并不取决于组织方、代理家长的来源，而是代理家长是否切实承担了制度规定的职责。很多地方甚至号召以摊派的方式让公务员、党员充当留守儿童的代理家长，出现了很多走过场、流于形式的服务，对留守儿童的实际帮助意义并不明显。更为重要的是，当留守儿童感知到代理家长的"应付式服务"时，对关爱保护政策的体会显然是负面的。

三是托管家庭服务。从托管家庭的实际运行效果来看，不论是哪种类型的托管家庭，都为留守儿童提供了一定的照顾、教育服务，在一定程度上解决了留守儿童的现实问题，但是也有各自的不足甚至是风险。从公益性托管家庭来看，由于其组织方为学校或社会爱心人士，属于免费服务，能够体现出对留守儿童及其家庭的关爱，但是服务的深度和连续性存在问题；从收费型的托管家庭来看，由于人员专业性不强，仅能够提供基本的食宿服务，且由于权责不清晰、监管不到位，存在一定的安全隐患，容易导致法律纠纷。

四是社会组织开展的部分项目式服务。不论是哪种类型的留守儿童社会组织服务项目，都有其自身的局限性：全国性社会组织过于注重服务的覆盖面和显性的成效，将主要资金投入设施改善和物资捐助，在完善硬件和"仪式性"捐赠行为之后，缺乏持续的、直接的、面对面的留守儿童服务，这其实并未满足留守儿童的深层次需求（对比前述研究就可以发现这个问题），甚至可以反过来理解，倒是满足了社会组织（事实上也包括地方政府部门、群团组织）在创造影响力、获取社会关注等方面的需求。地方的草根性社会组织虽然能够深入开展留守儿童服务，且能够派驻专业人员、运用社会工作等专业知识和技能服务于留守儿童深层次需求，但是这类组织在筹资方面存在较大欠缺，这就造成了对政府资金和基金会资金的依赖，一旦这些资源系统没有很好地链接上（或者链接的强度不够），会造成地方性社会组织缺乏能力持续性地开展留守儿童社会服务。事实上，从课题组组织实施的留守儿童社会工作服务项目来看，短期的、没有持续开展下去的服务项目，对于前期接受过专业服务的留守儿童来说，有时会造成一定的不良影响。这些影响主要体现在服务的不连续降低服务效果、无法满足留守儿童对服务人员后续接触的期待、良好服务关系建立后的中断对留守儿童的心理会造成一定伤害等方面。虽然社会工作服务中比较强调处理后期工作，尤其是离别情绪的抚慰，但是对于一个项目的执行来说，目前国内较为通行的以一年为资助期的方式，很难适应留守儿童社会工作服务项目的执行要求。

七　本章小结

本章对政府及司法部门、群团组织、中小学校、社会组织及其他相关组织开展的留守儿童主要关爱保护行动进行了梳理，并结合实地调查和学理分析，通过对这些服务行动的梳理，探讨了留守儿童关爱保护政策及其执行过程中存在的问题，得出如下认识。

对留守儿童关爱保护行动方面的梳理发现：第一，政府及司法部门开展的基层儿童工作队伍建设行动、留守儿童信息化管理行动、"合力监护、相伴成长"关爱保护专项行动、未成年人保护宣传行动等服务，充实了留守儿童服务队伍、提升了服务信息化水平、营造了关心关爱留守儿童的社会氛围、强化了外出务工父母在家庭监护中的首要职责，是在高层面执行留守儿童社会政策的具体表现，为留守儿童关爱保护事业做出了突出贡献。第二，由群团组织开展的农民工监护意识和能力专项宣教行动、"情暖童心"留守儿童关爱保护行动、留守儿童寒暑假专项服务行动，在发挥群团组织紧密联系群众这一优势的基础上，充分动员了相关政府部门、企业、社会组织和热心人士，加强了外出务工人员监护意识和监护能力，提升了留守儿童关爱保护活动质量，丰富了留守儿童假期生活，特别是对留守儿童人身安全、生活陪伴等方面的关注，在很大程度上营造了全社会关爱留守儿童的良好氛围。第三，由各地中小学校在教育行政主管部门的指导下、在地方政府部门和村社支持下开展的寄宿服务、心理辅导等多种形式的留守儿童关爱保护服务，充分体现了中小学校作为留守儿童保护工作"主战场"的功能。第四，由各类社会组织在政府购买或自行筹资开展的"童伴妈妈""品格课堂""心灵放映室"等服务项目，很好地发挥了"社会协同""公众参与"的功能，是留守儿童关爱保护工作的重要补充。第五，其他基层组织或个人开展的村社留守儿童服务、代理家长服务、托管家园服务，在微观层面解决了留守儿童的日常生活问题，一定程度上促进了留守儿童身心健康成长。

对留守儿童关爱保护行动方面的反思发现。第一，总体上我国未成年人保护法律体系需要进一步开展顶层设计工作，非常有必要专门开展儿童立法，建立起超越儿童救济和保护的较低层面、以普惠式儿童福利为基本理念的《儿童福利法》。第二，全社会对儿童保护理念的深层次认知仍然不足，"儿童优先""儿童主体"理念在基层民众仍未普及，对留守儿童关爱保护政策的实施造成了一定障碍。第三，留守儿童关爱保护执行体系的衔接仍然不足，各级留守儿童部门联席会议的协调功能发挥不突出，强制报告等制度的部门衔接尚未形成协同，基层的留守儿童关爱保护执行体系尚待健全。第四，留守儿童关爱保护的基层人才队伍建设仍然不足，工作队伍的稳定性、能力与需求的匹配程度、服务过程中的转介支持体系建设等问题较为突出。第五，留守儿童家庭监护的主体意识仍然不足，对留守儿童的家庭教育存在欠缺，容易引发留守儿童遭遇侵害或实施侵害的现象。第六，留守儿童关爱保护的设施建设仍然不足，未成年人救助保护机构和儿童福利机构的功能定位和软硬件建设欠缺，寄养家庭的遴选、评估、监督等问题尚未完善。第七，留守儿童心理咨询服务、代理家长服务、托管家庭服务、社会组织开展的部分项目式服务因专业性问题、安全问题、可持续问题，有可能给留守儿童造成一定的负面影响。

第六章

中国留守儿童关爱保护
状况实证分析

全面概括我国留守儿童关爱保护状况，是完善留守儿童社会政策及其执行体系的重要前提。本章通过对问卷数据的统计、访谈信息的呈现以及现有研究成果的介绍，较为全面地反映了我国留守儿童的基本生活状况，特别是享受保护政策、关爱服务的状况及其存在的问题，并从儿童自身感知的角度予以呈现，为后续制定留守儿童关爱保护政策、执行服务活动提供参考。

一　留守儿童关爱保护状况
实证研究概述

（一）实证调查方法及流程

课题组自 2018 年开始组织留守儿童关爱保护状况实证调查，连续实施三年时间。从华北、东北、华东、华中、华南、西南和西北七大行政区域分别随机抽选 1 个省级行政区（西南区域因留守儿童较多，抽取了 2 个省级行政区域），对共计 8 个省份的留守儿童开展了问卷调查。具体操作步骤为：首先随机抽选七大行政区域中的 8 个省级行政区（分别是河北、吉林、山东、湖北、广东、四川、贵州、陕西），然后根据调查便利程度分配调查问卷，其中河北 450 份、吉林 250 份、山东 500 份、湖北 560 份、广东 320 份、四川 900 份、贵州 60 份、陕西 420 份；从 8 个省级行政区分别抽出 2—3 个县，每个县抽出 1 个乡镇，每个乡镇抽出 2 个村

（社区），由此每个省级行政区分别抽出4—6个村（社区）。然后将确定好的各省样本量按比例分摊到各村社，组织入户并实施结构式问卷调查（详细的区域抽样情况见表6-1）。

表6-1 留守儿童分区域抽样调查分布

行政区域	包含省份	抽中省份	有效样本
华北地区	北京、天津、河北、山西、内蒙古	河北	423
东北地区	辽宁、吉林、黑龙江	吉林	225
华东地区	上海、江苏、浙江、安徽、福建、江西、山东	山东	496
华中地区	河南、湖北、湖南	湖北	551
华南地区	广东、广西、海南	广东	308
西南地区	重庆、四川、贵州、云南、西藏	四川/贵州	848/56
西北地区	陕西、甘肃、青海、宁夏、新疆	陕西	409
合计			3316

（二）实证调查样本概况

课题组自2018年起，综合采用调查分队赴目的地开展调查和委托当地高校实施调研等两种方式，历时3年，在抽中区域共发放问卷3460份，回收有效问卷3316份，有效回收率为95.8%。另外，在开展问卷调查的同时，课题组在相应区域运用深度访谈和参与式观察等实地研究的方法开展了留守儿童的质性研究，以弥补问卷调查、定量分析在方法论层面的不足。调查样本的基本信息见表6-2。

从年龄分布来看，6周岁以下的留守儿童83名，[①] 占比2.50%；6—12周岁的留守儿童1782名，占比53.70%；13—16岁的留守儿童1451名，

---

① 样本中6岁及以下的留守儿童较少，其原因并不是留守儿童中的幼儿较少，事实上，民政部留守儿童摸底调查显示，学龄前农村留守儿童为在农村留守儿童中占比21.7%，可见，农村留守儿童中6岁以下的占有相当比例。本抽样调查之所以留守幼儿较少，其主要原因是在根据抽中的样本实施调查时发现，即便是监护人在场的情况下，留守幼儿沟通能力有限，部分被抽中的样本难以实施问卷调查，故而舍弃并补充了其他年龄段的留守儿童。

表 6 - 2　　　　　留守儿童问卷调查基本信息（n = 3316）

分类		样本数	比例（%）	分类		样本数	比例（%）
年龄	6 周岁以下	83	2.50	文化程度	入园/未入学	138	4.20
	6—12 周岁	1782	53.70		小学	1616	48.70
	13—16 岁（不含）	1451	43.80		初中	1376	41.50
性别	男	1735	52.30		高中/职中	186	5.60
	女	1581	47.70	区域	农村	2816	84.90
民族	汉族	3000	90.50		集镇	456	13.80
	少数民族	316	9.50		城郊	44	1.30

占比 43.80%。从性别分布来看，男性留守儿童 1735 名，占比 52.30%；女性留守儿童 1581 名，占比 47.70%；男女童性别比为 109.74∶100。全国妇联课题组的《全国农村留守儿童、城乡流动儿童状况研究报告》显示，全部农村留守儿童中，男孩占 54.08%，女孩占 45.92%，性别比为 117.77。两者数据差距的主要原因有两个方面：第一，本调查在留守幼儿实施中遇到较大困难，故而补充了一部分其他年龄段的留守儿童样本，而留守幼儿的性别比很高，达到了 120.6，是所有年龄段中性别比例最失衡的，这使得性别比例与总体不相符合；第二，全国妇联的数据是来自第六次人口普查中的农村数据，而本调查除了在农村实施以外，同样在西部地区的小城镇和城市实施，事实上，从样本区域分布来看，全部 3316 名留守儿童中，生活在农村的 2816 人，占比 84.90%；生活在集镇的 456 人，占比 13.80%；生活在城郊的 44 人，占比 1.30%，城市和农村的地区差异也使得本调查中的性别比与全国妇联的数据有一定差距。

从民族分布来看，样本中的汉族留守儿童3000名，占比90.50%；少数民族留守儿童316人，占比9.50%。从文化程度来看，入园或未入学的留守儿童138人，占比4.20%；小学阶段的留守儿童1616人，占比48.70%；初中阶段的留守儿童1376名，占比41.50%；就读高中或职中的留守儿童186人，占比5.60%。

二 留守儿童基本生活概况

（一）留守儿童共同居住状况

统计发现（见表6-3），与留守儿童共同居住的成员中奶奶的比例最高，64.96%的留守儿童共同居住成员中有奶奶；其次的比例为兄弟姐妹（含堂、表兄弟姐妹），占比62.42%；最后是爷爷，占比为58.62%；外公、外婆与留守儿童共同生活的情况不多，占比分别为12.03%和14.38%。这与中国传统生活、居住方式紧密相关：农村青年婚后通常与男方父母而不是女方父母共同居住，城市青年婚后多数也是单独居住或与男方父母共同居住，其子女由男方父母照料的比例高于由女方父母照料的比例，尤其是共同生活的长期照料。

表6-3　　　　留守儿童共同居住成员统计（多选题，$n=3316$）

选择项	频数	选项百分比（%）	个案百分比（%）
爷爷	1944	25.99	58.62
奶奶	2154	28.80	64.96
外公	399	5.33	12.03
外婆	477	6.38	14.38
父亲或母亲	167	2.23	5.04
兄弟姐妹	2070	27.67	62.42
叔或婶	187	2.50	5.64
其他	82	1.10	2.47
总计	7480	100.00	225.56

因为本课题对留守儿童的操作定义为"父母双方外出或一方外出但另一方缺乏监护能力，且每年连续外出时间为半年以上"，所以样本中与父母共同居住的情况并不多，仅占5.04%。与叔婶或其他成员共同生活的留守儿童较少。事实上的共同居住状况是留守儿童日常生活的基本家庭结构，是对其关爱保护的基本主体。从上述调查来看，因为缺少父母的日常照料，留守儿童共同居住成员类型较为单一、数量较少，理论上可以给予留守儿童的社会支持可能呈现不足状态，特别是对其人身安全保护、生活安全知识水平提升、学业指导或督促、良好日常生活习惯养成等方面给予的潜在帮助可能存在欠缺。例如，已有研究发现，父母双方的离开对留守儿童的教育造成了不利影响，儿童年龄越小这种负面影响就越大。[1] 类似的研究结论在菲律宾[2]及其他东南亚国家[3]也得到了证实。

从结构功能理论视角分析，家庭对外是社会生活的一个单元，对内是社会个体发展的"容器"[4]，以代际关系和代内关系为主体，通过家庭运行和发展承担参与及促进社会发展的功能。在此过程中，上代对下代发挥文化传承、行为指导、人格塑造、情感抚慰等功能，以促进下代需求满足及自我整合。在父母外出（或一方外出但另一方无监护能力）时，留守儿童家庭结构中的成员交往质量、家庭亲密度等重要指标受到一定程度上的破坏，对家庭整体功能的实现造成了负面影响，使得留守儿童家庭的结构呈现"失灵"状态。[5] 即便留守儿童在日常生活中有事实上的监护人，但这种监护体系与原初状态的家庭相比，家庭的亲密度大大下

---

① Lu, Y., "Education of children left behind in rural China", *Journal of Marriage and Family*, Vol. 74, No. 2, 2012, pp. 328 – 341.

② Battistella, G., & Conaco, M. C. G., "The impact of labour migration on the children left behind: a study of elementary school children in the Philippines", *Journal of Social Issues in Southeast Asia*, Vol. 13, No. 2, 1998, pp. 220 – 241.

③ Graham, E., & Jordan, L. P., "Migrant Parents and the Psychological Well-Being of Left-Behind Children in Southeast Asia", *Journal of Marriage and Family*, Vol. 73, No. 4, 2011, pp. 763 – 787.

④ 王定伟：《农村留守儿童的家庭监护能力探讨》，《湖北师范大学学报》（哲学社会科学版）2019年第4期。

⑤ 李娜、陈璐：《家庭失灵：留守儿童权利保护与犯罪预防的认知基础》，《青少年犯罪问题》2017年第5期。

降，教育、监控、依赖等源泉性的家庭功能也将是缺乏的。[1] 由此可见，父母外出务工长时间不能与留守儿童共同生活，使得留守儿童事实上的家庭结构受到影响，这种影响进而限制家庭所应承担的社会功能的发挥（当然，家庭经济功能有可能因此而得到改善），在理论上对留守儿童的健康成长是不利的。

（二）留守儿童家庭的子女情况

留守儿童家庭的子女数量对其父母做出外出务工决定有一定的影响，也对留守儿童日常生活、教育支持等诸多方面有着潜在效应，这一问题在国内外诸多研究中均得到了证实。经济学的研究早已认识到父母与子女之间的互动对儿童发展的重要作用，因此，父母在日常生活中的缺席将在父母与子女之间的互动以及子女的发展等方面造成负面迁移的影响。[2] 教育学有关留守家庭兄弟姐妹相互作用的研究发现，兄弟姐妹之间可能会通过多种方式相互影响，年长的兄弟姐妹可能代替父母，因此当父母不在时对年幼的孩子产生更大的影响，这在年龄差距较大的兄弟姐妹之间更为明显。[3] 有社会学的研究指出，兄弟姐妹可以作为行为和学习的榜样，甚至可以通过提供社交机会直接影响其他兄弟姐妹的个性和智力，相互交往状况直接影响成长的结果。[4] 有关中国农村留守儿童的研究也有类似发现。[5]

从表6－4可以看出，留守儿童抽样调查中，独生子女有859人，占比25.90%；有两个子女的共计1506名，占比45.40%；有三个及以上子

① 董才生、马志强：《留守儿童关爱保护政策需要从"问题回应"型转向"家庭整合"型》，《社会科学研究》2017年第4期。

② Tyner, A., & Ren, Y., "The Hukou system, rural institutions, and migrant integration in China", *Journal of East Asian Studies*, Vol. 16, No. 3, 2016, pp. 331 –348.

③ McHale, S. M., Updegraff, K. A., & Whiteman, S. D., "Sibling Relationships and Influences in Childhood and Adolescence", *Journal of Marriage and Family*, Vol. 74, No. 5, 2012, pp. 913 –930.

④ Oettinger, G. S., "Sibling Similarity in High School Graduation Outcomes: Causal Interdependency or Unobserved Heterogeneity?", *Southern Economic Journal*, Vol. 66, No. 3, 2000, pp. 631 –648.

⑤ 袁梦、郑筱婷：《父母外出对农村儿童教育获得的影响》，《中国农村观察》2016年第3期。

女的共计951人，占比28.70%。以上数据说明，留守儿童中独生子女比例较低，占家庭总数的比例约为四分之一，也就是说，接近四分之三的留守儿童家庭不是独生子女家庭。

表6-4 西部留守儿童家庭子女情况统计

选择项	频数	有效百分比（%）	累计百分比（%）
独生子女	859	25.90	25.90
两个子女	1506	45.40	71.30
三个及以上子女	951	28.70	100.00
合计	3316	100.00	

课题组无意探讨改革开放以来计划生育政策在农村地区和相对弱势家庭的实施情况，仅就以上数据做一些简单分析：一方面，子女较多，给家庭增加了经济负担，父母更有驱动力外出务工以改善家庭经济条件，为子女提供更好的生活质量和教育资源，从推拉理论来说，这无疑构成了父母外出务工的推力；另一方面，有多个子女对于留守儿童本身而言，又是一个很重要的资源：作为一种近端支持因素，多子女共同生活能够有效克服留守儿童的孤独体验，对其反社会行为及抑郁情绪有良好的抵抗作用，[1] 同时可以帮助留守儿童对父母外出打工这一事件形成积极认知，有利于疏导其消极情绪，扩展朋友网络，使其主动感知外界支持，并采取积极的应对方式，从而提高生活适应能力。[2]

我今年16岁，父母在我记忆中就一直在广东一家电子厂工作，一年最多回来一次。我从三岁就一直和爷爷、奶奶一起生活。我从十四岁高二就退学了，本身学习就不好、贪玩，还老是和同学打架，

① 申继亮、武岳：《留守儿童的心理发展：对环境作用的再思考》，《河南大学学报》（社会科学版）2008年第1期。
② 赵景欣、张文新：《农村留守儿童生活适应过程的质性研究》，《河南大学学报》（社会科学版）2008年第1期。

差一点被学校劝退，而且想到父母打工挣钱不容易，于是就不读书了，帮助爷爷奶奶干活。退学后带着妹妹寄宿到了吉林的姑姑家，我在一家电子厂打工，收入很少，只能供自己生活；妹妹上小学六年级，学习成绩在四川老家是挺不错的，但转到吉林来时却严重下滑。而且我们从小在四川长大，对四川的水土和饮食有了很强的依赖性，现在一下转到这里突然感觉水土不服，妹妹说两边的讲课方式不太一样，有点不适应，于是成绩下滑得厉害，但又害怕父母担心，所以一直没告诉他们。我在学习上帮不了妹妹什么，只是鼓励她，给她一些零用钱。

（访谈个案编号：JL - W - 20190719 - 02）①

我今年14岁，家里有6口人，爷爷、奶奶、爸爸、妈妈和10岁的妹妹。父母在上海打工差不多十年了，每个月按时给家里寄钱，每年过年回一次家。爷爷奶奶在家里照顾我们两个，还要做农活。我在镇上上初中，平时住在学校，每周五回家。妹妹学习成绩不稳定，我每周回家时，做完自己的作业后就帮妹妹看一下功课，或者帮爷爷奶奶做些事情。妹妹小一些，经常会念着爸爸妈妈，我已经习惯了，就常常安慰她，给她看喜欢的电视。只是说，我自己有时候在学习上有什么困难，就找不到人帮忙了。

（访谈个案编号：SC - Y - 20180728 - 06）

从以上两个访谈资料可以看出，有兄弟姐妹在一起共同生活的留守儿童，在相互支持、心理慰藉甚至物质支持等方面，在一定程度上要优于没有兄弟姐妹的独生留守儿童。当然，通常的情况是，留守儿童中的年长者给年幼者提供学业帮助或情感支持，而前者自身要承担更多的生活和精神压力，且寻求帮助的渠道少于后者。我们有理由认为，在父母缺席期间，兄弟姐妹之间的相互作用可能会发挥不同的影响，这种影响

---

① 个案访谈采取四级编号的规则：第一级大写字母表示省份，第二级大写字母表示访谈实施的具体县份的首字母，第三级数字表示访谈实施的时间，第四级数字表示访谈个案在所在省份的实施顺序。

在留守儿童的相互支持方面表现较为明显。由父母迁移而导致的家庭结构完整性缺失，可能触发留守儿童之间的相互作用和互动的变化，哥哥姐姐的正面影响可以弥补年幼留守儿童日常生活中面临的负面影响。① 从这个角度来说，我国从实施"二孩"政策到放开"三孩"政策，对留守儿童个人成长及家庭生活无疑是一个重要的利好。

（三）共同居住成员对留守儿童的照料和教育

共同居住成员的实际作用在于从微观上为留守儿童提供关爱保护，主要表现在日常照料和教育引导等方面。表6-5显示，91.90%的共同生活成员能够照顾留守儿童的饮食起居，72.20%的能够负责留守儿童的人身安全。由此可见，留守儿童的这两项最基本的生活需求能够从共同居住成员中得到满足。54.50%的共同居住成员可以对留守儿童开展道德教育。

表6-5　　　　共同居住成员对留守儿童的照料和教育情况统计（多选题，*n*=3316）

选择项	频数	选项百分比（%）	个案百分比（%）
照顾饮食起居	3048	32.70	91.90
辅导功课	932	9.90	28.10
心理慰藉	989	10.60	29.80
道德教育	1806	19.40	54.50
照顾人身安全	2394	25.70	72.20
其他	157	1.70	4.70
总计	9326	100.00	281.20

---

① Biavaschi, C., Giulietti, C., & Zimmermann, K. F., "Sibling Influence on the Human Capital of the Left-Behind", *Journal of Human Capital*, Vol. 9, No. 4, 2015, pp. 403-438.

但是，从学业辅导和心理慰藉两个需求的满足来看，分别仅有28.10%和29.80%的共同居住成员能够提供。全国妇联课题组研究指出，所有隔代照顾留守儿童的祖父母，平均年龄为59.2岁，56%的年龄在60岁以下，绝大部分在50—59岁，甚至有12%的祖父母年龄在50岁以下，能够为留守儿童提供基本的生活照料。但是，隔代照料农村留守儿童的祖父母的受教育程度很低，绝大部分为小学文化程度，甚至有8%的祖父和25%的祖母未上过学。由于受教育水平的限制，祖父母在抚养和教育留守儿童时面临诸多的困难和挑战。[①] 也有研究者指出，父母外出与否和孩子的学习成绩并没有很大的相关性，其原因是农村父母比较普遍的教育观念淡薄，而且事实上很多农村父母没有也无力对孩子的学习进行辅导，尤其是对那些高年级的留守儿童。[②] 以上数据说明，留守儿童在日常生活照料方面面临的问题并不严重，但是在学业辅导和心理慰藉两个方面存在明显的不足，是今后开展社会工作服务的重点内容。

> 我爸爸妈妈都在重庆市里打工，基本上每年回来一次，哥哥在北京读大学，平时就是我和奶奶一起生活。奶奶65岁，身体还不错。我今年13岁，上小学六年级。我基本可以照顾自己，也可以帮奶奶做家务和一些农活。我的学习一般，平时都是自己做作业，不懂的就先放着。虽然觉得爸爸妈妈对我关心比较少，回来看我次数也少，但是我还是很想他们。有时候跟其他孩子比，觉得很自卑，很嫉妒别的同学，觉得别人比自己幸福，这些想法又不好跟别人说。
>
> （访谈个案编号：SC－M－20200811－12）

正如前文所反映的情况一样，父母外出务工的留守儿童通常由他们的大家庭成员照顾。上述案例所呈现的状况在留守儿童，尤其是女童中较为常见。在缺乏近端支持的情况下，留守儿童虽然日常生活不存在大

---

① 全国妇联：《全国农村留守儿童状况研究报告（节选）》，《中国妇运》2008年第6期。
② 秦敏、朱晓：《父母外出对农村留守儿童的影响研究》，《人口学刊》2019年第3期。

的问题，但是学业辅导缺乏资源、心理慰藉也缺乏渠道。有研究证实，在留守儿童的日常生活中，共同生活成员提供的照顾服务通常仅限于有形的帮助，很少涉及精神启发。[①] 留守儿童与父母分离后的日常生活可能会受到更多干扰，这对他们的健康成长可能造成一定程度的不利影响，而留守家庭中共同居住的主要成员（老人及兄弟姐妹）因文化水平等多种因素的影响，对留守儿童能够提供的帮助大多停留在生活照料层面，这种情况在一定程度上违背了父母为子女提供更好生活的初衷。[②] 可见，较高层次的社会服务对于留守儿童政策制定及服务策划是今后该领域的一个重要趋势。

（四）留守儿童与外出务工父母的日常沟通

在外务工的父母与留守儿童日常沟通情况，在很大程度上能够弥补空间分隔给家庭教育造成的负面影响。表6-6从外出务工父母与留守儿童见面间隔及联络间隔反映了双方沟通的频率。从见面间隔来看，半年能见一次面的不到四分之一，一年能见一次面的超过四成，两年能见一次面的超过四分之一，还有7.30%的留守儿童两年以上才能见父母一次面。从联络的间隔来看，8.10%的外出务工父母每天会与留守儿童联络一次，过半数的每周联络一次，近两成的半个月联络一次，超过一成的一个月才联络一次，5.60%的两三个月联络一次，甚至还有1.50%的父母与留守儿童基本不联系。从以上数据可以发现，外出务工父母与留守儿童见面间隔较长，直接交流沟通的时间非常有限，双方联络的频率总体上来说不太高。

---

① Hu, F., "Does migration benefit the schooling of children left behind? Evidence from rural northwest China", *Demographic Research*, Vol. 29, 2013, pp. 33 - 70.

② Liang, Z., & Ma, Z., "China's floating population: New evidence from the 2000 census", *Population and Development Review*, Vol. 30, 2004, pp. 467 - 488.

表 6 – 6 外出务工父母与留守儿童沟通频率统计

见面的间隔			联络的间隔		
分类	频数	比例（%）	分类	频数	比例（%）
半年以内	775	23.50	基本每天一次	269	8.10
半年到一年	1414	42.80	大概每周一次	1738	52.80
一年到两年	870	26.40	差不多半个月一次	654	19.90
两年以上	242	7.30	大概一个月一次	397	12.10
合计	3301	100.00	两三个月一次	184	5.60
缺省值	15		基本不联系	51	1.50
总计	3316		合计	3293	100.00
			缺省值	23	
			总计	3316	

课题组访谈了一些留守儿童：

我爸爸妈妈都在重庆打工，差不多半年回来一次，平时联系的主要方式就是打电话，基本上一个礼拜打两三次电话。

（访谈个案编号：CQ – M – 20190811 – 12）

父亲在我记忆中就一直在广东一家电子厂工作，一年最多回来两次。一般一星期给母亲打一次电话，母亲为了省几角钱的电话费总是接几分钟电话就让父亲赶紧挂了，我有的时候到别人家里用电脑和他们视频聊天。

（访谈个案编号：XJ – W – 20190719 – 02）

父母很少和自己联系，联系的主要方式就是打电话，基本上一个星期打一次电话，其他很少直接交流，每次打电话就是问几句，很少有长时间交流。

（访谈个案编号：GS – M – 20200812 – 01）

人际关系三维理论指出，包容需要指个体想要与人接触、交往、隶属于某个群体，与他人建立并维持一种满意的相互关系的需要。在个体的成长过程中，若是父母与孩子之间缺乏正常的交往，那么，儿童的包容需要就没有得到满足，容易与他人形成否定的相互关系，产生焦虑情绪，于是就有可能形成低社会行为，在行为表现上倾向于内部言语、倾向于摆脱相互作用而与人保持距离，拒绝参加群体活动。相反，如果个体在早期能够与父母或他人进行有效的适当的交往，他们就不会产生焦虑，会形成理想的社会行为，这样的个体会依照具体的情境来决定自己的行为，决定自己是否应该参加群体活动，形成适当的社会行为。① 与非留守儿童相比，留守儿童与父母的日常沟通频率相对要低得多，这种日常沟通往往较难满足留守儿童的包容需要，由此，留守儿童的焦虑情绪、低社会行为均容易产生，也影响其群体参与及团队合作精神的培养。从人才质量的角度看，这种日常沟通频率过低导致包容需要较难满足的生活情景，不利于留守儿童情商、社会参与及团队精神的培养，对个体能力和职业发展均会造成一定的影响。

进一步来看，外出务工父母与留守儿童日常沟通的内容也是值得探讨的问题。从表6-7可以看出，在外出务工父母与留守儿童日常沟通的话题里，留守儿童的学习（考试）成绩、在家是否听话、饮食状况、人身安全、钱是否够用是排在前五位的，分别占样本总量的93.58%、78.77%、50.12%、41.01%以及40.71%，而对留守儿童的心情状况、青春期爱情状况、与同伴相处情况、与照顾者的相处等内容交流较少。从两个极端的交流内容来看，外出务工父母最关心的是留守儿童的学习成绩，最不关心的是孩子的心情。

　　母亲基本上会一个月给家里打一次电话，因为家里没有电话，所以每次母亲都是打电话到邻居家，然后等一会儿我去接电话，弟弟妹妹都没有接电话，所以对母亲没有什么太深的印象。母亲每次打电话过来都是问一些我们的学习和生活方面的情况，读书怎么样

① ［美］戴维·迈尔斯：《社会心理学》，张智勇、乐国安、侯玉波译，人民邮电出版社2006年版，第33—34页。

啊、吃的怎么样啊之类的，对我们在想什么并不会问多少，我也习惯了，每次都是这些，没有别的什么话题。

（访谈个案编号：GX – Y – 20180722 – 08）

爸爸和妈妈在外打工的时候，差不多一周给家里通一次电话。而且就因为这个，家里之前装了固定电话（本来用手机要更方便一些，不过由于奶奶不太会用、觉得麻烦就装的座机，现在已经用手机了）。每一次都是妈妈打回来，说好多话，爸爸不怎么说话。他们和我们说话的内容基本就是问奶奶和我们在家过得好不好，我和弟弟有没有在外面闯祸，让我们放学回家过马路时要小心车子（看见没有车时再通过），还让我们要多听奶奶的话（有什么可以帮着做的就帮着奶奶，也不要让奶奶太累），问家里有没有生活费什么的，再就是问我们的学习、考试，基本上每次都要问这个话题。每次听着妈妈的声音就特别地想他们，放学的时候看到有些小孩有家长接，就特别羡慕他们。

（访谈个案编号：GX – Y – 20190724 – 39）

表6 – 7　外出务工父母与留守儿童日常沟通内容统计（多选题，n = 3316）

选择项	频数	选项百分比（%）	个案百分比（%）
学习、考试成绩	3103	24.93	93.58
是否听话	2612	20.99	78.77
是否打架	782	6.28	23.58
人身安全	1360	10.93	41.01
饮食状况	1662	13.35	50.12
钱够不够用	1350	10.85	40.71
有没有谈恋爱	461	3.70	13.90
心情好不好	454	3.65	13.69
照顾者对你好不好	662	5.32	19.96
总计	12446	100.00	375.32

人际关系三维理论指出，情感需要指个体爱别人或被别人爱的需要，是个体在人际交往中建立并维持与他人亲密的情感联系的需要。当个体在早期经验中没有获得爱的满足时，个体就会倾向于形成低个人行为，他们表面上对人友好，但在个人的情感世界深处却与他人保持一定的距离，避免形成亲密的人际关系。① 虽然说关心孩子的学习是很正常的事情，但是可以想象，父母每次打电话过来首先问的（或问得最多的）都是学习情况或考试成绩，留守儿童对这类信息接触过多，容易导致抵触心理或逆反情绪，其后果是将父母关心的内容作功利化解读（即不是关心自己，而是关心成绩）。相反，能够直接体现关怀留守儿童心情状况的交流最少，这无疑很难满足孩子的情感需要，持续时间过长容易形成留守儿童的低社会行为，这在当前留守儿童关爱服务中基本是被忽略的问题。

（五）留守儿童的社会支持

就社会支持的测量而言，有学者汇总后发现，② 其测量工具包括了Cutrona 和 Russel 编制的"社会支持量表"（SPS）、Zimet 等编制的"领悟社会支持多维量表"（MSPSS）、Harte 编制的"儿童社会支持量表"（SSSC）、Nolten 编制的"学生社会支持量表"（SSSS）、Malecki 等编制的"儿童和青少年社会支持量表"（CASSS），特别是肖水源根据我国实际情况编制的"社会支持评定量表"（SSRS），得到了广泛的应用。在改编的量表中，社会支持被划分为主观支持、客观支持和支持利用三个方面，其中主观支持（也可称为"体验"或"领悟"到的社会支持），是指个体在社会生活中受到关心、尊重、理解而产生的情感体验及其满足程度，同个体在群体生活中的融入、接纳等主观感受密切相关；客观支持（也可称为"现实"或"实际"支持），是个体所获得的物质方面的直接援助以及在社会网络和群体生活中的直接参与状况，体现个体的生活、心理和资源等客观方面的满足状况；支持利用是个体将心理体验到的主观支持和实际获得的客观支持应用于生活的程度，也反映了个体在社会生

---

① ［美］戴维·迈尔斯：《社会心理学》，张智勇、乐国安、侯玉波译，人民邮电出版社2006 年版，第 34—35 页。

② 全宏艳：《社会支持研究综述》，《重庆科技学院学报》（社会科学版）2008 年第 3 期。

活中寻求帮助和支持的心理倾向以及实际能力。[1] 经刘继文等学者检验发现，该量表具有良好的信度和效度，适合国内研究使用。[2] 本研究根据留守儿童的实际情况，对 SSRS 量表中的一些条目进行了适当修改，例如，将"同事"改为"同学"、"配偶"改为"父母"、"工作单位"改为"学校"，使得量表的陈述与留守儿童生活情境相匹配。这种修改在学术领域内已经有所使用，并被证明不会因为修改而影响量表的信度与效度。[3] 课题组按照性别、学龄段、是否独生子女、父母外出务工情况等几个自变量，使用均值统计的方法，分类统计了其主观支持、客观支持、支持利用和支持总分的情况，详见表 6 - 8。

从性别来看，主观支持、客观支持、支持利用和支持总分在男女留守儿童中有显著差异，女性的得分情况总体上高于男性。这一结论与段玉香研究农村留守儿童的结论基本一致。[4] 由此可见，在留守儿童中，女性相对更容易获得客观的社会支持，其自身对社会支持的主观感受也相对更为敏感，寻求帮助的主动性和能力更强。这其中可能有性别感知差异的原因，也应该有父母在外出务工期间对留守在家的女孩子更为不放心的原因。这一结论给需求研究带来的启示是：在构建留守儿童社会政策体系的时候，应该更关注男性留守儿童；在开展具体服务工作的时候，可以利用女性留守儿童在社会支持上的相对优势，为农村男性留守儿童提供榜样和操作指导。

从学龄段来看，留守儿童在主观支持、客观支持、支持利用和支持总分的差异不存在统计上的显著性，但是一个有意思的规律是，小学及以下年龄段和高中段的得分，总体上要高于初中学龄段。由此可见，低龄和大龄的留守儿童更能够从自身生活支持体系中感受到支持和帮助，活动的客观支持也更多，在遇到困难寻求帮助方面也更为主动。这一结

---

① 干伟溢、陈璇：《流动少年儿童的社会支持研究述评》，《中国青年研究》2012 年第 5 期。

② 刘继文、李富业、连玉龙：《社会支持评定量表的信度效度研究》，《新疆医科大学学报》2008 年第 1 期。

③ 魏昶、许倩、陈晓明、安晓镜：《留守儿童问题行为与感戴、社会支持的关系》，《中国儿童保健杂志》2014 年第 6 期。

④ 段玉香：《农村留守儿童社会支持状况及其与应付方式的关系研究》，《中国健康心理学杂志》2008 年第 4 期。

论给需求研究带来的启示是：13—15 岁的留守儿童完善社会支持体系的需求更强，相应地，在制定社会政策、开展社会服务时，应该更关注该年龄段的儿童，一方面协助他们改善主观支持、客观支持，另一方面训练他们参与社会活动、主动寻求支持的积极性和能力。

表 6-8　　不同特征的留守儿童社会支持得分比较分析（$\overline{X} \pm S$）①

留守状况	选项	统计值	主观支持	客观支持	支持利用	支持总分
性别	男		22.79 ± 4.28	7.56 ± 2.70	7.07 ± 1.92	37.66 ± 7.16
	女		23.92 ± 3.97	7.99 ± 2.40	7.32 ± 1.87	39.92 ± 6.19
		F 值	11.66 **	8.62 **	8.64 **	14.64 **
学龄段	小学及以下		23.82 ± 3.91	7.89 ± 2.38	7.42 ± 1.91	39.34 ± 5.86
	初中		23.07 ± 4.55	7.94 ± 2.94	7.16 ± 1.96	38.97 ± 7.93
	高中/职中		23.59 ± 3.81	7.67 ± 2.54	7.01 ± 1.72	39.02 ± 6.55
		F 值	2.72	4.15	5.22	3.86
是否为独生子女	是		23.72 ± 4.20	7.82 ± 2.63	7.19 ± 2.12	39.09 ± 6.99
	否		23.05 ± 4.19	7.12 ± 2.57	6.24 ± 1.76	37.39 ± 6.41
		F 值	1.38 *	3.50 *	3.25 *	4.15 *
父母外出务工情况	父母均外出		22.56 ± 4.27	7.42 ± 2.58	6.94 ± 1.80	37.04 ± 6.31
	仅一方外出		23.77 ± 4.66	7.92 ± 2.66	7.08 ± 2.03	37.91 ± 6.77
		F 值	3.58 *	10.52	5.12 *	8.87 **

注：$^* P < 0.05$，$^{**} P < 0.01$。

从是否为独生子女这个变量来看，主观支持、客观支持、支持利用和支

---

① 本表的数据需要做出一定的说明：不能简单地将每行中的主观支持、客观支持和支持利用的平均分加总成为支持总分的平均分，其原因在于每一单元格的统计中都存在四舍五入的情况，且交叉统计中会有一定数量的缺省值存在，所以简单加总的结果往往与支持总分的平均分不一致；支持总分一列中，不能将某一变量取值的支持总分的平均分再次计算均值，认为是样本支持总分的均值，其原因在于每个变量取值的频次不一样，即权重不一样，这种简单计算均值、试图以此推断总分均值的做法会产生较大误差。下文中的同类表格也适用本说明。

持总分在留守儿童中有显著差异（当然，显著程度不高），其中，独生子女在主观支持、客观支持和支持总分三个方面的得分更高，但是非独生子女在支持利用的得分上更为优秀。这起码说明了这样两个事实：一方面，由于没有兄弟姐妹的存在，外出务工的父母给予了独生留守儿童更多的关爱，这些关爱在客观方面有所体现，在主观方面被儿童感知到；另一方面，由于有兄弟姐妹的存在，留守儿童中的非独生子女在寻求帮助方面更为便利，所以其支持利用的得分更高。这一发现给需求研究带来的启示是：应该更重视帮助留守儿童中的独生子女完善社会支持体系，对独生子女寻求社会支持的能力加强训练。在开展留守儿童社会服务时，可以将留守儿童中的独生子女和非独生子女组合成小组，既构建了支持体系，又可以促进相互交流学习；在完善社会支持结构的服务过程中，稍微侧重于留守儿童中的独生子女。

从父母外出务工类别来看，主观支持、支持利用和支持总分均存在统计差异的显著性，父母均外出务工的留守儿童得分较低，仅一方外出务工（即便留在家里的父母缺乏监护能力）的得分相对较高。这说明父母双方外出和仅一方外出给留守儿童的社会支持造成的影响均较大，父母一方留在家中对儿童各方面的社会支持有明显帮助。所以，从对社会支持需求的急迫程度来看，双亲外出务工和仅母亲外出务工的留守儿童更强。这也提示我们，在制定社会政策时应该多关注这类群体。当然，因为留守在家的父亲或母亲缺乏监护能力，留守儿童获得的客观支持并不大，与父母双方外出的留守儿童无显著差异。

另外，从理论上说，父母与儿童的联系情况对于儿童感知社会支持有重要影响。课题组从见面间隔和联系间隔两个方面分析了留守儿童社会支持的各项得分情况，详见表6-9。

从见面间隔来看，除了支持利用之外，不同间隔的留守儿童在主观支持、客观支持和支持总分等方面均有显著差异，见面间隔越短，支持得分越高。从支持利用得分来看，虽然不同间隔下有一定差异，基本也遵循了间隔越短、得分越高的规律，但是在统计上不具有显著性，其主要原因可能是农村留守儿童在很长时间与父母不能见面的境况下，自身在寻求社会支持的主动性和能力上反倒得到了提升。本结论告诉我们这样一个基本事实：不论农民工在外务工情况如何，长时间不回家，不利于留守儿童的社会支持，换句话说，留守儿童有强烈的与父母见面，得到情感支持、实际支持以及能力支持等方面的需求。事实上，长时间不回家看望子女的农民工，通常都是面临一些特殊情况的。课题组在实地调研中偶尔会碰到这样的情况：父母离异，孩子跟父亲生活，母亲远走他方或者另嫁他人。由于家庭经济困难，父亲不得不外出打工，在外打工期间认识了其他女性，于是结合在一起过上了家庭生活，除了偶尔给孩子寄一点钱之外，通常都不回家。父亲母亲各自一个家，只是苦了留守在农村的孩子。这种情况虽然不多见，但是这类被深深烙下"遗弃感"的留守儿童却应该引起我们的足够重视。本部分的探讨，为开展留守儿童社会政策提出了以下启示：充分关注父母长期不回家的儿童，可以运用资源链接的方法，为其构建包括"代理家长"在内的社会支持体系；利用春节农民工返乡的时机开展农民工培训，告知其定期回家对儿童成长的重要性。

表6-9　与父母不同联系情况的留守儿童社会支持得分比较分析（$\bar{X} \pm S$）

联系情况	选项	统计值	主观支持	客观支持	支持利用	支持总分
见面间隔	半年以内		23.79 ± 5.22	7.75 ± 2.46	7.65 ± 1.43	38.04 ± 5.42
	半年至一年		22.96 ± 4.23	7.32 ± 2.31	7.36 ± 1.08	37.43 ± 5.91
	一年至两年		21.45 ± 4.34	6.55 ± 2.87	6.35 ± 1.72	36.24 ± 6.06
	两年以上		20.12 ± 5.02	6.03 ± 2.12	6.01 ± 1.45	35.03 ± 7.42
		F 值	9.23 **	7.74 **	2.43 *	7.61 **
联系间隔	约每天一次		24.68 ± 4.91	7.89 ± 2.06	7.89 ± 2.06	38.68 ± 8.51
	约每周一次		23.32 ± 4.10	7.69 ± 2.77	7.36 ± 1.63	38.73 ± 6.09
	约半月一次		23.18 ± 3.11	6.93 ± 2.47	6.52 ± 1.61	36.71 ± 4.45
	约一月一次		22.32 ± 4.56	6.75 ± 2.11	6.33 ± 1.55	36.12 ± 6.16
	两三月一次		21.18 ± 3.91	6.37 ± 2.28	6.09 ± 1.72	35.32 ± 6.27
	很少联系		20.23 ± 6.42	5.92 ± 2.16	5.74 ± 1.93	33.00 ± 8.22
		F 值	5.88 **	11.01 **	11.35 *	10.41 **

注：$^*P < 0.05$，$^{**}P < 0.01$。

相对于见面间隔而言，联系间隔对留守儿童社会支持的影响力更大。主观支持、客观支持、支持利用和支持总分四个方面，外出务工的父母与留守在家的儿童联系间隔越短，儿童的社会支持情况越好。该研究发现表明，留守儿童对父母与自己的联系需求很大，这为制定留守儿童社会政策提出了如下要求：第一，深入了解留守儿童与父母联系情况，密切关注联系较少的留守儿童，为这些儿童和外出务工的父母恢复联接，促进其良好交流；第二，多层次搭建留守儿童与父母的沟通平台，利用学校、农村社区建设留守儿童公共服务平台，配备电话、网络视频等沟通设备，为留守儿童与其外出务工父母的联系沟通打好基础；第三，利用留守儿童与父母沟通的机会，社会工作者可以告知外出务工父母加强与留守儿童沟通的重要性，敦促其多与子女联系；第四，加强留守儿童监护人的教育，告知其当外出务工的父母打电话回家时，让子女与父母也要通话，而不是仅仅由监护人和外出务工的农民工通话。

三 留守儿童的侵害与自我保护

(一) 留守儿童遭受伤害或侵犯状况

留守儿童在农村生活中是否面临相对更危险的环境，是有关留守儿童关爱保护政策研究的重要内容。总的来说，当前的研究表明，与非外出务工父母生活在一起的孩子相比，留守儿童呈现了更为多见的来自同伴的伤害、实际监护人和照料者的忽视甚至虐待、各类来源的性侵犯，留守儿童的"传统"越轨行为也往往高于非留守儿童。[①] 在有关学龄留守儿童的实证调查中发现，尤其是那些处于青春期早期的儿童，比那些与外出务工父母生活在一起的儿童更有可能被排除在群体活动之外或遭受身体欺凌。[②]

---

① Chen, X., Wu, Y., & Qu, J., "Parental migration and risk of sexual assault against children in rural China", *Crime & Delinquency*, Vol. 68, No. 4, 2021.

② Zhou Y., Cheng Y., Liang Y., et al., "Interaction status, victimization and emotional distress of left-behind children: A national survey in China", *Children and Youth Services Review*, Vol. 118, 2020.

　　课题组在调查中发现留守儿童在父母外出务工期间有可能会遭受人身伤害或侵犯（如被打骂、被羞辱、性侵犯等）。有研究发现，在这些遭受过人身伤害或侵犯的儿童中24.4%的农村留守儿童被他人说过下流话，5.3%的被他人强行触摸过身体的敏感部位，17.3%的在校园内曾被同学殴打（非留守儿童的比例为11.2%），2.5%的在最近一年内较为频繁地遭受家人打骂（非留守儿童的比例为1.6%）。[①] 本研究数据显示，接近三成的留守儿童遭遇过不同类型、不同程度的人为伤害或侵犯，说明留守儿童的保护政策的落实、关爱服务的实施仍然存在较大问题。那么，留守儿童日常生活中哪些主体对其实施了以上行为呢？课题组做了具体统计。表6-10显示，留守儿童日常生活中遭受伤害或侵犯的主体由高到低主要包括"同学或朋友"（32.10%）、"留守在家的父亲或母亲"（往往缺乏监护能力，占比22.30%）、"照顾自然生活的家属"（16.40%）、"老师"（14.10%）等。

表6-10　　　　　留守儿童侵害主体来源统计（多选题，$n = 983$）

选择项	频数	选项百分比（%）	个案百分比（%）
同学或朋友	574	32.10	58.40
在家的父或母	398	22.30	40.50
照顾自己生活的其他家属	293	16.40	29.80
邻居	112	6.30	11.40
老师	251	14.10	25.50
陌生人	158	8.80	16.10
总计	1786	100.00	181.70

　　有研究发现，同伴伤害和欺凌在留守儿童中较为普遍，其形式主要包括身体伤害、言语伤害、人际关系伤害和财产侵害。[②] 儿童遭受伤害，

　　① 郭开元、张晓冰：《我国农村留守儿童权益保护及对策研究》，《中国青年社会科学》2018年第4期。

　　② Wang, Q. , & Liu, X. , "Peer victimization and nonsuicidal self-injury among Chinese left-behind children: The moderating roles of subjective socioeconomic status and social support", *Journal of Interpersonal Violence*, Vol. 36, No. 23, 2020.

包括父母虐待儿童、同伴和兄弟姐妹欺凌、邻里对儿童实施的侵害或犯罪以及儿童目睹对他人的暴力行为等，在当前的学术领域引起了越来越多的关注。

较为严重的伤害或多重伤害，已被证明是负面儿童发展的强有力的预测因素，其短期和长期危害包括造成儿童心理问题，例如抑郁、焦虑、创伤后应激障碍（PTSD）、抽搐和自卑，还会导致一系列的行为问题，例如学习成绩下降、酗酒和吸毒、参与违法犯罪活动以及反身性他人（主动伤害他人以实现痛苦转移）。[①] 虽然这些研究发现大多是在西方社会获得的，但针对中国留守儿童的研究也得出了类似的结论，揭示了留守儿童伤害的普遍影响，包括但不限于身心健康状况不佳、生活质量低下、感情不安全感、创伤后应激障碍、抑郁症状以及侵略和暴力表现。[②] 可见，对留守儿童伤害问题的研究以及政策制定，不仅要关注儿童伤害本身，更要从儿童伤害的来源和渠道着手，增强政策的针对性和有效性。

（二）留守儿童遭受伤害或侵犯后的自我保护能力

进一步来看，课题组探讨了留守儿童遭受伤害后是否知道如何保护自己以及寻求帮助的渠道。有关"如果面临人身伤害，是否知道如何保护自己"的问题中，65 位留守儿童未予作答，其余 3251 人中，表示"知道"的 2170 人，占比 66.7%；表示"不知道"的 1081 人，占比 33.3%。有研究指出，留守儿童被害预防和犯罪防治工作中较为广泛地存在留守儿童人身安全隐患较多、教育问题突出、农村社会文化环境问题严重、心理健康问题凸显、基层政府及村民自治组织关注较少等方面，[③] 从社会生态系统和社会结构的层面来看，这些问题的存在，不利于留守儿童在

---

① Wright, E. M. , "The relationship between social support and intimate partner violence in neighborhood context", *Crime & Delinquency*, Vol. 61, No. 10, 2015, pp. 1333 – 1359.

② Zhang, H. , Zhou, H. , & Cao, R. , "Bullying victimization among leftbehind children in rural China: Prevalence and associated risk factors", *Journal of Interpersonal Violence*, Vol. 36, No. 15 – 16, 2019.

③ 于阳：《留守儿童犯罪防治与被害预防实证研究》，《中国人民公安大学学报》（社会科学版）2018 年第 5 期。

被害预防等方面获取足够的自我防护知识和能力，因父母外出务工导致的亲职教育不足、因强化学校成绩而导致的学校安全教育不足，也加深了留守儿童防止侵害能力的匮乏。表6－11显示了留守儿童自我报告的获得自我防护知识和能力的渠道：64.10%的留守儿童可以从父母那里获得自我防护知识，56.10%的留守儿童从同学或朋友那里获得，54.60%的留守儿童从老师那里获得，来自地方群团组织、基层自治组织及其他方面的获取渠道非常少，留守儿童关爱保护的政策宣传、能力提升服务显然不足。

表6－11　　　　留守儿童获得自我防护知识和能力渠道统计
（多选题，n = 2139）

选择项	频数	选项百分比（%）	个案百分比（%）
同学或朋友	1199	23.20	56.10
父亲或母亲	1371	26.50	64.10
照顾自己生活的其他家属	894	17.30	41.80
邻居	201	3.90	9.40
学校老师	1167	22.50	54.60
妇联	43	0.80	2.00
共青团	67	1.30	3.10
村长、乡长	102	2.00	4.80
其他机构或个人	129	2.50	6.00
总计	5173	100.00	241.80

　　有研究显示，留守儿童在被性侵害后所采取的维权措施方面，11.3%的孩子因害怕被他人取笑而选择忍气吞声，不告诉任何人；8.4%的儿童不知道如何处理此类问题；[①] 11.21%的留守儿童受到过不同程度

----

　　① 赵军：《留守儿童性被害问题定量研究——以"猥亵型性被害"为中心》，《东南大学学报》（哲学社会科学版）2019年第3期。

的伤害，低龄儿童遇到伤害时的自我处理能力非常缺乏。[①] 上述数据表明，留守儿童防范侵害以及有关求助渠道的知识和能力总体偏低。一方面处于成长时期的留守儿童因父母外出务工而缺乏父母日常生活中的关爱，虽然经常被交代要"注意安全"，而实际上如何防范安全隐患则较少被父母教导。另一方面，爷爷奶奶作为事实上的监护人和照料者，因知识储备、体力、精力等方面的不足也难以为留守儿童提供有效监护。在此情形下，如果学校和地方政府对留守儿童安全知识和能力的教育与提升不足，那么留守儿童在面临风险时的自我防护则会明显存在问题。后续的研究也证明了此项推断。

（三）留守儿童自我保护知识的掌握情况

针对较为常见的八种儿童偏差行为（无故逃课旷课、随身携带刀具、打架斗殴或辱骂他人、向他人索要财物、偷东西或破坏公共物品、参与任何形式的赌博、接触色情音像制品读物等、进入游戏厅歌舞厅等场所娱乐），本项调查予以了询问，在全部3316名留守儿童中，以上八类行为的检出比例分别为7.4%、1.9%、3.8%、0.7%、1.3%、3.1%、1.4%、2.0%，逃课旷课、打架斗殴、参与一定形式的赌博等三种偏差行为检出率较高，其他相对较为严重的偏差行为检出率较低。在此基础上，课题组结合一些容易由偏差行为导致风险状态的问题及常见法律知识，在给予充分解释后请留守儿童进行判断，以检测其"实际行为"与"自我保护知识和意识"之间的差异。

表6-12 留守儿童对常见法律知识及偏差行为的自我判断统计（$n=3316$）

选择项	肯定应答频数	百分比（%）
网吧接待未成年人是非法的	2240	67.60
我听说过《中华人民共和国预防未成年人犯罪法》	974	29.40
16周岁是完全承担刑事责任的年龄	633	19.10

① 叶鹏鹏、汪媛、耳玉亮等：《2016年中国12省份27个贫困农村地区留守儿童伤害发生情况》，《中华流行病学杂志》2019年第11期。

续表

选择项	肯定应答频数	百分比（%）
无故逃课、旷课在外闲逛容易引起纠纷	2827	85.30
不能随身携带刀具，如三角刀、匕首	2592	78.20
和他人打架斗殴、辱骂他人都是不对的	2837	85.60
即使自己有需要也不能向他人索要财物	2709	81.70
不能随便拿同学的东西、破坏学校公共物品	2530	76.30
不能参与任何形式的赌博	2534	76.40
不能接触色情音像制品、读物等	2507	75.60
不能进入游戏厅、歌舞厅等场所娱乐	2249	67.80

由表6－12可以看出，留守儿童在应答中，对于常见偏差行为，绝大多数都是不赞同的，特别是有关逃课旷课、打架斗殴、索要财物等行为；相对而言，有关是否可以进入网吧、游戏厅、歌舞厅等场所的知识储备和自我保护意识较低；有关刑事责任年龄以及《中华人民共和国预防未成年人犯罪法》等更为专业的知识方面，留守儿童呈现出来的状况最令人担忧。对比常见偏差行为的检出率数据可以发现，虽然部分留守儿童并不知晓哪些偏差行为不可以做，但是实际呈现这些偏差行为的比例并不太高。由此可见，在知识储备不足、自我保护能力不高的情况下，绝大多数留守儿童仍然具有基本的道德常识和价值判断，这些潜在的素养确保了他们中的大多数人在日常生活中表现出良好的行为举止。

（四）留守儿童获取自我保护知识的渠道

在有关"有没有人告诉你关于反性侵犯、反猥亵的知识"的问题中，61位留守儿童未予作答，其余3255人中，表示"有"的630人，占比19.4%；表示"没有"的2625人，占比80.6%。有关"有没有人或机构向你宣传未成年人法律知识"的问题中，45人未予作答，其余3271人中，表示"有"的1887人，占比57.7%；表示"没有"的1384人，占比42.3%。在社会支持体系中，留守儿童能够获得的直接支持主要来自共同生活的家庭成员、学校和老师、同学及朋友，但这些支持应用于留守儿童自我保护知识的获取方面，特别是有关性侵犯等具有隐私性质的知识、有关法律保护等具有专业性的知识，显然是难以提供足够支持的。父母的缺位、农村法律环境不足是其中的关键原因。有关留守儿童获取相关法律知识和信息的渠道的调查（见表6-13）也能够证实以上判断。

表6-13　　　　留守儿童获取有关法律知识和信息的渠道统计
（多选题，$n = 1936$）

选择项	频数	选项百分比（%）	个案百分比（%）
同学或朋友	302	8.50	15.60
父亲或母亲	541	15.20	27.90
照顾自己生活的其他家属	305	8.50	15.80
学校老师	1636	45.80	84.50
司法局	209	5.90	10.80
公安局、检察院、法院	517	14.50	26.70
其他	58	1.60	3.00
总计	3568	100.00	184.30

作为亲子分离条件下的社会个体，在传统乡村熟人社会及传统组织瓦解的背景下，[1] 留守儿童难以独立面对社会风险，需要通过各种渠道获取有关自我保护的知识并提升能力，这也是儿童获取信息权利的直接体现。虽然没有人剥夺留守儿童获取信息的权利，但是，缺乏提供有关儿童保护、预防侵害方面的知识和信息渠道，也是当前摆在留守儿童关爱保护工作面前的一个客观事实。

---

[1] 林茂：《亲子分离条件下留守儿童自我保护的建构》，《甘肃行政学院学报》2019年第3期。

（五）留守儿童自我保护知识的学习意愿

有关"你希望学习《中华人民共和国预防未成年人犯罪法》吗?"的问题中，53 位留守儿童未予作答，其余 3263 人中，表示"不愿意"或"无所谓"的共计 1079 人，占比 33.1%；表示"愿意"和"非常愿意"的 2184 人，占比 66.9%。继续追问是否愿意学习《中华人民共和国未成年人保护法》时，明确表示愿意的 2510 人，占比 75.7%。在理想学习渠道（从哪里学习）的应答中，排前三位的分别为"由学校老师组织学习"（40.9%）、"由公检法组织普法学习"（25.1%）以及"由大学生志愿者等组织公益普法学习"（19.8%）。课题组继续询问了留守儿童有关犯罪知识学习的期望方式的问题，统计数据见表 6-14。

表 6-14　　　　　留守儿童有关犯罪知识学习的期望方式统计

（多选题，$n=3271$）

选择项	频数	选项百分比（%）	个案百分比（%）
通过各类视频学习	2394	28.70	73.20
阅读各种书籍报刊	1480	17.70	45.20
由学校老师讲授	2312	27.70	70.70
观看普法宣传材料	1182	14.20	36.10
由同学或朋友介绍	842	10.10	25.70
其他	132	1.60	4.00
总计	8342	100.00	254.90

以上数据说明：第一，留守儿童有关自我权益保护和预防犯罪方面的知识学习需求较大，特别是权益保护方面的需求，这为开展留守儿童关爱保护工作提供了基础信心。第二，留守儿童更希望通过学校自行组织学习、公检法等权威机关组织学习以及由大学生等公益群体组织学习。第三，在学习方式方面，运用视频学习是最受欢迎的方式，其次是由老师讲授（这一点与课题组最初设想不同，也说明留守儿童对老师讲授有

关儿童保护和预防犯罪方面的知识是持欢迎态度的），排在第三位和第四位的是阅读书籍报刊和观看普法宣传材料。这些研究发现为留守儿童关爱保护工作提供了如下启示。首先，向儿童传授自我保护、预防犯罪的知识是重视儿童赋权的重要表现，在关爱保护留守儿童实践中，这方面的理念和意识需要加强。其次，充分动员包括学校在内的各级各类政府机构、群团组织开展留守儿童自我保护知识学习，从被接纳的角度来看，其效果要优于单纯的学校教育。最后，应用留守儿童期望的方式组织学习，强化视频、动画、报刊等更能吸引儿童的方式，大量开发这些学习素材，扩大信息获取渠道，对于留守儿童自我保护知识的学习非常有帮助。

四　留守儿童权利保护的自我感知

总体而言，与非留守儿童相比，留守儿童受到伤害的可能性及程度均更高，这是所有留守儿童、家庭及社会面临的共同挑战，[①] 也是我国持续30余年大规模乡—城劳动力迁移所隐藏的社会成本。在总体经济发展取得历史性成绩的同时，加大对留守儿童等特殊群体关爱保护政策力度，是建设以人民为中心的政府所应履行的职责。尽管前文对留守儿童基本生活状况、遭受侵害与自我防护开展了一些数据分析和探讨，但是结合儿童权利的几个维度开展直接分析，对于留守儿童关爱保护政策的制定、细化和落实，将会有直接帮助。

（一）留守儿童生存权的保护及感知

正如在有关儿童基本权利的章节中指出，生存权是指儿童享有生命安全受特殊保护以及获得基本生活保障的权利，留守儿童生存权主要包括受监护人保护的权利、获得合法身份的权利以及适当生活水准的权利。

---

① Wen, M., & Lin, D., "Child Development in Rural China: Children Left Behind by Their Migrant Parents and Children of Nonmigrant Families", *Child Development*, Vol. 83, No. 1, 2012, pp. 120 - 136.

从宏观层面来看，我国在包括留守儿童在内的儿童生存权保护方面已经取得了长足进展。国家统计局《〈中国儿童发展纲要（2011—2020年）〉终期统计监测报告》显示，自 2011 年以来，我国儿童健康水平显著提高，2020 年全国婴儿死亡率和 5 岁以下儿童死亡率分别为 5.4‰和 7.5‰，与十年前相比分别下降了 7.7 个和 8.9 个千分点；严重致残的出生缺陷发生率由十年前的 17.47/万下降至 2020 年的 10.40/万，下降幅度超过 40%；适龄儿童各类纳入国家免疫规划的疫苗接种率均超过 99%，儿童医疗保健服务能力全面提升，儿童健康水平明显提高。[①] 与此同时，我国 2002 年制定的《关于禁止非医学需要的胎儿性别鉴定和选择性别的人工终止妊娠的规定》对于堕胎、女婴生存权保障发挥了重要作用，2016 年颁布并施行的《禁止非医学需要的胎儿性别鉴定和选择性别人工终止妊娠的规定》（国家卫生和计划生育委员会令第 9 号），在原政策文件的基础上建立了部门协作机制，规定了卫生计生、食品药品监管、工商行政等部门的具体职责及协同关系，建立查处"两非"行为协作机制和联动执法机制，更有利于保障女婴生存权。2020 年，各地政府落实《国务院关于建立残疾儿童康复救助制度的意见》，1077.7 万持证残疾人及残疾儿童得到基本康复服务，其中 0—6 岁残疾儿童 23.7 万人；中国残联会同教育部修订《残疾人中等职业学校设置标准》，推动修订《普通高等学校招生体检工作指导意见》；实施残疾人事业专项彩票公益金助学项目，为 1.5 万名家庭经济困难残疾儿童享受普惠性学前教育提供资助，带动各地对 5409 名残疾儿童给予学前教育资助。[②] 在合法身份方面，2010年第六次全国人口普查显示我国有约 1300 万人没有户口（俗称"黑户"），其中 60% 以上的是超生人员，其他还包括弃婴、未婚生育等多种原因导致的无户籍人员。[③] 因为没有户口带来的合法身份，他们中的大多数人没有社会保障，缺乏正常的接受教育甚至工作的机会。2016 年 1 月 14 日，国务院办公厅发布《关于解决无户口人员登记户口问题的意见》

---

① 《中国儿童发展纲要（2011—2020 年）》终期统计监测报告，2022 年 3 月 20 日，国家统计局网站（http://wap.stats.gov.cn/fb/202112/t20211221_1825521.html）。

② 《2020 年残疾人事业发展统计公报》，2022 年 3 月 23 日，中国残联网站（https://www.cdpf.org.cn/zwgk/zccx/tjgb/d4baf2be2102461e96259fdf13852841.htm）。

③ 黄金荣：《解决"黑户"问题的人权视野与法治维度》，《学习与探索》2017 年第 10 期。

（国办发〔2015〕96号），为"不符合计划生育政策的无户口人员"等8类"黑户"办理常住户口登记，基本上解决了"黑户"问题，为儿童普遍解决了合法身份问题。在课题组调研中，并未发现有留守儿童没有户口的状况，也证明了我国留守儿童合法身份问题已经得到了较为全面的解决，很好地保障了留守儿童生存权。

从微观层面来看，课题组深入调查了对家庭监护、物质生活水平的主观感知状况，进一步了解留守儿童生存权的保障成效。表6-15从留守儿童自我感知的主观角度，测量了家庭成员履行监护职能的基本状况。全部3316名留守儿童中，父母均外出务工的3149人，留守儿童基本上与老人和兄弟姐妹共同生活；有一方未外出务工但缺乏监护能力的167人。课题组从"在外的父亲"等四个维度，较为全面地考察了留守儿童家庭成员对其监护状况的自我满意度感知。总体上来看，留守儿童对代理监护人（在问询中用共同居住的爷爷奶奶或外公外婆替代）的监护满意度较高，达到了83.5%；其次为在外务工的母亲，达到了65.5%；再次为在外务工的父亲，达到59.6%；最后为在家的父亲或母亲，满意度比例为57.5%。总体来看，留守儿童对家庭成员给予的监护满意程度不太高。由于共同生活的老人在照顾孩子生活起居方面付出了更大精力，所以留守儿童给予的评价较高；与在外务工的母亲和父亲相比，在交代日常生活的注意事项等方面可能做得更多，给孩子留下的印象相对更深；在家的父亲或母亲由于缺乏监护能力，本身可能都需要他人照顾，能够给予儿童的实际监护实则不多。已有研究发现，在母亲或父亲外出务工的情况下，在家中的父亲或母亲作为重要监护人，不断地在繁重的育儿职责和日常工作职责中挣扎，[1] 特别是在自身生活能力不足的情况下，更可能导致忽视孩子的物质或情感需求，积累压力和焦虑，其自身也成为留守儿童关爱保护工作中需要关注的对象。由此可见，对于父母缺乏监护能力的留守家庭，在留守儿童关爱保护中尤其需要给予帮助。

---

[1] Fan, F., & Sang, B., "Absence of parental upbringing and left-behind children's personality, academic achievements as well as behavior problems", *Psychological Science*, Vol. 28, 2005, pp. 855-858.

表 6 – 15　　　　留守儿童对家庭成员履行监护职能的感知统计

选择项	在外的父亲 （%）	在外的母亲 （%）	在家的父/母 （%）	代理监护人 （%）
非常不满意	79（2.50）	45（1.40）	13（7.80）	34（1.10）
比较不满意	352（11.00）	289（9.00）	21（12.60）	135（4.50）
感觉一般	866（27.00）	774（24.10）	37（22.20）	331（11.00）
比较满意	986（30.70）	1201（37.40）	40（24.00）	1238（41.00）
非常满意	927（28.90）	904（28.10）	56（33.50）	1283（42.50）
总计	3210	3213	167	3021
缺失或不好回答	106	103	3149	295

注：括号内为剔除缺失值（"不好回答"并入缺失值）后计算所得的百分比。

以上判断在深度访谈和观察中也得到了诸多印证，较有代表性的有两例：

> 爸爸妈妈在重庆的建筑工地做工，一年大概回来两次，我和妹妹两个人和爷爷奶奶一起生活。上学的时候我和妹妹都在学校吃中午饭，早上和晚上都是奶奶给我们做饭，爷爷要做很多农活，他们都很辛苦，也很照顾我们两个。爸爸妈妈经常给我们打电话，妈妈每次说得长一些，爸爸说得比较少。妈妈经常叫我不要到外面去玩，特别是不能去玩水、去网吧，还要我照顾妹妹，不要让别人欺负她，有什么事情要及时告诉大人。虽然他们不能经常在家，但是对我们生活都很关心。
>
> （访谈个案编号：SC – L – 20190811 – 12）

个案观察记录：小龙的父亲在武汉打工，自己（13 岁）、妹妹（12 岁）、弟弟（9 岁）与患有间歇性精神障碍的母亲生活在大别山脚下的 M 村，奶奶偶尔过来帮忙做家务活。弟弟智力低下，还没有上学，小龙和妹妹都在上小学。妈妈比较敏感，容易因言语和村里的邻居闹一些纠纷（事实上，邻居不太愿意"惹"她，通常是因为病理因素，小龙妈妈总感觉别人看不起她和她家人），一旦受到稍微激烈的刺激，就容易发病。每当这个时候，几个孩子都害怕，只能把奶奶喊过来帮忙。实在不好控制了，就只能喊爸爸回来带到医院治疗。

（访谈观察编号：HB–H–20190821–15）

除此以外，课题组从饮食、住房、交通等方面详细询问了留守儿童对于当前物质生活水平方面的综合满意程度（见表6–16）。从统计数据来看，对当前物质生活水平感到满意的占比61.90%，认为水平一般的占比30.20%，认为不太满意和很不满意的合计占比7.90%。总体来说，留守儿童的物质生活水平得到了较好的保障。当然，也存在农村基础设施、公共服务设施相对落后等问题，但这些问题并不因为儿童是否为留守的身份而呈现差异。

表6–16　　　　　　留守儿童对当前物质生活水平满意度统计

选择项	频数	百分比（%）	有效百分比（%）	累计百分比（%）
非常满意	619	18.70	19.10	19.10
比较满意	1387	41.80	42.80	61.90
感觉一般	981	29.60	30.20	92.10
不太满意	213	6.40	6.60	98.70
很不满意	43	1.30	1.30	100.00
总计	3243	97.80	100.00	
缺失或不好回答	73	2.20		

在学校里，我们中午吃营养餐，以前是一个鸡蛋、一个面包和一盒牛奶，后面改了，学校建了食堂，每餐都是一个荤菜、一个素菜，饭和汤都是随便吃，菜不够也可以加，吃得还不错。我们很多同学都吃不完，倒了很多。家里面的伙食也不错，爸爸妈妈给家里钱，还给我们一点零花钱，我们买文具和零食吃。家里的房子前几

年就修好了，很大，就是东西（家具家电）不太多，但是家里修了厕所，我们洗澡都很方便了。我们这里没有校车，每次上、下学都是走过去走回来，来回一个多小时，还是比较远。

（访谈个案编号：GD－Q－20200719－2）

（二）留守儿童受保护权的保护及感知

如前文所述，儿童的受保护权指儿童有权利受到保护以免遭各种形式的忽视、虐待、剥削、遗弃或暴力伤害等情形，以及对受到以上伤害的儿童予以保护。从宏观上来看，我国《中华人民共和国宪法》《中华人民共和国民法典》《中华人民共和国未成年人保护法》《中华人民共和国劳动法》《中华人民共和国收养法》《禁止使用童工规定》（国务院令第364号）以及《未成年工特殊保护规定》（劳部发〔1994〕498号）都对侵害儿童权益的各类违法犯罪行为予以规范，在法律和制度层面对儿童受保护权进行了很好的保障。世界各国在防止儿童虐待等方面也积极出台各种法律规定，英国的《儿童法》、美国的《儿童虐待防治法》、澳大利亚的《家庭法》、德国的《儿童与青少年福利法》、韩国的《儿童福利法》等一系列立法也都明确了儿童拥有免遭各种侵害的权利。但是，各种侵害儿童权益、虐待忽视儿童的现象仍然频发，有学者推算，全球范围内对儿童实施情感虐待、性虐待、躯体虐待和忽视的发生率分别达到了36.3%、12.7%、22.6%和18.4%。[1] 也有学者测算了这些侵害给美国、日本、中国的儿童分别造成的经济负担达到了4280亿美元[2]、160亿美元[3]、1031亿美元[4]。由此可见，儿童遭受侵害，为家庭和社会造成的

---

① Rothman, E. F., Exner, D., & Baughman, A. L., "The Prevalence of Sexual Assault Against People Who Identify as Gay, Lesbian, or Bisexual in the United States: A Systematic Review", *Trauma, Violence & Abuse*, Vol. 12, No. 2, 2011, pp. 55－66.

② Peterson, C., Florence, C., & Klevens, J., "The economic burden of child maltreatment in the united states, 2015", *Child Abuse and Neglect*, Vol. 86, 2018, pp. 178－183.

③ Wada, I., & Igarashi, A., "The social costs of child abuse in japan", *Children and Youth Services Review*, Vol. 46, 2014, pp. 72－77.

④ Fang, X., Fry, D. A., Ji, K., Finkelhor, D., Chen, J., Lannen, P., & Dunne, M. P., "The burden of child maltreatment in china: A systematic review", *Bulletin of the World Health Organization*, Vol. 93, No. 3, 2015, pp. 176－185.

损失和负面影响是巨大且持久的，需要予以足够重视。

从微观层面来看，课题组从留守儿童主观认知的角度，深入调查了相关成员对其安全保护问题的关心程度，以及留守儿童对自身生活环境安全状况满意度。从表6－17可以发现，留守在家的父母和共同生活的老人对留守儿童的安全保护问题给予了更多的关心，留守儿童感知到"绝大多数时候很关心"的比例分别达到了63.60%和55.50%；其次是兄弟姐妹和老师，分别达到28.60%和27.40%；邻居、同学对留守儿童安全问题的关心程度较低。从情感角度来说，共同生活的父母和老人有更大的驱动力在留守儿童安全问题上付出更大的关心，主要方式体现在日常生活的叮嘱方面；留守儿童的兄弟姐妹在人身安全问题上，自身的意识和能力储备并不算太高，可以给予留守儿童安全方面的关注更多来自日常生活的相互关心和提醒；从教育教学的角度来看，老师应该非常重视留守儿童人身安全问题，在日常接触中会经常提醒留守儿童，而从学生的主观感知来看，对老师在安全保护方面的满意程度并不高，这在一定程度上说明教师在儿童安全教育方法方面存在某些欠缺。

表6－17　留守儿童对相关成员给予安全保护关心程度的总体感知统计

选择项	村里的邻居（%）	同学或朋友（%）	学校的老师（%）	留守在家的父/母（%）	共同生活的老人（%）	（堂）兄弟姐妹（%）
基本不大关心	979（31.40）	328（10.50）	212（6.80）	3（1.90）	159（5.40）	375（12.70）
遇到困难时稍微关心	960（30.80）	1057（33.90）	940（30.20）	13（8.00）	328（11.00）	640（21.70）
多数时候比较关心	853（27.30）	1228（39.40）	1111（35.60）	43（26.50）	835（28.10）	1092（37.00）
绝大多数时候很关心	329（10.50）	506（16.20）	852（27.40）	103（63.60）	1650（55.50）	843（28.60）
总计	3121（100.00）	3119（100.00）	3115（100.00）	162（100.00）	2972（100.00）	2950（100.00）
系统缺失	195	197	201	3154	344	366

注：括号内为剔除缺失值（"不好回答"并入缺失值）后计算所得的百分比。

课题组对比访谈了乡村学校教师和留守儿童在安全保护方面的措施及对应感受，有如下记录：

> 我们学校和老师，特别是领导和班主任，都非常重视留守儿童安全问题。毕竟父母不在身边，家里的老人也管不住孩子，学校当然要承担更多的责任。我们每次开家长会，留守学生家里一般都是奶奶或爷爷过来，我们都会给他们强调关注孩子的安全，不允许下河游泳、乱采蘑菇、上山烧火，不允许进网吧、游戏厅，虽然老人不一定都能够理解，但是强调一下安全意识是没有错的。当然，很多时候老人也管不住孩子，特别是大一些的孩子。上课过程中，我们班主任和老师，也是经常强调安全问题，特别是不允许大孩子欺负小孩子。我们学校还专门开展了"留守儿童专项关爱行动"，建立留守学生台账，安排代理家长、经常性家访。当然，代理家长这个事情，基本上没有实施，和留守孩子结对的乡镇干部、村干部一般都只是挂了个名字，没有真正履行代理家长的职责，也没有真正考核过。
>
> （访谈个案编号：GZ－Q－20210722－1）

> 张老师（班主任）还是很关心我的安全问题的。平时上课的时候，她经常提醒我们要注意安全。我有一次和几个同学在河边玩水（并没有游泳），不知道怎么被张老师知道了，我们几个被她喊到办公室，狠狠地训了一顿，还说要告诉我爸爸，搞得我到现在都很怕她。去年儿童节，张老师给我分配了一个代理家长，是乡里面一个干部，见面会的时候见过一次，后面就没有再联系了。奶奶最关心我的安全，管得比较紧。我感觉生活是很安全的，没有碰到过什么危险，也没有什么人欺负我。
>
> （访谈个案编号：GZ－Q－20210722－2）

从上述记录可以看出，留守儿童较为集中的学校，对儿童人身安全问题是非常重视的，学校和教师都采取了力所能及的举措保障学生安全、提升安全意识。事实上，学校给留守儿童提供的安全教育，囿于方式方法问题，所取得的真实成效相比于实际监护人的作用不一定更高。部分地区为加强留守儿童关爱保护而实施的代理家长制度，对于儿童安全保护效果不佳。当然，留守儿童对于自身生活环境安全有较高的满意度，这印证了课题组的统计数据（见表6－18）。

表6－18　　　　　　留守儿童对生活环境安全状况满意度统计

选择项	频数	百分比（%）	有效百分比（%）	累计百分比（%）
非常不满意	76	2.30	2.50	2.50
比较不满意	436	13.10	14.50	17.00
感觉一般	553	16.70	18.40	35.40
比较满意	1193	36.00	39.60	75.00
非常满意	754	22.70	25.00	100.00
总计	3012	90.80	100.00	
缺失或不好回答	304	9.20		

从统计数据来看，64.60%的留守儿童感知到自身生活环境安全状况是比较好的，持"满意"态度；"非常不满意"和"比较不满意"的分别占比2.50%和14.50%。由此可见，大多数留守儿童感知到生活环境安全程度较高，但并不代表其中不隐藏风险。同时，合计占比17.00%的留守儿童感知到不安全，这在留守儿童关爱保护工作中应该予以特别关注。另外，在面临遭受侵害、欺负等情形时留守儿童的求助问题也值得关注，课题组统计发现，在回答"如果被人欺负是否会寻求帮助"时，选择"基本不求助他人""很少会选择求助""多数情况会选择求助""一碰到就选择求助"的比例分别为13.7%、34.4%、41.2%和10.7%。仅一半的留守儿童会积极主动寻求帮助，这提醒留守儿童关爱保护工作者，在提升留守儿童自我防范意识和安全能力的同时，教会儿童在面临不同的侵害情形时可以选择的求助渠道是非常重要的。同时，在留守儿童心中树立获得保护是儿童本身拥有的"权利"这一基本观念，也是开展儿童保护工作需要予以倡导和宣传的。事实上，对儿童自身拥有权利的教育，

在当前仍然没有引起足够重视，这在一定程度上限制了儿童遭遇侵害后的求助行为，不利于儿童保护工作的实施。

（三）留守儿童发展权的保护及感知

如前文所述，儿童发展权的基本内容包括儿童有权接受各种形式的教育、培训，以及享有基本自由、闲暇娱乐等社会生活能力形成所必需条件的权利。留守儿童的发展权，更特殊之处在于能否接受合理的教育、能否自主安排闲暇生活以便成为具有可持续发展能力的社会个体。

从宏观上来看，我国在儿童发展权保护方面已经取得了长足进展。教育部《2020年全国教育事业发展统计公报》显示，全国学前教育毛入园率达到85.2%，比上年提高1.8个百分点，其中在普惠性幼儿园入园的占比84.74%；全国九年义务教育巩固率达到95.2%，其中小学学龄儿童净入学率99.96%，初中阶段毛入学率102.5%；高中阶段毛入学率91.2%，比上年提高1.7个百分点。各级各类教育均取得较大成就，如期实现"十三五"教育规划确定的各项主要目标，[1]很好地保障了包括留守儿童在内的各类型儿童教育权的实现。儿童闲暇娱乐产品及场地也有了很大发展，国家统计局2021年统计数据显示，2020年，全国出版儿童青少年图书4.3万种、9亿册，出版初中及以下儿童青少年期刊209种3.3亿册；全国3212个公共图书馆共有少儿文献1.5亿册，少儿广播节目、电视动画节目、少儿电视节目播出时间分别为28.8万小时、44.6万小时和63.1万小时；适宜儿童休闲娱乐的青少年宫、博物馆、图书馆、展览馆等建设取得长足进展；[2]面向儿童青少年的优质文化产品及场所不断增加，为儿童休闲娱乐权利提供了切实保障。中国青少年研究中心《中国少年儿童发展状况调查报告》显示，我国少年儿童闲暇时间的主要方式包括视听娱乐、课外阅读，"网络化闲暇"已经使得儿童娱乐有了较强的信息化色彩，但总体上呈现娱乐时间不足、课业负担重、受家庭经济条

---

① 《2020年全国教育事业发展统计公报》，2022年3月28日，教育部网站（http://www.moe.gov.cn/jyb_sjzl/sjzl_fztjgb/202108/t20210827_555004.html）。

② 《中国儿童发展纲要（2011—2020年）》终期统计监测报告，2022年3月20日，国家统计局网站（http://wap.stats.gov.cn/fb/202112/t20211221_1825521.html）。

件限制明显、缺乏社会公益活动等问题。①

课题组在调查中并未发现被剥夺义务教育权的留守儿童，只能从主观感知的角度，探讨家庭成员对留守儿童教育的重视程度，以回应留守儿童受教育权的实现情况。表6–19显示，在留守儿童自我感知中，对其教育的重视程度由高到低分别为在家共同生活的父亲或母亲（95.20%）、在外务工的父亲（92.20%）、在外务工的母亲（90.80%）以及实际的代理监护人（85.90%）。这些数据说明了以下几个问题：一是在留守儿童自己的感知中，家庭成员对其教育的重视程度总体很高；二是留守在家的父亲或母亲，虽然监护能力较差甚至缺乏监护能力，但是对留守儿童的教育仍然是重视的，这一点与在外务工的父亲或母亲持相同态度，说明留守家庭的父母对孩子通过教育改变命运有很强烈的意愿；三是作为事实监护人的爷爷奶奶等其他成年家庭成员，在给留守儿童的日常照料方面或许付出很多，但是对于留守儿童教育的投入相对较弱（例如学业辅导），这与其自身能力的欠缺有密切关系。可见，在提供留守儿童关爱保护活动中，为留守儿童提供学业辅导服务、为留守儿童代理监护人提供教育子女（特别是隔代教育）能力和意识提升服务非常有必要。

表6–19　　　　　　　留守儿童对家庭成员重视其教育的感知统计

选择项	在外的父亲（%）	在外的母亲（%）	在家的父/母（%）	代理监护人（%）
感觉不太重视	242（7.80）	287（9.20）	8（4.80）	423（14.10）
感觉比较重视	421（13.60）	656（21.00）	32（19.20）	721（23.90）
感觉非常重视	2440（78.60）	2179（69.80）	127（76.00）	1867（62.00）
总计	3103	3122	167	3011
系统缺失	213	194	3149	305

注：括号内为剔除缺失值（"不好回答"并入缺失值）后计算所得的百分比。

---

① 《中国少年儿童发展状况调查报告》，2022年3月28日，中国青少年研究中心网站（ht-tps：//www.ruiwen.com/gongwen/diaochabaogao/115521.html）。

另外，课题组了解了留守儿童自我休闲娱乐情况。从访谈和观察发现，留守儿童闲暇时间较多，在缺乏父母在场监督的情况下，自我闲暇安排较为随意，特别是教育"双减"政策实施后，留守儿童可自主安排的闲暇时间更多；留守儿童最常见的闲暇安排包括玩手机（主要是打游戏）、与同伴玩耍或做游戏、看电视等，用于课外阅读、自学、参加公益活动的时间比较少；国家建设的大量公共图书馆、博物馆、展览馆等场所，在访谈过程中并未发现有留守儿童自主到过这些场所，有极少数儿童参加过学校组织的集体参观。由以上信息发现，在留守儿童拥有较为充分的闲暇时间时，合理、有效安排闲暇生活，提供有趣、有益的留守儿童关爱服务活动，是非常有必要的。另外，课题组统计留守儿童对于休闲娱乐状况的自我满意度（见表6-20）发现，感觉"不满意"的合计占比19.80%，感觉"一般"的占比49.10%，感觉"满意"的合计占比31.10%，仅有三成的留守儿童对自己的闲暇娱乐状况是满意的，不满意和感觉一般的接近七成。由此可见，留守儿童拥有较为充分的闲暇时间，但是对于自我闲暇娱乐满意度较低，这与其闲暇时间的合理利用不足有着密切关系。所以，在开展留守儿童关爱保护服务时，针对儿童特点设计服务策略就显得非常重要了。

表6-20　　　　　留守儿童对休闲娱乐状况的自我满意度统计

选择项	频数	百分比（%）	有效白分比（%）	累计百分比（%）
非常不满意	113	3.40	3.40	3.40
比较不满意	542	16.30	16.40	19.80
感觉一般	1622	48.90	49.10	68.90
比较满意	732	22.10	22.20	91.10
非常满意	295	8.90	8.90	100.00
总计	3304	99.60	100.00	
缺失或不好回答	12	0.40		

（四）留守儿童参与权的保护及感知

相较于其他三项权利而言，儿童参与权往往最容易受到忽视。我国传统教育中早有"大人说话、小孩听话""听话的孩子才是好孩子"等观念，不太倡导儿童自我表达，在家庭决策甚至有关儿童自身事项的决策中对儿童意见的关注和采纳存在不足。如前文所述，儿童参与权是指儿童与其他主体一样享有在家庭、学校、社会等场域就相关事务发表意见、与他人互动及参与决策的权利，主要包括赋予儿童参与渠道、给予自由表达机会、畅通获取信息方式等三个方面。

有关中国儿童参与的专项研究发现，中小学生群体中，26.7%的人从来不看电视新闻，43.2%的人从来不看报纸，28.8%的人从来不看网络新闻，对公共事务的兴趣总体偏低；超过半数的中小学生没有参加过校外主题活动（如环境保护、社区服务、科学考察等）；不清楚家庭收入来源和主要支出取向的小学生占比为32.7%、初中生占比为23.3%。[1]当然，我国儿童参与权也呈现出发展和进步的一面，中国青少年研究中心研究指出，在有关儿童个人事项上，儿童基本能够实现"自己的事情自己拿主意"的比例持续上升，该数据1999年、2005年和2010年分别为50.0%、62.9%和64.1%，农村儿童的增幅大于城市；"遇事愿意听取儿童意见"的父母也逐渐增多，以上三个年度的数据分别为57.6%、57.8%和62.2%，[2]儿童参与家庭事务的权利日益受到尊重。就如同儿童参与权本身容易受到忽视一样，当前在儿童参与权方面的研究也较少（这种情况在留守儿童权益保护研究领域更为明显），存在以下两个问题：一是宏观研究规范性不足和微观探讨深入程度不足并存，国内大范围调查研究中的儿童参与权测量指标尚未形成，儿童参与权的微观研究对涉及参与渠道的相关主体态度挖掘不足；二是在参与权内涵的探讨方面存在泛化和窄化并存的局面，泛化后的主题延伸到了所谓的"学业参与"

---

① 苑立新主编：《中国儿童参与状况报告（2017）》，社会科学文献出版社2017年版，第28—47页。

② 中国青少年研究中心编：《中国少年儿童十年发展状况研究报告（1999—2010）》，人民日报出版社2011年版，第180—181页。

"同伴参与""父母交流"等与参与本身关联不大的领域，窄化体现在对于儿童"畅通获取信息""自我表达能力"等方面的研究基本上呈现空白状态。本节将结合留守儿童与父母空间分隔的核心特征侧重于从留守儿童自我感知角度探讨留守儿童参与权保障情况。在有关留守儿童参与家庭生活决策满意度的测量中发现（见表 6-21），表示"满意"的合计占比 38.80%，表示"一般"的占比 39.30%，表示"不满意"的合计占比 21.90%。从数据本身来看，留守儿童对参与家庭生活决策感知满意的比例高于不满意的比例，而最多的儿童感知到的是无所谓。

表 6-21　　　　留守儿童对参与家庭生活决策满意度统计

选择项	频数	百分比（%）	有效百分比（%）	累计百分比（%）
非常满意	398	12.00	12.30	12.30
比较满意	854	25.80	26.50	38.80
感觉一般	1268	38.20	39.30	78.10
不太满意	602	18.20	18.60	96.70
很不满意	105	3.20	3.30	100.00
总计	3227	97.40	100.00	
缺失或不好回答	89	2.60		

这里有更深层次的问题有待挖掘。课题组针对留守儿童围绕参与内容、参与方式、参与意识以及参与能力等问题开展了深度访谈，将较有代表性的记录如下：

我放学和周末在家的时候，一般都会帮奶奶洗洗菜，其他的家务奶奶不让我做，说让我多用时间做作业，更不需要我做农活。家里面大人谈论什么事情的时候，我一般都没有参加，比如爸爸妈妈是不是都出去打工、去哪里打工，基本都是他们两个自己商量，爷爷奶奶也不怎么管，毕竟我们都大了（姐姐 14 岁、弟弟 11 岁）。当然，更多的时候是，他们讨论什么东西的时候，我们也不在场。我也不知道支不支持他们都去打工，家里需要钱，我们也习惯了他们常年在外面。我自己的事情，交朋友、安排学习之类的，基本都是我自己决定，大的事情还是听大人安排。爷爷奶奶讨论事情的时候，我们都在，比如过年前他们为了要不要杀年猪的事情吵架，我和弟弟都劝了他们。学校里面没有组织过什么像样的活动，开学典礼什么的，我们按要求参加就可以了。只有体育课的时候老师会组织游戏，我们喜欢参加。我在班里是纪律委员，要管一下纪律，但是要"得罪人"，所以我后面不想干这个了。

（访谈个案编号：SC－Y－20210811－7）

从以上访谈记录中我们可以得出如下认知。第一，留守儿童的参与权的实现渠道不太畅通。在家庭重要事务的决策中，因父母都在外打工，其讨论商量过程，留守儿童往往难以参与；在家庭内部的共同生活中，事实监护人因督促学习等原因而较少要求留守儿童参与到家务或农业生产过程中；在学校事务的参与中，留守儿童对自身感兴趣的事情（玩游戏）参与意愿较高，但是程序化和形式化的事务（各类典礼）则参与兴趣低，而学校开展的有吸引力的活动较少，限制了儿童参与的途径。这几个方面都不利于训练留守儿童参与能力，甚至对其自我生活能力也可能造成负面影响。第二，留守儿童有一定的自我表达和决策机会，但是自我表达意识和能力存在欠缺。在家庭事务、班级事务和学校事务的参与中，并没有发现留守儿童被禁止表达的现象，但在清晰阐述和分析问题的能力方面存在一定的不足；在个人事务方面，留守儿童有较大的自我决策权，这与其父母长时间不在身边监护也有直接关系。第三，留守儿童在畅通获取信息方面存在较大困难。获取信息是发表观点、参与讨论和决策的基础，从以上访谈信息可以发现，留守儿童在面临管理纪律导致"得罪人"的局面时，没有获得合理班级管理方法方面的信息；在遇挫萌生退意时，没有获得自我情绪调整方面的信息；在调和老人矛盾时，没有获得有关"杀年猪"背后意义方面的信息。信息获取渠道不通畅，是忽视留守儿童参与权的一个直接后果。从另一个角度说，正是因为相关监护人、老师没有给予留守儿童足够的参与机会，限制了留守儿童寻求信息的热情，这在一定程度上又反过来制约了留守儿童的参与意识和能力。

以上研究发现不具有普适性，但在一定程度上能够说明留守儿童参与权的实现状况，后续的研究总体上也支持这些结论。对"学校组织课外活动参与情况"的统计发现，"从不参加""偶尔参加""经常参加"和"只要知道就积极参加"的留守儿童占比分别为 9.6%、54.7%、25.1%和10.6%，主动积极参与学校活动的意识不强；对"是否愿意在公开场合表达观点"的统计中发现，"基本不愿表达""少数时候愿意尝试""多数时候愿意表达"和"非常勇敢地表达"的留守儿童占比分别为 19.0%、49.1%、20.2%和11.7%，自主表达的意愿总体不强。这与针对儿童权利保护方面的研究发现基本吻合。① 事实上，课题组在访谈和观察中感知到，多数留守儿童对自己拥有参与权是相当模糊的（相较于其他类型的权利而言），"家里的事情还是大人说了算"，只有在个人事务方面，留守儿童才有足够的意愿发表意见并争取尊重和采纳（从整体上来说，这种现象不仅仅出现在留守儿童群体之中，其他类型儿童也表现出该特点）。在此背后，留守儿童欠缺履行参与权的能力、缺乏获取信息的渠道，是更为深刻的原因。以上研究结论给留守儿童关爱保护的启示是，保护儿童参与权，要对儿童加强参与权本身的宣传和解释、培养表达意识和能力、提供充分的信息获取渠道等方面着手。

五　本章小结

留守儿童的基本生活方面呈现如下特点。一是共同生活成员结构简单化。与爷爷奶奶、兄弟姐妹共同生活的留守儿童占大多数，少数与外公外婆共同生活，也有一定比例的儿童没有共同生活的成年人或者仅有缺乏监护能力的父亲/母亲。父母外出务工造成了留守儿童共同生活成员的"老"和"小"并存的简单结构状态，在理论上制约了完整家庭结构的功能，这是分析留守儿童社会政策的起点。二是独生子女现象较少、两个及以上兄弟姐妹共同生活更为普遍。调查发现留守儿童为独生子女

---

① 中国青少年研究中心课题组：《中国未成年人权益状况报告》，《中国青年研究》2008 年第 11 期。

仅有 25.9%，而且在生育政策调整的背景下转化为非独生子女的可能性很大，这为开展留守儿童关爱保护服务提供了更好的条件。多个兄弟姐妹之间在相互支持、心理慰藉甚至物质支持等方面通常优于没有兄弟姐妹的独生留守儿童，充分发挥兄弟姐妹之间的功能，可能在一定程度上弥补父母不在身边的结构性缺陷。三是共同居住成员所能提供的教育帮助不足。照顾饮食起居是共同居住成员对留守儿童最大的帮助，学业辅导、心理慰藉等方面的帮助不足。虽然帮助层次较低，但这也为留守儿童的日常生活提供了基本保障，更高层次的有关学习方法、价值观辅导等服务，是开展留守儿童关爱保护工作需要考虑的。四是留守儿童与外出务工父母沟通较为欠缺。不论是见面间隔还是日常沟通频率，外出务工父母与留守儿童之间的频率都比较低；更为重要的是，双方日常沟通质量不高，在话题选择、沟通的持续能力等方面均存在一定的欠缺，这种状况不利于空间区隔下留守儿童的家庭教育，要求开展留守儿童关爱保护工作需要对外出务工父母和留守儿童双方均开展沟通能力培训。五是留守儿童社会支持总体存量不足。不论是主观支持、客观支持、支持利用和支持总得分的任何一个方面，留守儿童的得分均不太乐观。其中，留守儿童中的男性、独生子女、青春期少年、独居者、与父母联系较少的需要给予更多的社会支持。

在留守儿童的侵害和自我防护研究中发现，因为缺乏父母的日常照护，留守儿童在农村生活中面临相对更高的风险。接近三成的留守儿童遭遇过不同类型、不同程度的人为伤害或侵犯，施予伤害的主要来源包括"同学或朋友""留守在家的父亲或母亲""照顾自然生活的家属""老师"等，来自身边人的伤害较为突出。来自同伴的侵害形式主要包括身体伤害、言语伤害、人际关系伤害和财产受害；来自家庭成员的侵害主要包括打骂、虐待、兄弟姐妹欺凌；来自邻里的侵害主要表现在一定形式的人身伤害。另外，目睹对他人的暴力行为也会对留守儿童造成伤害。各种类型的侵害或伤害，可能给留守儿童带来较为普遍和长远的影响，主要体现在生活质量、身心健康、抑郁症状甚至导致留守儿童表现出暴力行为。这些研究发现要求开展留守儿童关爱保护工作中，不仅要关注儿童伤害现象，更要从伤害的来源着手寻求解决对策。进一步的研究发现，如果面临侵害，近三分之一的留守儿童完全不知道如何自我保护，因父母外出务工而导致的亲职教育不足、因强化学习成绩而导致的学校安全教育不足，也加深了留守儿童防止侵害能力的匮乏。留守儿童自身表现出的偏差行为比例不高，但是在获得自我保护知识的渠道方面存在明显欠缺，说明当前我国留守儿童关爱保护的政策宣传、能力提升服务存在不足。最后，留守儿童学习自我保护知识的需求很大，但是学习意愿并不太高，"高需求而低意愿"的现状要求开展留守儿童关爱保护时要拓宽儿童自我保护知识的学习渠道、变革传统学习方式、提供儿童喜闻乐见的学习素材。

最后，本章从留守儿童自我感知的角度探讨了儿童权利保护的实施成效。研究指出：第一，留守儿童生存权保护的成效感知较好。一方面随着经济社会发展和医疗技术进步，我国制定了较为全面的儿童保护法律法规，为儿童生存权的保障打下了较好的基础；另一方面，虽然父母在外务工，但是仍然给予了留守儿童较好的物质生活，加上各地普遍实施的中小学生营养午餐计划，留守儿童物质生活得到了较好的保障。相对欠缺的是父母残疾等特殊类型留守儿童家庭，在关爱保护工作中尤其需要注意。第二，在人身安全保护方面，留守儿童自我感知较好。整体社会治安水平较高、政府和学校投入的精力较多，奠定了做好留守儿童人身安全保护的重要基础。但是在共同生活成员的安全意识提升、教师安全教育方法的改进、安全保护宣传方法创新等方面仍有许多工作可以开展。第三，留守儿童对保障发展权的感知较好。家庭成员对留守儿童的教育总体非常重视，较好地保障了留守儿童受教育的权利；留守儿童拥有较多的闲暇时间，但对闲暇生活的安排能力存在不足，在开展留守儿童关爱保护服务时，针对儿童特点设计符合其兴趣的闲暇娱乐活动是非常重要的。第四，留守儿童对保障参与权的感知不容乐观。在学校活动、家务活动、家庭决策等方面，留守儿童的参与均存在不足，主要原因在于留守儿童参与权的实现渠道不太畅通、自我表达意识和能力存在欠缺、在畅通获取信息方面存在较大困难。该结论要求开展留守儿童关爱保护工作时，需要重视培养留守儿童参与意识、表达能力并提供合适的信息获取渠道。

第七章

留守儿童关爱保护政策的完善

在明确留守儿童的基本认知、儿童权利后，课题组对我国留守儿童关爱保护政策发展历程、当前政策框架、各类主体实施关爱保护的主要行动以及留守儿童对关爱保护服务的主观感知进行了详细的梳理、总结，对国外儿童保护主要政策进行了分析。以上工作，为探讨完善我国留守儿童关爱保护政策奠定了基础。总体来看，我国已经构建了以国家法律为保障、以国家政策文件为基础、以从上到下的执行体系为核心、以各类服务行动为基本要素的留守儿童关爱保护政策框架及其执行体系，留守儿童关爱保护工作取得了长足进展，儿童的生存权、受保护权、发展权、参与权得到了较好的保障。但政策总是需要在实践中不断完善和发展的，本章是整个课题研究的重点内容，将结合《中华人民共和国未成年人保护法》及相关法律和政策文件确定的儿童权利保护框架，以系统化的视角，从宏观角度和家庭、学校、社会、网络、政府和司法等具体板块对留守儿童关爱保护政策提出可操作化的完善建议。

一 留守儿童宏观政策的完善建议

习近平总书记在2020年"六一"儿童节前夕指出："少年强则国强。当代中国少年儿童既是实现第一个百年奋斗目标的经历者、见证者，更是实现第二个百年奋斗目标、建设社会主义现代化强国的生力军。"① 站在"两个一百年"奋斗目标的历史交汇点上，做好新时代留守儿童关爱保护工作以及全体儿童福利工作，促进包括留守儿童在内的每位儿童健康成长，既是儿童工作者的崇高使命，也是社会各界的强烈愿望。儿童身心健康关乎亿万家庭的可持续发展，是民族复兴、国家繁荣的重要工作。相对于其他类型儿童来说，留守儿童因自身所处家庭生活结构的差异问题，更是迫切需要加强来自社会各界的关爱和保护。从宏观层面来看，在经济社会发展的整体推动下，我国儿童保护、儿童福利理念得到了增强，儿童权利保护及预防犯罪立法得到了完善，儿童关爱保护政策架构及执行体系得到了改进，在很大程度上促进了留守儿童的健康成长；从中观层面来看，我国已经初步构建了由家庭、学校、社会、网络、政府、司法等各维度组成的儿童关爱保护体系，形成了系统化的保护网络，在很大程度上保障了留守儿童各项权利的实现。但是，正如前文研究指出，我国留守儿童政策体系在儿童保护理念、儿童立法以及整体执行体系等宏观层面仍然存在进一步完善空间。一段时间以来，严重侵害留守儿童权益、留守儿童自我残害等的重大事件引发了强烈的社会反响，人民群众期待党和政府制定更高标准、更为健全的关爱保护政策。当然，留守儿童关爱保护是一项系统工程，涉及法律、教育、卫生、城乡基层治理、社会环境营造等很多领域，若要使该项工作得到完善并形成良好的保护机制，首先要在理念、立法和执行系统等宏观层面进行反思与完善。

（一）深化儿童关爱保护的理念传导及环境营造

儿童是国家和社会发展的未来。儿童当下的生存状态，直接决定他们及家庭的未来发展，也间接决定了国家和民族的未来发展。正是基于这种认知，世界各主要国家都高度重视儿童的生存、保护和发展问题，高度强调对儿童权利的全力保护。儿童的生存权、受保护权、发展权、参与权是得到国际社会广泛认同的儿童权利范畴，我国也通过相关立法

① 新华社：《习近平寄语广大少年儿童强调　刻苦学习知识坚定理想信念磨练坚强意志锻炼强健体魄　为实现中华民族伟大复兴的中国梦时刻准备着　向全国各族少年儿童致以节日的祝贺》，《思想政治工作研究》2020 年第 6 期。

给予了确认。以上权利类型是基于全社会对儿童、儿童权利及儿童福利的共同认知的基础上形成的，也就是说，具备什么样的儿童保护理念，才会形成儿童权利的具体形式，前者是后者得到落实的理论土壤，只有明确、加固、传导儿童保护理念，才能有效形成儿童保护的社会氛围以及权利落实的具体机制。不同于其他群体，儿童还未发育成熟，处于弱势地位，在身体、生活、情绪、心理等方面存在特殊的需求，应该受到特别的照顾和保护。现代西方国家确立了"儿童优先原则""儿童最大利益原则"和"国家亲权"理念，普遍认为儿童的成长和健康与国家命运密切相关，政府和父母一样要对儿童负有责任。我国是联合国《儿童权利公约》的缔约国，也应严格遵守并广泛传播以上儿童保护理念。

"儿童优先"等理念是体现在包括联合国《儿童权利公约》及各类有关儿童的国际宣言之中的基本原则，是在世界范围内指导儿童保护工作的基石，也是制定儿童保护政策的基本出发点。这些基础理念要求儿童政策的制定、关爱保护服务的提供、综合社会治理的实施，乃至家庭生活的安排，都要优先考虑儿童利益的最大化问题，将儿童需求及发展作为优先考虑事项，要求国家和政府在儿童及其家庭处于困境时应承担责任，以保障儿童获得良好的成长环境。到目前为止，"儿童优先"等儿童保护的基本理念在我国各领域及各层面尚未得到广泛的理解和认知。在政策制定层面，各级政府在权衡将资金投入到经济发展、产业提升还是投入到儿童权利保护、儿童及家庭救助时，往往将天平倾向前者。在儿童关爱保护的服务层面，各类主体制订的服务计划、落实的服务过程，少有真正从"儿童优先""儿童利益最大化"等理念思考问题，少有从儿童的事实需求出发开展服务，自我功利性目标达成的取向甚至超过为儿童提供符合其利益的服务取向。在社会认知层面，媒体、公众对"儿童优先"等理念的认识和理解存在欠缺，前者甚至在很多儿童侵害事件的宣传中对儿童造成次生伤害，后者在观望中对这些理念是否真正得到落实也较少关注。深化儿童关爱保护的理念传导及环境营造是进一步做好儿童保护工作的前提基础。

一方面，完善架构并充分补足宣传力量。在留守儿童关爱保护工作的总体架构中，不论是 2016 年组建的"农村留守儿童关爱保护工作部际联席会议", 还是 2018 年组建的 "农村留守儿童关爱保护和困境儿童保障工作部际联席会议", 唯一负责宣传的单位为新闻出版广电总局 (现国家广电总局), 其职能为 "指导各地新闻出版广电部门加强未成年人保护法律法规和政策措施宣传工作"①。从国家级到县级广电部门在实施具体宣传工作方面, 有一定优势, 特别是在宣传媒介的畅通、宣传产品的制作、宣传案例的审核、先进典型的树立等方面, 均有较好的经验和实施渠道。但是, 在宣传力量的整合、对相关部门的统筹和驱动能力上, 存在显著不足。我国主管宣传工作的最高部门是中共中央宣传部, "负责引导社会舆论, 指导协调中央的各新闻媒体做好新闻宣传工作, 搞好舆论引导" 是其主要职责之一。留守儿童关爱保护工作, 社会舆论引导、社会氛围营造是带有根本性的, 从我国新民主主义革命和社会主义革命经验来看, "群众路线" 是取胜法宝之一, 对 "儿童优先原则" "儿童最大利益原则" 和 "国家亲权" 等理念的宣传是发动群众关心保护包括留守儿童在内的儿童群体的重中之重。如果将中宣部这类党的重要部门纳入留守儿童联席会议体系②并牵头搞好儿童保护理念和政策宣传工作, 将在以下两个方面取得重大突破。一是完善了儿童保护理念的宣传架构。广电总局由中宣部协调中组部管理, 其动员各相关单位开展协同、持续宣传的能力较弱, 而中宣部主管意识形态等核心领域, 且各省级及以下地区的宣传部部长均为同级党组织的党委常委, 该部门的加入无疑可以完善儿童保护理念的宣传架构。二是极大地加强了儿童保护的宣传力量。我国国家级部门中的文旅部、新闻出版署、新华社、人民日报社、经济日报社、光明日报社等重要宣传部门, 均由中宣部协同或会同中组部管理, 中宣部的加入, 可以协调更多的党和国家宣传机关全方面、深层次、持续性开展儿童保护理念宣传工作, 必将极大地加强儿童保护的宣传力量。

　　另一方面, 优化宣传形式和宣传渠道。谁是儿童保护理念的主要宣

---

①　《国务院办公厅关于同意建立农村留守儿童关爱保护工作部际联席会议制度的函》,《中华人民共和国国务院公报》2016 年第 11 期。

②　当然, 从党政管理体系来说, 宣传部门属于党的机关, 如果将中宣部纳入联席会议, 该联席会议就不仅仅是国务院的协调机制, 名称及联席会议牵头人都需要做出调整。

传对象？对这个问题的解读可以为开展相关宣传工作指明方向。按照一般的传播规律来说，外来文化理念在本地化传播及内化过程中，中低社会阶层、欠发达地区、行政末梢的接受相对更为缓慢，难度也更大。这一点在有关留守儿童关爱保护政策的制定层面也有体现：以国务院或国家级部门牵头制定的政策中，对"儿童优先""儿童利益最大化"以及"国家亲权"理念的体现更为明显，而在县区级层面，往往是对上级政策文本的直接转发，或者简单修改表述后下发施行，对儿童保护的深层次理念如何贯彻在具体保护实践问题缺乏认真思考。所以，以普通民众（特别是欠发达地区的民众）为主要宣传对象，是开展儿童保护理念宣传的重点。那么，当前大量的标语式、口号式的浅层次、粗放式宣传，被这些重点对象接受并内化的效果显然不足，优化宣传形式、拓宽宣传渠道成为改善宣传效果的必然选择。如果可以在各级宣传部门的直接统筹、协调、组织和推动下，党的宣传机关、政府的宣传部门整合各类宣传力量，以"儿童保护"为主题，变革传统宣传形式，广泛开发乡村大舞台、儿童情景剧、新时代儿童权益节目、与地方文化结合的普法活动、儿童保护绘本（漫画、短视频）等普通民众喜闻乐见的宣传素材，利用报纸、新闻、互联网、新媒体、乡村宣传载体等立体化渠道，以儿童节、宪法日等特定时间节点，固定化、常规化组织儿童保护理念宣传，才能取得更为实在的成效，为儿童关爱保护政策的制定和落地实施提供良好基础和社会氛围。

（二）从儿童保护到儿童福利转变以加强立法工作

儿童保护概指针对 18 岁以下未成年人正常发展需求、免遭受外在伤害而采取的系列保护政策及服务措施；[①] 而儿童福利是在社会公平、可持续发展理念下，旨在促进儿童生理、心理和个人潜能发展的各种措施和服务。[②] 前者具有基础性、低阶性的特点，而后者具有全面性和高阶性特征。从世界各国儿童福利事业发展的总体趋势来看，当经济社会发展达

---

① 赵川芳：《儿童保护：现实困境与路径选择》，《社会福利》（理论版）2014 年第 5 期。
② 乔东平、黄冠：《从"适度普惠"到"部分普惠"——后 2020 时代普惠性儿童福利服务的政策构想》，《社会保障评论》2021 年第 3 期。

到一定程度时，儿童获得普惠式福利是必然趋势。我国 2021 年全年国内生产总值达 114.4 万亿元，连续多年稳居全球第二；人均国内生产总值达到 8.1 万元，按年平均汇率折算达 12551 美元，超过世界人均 GDP 水平，① 具备了较为稳固的儿童福利投入基础。从儿童立法理念来看，在具备较好的经济积累之后，当前针对少数儿童的"补缺型"福利以及层次较低的儿童保护立法，已经不太适合我国经济社会发展现状。在"适度普惠型"福利理念提出后，② 将儿童保护这一基础层面的问题上升到儿童福利这一整体性问题，针对儿童福利开展全方位立法，是从宏观层面完善包括留守儿童在内的儿童群体关爱保护体系的关键点。从民生发展的角度来看，儿童福利立法，不仅是我国完善社会保障体系、提升民生工作格局的内在要求，更是包括留守儿童在内的儿童群体共享国家发展成果的重要保障。当前，我国儿童保护工作取得了不错成效，但是侵害未成年人事件、未成年人犯罪、儿童福利不充分不均衡等问题仍然较为突出，推动儿童福利立法既是儿童保护工作的客观需要，也是加强民生发展、回应社会关切的需要，更是"国家亲权"理念在儿童福利事业的基本体现。在我国司法实践中，儿童保护和福利制度均散布于未保法、民法典等其他相关法律中，需要通过一部完整的法律来解决立法与政策的碎片化状态。只有通过立法，才能明晰儿童福利的内涵、外延，确立儿童福利的指导思想和发展方向，强制地明确儿童保障范围及责任主体，形成系统的、专门的儿童福利法律体系，以解决儿童政策碎片化、儿童保护执行分散化等问题，从而整体夯实儿童福利发展、社会保护的法治基础。

在儿童福利立法中应明确一些基本理念和原则。一是在广义范围内明确"福利"的内涵，强化普惠式儿童福利理念。我国当前的儿童福利主要覆盖对象是特定的儿童及其家庭，如孤儿、弃儿（婴）、残疾儿童、流浪儿童、被虐待儿童等，福利服务也仅限于以救助实现保护，前端的预防性工作欠缺，整体的儿童福利对象覆盖面较窄。出现这种问题的基

① 《中华人民共和国 2021 年国民经济和社会发展统计公报》，2022 年 4 月 26 日，国家统计局网站（http：//www.gov.cn/xinwen/2022 - 02/28/content_5676015.htm）。
② 王思斌：《我国适度普惠型社会福利制度的建构》，《北京大学学报》（哲学社会科学版）2009 年第 3 期。

本原因是对"福利"的认知仍然没有转向到普惠式福利，缺乏发展型视角，看待儿童问题的重心仍然停留在"发现问题、解决问题"的层面。二是儿童福利立法有必要与国际社会接轨，使用"儿童"而非"未成年人"的概念以强调儿童的特殊性，其年龄界定最好与联合国《儿童权利公约》保持一致（不满 18 周岁，当前国务院在政策文件中对留守儿童的年龄界定是 16 周岁以下），这样一来，与现行的《中华人民共和国未成年人保护法》和《中华人民共和国预防未成年人犯罪法》也好衔接。三是将"儿童优先""儿童利益最大化"等原则贯穿于立法实践之中。儿童福利立法需要契合儿童的视角，应该根据儿童的实际需求来组织法条，更为关键的是要考虑如何在福利实践中体现儿童利益最大化，包括如何切实保障儿童的休闲权利、参与权利；既要遵循最大保障、全员保障，也要遵循分类保障、分级保障，还要遵循协同保障和闭环保障等原则，系统化体现儿童优先和儿童利益最大化，让儿童切身体会到来自全社会的关爱和保护。四是坚持尽力而为和留有弹性相结合的原则。在综合考量儿童个体福利、家庭福利以及社会福利的同时，将特殊群体的救助、普通群体的保护放在同等重要的位置予以衡量，竭尽全力给予保护。同时，也需要预留发展空间，特别是对于儿童自我价值实现等高等级需求的满足，在当前经济基础难以达到要求的期间可以为今后儿童福利立法的进一步完善留有余地；也需要考虑地区差异，给经济发达地区为儿童提供更高水平的福利待遇留下弹性，以便与当地社会救助政策、社会保险政策有效吻合。五是加强儿童福利立法与现有法律体系和政策体系的衔接。要厘清儿童福利立法与现有未成年人保护法和预防未成年人犯罪法等专门的儿童法律之间的内部关系，将前者作为儿童全面发展的基本法，建立更为完善的儿童福利体系；在外部加强与民法典、教育法、诉讼法等非专门性儿童法律中有关儿童权利条文的衔接，既不能相互冲突，也不能低于现有保护层级。同时，要加强立法条文与现有儿童保障政策的衔接。

在儿童福利立法中应强化对重点内容的保障。一是将预防性服务作为儿童福利立法的基石。各国儿童保护实践证明，与发生安全问题后的介入式服务相比，广泛实施常态化的预防式、能力赋权式服务，对于儿童保护工作而言更为合理和有效。预防式儿童服务包括基于儿童个人及家庭的成长教育、心理辅导、生命教育、安全教育、性教育、政策宣传与倡导、社会氛围营造等多个方面，在这些方面建立制度规范的价值丝毫不弱于介入式规范。二是更多立足家庭制定介入式服务规范。西方福利国家儿童保护经验表明，在万不得已的时候才让儿童脱离原生家庭进入寄养家庭或儿童福利机构，当家庭功能得以恢复后应尽量让儿童回归家庭，同时将针对家庭的教育和紧急状况的介入一并纳入儿童保护的范畴。我国的儿童福利立法，在内容方面有必要补足针对家庭的救济和介入措施，当儿童在家庭中遭受虐待或失去监护条件时政府应及早介入，并关注儿童原生家庭功能的恢复。三是探讨儿童津贴和儿童服务并行的福利供给形式。我国当前的儿童福利供给以服务式供给为主、津贴式供给为辅，在儿童收养寄养、流浪与残疾儿童救助、儿童福利和救助机构建设、儿童抚养托育等领域开展了较为丰富的服务，取得了不错的成效。但是儿童津贴仅是近年来在特殊困境儿童、散居孤儿等领域开展了一些探索，在当前生育率低下、人口老龄化加剧、"三孩"政策放开的背景下，国家鼓励生育的意图已然显现，以提升家庭抚育能力为目的的儿童津贴制度能够有效缓解儿童养育的经济压力、支持家庭提升儿童抚育能力，更是体现国家鼓励生育意图的政策措施。当然，儿童津贴的发放范围、渠道、操作流程等关键问题，还需要进一步探索，需要充分利用现有数字技术手段、打通部门之间信息壁垒。四是推动各地修订未成年人保护的地方法规，以便与儿童福利立法形成上下衔接的政策法律体系。在临时监护、长期监护等方面需要制定可操作、有承接主体的实施细则，明确各类型监护的启动标准、启动流程、终止情形，明确临时监护人与监护人的关系，明确对家庭的帮扶政策；建立监护评估管理制度，明确监护能力评估标准、评估主体遴选方法、评估监管细则，构建以家庭监护为基础、以社会主体监护为补充、以政府监护为底线的儿童监护及监护救助体系；再次明确强制报告制度，强化对儿童工作相关主体（强制报告义务人）政策宣传及能力训练，明确强制报告的具体情形，打通强制报告的转介体系，真正形成报告、应急处置、评估帮扶、监护干预的儿童保护连贯机制。

（三）进一步完善留守儿童关爱保护整体执行体系

《国务院关于加强农村留守儿童关爱保护工作的意见》以及民政部等

10 部门联合出台的《关于进一步健全农村留守儿童和困境儿童关爱服务体系的意见》可以视为联合国《儿童权利公约》以及我国新修订的《中华人民共和国未成年人保护法》《中华人民共和国预防未成年人犯罪法》等法律文本的政策具体化，但是如何落实这些决策部署，首先涉及的是整体执行体系问题。

目前，我国留守儿童关爱保护已经形成了纵向和横向两套执行体系：纵向上，已经构建了由民政部牵头，省、市、县、乡民政部门共同组成的五级儿童关爱保护执行体系。民政部于 2018 年设置"儿童福利司"，标志我国现代普惠式儿童福利时代的到来，[①] 各省市级民政部门新设或改设相应的儿童福利（保障）处、科承担留守儿童关爱保护的政策衔接和服务项目推进，县级民政部门的社会福利股和乡镇（街道）的社会（社区）事务办公室承担留守儿童关爱保护的政策落实及服务实施，由此构建了从上到下的留守儿童关爱保护纵向行政管理体系。横向上，由民政部牵头，我国于 2018 年在原"留守儿童关爱保护工作部际联席会议"基础上构建了由中央政法委、中央网信办、发展改革委、教育部、公安部、司法部、财政部、人力资源和社会保障部、住房和城乡建设部、农业农村部、卫生健康委、税务总局、广电总局、统计局、医保局、妇儿工委办公室、扶贫办、全国人大常委会法工委、最高人民法院、最高人民检察院、全国总工会、共青团中央、全国妇联、中国残联、关工委等 26 个部门和单位组成的"农村留守儿童关爱保护和困境儿童保障工作部际联席会议"，民政部部长任召集人，各部门负责儿童保护工作的分管领导为成员，形成了留守儿童保护工作的横向协同执行体系。在留守儿童关爱保护实践中，以上纵向行政管理体系较好地行使了政策贯彻落实的功能，以行政力量推行儿童保护政策，特别是落实了各类处于特殊困境状态留守儿童的保障和救助政策，对于儿童权利保护有重要贡献；横向的协同执行体系，很好地履行了整合部门力量、发挥各自优势的职能，较为系统地执行了留守儿童关爱保护服务政策，为留守儿童营造社会关爱氛围、提升关爱服务水平做出了重要贡献。但是，从前述章节的研究发现，当前留守儿童关爱服务政策执行中，存在执行层面较浅、儿童获得感不高

---

① 刘继同：《中国现代儿童福利服务体系制度化建设论纲》，《探索与争鸣》2021 年第 10 期。

等问题。所以，以上纵向与横向执行体系仍然存在一定欠缺。

留守儿童关爱保护的纵向行政管理体系需要进一步加强。正如在国外儿童保护政策探讨中指出的，高福利国家在儿童保护立法支持下建立了上下贯通、闭环管理的儿童保护执行体系，在儿童权利保护方面取得了很大的成效。我国当前由民政部到县、乡一级的留守儿童关爱保护的纵向行政管理体系看似完整，但是在顶端和最基层都有不足。一方面，由民政部儿童福利司作为纵向行政管理的顶端，虽然已经是儿童福利工作上的一个重要进步，是中央政府在助力留守儿童等特殊儿童群体成长的一个重要设置。但是留守儿童等权利保护工作中，生存权涉及卫健部门、发展权涉及教育部门、保护权涉及司法部门，作为民政部的一个司，在调动各类行政司法力量方面存在一定不足；在当前国家开放二孩、放开三孩并即将推行鼓励生育的政策背景下，大量生育养育支持类公共政策必将出台，致力于降低生育和养育的普惠式托育服务体系更是已经着手建立，[①] 现有的以儿童福利司为牵头部门的儿童保护行政管理体系恐怕逐渐难以应对以上挑战。所以，如果当前在国务院组成部门中尚不具备条件设置专门的儿童福利部级管理单位，那么，是否可以考虑将儿童福利司升级为"国家儿童福利局"，挂靠在民政部，明确为副部级单位，涉及儿童保护的其他中央部委、国务院组成单位及群团组织的相关部门和人员，调整进入该局，以统管全国儿童福利工作；相应地，省级、市级和县级政府同时做出调整，以强化儿童福利行政管理的纵向贯通。当然，该项改革，还需要更为深入和专业的论证。另一方面，由乡镇（街道）社会事务部门组成的儿童关爱保护行政管理的最基层，存在工作量大、事务繁杂等问题，通常来说需要负责本辖区内的儿童保护、民政优抚、救灾救助、就业、残疾人工作、双拥工作、指导村（居）委员会基层政权等大量工作，在儿童福利方面能够投入的精力可想而知；与此同时，乡镇（街道）社会事务部门开展留守儿童关爱保护工作的重要着力点在于儿童福利工作队伍（儿童督导员和儿童主任），而目前该队伍虽然在形式上已经建成，但是由于兼职不兼薪以及专业化不足等问题，儿童福利

---

① 王军、王广州：《中国三孩政策下的低生育意愿研究及其政策意涵》，《清华大学学报》（哲学社会科学版）2022 年第 2 期。

的传导末梢面临断层的危险。所以，明确乡镇一级儿童福利工作人员职责并加强力量，完善儿童督导员和儿童主任队伍建设，是当前我国留守儿童关爱保护的纵向行政管理体系得以稳定运行的基础。

留守儿童关爱保护的横向协同体系需要进一步完善。正如在国外儿童保护政策探讨中指出的，高福利国家在儿童保护政策体系中非常强调政府主导、多元参与的儿童保护主体建设，美国构建了由司法部门、政府部门、慈善组织、宗教团体、社区、家庭和个人全方位参与的儿童保护主体力量体系，很好地提高了儿童保护水平。我国当前在国务院、省、市、县四级建立了"农村留守儿童关爱保护和困境儿童保障工作部际联席会议"（地方上一般称为未成年人保护工作委员会或联席会），更是在未保法修订施行后建立了从国务院到县级政府的"未成年人保护工作领导小组"，① 加强了包括留守儿童在内的儿童群体的关爱保护协调工作。作为留守儿童关爱保护的横向协同体系，各层级的联席会议也存在不足。一方面，我国儿童保护理念的普及程度较低，严重制约了儿童关爱保护政策的社会知晓度以及良好社会氛围的营造，亟须加强联席会议中的宣传力量。所以，各层级宣传主管部门加入联席会是非常必要的。同时，民政部门作为各层级联席会议的牵头单位，对各部门的行政动员力量存在不足，由国务院分管该项工作的副总理作为部际联席会议的最高领导，民政部负责组织和落实，如此才能更好地发挥部际联席会议的协调和资源整合功能。另一方面，对国外儿童福利工作的梳理也发现，政府主导、多元参与的儿童保护主体是加强儿童保护工作的重要基础，美国更是构建了由司法部门、政府部门、慈善组织、宗教团体、社区、家庭和个人全方位参与的儿童保护主体力量体系，很好地提高了儿童保护水平。而我国当前各级儿童保护工作联席会议体系中，缺乏真正意义上的社会参与。所以，吸纳各层次致力于儿童保护研究与服务的智库、社会团体、社会服务机构进入联席会议体系，同时共享儿童保护数据、发布研究课题、制定儿童保护实施体系、明确各项细则和标准，才能更好地发挥联

① 和部际联席会议相比，领导小组的形式性意义更为明显，实质性功能较为弱化。前者不仅明确了组成部门，更是详细制定了各自的工作职责，有明确的分工合作规范。所以在留守儿童保护实践中可以发挥作用的空间更大。

席会议的功能。

二　留守儿童家庭关爱保护政策的完善

家庭是儿童生存与发展的第一场所，在儿童权利保护工作中居于首要地位。从这个意义来说，只要家庭这一人类再生产的制度形式不消亡，其履行儿童生活依托、延续社会文明的作用便难以被替代。从前述章节对留守儿童关爱保护状况的实证调查发现，留守儿童共同生活成员结构趋于简单化，能够对留守儿童提供的教育帮助显著不足，外出务工父母与留守儿童的日常沟通存在欠缺，进一步弱化了家庭教育的实施成效；总体来看，留守儿童家庭监护的主体意识不足，缺乏对留守儿童的家庭教育和价值观引导，容易引发留守儿童遭遇侵害或实施侵害等现象。通过梳理西方国家儿童福利发展经验得知，强化儿童在家庭中养育、儿童应回归家庭等理念及政策措施，是保障儿童权利及健康成长的重要举措。当前，《中华人民共和国民法典》《中华人民共和国未成年人保护法》《中华人民共和国预防未成年人犯罪法》《中华人民共和国家庭教育促进法》《中华人民共和国反家庭暴力法》等重要法律均规定了家庭应履行儿童监护职能，特别是《中华人民共和国未成年人保护法》列出专章共 10条明确规定了家庭保护的具体要求，强调父母或其他监护人必须履行"为未成年人提供生活、健康、安全等方面的保障"等十大监护职责，不得实施"虐待、遗弃、非法送养未成年人或者对未成年人实施家庭暴力"等 11 类行为，明确设置了家庭监护的"代为照护"制度，对于留守儿童家庭保护有非常强的指导意义。国务院《关于加强农村留守儿童关爱保护工作的意见》及相关政策文本中，也突出了家庭的首要监护责任，强调留守儿童的父母要依法履行监护义务，特别是不能让 16 岁以下的留守儿童脱离监护而处于单独生活的状态。以上法律文本和政策条文均强调了家庭应对留守儿童切实承担起保护职责，为留守儿童关爱保护提供了重要方向。但是，在法律的落实和政策实施过程中，如何督促家长认真履行留守儿童监护主体职责，如何提升家长监护能力，代为监护、家庭教育指导等重点制度如何实施，仍然存在不明确、操作难、缺乏承接主体等问题，需要进一步完善。

（一）切实督促农民工家长认真履行留守儿童监护主体职责

外出务工的农民工家长能够切实履行对留守儿童的监护职责，是保障留守儿童权利最为基础的要素。我国现有未成年人保护的相关法律法规对父母的监护职责均进行了明确规范，绝大多数的农民工父母在无任何法律或道德约束的情况下仍然能够很好地履行家庭监护职责，保障了大多数留守儿童身心健康成长。但是，仍然有一定数量的农民工未能严格履行监护职责，其中的原因是颇为复杂的。一方面，部分农民工的法律意识淡薄，对儿童监护的法律约束理解不深入，特别是对近年来修订的未成年人系列法律法规的重要条款知晓度不高，这是制约其履行监护职责的重要因素。另一方面，除了道德、亲情和法律约束以外，能够在实际层面约束农民工父母履行监护职责的选项不多，而道德、亲情约束的前提是人能够具备合格公民的素养，这种素养对于遗弃、虐待留守儿童的那些父母来说应该是缺乏的；法律约束在实践层面往往面临程序烦琐、缺乏发起主体、举证存在困难等诸多问题，使得家庭监护诉讼并不多见，探索介于以上"软约束"和"硬约束"之间的"中间约束"方法是促进农民工父母履行监护职责的可行方向。

系统化的宣传体系构建和深层次宣传实践是促进农民工履行家庭监护职责的重要基础。如上文探讨深化儿童关爱保护的理念传导及环境营造时指出，由中宣部牵头组织文旅部、新闻出版署、新华社、人民日报社、经济日报社、光明日报社等重要宣传部门，协同政法委、最高法、最高检、司法部等司法机关，形成由上至下的儿童保护系统化宣传体系，必将极大地加强儿童保护的宣传力量。在此宣传体系中，既要明确开展"儿童优先""儿童利益最大化"等理念层面的宣传，也要深层次开展农民工父母履行家庭监护职责的宣传。在现有留守儿童关爱保护法律法规方面，"不得让16岁以下留守儿童脱离监护单独生活""代为照护制度""临时监护制度"是提升农民工履行家庭监护职责意识的重中之重。无论是2012年的"11·16留守儿童闷死垃圾箱事件"，还是2015年的"6·9儿童服毒死亡事件"，出事的留守儿童都是处于缺乏监护状态。无人照管、单独生活的留守儿童是面临生活风险最大、最容易出现危险的群体，对其父母加强监护职责和意识的宣传教育甚至强制措施，是非常重要也是必须开展的服务。那么，什么样的宣传方式才能够深入农民工内心并提升其监护意识？以下几个方面值得考虑：一是充分利用农民日常密切接触的"土媒介"开展宣传，如新农村建设中大量布局的墙画、墙上标语，农村社区服务阵地的标语牌、宣传栏、公告栏，以简洁的语言和绘画作品开展留守儿童家庭监护职责的宣传，起到耳濡目染的作用；二是恢复传统宣传中大量使用"老方法"，充分利用普通民众对司法机关的"权威心理"和"畏惧心理"，公安、司法、法院、检察院利用各自专用交通工具和播放工具，录入家庭监护职责的宣传口号，在宪法日、儿童节等特殊时间，下乡开展"喊话式"宣传，这种宣传手段比法治宣传常用的发放宣传单、组织普法签名等方式无疑更能深入人心；三是充分利用现阶段农民普遍使用的"新媒体"开展宣传，各宣传部门制作的有关儿童保护、家庭监护的宣传短视频、典型案例、宣传文档，应大量转发到农民工广泛使用的"打工群""老乡群""家族群"之中，并引发讨论和热议，可以收获更好的宣传成效。不论采用哪种宣传方式，必须强调是广大农民工看得到的、摸得着的密切接触式宣传；在宣传内容上，不能复杂，更不能直接使用法律法规文本，要以非常简洁的语言、绘画、视频等作品开展宣传，真正做到家庭监护职责深入人心。

　　探索一些"中间约束"方法是促进农民工父母履行监护职责的可行方向。如前文所述，"中间约束"是介于道德"软约束"和法律"硬约束"之间的相对温和但是也具备一定约束力的方法，其目的是加强农民工父母对留守儿童的监护意识、督促其切实履行监护职责。"中间约束"的方向应该依据农民工的实际接触范围和生活空间来寻求：农民工在外务工期间，主要生活空间为务工的企业、工地或个体经营场所；返乡期间，主要生活空间为农村社区。在第一个生活场域，能够为农民工提供一定约束的是形成聘用关系的雇主、办理居住证的公安机关。从"我国留守儿童关爱保护服务主要行动及反思"一章的探讨发现，由大量雇用农民工的劳动密集型企业开展的提升务工人员监护责任意识的行动，例如把"务工人员需要依法履行对未成年子女的监护责任"纳入劳务合同，合同以外附"监护子女责任书"等举措发挥了显著效果，这一举措如果可以在劳动密集型企业推广，将对农民工履行监护职责起到较好的"中间约束"作用。另外，我国自 2015 年《关于全面深化公安改革若干重大

问题的框架意见》建立"居住证"制度以来，国务院于 2016 年颁布了
《居住证暂行条例》，规定了公民离开常住户口所在地半年以上并具备相
应条件时可以申请办理居住证，而居住证因附着了享受城镇基本公共服
务的重要价值对农民工有较大吸引力。当前，办理居住证需要提交居民
身份证、就业或就读等证明材料，如果将"监护子女承诺书"纳入材料
范围，要求申请人承诺履行留守儿童监护职责，对农民工的监护意识无
疑具备较强的提醒和一定的"中间约束"作用。在农民工返乡后的农村
社区这一生活场域，能够对其形成一定"中间约束"的，可以是各地农
村广泛制定的乡规民约。乡规民约是乡村民众自我制定、自我管理和自
我约束的民间公约，是培育基层治理内生力量的重要渠道。[1] 作为一种介
于正式规范和非正式规范之间的民间管理载体，对农民行为还是具有一
定的约束力量。如果可以将"监护子女是父母的天职""在外打工期间也
应照管好子女"等内容纳入其中并广泛宣传，或者利用农民工返乡契机
开展仪式性的学习乡规民约活动，对于提升农民工父母的监护意识无疑
具有一定的"中间约束"作用。

（二）为留守儿童家庭履行监护职责赋权增能

在当前社会转型以及多元文化的冲击下，传统"家本位"价值观和
忽视儿童独立人格的思想仍然存在，体罚、打骂甚至虐待儿童的现象屡
见不鲜;[2] 在多元文化碰撞中形成的追求所谓"自由""个性"等观念已
然形成，忽视儿童、怠于照管和监护儿童等现象不容小觑。家庭是儿童
权利保护的基础平台，完整而稳固的家庭结构、亲子关系是实现儿童保
护的重要元素。[3] 前文对发达国家儿童保护经验的梳理发现，各国非常强
调家庭在儿童保护中的重要功能，更进一步的是，强调对家庭在关爱保
护儿童能力方面的支持，这些支持既体现在经济资助，也体现在对家长
和其他监护人的教育、培训等各环节。我国儿童保护法律法规和政策文

---

① 徐红映:《社会资本视域下的乡规民约效能再造——以宁波市"民约村治"实践为例》，
《社会学评论》2022 年第 1 期。
② 杨雄、郝振:《上海市儿童权利家庭保护的现状与挑战》，《社会科学》2008 年第 6 期。
③ 刘程:《儿童的家庭保护:美国的经验与启示》，《当代青年研究》2009 年第 12 期。

件中也极为强调"家庭要履行监护责任",但是对如何为家庭赋权增能则较少提及,有关政策措施也显然不足。例如,未成年人保护法既要求父母要保障儿童的生存权、发展权、名誉权和隐私权等基础权利,也要求父母关注儿童心理健康、自我防护意识、开展有益身心健康的活动、预防偏差行为等需具备一定的文化素养和专业能力方可承担的职责,农民工父母在对留守儿童的日常监护中,能够做到这些吗?课题组实地走访发现的实际情况往往是:农民工在外务工期间的"手机育儿"存在沟通频次不足、内容单一且"不讨喜"(过于关注学习成绩等事项)等问题,过年返乡后忙于走亲访友、棋牌娱乐而疏于陪伴(即便孩子缠着父母,通常被塞给一部智能手机打发,孩子拿着手机后"乐在其中")。不论是长期在外还是短期返乡,农民工父母在家庭监护中履行家庭教育这一能力,多数存在不足。所以,在各部门开展的大量针对农民、农民工的培训和服务工作中,迫切需要加入有关亲子沟通、儿童成长、家庭教育等方面的能力培训,以便增权赋能,使其真正能够承担起更深层次的家庭监护职能。

　　加强农民工或农民的家庭教育能力培训可以从多个方面进行。第一,在农民工培训中,加入"家庭教育能力提升"的内容。当前,各级各地的人社、劳动、农业农村、妇联、共青团等部门,都广泛组织了有关农民工、职业农民、新型农民、女性农民工、青年农民工等人员培训,内容主要包括实用务工技能、生产安全、农业种植养殖、法律知识等,但是均未涉及农民工如何与留守儿童沟通、如何提高家庭教育能力等方面。以上部门在开展农民工培训时,如果可以将这些内容加入培训体系,一方面将切实增强农民工的家庭教育能力,另一方面还可以提高农民工的参与兴趣。第二,扩展培训方式,加大向社会组织购买服务的力度。当前各部门组织农民工培训,主要包括委托职业学校实施、部门人员自行开展培训等两种方式。事实上,沟通能力、家庭教育能力培训,有很强的专业性,培训学校的专家库往往缺乏该类人才,各部门自身组织培训也存在专业性不足的问题。可以加大购买社会组织专业服务的力度,以招标等方式确定专业社会组织实施培训,明确培训内容、人次、时长、效果等核心内容,由社会组织邀请符合条件的专家实施。第三,根据农民工实际情况,在培训方案中明确培训内容。针对以上列出的农民工在家庭教育方面存在的不足,在组织实施农民工家庭教育能力培训时,需明确以下核心内容:与留守儿童沟通的话题选择、语气和语调的使用、持续对话的能力，品德和习惯的养成方法、关爱他人的意识和能力、寻求帮助与支持的能力、让儿童参与家庭事务的方法等。以上内容在培训实施前，需要列入培训方案，同时作为考核培训成效的重要依据。虽然父母在外务工可以为留守儿童提供较好的经济保障，但不能以忽视家庭教育和监护为代价，否则难以与学校教育形成合力、难以培养身心健康的下一代。

（三）重点落实留守儿童"代为照护"制度

《中华人民共和国未成年人保护法》第二十一条至第二十三条对儿童代为照护问题进行了规范。一是不得使未满 8 周岁或特殊儿童处于无人看护状态或交由不适宜人员临时照顾，不得使未满 16 周岁儿童脱离监护单独生活，这一规定是针对普遍情形的家庭制定的，要求父母或其他监护人不得让 8 周岁以下儿童（或其他需要特殊照顾的儿童）处于无人看护的风险状态，这里强调的是"看护"；同时不得让 16 周岁以下儿童单独面对生活，这里强调的是"监护"。二是父母因外出务工等原因在一定时期内无法完全履行监护职责的，应当委托合适人员（具有照护能力、完全民事行为能力）"代为照护"，在此过程中应听取有表达能力的儿童的意见；委托关系达成后应将代为照护的情况书面告知儿童所在学校（幼儿园）和实际居住地的村（居）委会；外出务工的父母应与儿童、被委托人至少每周联系、交流一次，给予亲情关爱；当接到被委托人或其他相关方有关儿童行为、心理异常通知后，外出务工的父母应及时采取干预措施。这一规定是针对流动人口家庭（特别是留守儿童家庭）制定的，也是结合我国农村剩余劳动力转移的具体国情而设计的重要法律规范，是保障留守儿童各项权利、促进其身心健康成长的重要规制。与此同时，村（居）委会有义务协助政府部门监督接受委托的代为照护者，使其切实履行临时监护责任，而 2012 年修正的未保法对村（居）委会的要求是"委托监护"，这在实际上往往难以落实。以上法律规定，在很大程度上完善了包括留守儿童在内的未成年人家庭监护制度。另外，国务院《关于加强农村留守儿童关爱保护工作的意见》也有要求：外出务工人员要尽量携带未成年子女共同生活或父母一方在家照顾，如果没有条件，应该委托其他人进行监护，16 岁以下的儿童不能单独居住；对于不履行以上职责的，公安机关可以给予批评教育等不同程度的处罚。应该说，当前儿童保护的法律法规和政策文件，对留守儿童"代为照护"制度给予了较为明确的规定，但在实际执行中存在以下问题：一是该项法律规范的知晓度不高，容易导致疏于执行；二是可以承接代为照护职能的往往是农民工双方父母，其履行照护的实际能力往往欠缺；三是无法找到合适的委托人而"强行"外出务工的情形，或完成委托后又怠于履行自己本应承担的职责，在执行层面尚难以找到合适且有效的方案。因此，"代为照护"制度需要依据以上问题在操作层面予以进一步完善。

第一，将"代为照护"制度纳入法律宣传的重点。前文对有关儿童保护法律法规和政策制度的宣传问题，开展了较为深入的探讨，从宣传主体、宣传手段、宣传内容等方面均提出了系统化建议。在此，课题组进一步提出，有必要将"代为照护"的制度规定纳入法律宣传的内容体系，需要做到以下几点。一是简化"代为照护"的语言表达，不追求宣传法律和政策原文，而是提炼形成可以被农民工迅速记住的简化语言，例如"父母要打工，孩子要人管""丢下孩子去打工，当心警察找上门"等类似口号。二是尽量综合采取前文建议的"土媒介""老方法""新媒体"等宣传渠道，使得"代为照护"制度入脑入心。三是充分动员村社干部、儿童工作队伍，利用各种培训机会加强有关"代为照护"制度宣传技巧的培训，发挥其与农民家庭接触较多的优势，加强该项制度宣传。

第二，加强被委托人的能力提升服务。实际接受委托承担"代为照护"职责的往往是留守儿童的祖（外）父母，正如前述章节"我国留守儿童关爱保护状况实证分析"中指出的，这些照护人提供的饮食起居服务是对留守儿童最大的帮助，学业辅导、心理慰藉等方面的帮助不足；留守儿童对生存权保护、人身安全保护的感知较为满意，但是更高层面的保护存在不足。当前大量的农村培训均是针对青壮年农民、农民工，而针对农村老年人家庭教育能力提升方面的培训几乎是空白，实际为留守儿童提供照护服务的绝大多数是老年人，开发针对农村老人与留守儿童沟通、价值观引导、行为指导、习惯训练等方面的理念和技能培训，是支撑"代为照护"制度落实成效的重要手段，需要承担农民培训职责、乡村振兴职能的相关部门多下功夫，或者以政府购买服务的方式委托社会组织开发课程、实施培训。

第三，加强制度设计以限制怠于履行委托监护手续及监护职责的现象。一是形式上履行了委托手续，而实际并未承担委托照护后作为父母应该履行的监护职责。农民工外出务工前口头委托老人照护留守儿童、并不书面通知学校（幼儿园）和村（居）委会的现象，是违反了《中华人民共和国未成年人保护法》的，村（居）委会有监督职责，一经发现要严格要求改正，甚至可以自行设置程序，要求本村农民外出务工前履行承诺，妥善安排留守儿童的代为照护问题；即便完成了代为照护的委托手续，但外出务工后没有按照法律规定每周最少与留守儿童沟通交流一次的，也违反了《中华人民共和国未成年人保护法》的要求，对此，村（居）委会可以要求农民工在办理委托照护书面告知手续时，学习相关法律文本，确保在外务工期间切实履行作为父母的监护职责，不能一走了之、不管不问。二是无法找到合适的委托人而"强行"外出务工的情形。《中华人民共和国未成年人保护法》只是在第二十一条第二款规定"不得使未满十六周岁的未成年人脱离监护单独生活"，并无更为详细的规范。这种现象虽然有构成遗弃罪的嫌疑，但该罪的构成要件为"有抚养义务而拒绝抚养"且情节严重，将其认定为遗弃罪有较大难度。事实上，当此类现象发生时，留守儿童的亲属、儿童主任、村（居）委会、学校等相关方，都有履行强制报告的职责，启动报告—处置—评估—干预系列程序，并追究父母的相关责任。

（四）加强家庭教育指导机构规范化建设

2021 年出台的《中华人民共和国家庭教育促进法》（2022 年 1 月 1 日正式施行）是在更高层面对包括留守儿童在内的儿童教育权予以保障的重要法律，相较于《中华人民共和国未成年人保护法》等综合性法律而言，《中华人民共和国家庭教育促进法》对儿童家庭教育进行的详细规范，是开展留守儿童关爱保护工作，特别是督促农民工家长履行家庭监护、家庭教育职责的重要依据。然而，自该法出台后，催生了家庭教育指导师职业资格①及培训行业的诸多乱象。"我国家庭教育指导师岗位缺

---

① 事实上，人力资源和社会保障部发布的《国家职业资格目录（2021）》中并无"家庭教育指导师"的职业资格设置，众多培训机构在结束所谓培训后给学员发放的只是培训证书或培训合格证书，而该证书并非国家承认的职业（执业）资格类证书或职业技能等级证书。

口数百万，拿下证书就有了金饭碗"[1]，"家庭教育指导师紧缺，时薪涨至1000元/时"[2] 等由培训机构发出的误导式宣传，一方面扰乱了家庭教育这一非营利性行业的发展，另一方面更是贩卖家庭教育焦虑，恶化了整体教育环境。应该说，《中华人民共和国家庭教育促进法》及全国妇联等11 部门出台的《关于指导推进家庭教育的五年规划（2021—2025 年）》，均对包括留守儿童家庭在内的各类型家庭在开展家庭教育方面进行了很好的规范，例如，《中华人民共和国家庭教育促进法》有关家庭教育指导机构和服务机构的设置、责令其接受家庭教育指导（俗称的"家庭教育令"）、5 月 15 日全国家庭教育宣传周等相关规定，以及《关于指导推进家庭教育的五年规划（2021—2025 年）》中指出的将家庭教育指导服务纳入城乡社区公共服务建设，探索设立家庭教育指导机构、及时向有需要的家庭提供服务等规划，对于"生而不养、养而不育"现象有很大的限制功能，[3] 对于发展儿童福利事业、提升留守儿童关爱保护水平，有重要指导价值。但是在上述乱象背后，存在家庭教育指导机构及其人员设置规范不足的问题，亟须继续予以完善和明确。

一方面，既要加强家庭教育指导机构的设施建设，更要强化持续管理和投入。《中华人民共和国家庭教育促进法》第七条规定："县级以上人民政府应当制定家庭教育工作专项规划，将家庭教育指导服务纳入城乡公共服务体系和政府购买服务目录，将相关经费列入财政预算。"第二十八条规定："县级以上地方人民政府可以结合当地实际情况和需要，通过多种途径和方式确定家庭教育指导机构。"以上条款明确了县级以上地方人民政府在家庭教育指导结构的建立、规划制定、纳入公共服务体系等方面的职责。那么，在留守儿童较为集中的地区，县级政府及所属相关部门，应自觉将法律条文中的"可以"理解为"需要"甚至"必须"，加大家庭教育指导机构建设方面的投入。事实上，我国早就开展了依托

---

① 吴文诩、向定杰、杨静：《考证即可"月入过万"？当心被割韭菜》，《新华每日电讯》2022 年 4 月 27 日第 12 版。

② 樊未晨、龚昕冉：《家庭教育指导师培训缘何"凶猛"生长》，《中国青年报》2022 年 4 月 11 日第 5 版。

③ 李健、薛二勇、张志萍：《家庭教育法的立法议程、价值、原理与实施》，《北京师范大学学报》（社会科学版）2022 年第 1 期。

学校设置"家长学校"、依托社区设置"家庭教育服务站"的工作。有统计显示，截至 2016 年底，全国家长学校和家庭教育服务站已达 70 万个，在多数行政区域地区实现了全覆盖。① 但是在实际运行中发现，绝大多数家庭教育指导和服务机构存在重场地和设施建设，轻服务和管理的问题，很多机构只是发挥了"挂牌示众"的作用而无实际服务功能。② 在日常管理方面，仅有 11.8% 的县区教育行政部门对辖区内的家庭教育指导机构进行过专项评估，人员不足、缺乏评估指标等问题较为普遍。③ 在《中华人民共和国家庭教育促进法》颁布施行的背景下，县级及以上政府大力加强家庭教育指导机构的建设投入和规范管理，是当前面临的重要工作。

另一方面，持续加强家庭教育制度服务的内容体系建设和人才队伍建设。从目前来看，我国现有家庭教育指导服务内容体系还处于不成熟阶段，大量培训机构制作的"家庭教育大纲""家庭教育内容体系"充斥着心灵毒鸡汤的味道，缺乏科学的家庭教育内容和方法体系。④ 同时，在现有内容体系中存在供给与需求不匹配的问题。有研究发现，"同龄孩子的易发问题及其处理"是家庭教育指导服务的主要供给内容之一，但通过对家长的调查发现，家长最期望得到指导的内容是"不同孩子的特殊问题及个别处理"以及"与家庭教育有关的知识和方法"，双方存在明显差异。⑤ 另外，家庭教育指导服务内容还存在系统性不足、针对性较弱等问题。在人才队伍建设方面，各现有家庭教育指导机构存在专职人员不足、人员专业性不足的问题，而且依托社区成立的家庭教育指导机构更是面临人员态度和能力素质较差等问题。⑥ 对此，县级及以上政府部门应

① 宋秀岩：《在全国家庭教育工作电视电话会议上的讲话》，《中国妇运》2017 年第 1 期。

② 骆风：《我国家庭教育事业现代化的实证研究——以珠三角地区为例》，《中国青年社会科学》2015 年第 3 期。

③ 辛斐斐、范跃进：《政府购买家庭教育指导服务：价值、难题与路径选择》，《中国教育学刊》2017 年第 11 期。

④ 高书国：《论我国家庭教育知识体系的构建》，《南京师大学报》（社会科学版）2022 年第 1 期。

⑤ 边玉芳、张馨宇：《新时代我国家庭教育指导服务体系：内涵、特征与构建策略》，《中国电化教育》2021 年第 1 期。

⑥ 边玉芳、鞠佳雯、孙水香：《家庭教育指导服务体系的区域推进：基本特征、现实困境与实施路径》，《中国电化教育》2022 年第 1 期。

该根据法律授权,整合各部门资源,明确专兼职家庭教育指导人员的聘任标准与工作职责,加强家庭教育指导工作队伍的规范化建设。一是全国妇联、教育部应当联合相关部门严格设置家庭教育培训、服务的市场准入门槛,设置培训、评估资质标准以加强监督管理,明确家庭教育从业人员的培训要求、培训机构设置的要求、评估机构设置的要求,[①] 以此在保证家庭教育指导队伍专业性的同时,促进和规范家庭教育培训和服务市场;二是相关教育行政部门可以依托学校开展家庭教育指导服务案例开展梳理,对挖掘并提炼的优质案例经验进行汲取、总结并大力推广,在此基础上制定适合本地情况的家庭教育指导服务人员的从业标准、工作职责以及评价指标;三是切实加强家庭教育专业人才和志愿人员队伍培养。按照《中华人民共和国家庭教育促进法》第十一条规定,支持师范院校和有条件的高等学校加强家庭教育学科建设,培养家庭教育服务专业人才。由此,可以考虑在教育学、社会学等学科中设置"家庭教育学"的人才培养方向,甚至在教育学的专业门类中增设"家庭教育",列入《普通高等学校本科专业目录》。与此同时,各类从事家庭教育指导服务的机构,应该加强与外界合作,广泛发动具备条件的人员担任志愿者,扩充家庭教育指导队伍。

三 留守儿童学校关爱保护政策的完善

以学校作为载体和平台,以现有的教师、学校硬件和软件为资源,加上当前义务教育政策体系下辍学率低、留守儿童在学校比较集中的优势,在学校开展留守儿童关爱保护服务,非常契合留守儿童的实际生活特点,也更能够发挥关爱保护服务成效。《中华人民共和国未成年人保护法》第二十五条至第四十一条专章规定了未成年人学校保护的相关制度,国务院《关于加强农村留守儿童关爱保护工作的意见》以及民政部等10部委《关于进一步健全农村留守儿童和困境儿童关爱服务体系的意见》对留守儿童学校关爱保护举措也予以了细化,总体来看,我国留守儿童

---

① 祁占勇、余瑶瑶、杜越、王书琴:《论家庭教育指导服务支持体系的供给主体及其行为选择》,《中国教育学刊》2021年第6期。

学校关爱保护政策主要体现在以下几点：一是建立包括留守儿童在内的未成年学生关爱保护制度，培养学生认知、合作、创新和实践能力，健全学生行为规范、培养遵纪守法的良好习惯，坚持德、智、体、美、劳全面发展；二是尊重并保障儿童权利，特别是尊重儿童人格尊严、保障学生完整接受义务教育、严格落实控辍保学制度；三是主动关心爱护儿童，对留守儿童接受教育情况实施全程管理，加强与家长和其他监护人沟通，帮助留守儿童通过视频、电话等方式与父母亲情沟通；四是加强学校安全管理，特别是加强寄宿学校宿舍安全管理、防止校园欺凌、校车安全管理、校园保卫力量建设、食品卫生管理、预防性侵害与性骚扰的工作；五是保障学生休闲权利，不得违法组织学生开展校内外补课、学科培训等加重学生学业辅导的活动，同时丰富校园文化生活，吸引学生积极参与文艺体育活动。以上法律规定和政策条文均强调了以学校为载体开展留守儿童关爱保护的重要性、必要性，要求各级各类学校作为重要主体切实承担起关爱保护职责，为留守儿童关爱保护提供了重要方向。但是，在法律的落实和政策实施过程中，如何建立学校关爱保护留守儿童的工作机制、如何加强包括安全建设在内的重要工作、如何建立与留守儿童家庭沟通交流机制等核心问题，仍然存在不明确、缺乏可操作性等问题，需要进一步予以完善。

（一）建立留守儿童集中地区的学校社会工作制度

学校社会工作是将社会工作的理论、方法及技巧运用于教育机构和相关设施中，致力于改善学习环境和条件，帮助有困难的学生提高适应学习和生活的能力，通过与学生及其家长以及学校和社区的互动，协助预防和解决学生问题，促进学生健康成长，形成"家庭—学校—社区"三者之间的良好互动关系，构筑学生健康成长的和谐环境，引导学生寻求个别化和生活化的教育，建立社会化人格，使学生更好地适应当前与未来生活的一种专业服务。[①] 从该界定可以看出，学校社会工作承担了为学生构建家庭、学校、社区这一个由小到大的社会生态系统从而促进学

[①] 王思斌：《社会工作实践权的获得与发展——以地震救灾学校社会工作的展开为例》，《学海》2012 年第 1 期。

生健康成长的重要职能，而具体到留守儿童来看，其家庭教育不完善、家庭结构不完整，所需社区资源、社会支持亟须弥补，非常契合学校社会工作的服务性质。

现有学校社会工作的研究和实践表明：第一，学校社会工作服务总体上是有效的，值得借鉴和推广。从美国等发达国家和地区学校社会工作的具体实践来看，学校社会工作承担了四个方面的职能：首先，通过学校宣传、社区教育、工作坊等方式，对儿童开展学校教育以外的服务，有利于预防儿童问题形成；其次，对儿童所面临的教育权利剥夺、校园暴力、家庭危机、行为偏差、交往能力欠缺等问题进行干预，有效地协助儿童解决自身及家庭面临的各种问题，在此基础上，促进儿童潜力的发掘；再次，链接并整合家庭、学校、社区、社会组织等资源，共同为儿童营造良好社会生态系统；最后，在儿童福利政策、教育政策等方面开展政策倡导，在服务标准方面制定统一规范，有利于学校社会工作持续发展。① 第二，学校是为儿童提供社会工作服务的理想场所。学校社会工作发展之初，主要工作内容是保障儿童就学权利，满足儿童教育的需要。在当前经济发展、社会转型的大背景下，各方面的问题均呈现复杂的趋势，增加了传统学校教育的困难，文化教育和思想教育工作很难予以全面的应对。发达国家和地区学校社会工作的发展，证明了运用社会工作的技巧，构建学校、家庭、社区、社会组织等多方参与的社会生态系统，共同致力于儿童及其生活环境问题的解决，能够有效弥补传统学校教育不足。第三，严密的组织体系是学校社会工作发展的保障。不论是英国受雇于政府福利部门还是美国受雇于学区的学校社会工作者，抑或是兼具政府资助和非政府组织资助的香港学校社工，都有着良好的、严密的组织体系。② 这个体系既体现在相关法律法规层面，也体现在人、财、物的管理层面，还体现在服务理念、服务标准、服务方法等各个方面。只有拥有完备、严密的组织体系，学校社会工作的持续发展才有可能，这方面也是我国当前急需突破的。第四，注重人才培训是学校社会

---

① 朱盼玲：《学校社会工作实务发展困境与改善空间》，《当代青年研究》2018 年第 5 期。

② 程晋宽：《信息社会英国、美国、加拿大学校社会工作的比较》，《外国中小学教育》2011 年第 10 期。

工作发展的关键。从发达国家和地区学校社会工作的发展来看，不论是政府福利、教育部门，还是学校社会工作行业组织，都非常注重对学校社工的持续培训。以美国为例，美国的学校社会工作者往往都被看作专家和专业人员，有很高的社会地位和认同，但是取得社会工作资格，需要有规范的课程教育和专业组织的认证。① 这些教育和培训既有利于学校社工知识、技能的持续更新，以便根据不断发生的问题形成应对方法，促进问题的有效解决；也有利于形成、更新、落实学校社会工作的统一实施标准、评估标准，形成学校社工个体、社会组织、行业协会的协同发展。第五，自上而下与自下而上的结合，能够保障学校社会工作的持续发展。西方多数国家学校社会工作的发展，最开始是通过政府部门针对学生就学不足、教育普及率不高而主动实施的，是一种自上而下的发展路径；与此相反，香港等地区学校社会工作的发展，肇始于香港的基金会和慈善组织对学校问题、学生问题的关注和介入，政府部门在看到实施成效后再来参与推动的，是一种自下而上的发展路径。② 当然，学校社会工作在自上而下发展后，社会组织与行业协会（也包括在此过程中催生的大量社会组织）的主动、积极参与，可以有效弥补政府部门在人才、资金、知识等方面的不足。另外，学校社会工作在自下而上发展后，也需要政府部门的官方认同，更需要法律、政策、制度和资金等方面的支持，如此才能持续发展。所以，只有自上而下与自下而上的共同努力、政府和社会的互助和互补，才能保障学校社会工作的持续发展。

在以上分析的基础上，课题组提出在留守儿童较为集中的地区，建立学校社会工作制度，③ 以落实学校在留守儿童关爱保护方面的法定和制度规范方面的职责。主要构想如下：第一，从留守儿童学校社会工作的组织管理来看，地方教育行政主管部门可以牵头成立管理机构，通盘负

---

① Garrett, K. J., & Angeline, B. H., "Missing links: Professional development in school social work", *Children & Schools*, Vol. 4, 1995, pp. 235 – 243.

② 李晓凤、林佳鹏、张姣：《嵌入、建构、自主：学校社会工作本土路径探究——基于深圳的十年发展历程》，《社会工作》2019 年第 2 期。

③ 留守儿童是学校社会工作的主要服务对象之一，本部分探讨的留守儿童学校社会工作制度体系并不是说不能适用于其他类型儿童。事实上，我们更愿意将留守儿童作为一个引子，在更大层面上探讨欠发达地区乃至全国范围内学校社会工作制度体系的架构。

责本地区留守儿童学校社会工作的组织管理。西部欠发达地区经济社会发展相对落后，这也是大量留守儿童得以形成的宏观背景。越是在这种情况下，越应该重视对儿童福利服务事业的投入，只有人才得以培育和发展，地方经济社会发展才有源源不断的动力。从欧美等国家学校社会工作的自上而下发展经验来看，政府教育部门是起到主导作用的，也只有政府部门的行政性推动，才能使得学校社会工作有较大范围的覆盖，以便服务到更多的留守儿童及其他类型儿童。第二，从留守儿童学校社会工作的经费来源看，应该发挥政府机构、社会组织和经济组织的共同协力作用。一是地方教育行政部门可以将聘请专职驻校社工经费、活动平台及物资经费、向社会组织购买社工服务等方面的经费纳入财政预算，这些经费应该是学校社会工作经费的主体。二是社会组织（特别是各类基金会），可以就近资助地方性社会工作机构，向有需求的农村基础教育学校派驻社工，以弥补地方教育部门经费和人才的不足。事实上，根据国际惯例，基金会的主要职责是公众筹款，然后资助专业组织开展社会服务，而不是自身投入到具体的服务项目之中。我国当前大量基金会将筹集到的款项用于自身开展社会服务，而不是对其他社会组织进行服务项目的资助，做了很多自身并不擅长的事情。三是经济组织及慈善人士，可以对社会组织提供经费支持，资助社会组织向学校派驻社工，开展专业服务。在当前我国慈善文化低迷、慈善信任降低的背景下，以上三种经费来源中，政府资金应该起到主要作用。学校社会工作毕竟是教育领域内部社会服务的制度建设，唯有教育系统自己行动起来，才能构建出适合现代教育目标的学校社会工作制度。[①] 第三，从留守儿童学校社会工作的人才来源看，应该结合内设社工和外派社工两种方式。内设社工是指由地方教育主管部门为学校聘用的专职社工，他们不一定要承担传统科目的教学任务，主要工作是开展学校社会工作服务。在当前基础教育阶段教师的招考中，多数地方教育行政部门尚未意识到招聘社工担任基础教育教师的重要性，这种政策和意识都需要有所调整。应该为中小学，特别是农村地区、留守儿童较为集中的中小学招收一定数量的社会工作

---

① 史柏年：《学校社会工作：从项目试点到制度建设——以四川希望学校社会工作实践为例》，《学海》2012 年第 1 期。

教师，与其他类型的教师同等待遇，以便从学校内部开展学校社会工作服务。外派社工是由社工机构接受政府、基金会或社会资助后，按照服务方案向学校派驻的专职社工。这两种人才来源在欧美国家和我国港台地区也都广泛存在，是符合学校社会工作发展规律的。第四，在具备了管理体系、经费来源和人力保障后，开展学校社会工作还需要一定的平台，例如学校内部社会工作制度的建立、活动场所的落实、专职社工和传统科目教师的关系、服务对象的转介方法等都应该有所规范。当然，就目前来看，平台硬件的持续建设显得非常重要。在前文中，课题组梳理了各地学校针对留守儿童开展的各种服务形式，包括心理咨询室、亲情连线、儿童托管等多种服务路径，但是其实际运行中往往由于经费、人才的持续投入不足，多数服务路径无法持续发挥作用。事实上，当前很多地方的教育行政部门和学校把很多精力放在了硬件的一次性投入上，后续的维护经费欠缺。如果教育主管部门能够对这些平台进行持续投入，加上学校内部配备的社工或社会组织派出的驻校社工的努力，这些资源将可能发挥更大的作用。第五，结合欧美和我国港台地区学校社会工作的服务经验，开展留守儿童学校社会工作，应该包括三个方面的内容。一是预防性服务。当前留守儿童普遍面临着安全问题、人际交往问题、家庭沟通问题、社会适应问题、资源链接能力弱等问题，针对这些问题，应该开展以预防为主的服务。二是介入性服务。当留守儿童面临紧急状况时，应该运用社会工作理念和专业方法，予以及时介入，以协助其解决面临的困境，并在此过程中发掘潜力、提升自我解决问题的能力。三是拓展性服务。将留守儿童社会工作服务拓展至校外，包括家庭、社区、社会组织及相关政府部门。一方面可以为留守儿童构建良好的社会生态系统，另一方面也有利于预防各种问题的产生。第六，留守儿童学校社工的督导和培训。在明确了管理体系、经费来源、人力保障、服务平台和服务内容后，对于学校社会工作的持续发展，督导和培训是必不可少的。社工督导和培训是保障一线社工服务质量、降低职业倦怠的重要制度。外派社工可以依托自身的社工机构得到督导与培训，而学校的内设社工，应该与就近开设社工专业的高校或社工机构形成合作关系，以建立实践基地、购买服务等方式获得督导与培训服务。

（二）强化预防和干预校园欺凌等重点保护工作

不论是完善现有留守儿童关爱保护法律和政策体系，还是在留守儿童集中地区建立学校社会工作制度，都需要加强校园安全建设，特别是加强预防和干预校园欺凌等内容，是从学校层面关爱保护留守儿童的重点工作，是保障留守儿童各项权利的基础。2016 年是我国构建防治校园欺凌制度的重要一年，该年，国务院教育督导委员会办公室发布《关于开展校园欺凌专项治理的通知》，是我国首次在国家层面的政策文件中提出防治校园欺凌问题。同年 11 月，教育部等九部门发布《关于防治中小学生欺凌和暴力的指导意见》，在国务院教育督导委员会办公室文件基础上细化了系统性的解决措施。次年 11 月，教育部等十一部门发布《加强中小学生欺凌综合治理方案》，继续从操作层面推动防治校园欺凌工作。《中华人民共和国未成年人保护法》从多个方面对校园欺凌问题进行了规范，主要包括建立防控制度、开展教育和培训、及时制止、家校沟通、教育引导等多个方面，很好地对校园欺凌问题进行了法律规制。在操作层面，有些问题还需要进一步细化，特别是针对留守儿童自身缺乏监护的特点，在防治校园欺凌方面需要有一些更有针对性的政策措施。

首先，建立适合留守儿童特征的校园欺凌防治制度。各地教育行政部门应指导留守儿童集中地区中小学校建立完备的防治校园欺凌制度及相应的应急预案，最少包括但不限于以下两个方面的内容。一是以校为单位组建"防治校园欺凌领导小组"，由校长担任组长，承担学校防治校园欺凌第一责任人职责，全面负责学校防治校园欺凌工作，对重大突发事件处置工作做出决策，督促各相关成员按应急预案及时有效地开展工作；由主管安全工作的副校长担任副组长，负责校园欺凌事件处置工作的具体落实，负责与公安、教育等部门沟通、协调，负责防治校园欺凌教育宣传督促检查工作；由政教处（宣教处）负责人、全体班主任及相关专业人员担任成员，负责防治校园欺凌制度及应急预案的制定、防治校园欺凌宣传教育工作、突发校园欺凌事件临场处置、突发事件临场医疗处置与救护协助、校园欺凌事件学生心理疏导、防治校园欺凌技防设施采购及后勤保障工作。二是建立并认真执行防治校园暴力的系列制度规范。日常有关校园欺凌问题的教育与宣传制度、门卫值班制度、重点人群监测制度、常规课外巡查制度、与监护人沟通联系制度、应急与处置制度等，都需要建立并严格执行，强调对容易实施欺凌、容易成为被欺凌对象的留守儿童予以特别关注，强化与留守儿童父母及其他监护人建立常规和紧急状态下的联络制度，强调利用家长学校制度开展监护人关爱保护留守儿童能力培训。只有完善了以上制度措施，才有可能及时排查并发现那些容易导致校园欺凌事件发生的苗头和隐患，及时处理已经发生的校园欺凌事件，形成防治校园欺凌的合力。

其次，加强留守儿童校园欺凌问题的预防。校园欺凌问题的预防，既是做在实际发生欺凌行为之前的工作，也是需要常规投入且容易被忽视的工作，需要引起足够的重视。预防工作虽然不一定能够立即看到成效，但是相较于严重校园欺凌造成的对儿童持续伤害的后果而言，值得加强投入并建立规范制度。一是就留守儿童在校期间的行为表现，特别是性格较为懦弱或者暴力倾向较为明显的，加强与外出务工父母沟通（前文研究指出，老年人作为临时监护人，在这方面的管理往往做得不够好），叮嘱父母予以鼓励或管束，这类留守儿童要进入校园欺凌防治工作"重点关注"人员名单。二是利用各种渠道加强校园欺凌等问题的宣传教育，班会宣讲、主题活动教育、普法宣传、公告栏及电子屏等环境营造措施综合运用，特别是排练并展演校园欺凌典型事件舞台剧等新型方法，可以起到很好的预防效果。三是加强校园值班和校内外巡查工作，在重要时间（上学、午休、放学、晚自习等）、重要场所（宿舍楼、操场、食堂、教学楼或其他较为隐秘的场所）加强巡逻和查看，领导小组成员、安保人员、宿管人员要建立巡查分工，对发现的苗头性问题及时制止并上报给学校相关部门予以教育。四是强化监控技术设备的使用，在校内和周边部分重要场所安装高清监控摄像头（更换已有的非高清摄像头），从技术手段方面提高防范、发现、制止校园欺凌事件的能力；另外，监控显示屏可以在校内显著位置公开，以更好地发挥自我约束和震慑作用。五是设置校园欺凌求助电话或者小信箱，广泛公开并加强宣传，让每个学生都知晓这类"非面对面"求助渠道，以避免较为胆小、内向的留守儿童不敢公开求助或羞于求助的情况，求助渠道需要有专门人员管理，发现现实后及时予以跟进。六是充分利用学校心理辅导室开展留守儿童心理教育和疏导工作，对于发现的校园欺凌苗头或存在的具体问题，及时跟进解决，防止欺凌行为恶化。七是加强校园周边环境整治工作，学校应重点针对网吧、游戏厅、交通、食品等领域，加强与文旅部门、交管部门、市场监管部门的合作，强化依法依规经营，净化学校周边环境，为包括留守儿童在内的学生群体提供良好的成长空间，远离校园欺凌的各种诱因。

最后，构建留守儿童校园欺凌的介入制度体系。不论是施与欺凌行为还是被欺凌，都会对儿童身心健康发展造成不利影响。所以，建立有效的介入校园欺凌制度体系非常重要。校园欺凌涉及被欺凌方和施与欺凌方，前者介入重点在于身心恢复，后者介入重点在于教育惩戒，都需要相关流程与制度规范。一是建立校园欺凌处置程序。主要流程应该包括：发现校园欺凌行为及时制止、报告领导小组并召集相关人员控制现场、较严重伤害需拨打110和120寻求专业帮助、通报监护人、合作开展事件调查以及善后处置。二是建立被欺凌者身心干预制度。在欺凌行为发生现场，学校要及时保护被伤害者免遭更为严重的身体伤害，对于已经遭受伤害的应及时送医；在身体救治过程中，心理辅导需要及时跟进，要对被欺凌者进行必要的疏导，通过服务活动的开展帮助其抚平心灵创伤、培养自尊自信；与外出务工的父母及其他监护人加强沟通，形成学校和家庭双方配合的社会支持体系；建立被欺凌者的成长档案，便于学校、家长、班主任长期跟踪儿童身心恢复情况。三是建立欺凌者教育惩戒和恢复制度。教育惩戒一直是社会各界密切关注的热点问题，超过一定限度的惩戒往往可能被认定为体罚或变相体罚，对儿童的身心发展造成伤害；疏于惩戒又可能纵容校园欺凌行为的发生，难以提供学生成长的约束力量，也不利于良好校园环境的营造。所以，如何把握"限度"就成为教育惩戒的一个难题。教育部2020年9月发布《中小学教育惩戒规则（试行）》（中华人民共和国教育部令第49号，2021年3月1日起施行）为校园欺凌实施者的教育惩戒提供了较为明确的规范。文件明确规定了可以实施教育惩戒的六种情形，"欺凌同学"明确被纳入其中；情节轻微的可以给予点名批评、责令道歉或检讨、增加额外公益服务任务、一节课堂教学时间内的教室内站立、课后教导、其他适当措施；情节较为严重或当场教育惩戒仍不改正的，可以给予训导、承担校内公益服务任务、校规校纪或行为规则教育、暂停或者限制集体活动、其他适当措

施，教育惩戒方式告知家长；情节严重或者影响恶劣的，可以在事先告
知家长的情况下给予一周内停课或停学、要求家长进行管教、校方予以
训诫、安排专门教育或心理干预；情节严重或多次教育惩戒仍不改正的，
学校可以给予警告、严重警告、记过或者留校察看的纪律处分，高中阶
段学生可以给予开除学籍处分。① 以上清晰的规范，可以为实施校园欺凌
行为提供约束机制。特别需要注意的是，留守儿童与父母分隔两地，实
施教育惩戒时应该加强与父母的沟通，在保障其教育权的同时，充分考
虑儿童隐私保护。

（三）强化留守儿童学前教育的制度完善

学前教育没有纳入我国义务教育范畴，所以在前文中探讨的以学校
为基础构建留守儿童关爱保护制度体系的研究中，幼儿园难以纳入其中。
但是，不论是《中华人民共和国未成年人保护法》，还是国务院《关于加
强农村留守儿童关爱保护工作的意见》以及民政部等 10 部委《关于进一
步健全农村留守儿童和困境儿童关爱服务体系的意见》，都对以幼儿园为
阵地开展儿童关爱保护制定了相关规范。大量研究也发现，良好的留守
儿童早期教育对其后续可持续发展具有重要价值，是奠定心理弹性、形
成积极自我观念的基础，② 是形成对家庭依恋、具备情感沟通素质以避免
早期社会剥夺的重要因素。③ 所以，在探讨留守儿童学校关爱保护政策的
完善措施时，对留守儿童学校教育问题单独予以分析，有其自身的必要
性。需要说明的是，前文中提出的构建学校社会工作制度、强化预防和
干预校园欺凌等重点安全工作，也有一部分是留守儿童学前教育阶段可
以借鉴和采用的；现有的法律和政策文本对留守幼儿保护，大多集中在
安全教育、严禁体罚、禁止提前开展小学课程教育、适当开展性教育等
方面，而事实上，留守儿童较为集中的欠发达地区，在幼儿教育方面存

① 《中小学教育惩戒规则（试行）》，2022 年 5 月 5 日，教育部网站（http://www.moe.gov.cn/srcsite/A02/s5911/moe_621/202012/t20201228_507882.html）。
② 齐亚楠、杨宁：《4~5 岁留守学前儿童自我概念与社会退缩的关系——心理弹性的中介和调节作用》，《学前教育研究》2020 年第 2 期。
③ 陈立、王倩、赵微、王庭照：《早期社会剥夺的发展风险与儿童依恋障碍》，《学前教育研究》2021 年第 10 期。

在的主要问题表现在教育供给不足、营养健康水平相对较低等方面，[①] 需要在更高的政策层面予以改进。

　　一方面，切实加大留守儿童早期教育投入力度。留守儿童集中的欠发达地区往往地方财政困难，需要加强中央财政投入。一是可以考虑将当前乡村振兴阶段中央帮扶资金、发达地区对口帮扶资金投入一部分用于农村地区儿童早期教育硬件建设和师资培育，特别是增加对贫困地区儿童教育发展的中央财政资金专项投入，设立儿童早期教育基本公共服务领域中央和地方共同财政事权项目，切实保障贫困地区农村儿童早期教育发展经费；建立健全以中央财政和帮扶资金投入为主、地方财政投入为辅、社会力量协助、家庭合理分担的留守儿童早期教育经费投入机制。二是教育、民政等国务院组成部门和地方政府，加大对于儿童早期教育发展的社会公益项目资助力度，依法落实税收优惠政策，广泛动员和吸引社会组织、市场主体大力开展包括留守儿童在内的农村儿童学前教育服务。三是加大县、乡、村三级卫生体系投入力度，由县级卫生行政部门统筹督导，依托乡镇儿童督导员和村社儿童主任，加大资金投入和培训体系建设，帮助儿童督导员、儿童主任具备家庭养育指导能力，帮助留守儿童家庭开展早期养育公共服务。

　　另一方面，建立具有公益普惠的农村学前教育体系，实现学前教育进村、进社区。建议教育部在新一轮的"学前教育三年行动计划"的范畴内明确"一村一幼"的建设目标，在村社一级设立幼教点或幼儿园，为农村地区开展幼儿教育提供足够阵地。一是利用村社闲置村委会、党员活动室、中小学校舍等在地资源开办幼教点或幼儿园，尽最大可能解决办学阵地问题；二是利用"国培计划"和"省培计划"，加强与各级师范类高校合作，培养大量本地存量幼儿教育师资队伍；三是聘用本地中等教育程度以上学历青年，加入幼儿教育队伍，在培训和考核合格后上岗，加强农村地区幼儿教师的增量建设；四是持续实施农村幼儿教师特岗计划，吸引优秀大学生到农村幼儿园（特别是深度贫困地区农村幼儿园）任教，充分保障幼儿教师编制及解决工资待遇问题，严格落实集中连片特困地区乡村教师生活补助以及艰苦边远地区津贴政策，保证引进

---

　　① 陈国维：《农村学前留守儿童发展困境及解决策略》，《中国教育学刊》2018 年第 1 期。

的幼儿教师队伍稳定发展；五是支持师范院校设立和加强学前教育专业，办好民族地区、欠发达地区的幼儿师范专科学校和师范学院，加强本地幼儿教师供给；六是适当提高农村幼儿教师队伍待遇和社会保障水平，可以采用中央或省级财政转移支付、对口帮扶资金支付以及政府采购公共服务资金支付等多种方式予以解决；七是将村社一级幼儿园、幼教点纳入教育系统全口径统计和管理范围，加强建设督导和质量管控。

四　留守儿童社会关爱保护政策的完善

从社会角度制定留守儿童关爱保护政策并推动服务，是在政府和市场力量以外动员各层面社会力量致力于提升包括留守儿童在内的儿童群体福利服务的策略和措施。我国的社会保护是作为服务于经济社会发展的配套性政策，取得了举世瞩目的发展成就。①《中华人民共和国未成年人保护法》第四章第四十二条至第六十三条专章规定了社会在未成年人保护方面应该承担的职能，《国务院关于加强农村留守儿童关爱保护工作的意见》《关于进一步健全农村留守儿童和困境儿童关爱服务体系的意见》等重要政策文件都对"社会保护"进行了规范。梳理来看，社会在留守儿童关爱保护方面应该承担的职能主要包括：一是对于人民团体、企业事业单位、社会组织以及其他组织和个人，开展有利于留守儿童健康成长的社会活动和服务，国家予以鼓励和大力支持，以促进形成关心关爱儿童的良好社会风尚；二是村（居）委会设置专人专岗开展儿童关爱保护工作，履行家庭教育指导、信息采集、强制报告、督促监护等法律职责；三是各类公益性公共场所对儿童免费或优惠开放，且对婴幼儿及其照料者的使用提供便利；四是各类新闻媒体应提供有利于儿童成长的宣传素材，发挥舆论监督职能，营造关爱儿童的社会氛围；五是各类儿童用品须符合国家或行业标准，大型公共场所须设置儿童安全警报系统，学校及幼儿园周边不得设置不适宜儿童活动的场所，遇突发事件应优先救护儿童；六是住宿经营者在接待儿童入住时，应履行问询、登记

---

① 王一：《社会保护动力机制的再研究：双向运动理论与积累的社会结构》，《社会科学辑刊》2021年第6期。

职责，发现违法犯罪嫌疑须立即报告；七是不得违规招用童工，密切接触未成年人的单位招聘工作人员时应履行入职查询职责，每年定期对工作人员开展违法信息查询；八是保护儿童隐私。相对于其他类型儿童来说，留守儿童更为缺乏客观层面的社会支持，对社会各领域的关爱保护有更强的需求。在以上社会层面的关爱保护职责梳理中，有关"专人专岗"的内容归属于儿童基层工作队伍问题，将在政府保护一节论述。而有关动员社会各界力量开展儿童保护服务以及密切接触未成年人单位的"信息查询"等内容，在具体落实机制方面存在较为模糊之处，有必要予以改进。

（一）完善社会组织服务留守儿童的政策支持体系

围绕社会组织参与包括留守儿童在内的弱势儿童群体关爱保护服务，国家建立了系列的政策规范：《中华人民共和国未成年人保护法》鼓励和支持社会组织、社会工作者参与未成年人保护工作并提供专业服务；《国务院关于加强农村留守儿童关爱保护工作的意见》以及民政部等 10 部门联合出台了《关于进一步健全农村留守儿童和困境儿童关爱服务体系的意见》，均要求各地鼓励和引导社会力量广泛参与留守儿童服务工作；2014 年财政部《政府购买服务管理办法（暂行）》、2016 年民政部《关于进一步加快推进民办社会工作服务机构发展的意见》以及 2021 年财政部《中央财政支持社会组织参与社会服务项目实施方案》，均强调为各类社会组织参与留守儿童关爱保护提供政策和资金支持。但是在支持社会组织开展包括留守儿童在内的未成年人服务中，还有以下政策需要完善。

一是侧重于在县级及以下地方层面培育孵化儿童服务类社会组织。当前我国社会组织发展的总体格局是经济发达地区优于欠发达地区、地市州发展优于县乡发展，大量的社会组织集中在发达地区的地市州层面，而最需要社会服务的留守儿童则大量集中在欠发达地区的县乡层面，呈现出服务供给与服务需求严重不匹配的尴尬状况。所以，在县乡一级大量培育孵化儿童服务类社会组织是构建留守儿童关爱服务基础的重要工作。当然，相对来说，乡镇一级在专业人才聚集、项目资金来源的广泛性、基层政府部门的整合能力等方面均较弱，以县为基础培育孵化社会组织的可能性和可行性相对更大。而且，在县一级层面孵化社会组织，其服务可以很好地辐射、覆盖到县内各乡镇。为解决该问题，有两条思路可以操作：一方面，可以要求各县区通过政府委托、项目合作、政府购买服务、孵化扶持等多种方式，依托县级社工总站有针对性地培育和发展一批儿童服务类的公益慈善组织、社会工作服务机构、志愿服务组织和社会企业，并将该项工作量化纳入社工总站考核范围；另一方面，在中央、省和市级层面开展的留守儿童及其他类型儿童服务资助项目中（如中央财政支持社会组织参与社会服务项目），单列一类"创办基层儿童服务类社会组织"专项，用于支持县级及以下公益人士创办儿童服务类社会组织，立项后给予不少于三年的连续支持，以稳固其服务活动。当然，以上两种策略孵化培育的社会组织，需要来自地方未成年人救助保护机构、儿童福利机构、儿童福利指导中心给予持续的技术支持。

二是在推进政府购买服务方面开展评审流程和资助周期等方面的政策创新。课题组调查和梳理发现，各级各地政府部门均要求要做好向社会组织购买留守儿童关爱保护服务工作，并提供资金保障，同时明确了在政府购买服务中的两个重点内容：重点购买走访核查、监护评估、热线运行、政策宣传、精准帮扶、业务培训、家庭探访、督导与评估等关爱服务；重点向具备心理辅导等能力的社会组织购买留守儿童心理健康辅导、性教育、安全能力提升服务，有针对性地为心理调适能力不足、遭受性侵犯或家庭创伤等留守儿童提供心理疏导、精神慰藉、人际调适、身心康复、人格健康等专业性较强的关爱服务。这些服务内容方面的倾斜较为契合留守儿童当前的服务需求，有较强的合理性。但是在政府购买服务本身存在评审流程的透明性不足、形式重于内容等问题，存在资助周期过短不利于项目持续性等问题。以民政部、财政部实施的中央财政支持社会组织参与社会服务项目为例，其项目评审流程为：由地市州民政局收集各申报项目，按优劣排序后提交省级民政厅，民政厅评审后按优劣顺序报民政部，民政部收集完成后组织评审，完成立项并资助实施；每年3月或4月启动申报，立项一般为6月，要求当年度实施完备且资金使用完毕，然后接受审计。该过程存在的问题包括：各级评审过程不透明、地方性小型社会组织立项的可能性小、实施周期太短、资金使用太匆忙。为解决以上问题，课题组建议：将评审立项的主要权力下放给地市州民政局，按照给定立项的数量指标，由地市州组织本地公益人士开展评审；同时将一年的资助周期变为三年，每年组织一次评估，评估通过后第二年自动获得资助；随着每年新增资助项目的增加，提高专项经费额度。

三是以强调赋能在地化资源的方式积极发动社会各方参与。各类留守儿童关爱保护的政策文本中，均提出要支持社会工作者、心理服务工作者、法律工作者等专业人员，有针对性地提供亲情关爱、心理疏导、权益维护等服务；动员志愿者、社工等深入贫困地区、深入服务对象身边实际开展关爱服务；引导企业履行社会责任，提供符合儿童需要的各类产品，督促员工履行对未成年子女的监护责任，促进关爱保护儿童的社会意识和社会氛围的形成。毫无疑问，发动社会各方积极参与留守儿童关爱保护，是扩大群众基础、加强保护力量的重要举措，对于完善"党委领导、政府负责、社会协同、公众参与、法治保障"的留守儿童社会治理格局有重要意义。但是，社会福利行动的发展是有其自身规律的，社会个体只有在经济上、工作上、学习上有余力时才有更大意愿投入公益服务。单纯依靠文件中的"动员""倡导""鼓励"难以真正达到社会动员的目的，这种情况在欠发达地区更为明显。由此可见，为在地化的公益力量赋能，以案例宣讲、行动促成、适当补贴等方式，加强对公益组织、公益人士投入包括留守儿童在内的儿童群体关爱服务的宣传和理念输入，强化其"公益精神"的培养，才能在逻辑上真正做到发动社会各方参与。

（二）夯实信息查询及从业禁止的政策基础

最高人民检察院检察长在 2022 年工作报告中指出，最高检已经会同教育部、公安部等将未成年人保护政策中的"入职查询制度"上升为法律规定。2021 年度推动密切接触未成年人行业入职查询 749 万人次、解聘 2900 名有前科劣迹人员；从严追诉性侵、虐待等侵害未成年人犯罪6.1 万人，同比上升 5.7%。[①] 入职信息查询制度是确保直接接触未成年人的工作人员无侵害未成年人违法犯罪历史、保障儿童处于无"人为威胁"生活环境的一个重要制度安排。司法实践中发现，性侵未成年人等

[①] 张军：《最高人民检察院工作报告》，2022 年 5 月 30 日，https：//www.spp.gov.cn/spp/gzbg/202203/t20220315_549267.shtml。

犯罪行为存在熟人作案比例高、重复犯罪、隐蔽性强的特点，很多案件进入公众视野通常是因为某些偶然因素或者情节非常恶劣、后果极其严重，从源头上限制其接触到儿童是预防犯罪的有效方法。[①] 所以，入职查询纳入制度安排，防止有过性侵害等犯罪前科的人进入未成年人工作领域，对于儿童保护来讲是非常必要的。

《中华人民共和国未成年人保护法》在"社会保护"专章规定了"入职查询"的两个制度安排：一是"密切接触未成年人的单位"在录用工作人员时，应当向公安机关、人民检察院查询应聘者是否具有性侵害、虐待、拐卖、暴力伤害等违法犯罪记录，发现有前述行为的不得录用；二是密切接触未成年人的单位每年定期对工作人员是否具有上述违法犯罪记录进行查询，一经发现应当及时解聘。该法第九十八条指出："国家建立性侵害、虐待、拐卖、暴力伤害等违法犯罪人员信息查询系统，向密切接触未成年人的单位提供免费查询服务。"违反以上入职查询责任的，密切接触未成年人的单位及其主管人员、相关工作人员应承担相应的法律责任。在此基础上，最高人民检察院、教育部、公安部于2020年8月联合下发《关于建立教职员工准入查询性侵违法犯罪信息制度的意见》，为落实信息查询及从业禁止制度提供了具体指导。从理论上看，实现对幼儿园、学校及相关教育培训机构等密切接触未成年人单位工作人员违法犯罪记录的筛查，将"身边的坏人""大灰狼"挡在门外，可以给予未成年人更加全面的保护。

但是，从查询的范围来看，当前法律框架是围绕"密切接触未成年人的单位"而选定的，《中华人民共和国未成年人保护法》第一百三十条对其的界定是：指学校、幼儿园等教育机构，校外培训机构，未成年人救助保护机构、儿童福利机构等未成年人安置、救助机构，婴幼儿照护服务机构、早期教育服务机构，校外托管、临时看护机构，家政服务机构，为未成年人提供医疗服务的医疗机构，其他对未成年人负有教育、培训、监护、救助、看护、医疗等职责的企业事业单位、社会组织等。这里存在两个问题：一是"密切接触未成年人的单位"非常宽泛，虽然

---

① 张荣丽：《性侵害未成年人违法犯罪信息查询机制比较研究》，《中华女子学院学报》2021年第1期。

能够保障在更大范围内净化未成年人生活学习环境，但是对于体制外的
"服务机构""看护机构""家政机构""社会组织"，政府要求其履行入
职查询和常规查询的强制力不足；二是能够"密切接触"未成年人的，
绝不仅仅是单位内部人员，与幼儿园、学校有固定业务往来（如供应食
品、饮水的商家）、有长期直接资助型合作关系的各界人士，都有很大机
会"密切接触"未成年人。2015 年曝光的震惊全国的广西百色"助学达
人"针对留守女童的性侵、组织性陪侍案，就说明了该项政策设计存在
一定的漏洞。针对以上情况，课题组提出两点建议：一是在"密切接触
未成年人的单位"深入开展普法宣传，加强这类单位履行法律义务的意
识，同时提供入职查询和常规查询的通道；二是要求各"密切接触未成
年人的单位"在选定的服务商、资助方中，明确能够密切接触未成年人
的名单，比照单位内部人员，在建立合作关系之初以及达成合作关系后，
均履行初始查询和常规查询的义务。以上两项改进策略，在一定程度上可
以夯实信息查询及从业禁止的政策基础，为未成年人提供更加纯净的生活
学习环境。

（三）从社会层面完善遭受严重侵害留守儿童的救助体系

遭受性侵害、虐待或暴力伤害等严重侵害，对儿童身心健康可能造
成非常严重的影响，是留守儿童关爱保护需要着重关注的领域。当前，
我国已经构建了较为完善的政府救助政策体系，包括：由城乡最低生活
保障、农村特困户生活救助以及城乡医疗救助等组成的常规性救助政策，
由突发自然灾害、疾病、房屋倒塌等帮扶机制组成的临时救助政策；《中
华人民共和国未成年人保护法》以及最高人民法院等出台的《关于依法
惩治性侵害未成年人犯罪的意见》均强调，对遭受性侵害或者暴力伤害
的未成年人提供必要的心理干预、经济救助、法律援助、转学安置等保
护措施。以上政策措施较好地从政府关爱角度对包括留守儿童在内的儿
童群体实施了保护，但是如何发挥人民团体、社会组织在救助遭受严重
侵害留守儿童的力量方面，存在政策不明确、缺乏可操作性等问题。据
此，课题组提出如下建议。

一是建立遭受严重侵害留守儿童专项社会救助基金。考虑到遭受性
侵害、严重暴力伤害的留守儿童不但面临身心康复、声誉受损问题，更

可能面临生活困难等经济问题。各类公募基金会和私募基金会，可以利用自身优势，针对这类遭受严重侵害的留守儿童设置专项社会救助基金，为遭受侵害的留守儿童提供心理康复理疗、精神创伤修复等相应的条件和保障，提升受害未成年人心理和精神的康复质量。遭受侵害的留守儿童及其监护人，在地方村（居）委会的证实下提供材料，向基金会提交救助申请，基金会在信息保密的基础上开展条件审核，审核通过后向该家庭提供经济救助。

二是建立"委托持续跟踪救助"政策。性侵、严重暴力伤害对儿童的影响是巨大而长远的，这种影响不仅是身体层面的，更主要是对心理造成的创伤，可能会伴随其一生，轻则导致儿童自闭、脆弱、怠于与人交往，重则导致儿童患上抑郁症甚至促使其自杀等。① 在常规的损害赔偿、经济救助以外，处理该类案件的司法机关、政府部门，很有必要以政府购买服务等方式，委托专业社会组织派出专业人员，对遭受严重暴力侵害的留守儿童开展持续跟踪救助。在协助开展身体治疗的同时，主要提供精神慰藉、心理康复、社会支持系统重建、不良社会影响力消除等专业服务。

五　留守儿童网络关爱保护政策的完善

与农村地区相比，在城市场域中，不论是网络信息的获取还是网络使用行为的监测、执法，相对来说都更为容易，从这个意义上来看，农村留守儿童合理使用网络以及网络保护问题，更需要予以重视。近年来，随着各类音视频与直播平台的迅速发展，儿童网络保护已经成为全社会关注的焦点问题。而现代信息技术支撑下的网络媒体对儿童群体的渗透，早已突破了城乡界限，农村留守儿童与其他类型儿童一样，均深受影响。相对来说，留守儿童更加缺乏父母在手机和网络使用方面的教育和监管，很多父母甚至为了减少儿童打扰而主动给孩子智能手机让其玩。这类"手机育儿"现象事实上加重了留守儿童的网络沉迷、游戏沉迷乃至遭受

---

① 罗建武：《涉未成年被害人案件信息披露检视：失序与规范——从侵害年幼学生严重暴力犯罪案情通报分析》，《预防青少年犯罪研究》2018 年第 6 期。

暴力和色情的侵染程度，不利于留守儿童身心健康成长。

《中华人民共和国未成年人保护法》第五章（第六十四条至第八十条），对未成年人网络保护进行了专章规制，主要法律规范包括：一是要求政府相关部门加强网络安全教育，采取更加严格的网络使用行为管理措施，加强对网络产品和网络服务提供者的监管，禁止网络游戏服务供应商在特定时间（每日 22 时至次日 8 时）向未成年人提供网络游戏服务；国家制定游戏产品分类的规定和标准，网络游戏供应商严格执行并做出适龄提示，以技术手段防止未成年人接触不适宜的游戏；国家建立统一的"未成年人网络游戏电子身份认证系统"，未成年人须以真实身份信息注册并登录网络游戏；网信及相关部门要加强对学校、家庭及各方面的指导和网络保护宣传，为未成年人营造风清气正的网络空间。二是要求互联网平台及各类网络服务供应商在预防未成年人网络沉迷工作中履行更多义务，针对未成年人使用其网络服务须设置相应的权限管理、时间管理、消费管理等功能；不得向未成年人提供诱导其沉迷的服务和产品；不得为十六周岁以下的未成年人提供网络直播发布者账号注册服务等；智能终端产品的制造者和销售者须在产品上安装未成年人网络保护软件，或明确告知该类软件的安装渠道和方法；不得向未成年人提供危害未成年人身心健康的网络信息，任何组织和个人发现该类情况有投诉、举报的权利；网络服务提供者发现用户发布可能影响未成年人身心健康的信息、网络欺凌、针对未成年人违法犯罪，应立即采取删除、屏蔽、断开链接等处置措施，保存有关记录，并向网信、公安等部门报告。三是要求学校等教育机构应尽量减少未成年学生接触电子产品的机会；明确要求未经学校允许，不得带手机等智能终端产品进入课堂，带入学校的应统一管理；发现未成年学生沉迷网络的，应及时告知其父母或其他监护人，共同采取措施进行教育和引导，帮助其恢复正常的学习生活。四是要求家长对儿童的网络使用行为发挥更强的引导和监督作用，一方面要提升自身网络素养，做好对未成年人网络使用的教育、引导和示范，给孩子更多关爱和陪伴；另一方面要主动利用技术手段了解孩子的网络使用行为并采取适当的管理手段，预防未成年人沉迷网络。以上系统化的法律规定，对于留守儿童网络保护具有很强的指导意义，但是在网络保护意识宣传、预防儿童网络沉迷的技术创新等方面存在进一步细化的空间。

（一）切实加强留守儿童网络使用方法及网络安全教育

在互联网时代，任何人都难以被互联网完全割裂开来，而且，互联网蕴含丰富的知识和信息，是个人扩大知识面的重要渠道；在互联网使用及检索过程中，儿童也可以获得一定的自我学习能力。所以，我们没有必要将互联网妖魔化，而应该将重点放在提升网络使用方法和网络安全教育等方面，以尽量避免留守儿童被网络负面因素侵染。从逻辑上来看，留守儿童作为未成年人，其沉迷网络或游戏，主要因素既来自儿童自身及其同辈群体，也可能受日常生活中家长或其他监护人的影响。所以，围绕留守儿童加强网络使用方法及网络安全教育，既要考虑留守儿童及其同辈群体，也要考虑农民工父母及其他监护人。

一方面，切实加强留守儿童及其同辈群体网络素养。为了防止留守儿童被网络负面因素侵染，需要积极向他们传授网络使用知识，教会他们如何合理、正确使用网络，如何理智、冷静地面对网络游戏和各类音视频媒介的诱惑。只有进行有效的教育和指引、及时纠偏扶正，才能增强留守儿童抵御网络风险、拒绝网络诱惑的能力。为此，课题组结合调研和政策文件梳理，提出以下几个方面的建议。一是加强留守儿童网络素养的规范化教育。教育部及各省级教育行政部门在组织编制小学的《品德与生活》（或《品德与社会》）以及初中的《社会》（或《信息技术》）等教材时，将儿童合理使用网络、拒绝网络沉迷、拒绝智能手机滥用等方面的内容，以儿童乐于接受的方法和素材纳入教材，通过规范化授课来切实提升儿童网络使用。在留守儿童集中地区的农村中小学，要切实避免这些"副课"被所谓"主课"占用的情况，按照要求充分开设这类课程，将留守儿童网络素养的培育落到实处。二是严格执行有关智能终端带入校园的法律规定。正如前文指出，《中华人民共和国未成年人保护法》要求学校应尽量减少未成年学生接触电子产品的机会，未经学校允许，学生不得带手机等智能终端进入课堂，带入学校的应统一管理；发现未成年学生沉迷网络的，应及时告知其父母或其他监护人并共同采取措施进行教育和引导。学校领导及班主任严格执行此项规定，加强学生智能终端管理、减少接触机会，在一定程度上可以视为避免留守儿童沉迷游戏的重要方法；对于发现沉迷游戏或网络的情况，学校需要加强与留守儿童父母和其他监护人的沟通联系，采用切实有效的方法帮助儿童走出沉迷。当然，前文所述的"建构学校社会工作制度体系"在此处可以发挥较大作用。三是在各类社会组织开展的留守儿童专项关爱保护活动中，将"拒绝网络沉迷"等内容设置为重要主题，既要加强宣传，又要教会如何避免陷入网络、游戏沉迷的方法，提升留守儿童网络素养。在政府购买社会组织服务时，这类服务项目可以纳入重点资助范围；形成服务经验时，应该广泛传播以便更多的服务项目借鉴，切实提高留守儿童网络素养服务成效。四是加强同辈群体网络素养教育。课题组的实地研究发现，留守儿童沉迷网络和游戏，很重要的一个原因是受到同辈群体影响，建立在友谊基础上的"互相学习"是留守儿童习得手机使用、游戏技巧的主要方法，这类"负向社会支持"的形成机制虽然没有得到学术领域的关注，但在实际生活中已经很深刻地影响了留守儿童。课题组的初步建议是，在开展留守儿童关爱服务中，开展"同伴识别"能力提升服务，可以被纳入服务的重要范畴，即教会留守儿童哪些同伴、同伴的哪些特征和爱好是值得学习的，哪些则不应该学习，甚至需要保持距离或者劝诫同伴放弃哪些爱好。在课题组了解的服务实践中，这些内容尚未被各类服务供给者关注。

另一方面，切实加强农民工父母及其他监护人的网络素养。不论是《中华人民共和国未成年人保护法》还是《中华人民共和国家庭教育促进法》均明确要求，父母及其他监护人应当预防未成年人沉迷网络。对于留守儿童来说，外出务工的父母往往只在节庆或农忙时节返乡，在难得的相聚机会中很多时间却是与手机一同度过的；日常生活中的祖父母或外祖父母作为实际监护人，对合理使用网络、智能终端的理解并不深刻，也难以在这些方面承担教育和引导留守儿童的职责。事实上，我国民众的网络素养普遍不高，很难指望家长天天捧着手机而让孩子时刻盯着书本。为此，课题组提出如下建议：一是将网络素养教育加入各类农民工、农民培训之中。前述章节已经论证过有关农民工及农民培训的内容，该项工作是做好留守儿童关爱保护的重要工作之一。在开展培训时，网络素养教育很有必要纳入其中，教会农民如何合理使用手机（特别是在儿童面前使用时应控制时间、把握内容），在家庭教育中发挥良好的示范作用；教会农民如何教导子女合理使用网络、智能终端，如何使其成为"益友"而不是"损友"；教会农民如何引导子女识别能够给予正向社会支持的同伴，在同伴沉迷手机、游戏时如何免受影响。二是在《全国家庭教育指导大纲》修订中加入有关网络素养教育的内容。《中华人民共和国家庭教育促进法》要求国务院组织有关部门共同制定、修订并及时颁布《全国家庭教育指导大纲》。事实上，全国妇联 2010 年已经发布过《全国家庭教育指导大纲》，在内容上较多地要求家长树立榜样、预防儿童沉迷网络和游戏、引导儿童合理使用网络资源和电子产品以促进个人学习，但是对于如何提升家长本身的网络素养则要求不足。借此修订契机，有必要将哪些部门应该承担包括农民工在内的各类家长网络素养提升教育、采用哪些方式提升家长网络素养等内容进一步明确下来，真正提升家长在家庭教育方面的能力。

（二）加强预防儿童网络沉迷的技术创新

网络和游戏世界精彩纷呈，对各类儿童都有很强的吸引力。但是在网络中也暗含了许多致人成瘾、依赖的元素，容易使儿童深陷其中而不能自拔；也有不少色情、暴力、低俗内容充斥其中，甚至有专门以儿童为对象诱导消费或参与违法犯罪的内容，对儿童身心健康成长、良好价值观的养成均有不利影响。在互联网技术日新月异、对儿童吸引力越来越大的同时，利用互联网技术创新来预防儿童网络沉迷，在理论上也是一条可行渠道。《中华人民共和国未成年人保护法》要求网络产品和服务提供者不得向未成年人提供诱导其沉迷的产品和服务，但是对于如何鼓励预防网络沉迷的技术创新并未详细要求。当然，这其中本就存在一定的矛盾：互联网企业在开发网络产品时，扩大用户规模、加强用户黏性本就是其追求利润的重要手段；反过来要求其开发预防儿童网络沉迷的技术则显得"勉为其难"。所以，在预防儿童网络沉迷的技术创新方面，应将希望寄托于政府的网络管理部门以及政策制定和监督落实。

一方面，尽早制定全国统一的未成年人网络游戏电子身份认证系统。"未成年人网络游戏电子身份认证系统"既是《中华人民共和国未成年人保护法》的要求，也明确写进了《中国儿童发展纲要（2021—2030年)》，需要尽快制定并严格实施。做好该项工作，需要在政策方面有明确要求：一是要求有使用网络游戏需求的任何未成年人，必须在"未成年人网络游戏电子身份认证系统"中实名认证，不得借用他人身份注册，更不能由成年人注册后交由未成年人使用，注册过程中需在确保信息安全的前提下进行面部识别。二是要求各网络游戏平台登录入口必须与"未成年人网络游戏电子身份认证系统"对接，登录过程中可以设置面部识别以确认使用者的真实身份。三是在身份认证系统中严格管控未成年人网络游戏登录使用时间，必须严格按照国家新闻出版署《关于进一步严格管理切实防止未成年人沉迷网络游戏的通知》中的规定执行，"所有网络游戏企业仅可在周五、周六、周日和法定节假日每日 20 时至 21 时向未成年人提供 1 小时网络游戏服务，其他时间均不得以任何形式向未成年人提供网络游戏服务"。[①] 四是严厉打击有可能出现的电商平台网游租号服务，任何个人、商户或组织，都不得向未成年人提供网络游戏账号，在身份认证系统可以设置自动预警功能，对于短时间内在不同地区登录的现象予以监控，一经查实租售网游账号现象，租售者须承担相应责任。

另一方面，严格落实直播网络平台监管措施。当前，未成年人在网络直播平台打赏、在各类互动型音视频网络平台充值等现象屡见不鲜，既损害了未成年人及其家庭的经济利益，更对未成年人价值观造成了不良影响。针对这类情况，国家网信办等七部门出台了《关于加强网络直播规范管理工作的指导意见》（国信办发文〔2021〕3 号），明确指出：严禁网络直播平台为未满 16 周岁的未成年人提供网络主播账号注册服务，为 16—18 周岁未成年人提供网络主播账号注册服务时需征得监护人同意；应当向未成年人用户提供"青少年模式"，防范未成年人沉迷网络直播，屏蔽不利于未成年人健康成长的网络直播内容，不得向未成年人提供充值打赏服务；建立未成年人专属客服团队，优先受理、及时处置涉未成年人的相关投诉和纠纷，对未成年人冒用成年人账号打赏的，核查属实后须按规定办理退款。[②] 以上政策规定如果能够得到落实、技术创

---

① 《关于进一步严格管理切实防止未成年人沉迷网络游戏的通知》，2022 年 5 月 10 日，国家新闻出版署网站（http：//www.gov.cn/zhengce/zhengceku/2021 – 09/01/content_5634661. htm）。

② 《关于印发〈关于加强网络直播规范管理工作的指导意见〉的通知》，2022 年 5 月 10 日，国家网信办网站（http：//www.cac.gov.cn/2021 – 02/09/c_1614442843753738. htm）。

新能够实现，将在很大程度上避免儿童过度使用网络行为，有助于预防儿童网络沉迷。一是在"青少年模式"方面开展技术创新。如何利用大数据技术在"青少年模式"中使儿童仅能够接触到合适的网络内容、如何利用计算机技术防止儿童对网络信息或游戏形成依赖，是亟须开展技术创新的重要问题。二是儿童网络信息安全技术创新。在互联网信息高度全球化的背景下，认证平台的儿童个人信息存在被国内外各类公司收集甚至利用的风险，这种风险不仅影响儿童及其家庭信息安全，更有可能给国家安全造成不利影响。以技术创新限制这些信息被不合理存储、分析、利用，也显得非常重要。三是"监护人同意"技术创新。《儿童个人信息网络保护规定》在儿童提供注册信息时明确要求实施"监护人同意"制度，"网络运营者收集、使用、转移、披露儿童个人信息的，应当以显著、清晰的方式告知儿童监护人，并应当征得儿童监护人的同意"，"规定的告知事项发生实质性变化的，应当再次征得儿童监护人的同意"。[①] 但是并没有规定如何提供监护人同意的验证方式。所以，推动"监护人同意"制度的技术创新，开发充分、可行的监护人同意验证通道，是保障儿童网络信息安全、合理规范使用网络的重要方向。

（三）为儿童营造风清气正的良好网络环境

儿童处于心智和身体成长发育的重要时期，对新鲜事物缺乏较强的判断能力，在各类游戏、短视频、色情、悬疑等信息的渲染下，既容易陷入认识误区，也容易沉迷其中。在当前互联网算法技术充分发展的背景下，算法责任缺失与异化现象频繁出现，引发了大量的算法焦虑甚至算法危机，[②] 互联网平台可以就用户的使用习惯、特征抓取信息，并主动推送用户感兴趣的信息，进一步加固了用户和平台的"绑定"，对于儿童来说更容易深陷其中。因此，完善包括留守儿童在内的各类儿童关爱保护政策，为其营造风清气正的良好网络环境，很有必要加大网络违法犯罪行为的处罚力度、推动相关立法完善，以强化网络不良信息的全方位治理。

---

① 《国家互联网信息办公室发布〈儿童个人信息网络保护规定〉》，2022年5月10日，国家网信办网站（http：//www. gov. cn/xinwen/2019 - 08/23/content_5423865. htm）。

② 肖红军：《算法责任：理论证成、全景画像与治理范式》，《管理世界》2022年第4期。

一方面，应加大对于发布、传播甚至持有针对儿童的不良信息行为的处罚力度。我国出台了大量法律法规和政策规范对发布、传播不良信息进行了规定，但是对违法行为的惩处力度不足，因这类违法行为被追究刑事责任的更为少见。此前，有些国家对互联网平台发布、传播不良信息等行为设定了较高的罚则，比如澳大利亚议会于 2019 年 4 月通过一项互联网法案，要求社交媒体平台及时删除"令人厌恶的暴力内容"，否则可视为触犯刑法，判处违法者 3 年监禁再加 1050 万澳元（约合 760 万美元）或企业年营业额的 10% 的罚款。[1] 当前，国家互联网信息办公室正牵头制定《未成年人网络保护条例》，已进入征求意见阶段。《未成年人网络保护条例（征求意见稿）》第二十二条明确规定，禁止利用网络制作、复制、发布、传播含有危害未成年人身心健康内容的信息；违反规定的由县级以上网信等部门依据各自职责责令限期改正，给予警告处分、没收违法所得，可以并处 10 万元以下罚款；拒不改正或者情节严重的，责令暂停相关业务、停产停业或者吊销营业执照、吊销相关许可证，违法所得 100 万元以上的，并处违法所得 1 倍以上 10 倍以下的罚款，没有违法所得或者违法所得不足 100 万元的，并处 10 万元以上 100 万元以下罚款。[2] 相较于澳大利亚的违法处罚，我国的相关规定显然较轻。加大对于发布、传播不良信息行为的处罚力度，按照网络经营者营业额的比例而不是违法所得比例设定罚款制度，才能真正提高违法成本，以减少不良信息的传播。另外，加大对于"持有"有关儿童的色情制品行为的处罚。与制作、传播相比，"持有"是一个很容易被忽视的环节，而"持有"则是儿童色情制品网络传播的基础，对此应该加大打击力度。《中华人民共和国未成年人保护法》第五十二条在原"禁止制作、复制、发布、传播有关未成年人的淫秽色情物品和网络信息"的基础上加入了禁止"持有"，是立法的一个重要进步，但对违法的处罚则相对较轻，且这类行为往往难以被追究法律责任。与此相比，英国《未成年人保护法》规

---

① 于旭坤：《中国儿童网络保护专题报告》，载苑立新主编《中国儿童发展报告（2020）》，社会科学文献出版社 2020 年版，第 361 页。

② 《关于〈未成年人网络保护条例（征求意见稿）〉再次公开征求意见的通知》，2022 年 5 月 10 日，国家网信办网站（http://www.cac.gov.cn/2022-03/14/c_1648865100662480.htm）。

定，拍摄、制作、分销、展示或拥有一张年龄不足 18 岁的未成年人的不雅图像或虚假图像最高可以被判处 10 年有期徒刑，美国也有类似规定，而且将"试图观看"儿童色情制品也纳入规制范围。[①] 在涉及未成年人不利信息的定罪量刑方面，我国仍有必要予以加强。

另一方面，加强针对儿童的网络信息审核监督，特别是对网络暴力行为的强制规定。一是各互联网企业应该在内部完善儿童信息网络审核机制。互联网企业提供的信息传播渠道，是儿童获取信息的基本条件。从信息传播渠道的开端审核信息，才能从源头上确保网络内容的纯净程度。所以，各类互联网企业，有必要在内部成立儿童信息网络审核委员会，牵头制定企业内部与儿童网络保护有关的制度、规范、标准以及应急预案，协调处理与儿童有关的日常工作事务和突发事件，统一领导、协调、推进本企业儿童网络信息审核以及网络保护工作。在此基础上，互联网企业还应组建与服务规模相应的儿童网络审核专门机构，或者安排专职人员，配合委员会主任开展相关工作。[②] 二是各级网信部门可以牵头建立从中央到地方的社会监督评价制度，组建由儿童代表、家长代表、儿童保护专家、法律界代表等广泛成员组成的儿童网络保护监督评价委员会，不定期对互联网企业履行儿童网络保护职责、儿童信息的采集和使用、上网保护软件安装使用情况、未成年人网络游戏电子身份认证系统使用情况、不良网络信息审核情况、网络游戏沉迷上瘾情况进行评估，以儿童参与、公众监督的方式，配合互联网企业内部审核机制，共同推动儿童网络保护工作取得成效。三是加强有关针对儿童网络暴力的立法研究和强制规范。联合国儿童基金会指出，全球 70.6% 的 15—24 岁年轻网民正面临网络骚扰、欺凌和暴力威胁，[③] 认定、制止针对儿童的网络暴力是当前净化互联网环境的重要工作。不同于现实空间的暴力行为，网络暴力因其存在匿名性、暴力行为难以认定、暴力程度难以衡量、暴力

---

① 于旭坤：《中国儿童网络保护专题报告》，载苑立新主编《中国儿童发展报告（2020）》，社会科学文献出版社 2020 年版，第 362 页。

② 于旭坤：《中国儿童网络保护专题报告》，载苑立新主编《中国儿童发展报告（2020）》，社会科学文献出版社 2020 年版，第 360 页。

③ 《全球七成年轻网民面临网络暴力 联合国儿基会呼吁采取行动》，2022 年 5 月 10 日，联合国儿童基金会网站（https：//www.sohu.com/a/294271470_630337）。

后果难以测量等复杂原因，不容易得到很好的立法规范。所以，我国网络主管部门、立法部门、司法部门有必要组织开展专项研究，特别是如何认定针对儿童（包括儿童参与）的网络暴力、如何建立网络暴力制止机制、如何阻断传播链、如何制定惩处机制、如何开展恢复性介入，都需要开展深入研究并在此基础上加强立法。

六　留守儿童政府关爱保护政策的完善

强调政府对儿童福利的责任不仅是"国家亲权"理念的直接体现，也是公平正义等宏观价值在儿童保护领域的重要要求。从相对发达国家的福利实践来看，政府在儿童关爱保护中理应承担的职责和发挥的作用已越来越被重视。我国正在进一步强调政府在儿童关爱保护中的职责。《中华人民共和国未成年人保护法》第六章（第八十一条至第九十九条）专章规定了政府在未成年人保护方面应该承担的职能，文字篇幅在六大保护体系中排名第二，充分体现了国家权力机关对政府履行关爱保护儿童职责的重视。梳理来看，法律规定的政府在儿童保护方面的职责包括：一是强调县级及以上政府负责未成年人保护协调机制的落实并设专人开展相关工作，构建县、乡、村三级保护体系；二是保障未成年人受教育权，发展托育、学期教育、培养和培训相关保教人员，开展家庭教育指导宣传及服务；三是协调教育、公安、卫健等部门开展未成年人校园安全、校园周边治安及交通、卫生保健、心理健康等服务；四是民政部门采取委托亲属抚养、家庭寄养等方法开展临时监护工作，采取由未成年人救助保护机构或者儿童福利机构进行收留、抚养等方式开展长期监护工作；五是开通全国统一的未成年人保护热线，支持、鼓励社会各界开展未成年人保护工作。具体到留守儿童来说，以上法律规范对于各级政府部门开展关爱保护工作指明了重要方向，对于留守儿童各项权利的保障有重要作用。因为父母双方外出务工或者一方外出但另一方缺乏监护能力，处于未成年阶段的留守儿童在获得父母的直接、持续保护方面存在结构性缺陷，更是需要政府在关爱保护和权利保障方面承担更多职责。但是，在具体实践中，相关法律和政策文本，还存在一定的笼统化和欠缺可操作性问题，需要进一步细化和完善。

（一）完善以县为基础的留守儿童关爱保护基层执行体系

前文探讨留守儿童宏观政策时，课题组提出"进一步完善留守儿童关爱保护整体执行体系"，在"农村留守儿童关爱保护和困境儿童保障工作部际联席会议"基础上加强纵向行政管理体系和横向协同体系建设，这是在宏观层面进行留守儿童关爱保护的机制完善，具体到落实来说，以县（区）为基础的留守儿童关爱保护基层执行制度建设，是该项工作能够得以真正落实、服务成效得以实现的重中之重。课题组结合调研及国外福利发展经验，提出理顺留守儿童关爱保护的地方协调机制和管理机制的政策建议。

当前，各地区组建的有关留守儿童保护、困境儿童保护、未成年人保护的联席会议或委员会非常复杂，中央、省、市文件下达后，县级政府依据文件要求相应组建起这些议事协调机构，而其实际发挥的作用则难以显现。大量政府部门参加的委员会、联席会过多，负责人甚至都记不清自己属于哪些联席会。这种乱象不得到解决，协调机制不但发挥不了作用，更可能成为加重各政府部门负担、倒逼形式主义盛行的引致因素。事实上，我国对于"儿童""未成年人"的称呼较乱，各部门基于自身工作惯例出发拟定的名称，在事实上造成了较多不便。从国际惯例出发，可以统称为"儿童"；从"国务院农村留守儿童关爱保护和困境儿童保障工作部际联席会议"到"国务院未成年人保护工作委员会"的名称过渡来看，用"委员会"的称呼比"联席会"更符合趋势；前文论证认为有必要将宣传部门纳入协调机制，从党的机关和政府部门的区分来看，有必要将行政名称从委员会中删除。综上所述，作为综合协调议事机构，其名称在最高层级可以命名为"国家儿童保护工作委员会"（而不是国务院儿童工作委员会），省级、市级也相应命名，县级统一命名为"××县儿童保护工作委员会"（而不是××县政府儿童保护工作委员会），将包括留守儿童在内的所有儿童群体关爱保护事宜纳入其工作范畴，取消原针对留守儿童、困境儿童等设置的各类委员会、联席会。

在基层，该委员会应由县委县政府主要领导担任组长，成员在原"农村留守儿童关爱保护和困境儿童保障工作部际联席会议"基础上加入宣传部，组建统一的机构，以便真正发挥议事和协调的功能。委员会下应构建具有较强资源动员和整合能力的管理机制。如前文所论证的，可以考虑将民政部儿童福利司升级为"国家儿童福利局"，挂靠在民政部，明确为副部级单位，充分提升儿童保护的行政动员能力，涉及儿童保护的其他中央部委、国务院组成单位及群团组织的相关部门和人员，调整进入该局，以统管全国儿童福利工作。如果以上改革可以实施，县级民政部门也照例做出调整，形成以县儿童工作局牵头，协调县级宣传、政法、网信、发改、教育、公安、司法、财政、人社、住建、农业农村、卫健、税务、广电、统计、医保、妇儿工委、乡村振兴、人大法工委、法院、检察院、总工会、共青团、妇联、残联和关工委等组成部门，形成协同分工的管理体系，共同开展包括留守儿童在内的儿童群体关爱保护工作。当然，如果财政和编制条件允许，在我国行政序列单独设立由上至下的儿童工作主管部门，则更可以发挥独立、全方位、系统性的行政动员优势，弱化对议事协调机制的依赖。县以下，构建乡镇民政办（社事办）、村（居）委会的延伸工作机制，形成儿童关爱保护的县、乡、村三级执行体系。

（二）完善政府部门关爱留守儿童的统筹管理政策

在构建了以县为基础的留守儿童关爱保护基层执行体系，特别是构建了县、乡、村三级工作机制后，对该执行体系的统筹管理，是确保留守儿童工作协调机制、执行机制充分发挥作用的关键环节。所以，有必要加强对留守儿童关爱保护的地方协调机制和管理体系的统筹管理。

各类型儿童保护联席会、委员会、领导小组的组建，对包括留守儿童在内的儿童群体关爱保护发挥了一定成效，但是尚未形成实质性的改变。参与该项工作的部门太多、难以真正形成统筹和事实上的协作，部门分工落实不到位、法定职责未充分履行，是其中的重要原因。所以，在儿童保护工作委员会的统筹下，充分开展儿童保护法定职责和政策分工，针对工作落实情况加强考核，是保障儿童关爱保护工作取得实效的关键环节。所以，我们有必要开展以下三个方面的工作。

一是组织学习法律和政策文件。县儿童保护工作委员会全体成员、乡镇和村居从事儿童保护工作的人员，须有组织地、系统地学习《中华人民共和国未成年人保护法》《中华人民共和国预防未成年人犯罪法》

《中华人民共和国家庭教育促进法》及相关司法解释，学习《国务院关于加强农村留守儿童关爱保护工作的意见》《关于进一步健全农村留守儿童和困境儿童关爱服务体系的意见》等重要政策文件以及各省市自行制定的有关留守儿童政策文本，做到知晓我国有关留守儿童关爱保护的法律规定、政策规定，明晰本部门、本岗位应该承担的工作职责及流程。

二是在加强统筹的基础上明确部门分工和工作职责。留守儿童关爱保护的地方协调机制和管理体系涉及的部门多、人员杂，需要在委员会负责人的指挥下，由委员会办公室委托专业机构设计符合本地实际的"留守儿童关爱保护整体工作方案"，确定总体工作思路和年度工作任务、目标，在此基础上实现分工合作；儿童保护工作委员会组成单位分工，可以参考《国务院关于加强农村留守儿童关爱保护工作的意见》执行；各儿童工作者职责，可参考《关于进一步健全农村留守儿童和困境儿童关爱服务体系的意见》执行。

三是制定明确的考核机制及考核结果运用机制。庞大的部门和人员参与，有利于留守儿童关爱保护工作得到充分重视，有利于良好社会氛围的形成，但是给工作落实情况的考核也带来了巨大挑战。在委托专业机构制定"留守儿童关爱保护整体工作方案"时，就应制定明确的考核机制及考核结果运用机制。课题组在多方调查的基础上提出如下建议：以年度为单位给儿童保护工作委员会组成单位下达任务，明确量化目标，作为年度考核的基本依据；给儿童保护工作者下达年度量化任务，纳入考核体系；年末由儿童保护工作委员会组织对部门及个人开展量化考核，考核结果记入部门和个人年度考核档案，与部门绩效奖励、个人职务晋升等建立关系；依据考核结果，在全县范围内开展留守儿童关爱保护工作优秀部门、先进个人评选，对工作推诿塞责、执行不力、履责不当甚至造成不良后果的，应予以通报批评甚至行政问责。

（三）完善留守儿童基层工作队伍政策

无论构建了多么完备的儿童关爱保护协调机制或管理机制，如果缺乏基层儿童工作队伍的执行，则很难期望这些机制能够发挥多大的实际成效。在我国当前留守儿童关爱保护工作实践中，机制建设、体系建设等工作，往往前置于基层落实环节的政策设计，使得高层次的制度设计已经完成，但是最基层环节的落实机制还在"摸着石头过河"，于是公共服务难以跨越"最后一公里"的现实问题比比皆是。在留守儿童关爱保护领域，服务的可及性一直以来都是农民工父母和留守儿童期望解决的问题。民政部等部门在《关于进一步健全农村留守儿童和困境儿童关爱服务体系的意见》中，明确了基层儿童工作队伍建设的要求：乡镇政府（街道）要明确具体工作人员负责留守儿童的关爱保护服务工作，对外称为"儿童督导员"；村（居）委会要明确由委员、专业社会工作者或大学生村官等人员负责留守儿童关爱保护服务工作，对外一般称为"儿童主任"；明确规定了儿童督导和儿童主任分别承担 8 种和 6 种工作职责。该项政策文件，为我国留守儿童关爱保护政策的落地、工作的执行奠定了扎实基础。有研究发现，截至 2020 年 6 月，我国已有 4.8 万多名乡镇（街道）儿童督导员、66.3 万多名村（居）儿童主任，基层儿童工作队伍基本实现了全覆盖；儿童督导员数量排名前五位的分别为四川省（5200 人）、山东省（3037 人）、河南省（2802 人）、河北省（2533 人）、湖南省（2117 人），儿童主任数量排名前五位的分别为山东省（80771人）、四川省（53978 人）、河北省（53536 人）、河南省（51824 人）、湖南省（29731 人）；[①] 与此相对应，我国当下留守儿童数量排名前五位的分别为四川省、安徽省、湖南省、河南省、江西省。从形式上来说，我国已经为留守儿童等儿童群体配备了全覆盖的基层儿童工作队伍，但是实际上来看，这支队伍兼职比例过高、人员流动大、工作积极性不足、工作能力欠缺的现象较为普遍，严重制约了留守儿童关爱保护服务的实施成效。基于此，课题组提出如下政策完善建议。

一是尽量解决基层儿童工作队伍专岗专职问题。《中华人民共和国未成年人保护法》第八十一条明确规定，县级以上人民政府的职能部门应当明确相关内设机构或者专门人员，负责承担未成年人保护工作；乡镇人民政府和街道办事处应当设立未成年人保护工作站或者指定专门人员，及时办理未成年人相关事务；第四十三条明确规定，居民委员会、村民委员会应当设置专人专岗负责未成年人保护工作。虽然《国务院关于加

---

① 杨剑、李晨、熊泰松：《中国儿童福利工作发展状况分析》，载苑立新主编《中国儿童发展报告（2020）》，社会科学文献出版社 2020 年版，第 85—87 页。

强农村留守儿童关爱保护工作的意见》和民政部等部门《关于进一步健全农村留守儿童和困境儿童关爱服务体系的意见》中没有明确要求乡镇、村社要配备专职儿童工作队伍，但是《中华人民共和国未成年人保护法》的效力层级显然高于政府文件。依据法律规定，乡镇和村（居）委会"应当"配备"专门人员"，"专人专岗"开展儿童保护相关工作。由此可见，基层儿童工作队伍专岗专职问题在法律上是已经有所明确的，只是在于县乡基层能否得到落实，一是有赖于县级财政及获得的上级财政支持资金能否支撑，二是有赖于县级主要领导及政府部门是否有足够意愿予以推动。正如前文所论述，对"儿童优先""国家亲权"等理念的认知需要得到进一步加强，各地方政府领导在儿童福利领域的关注和投入，也需要在以上理念的指导下予以加强。凡是存在基础条件，县、乡、村应该搭建专职专岗的三级儿童工作队伍，如此才能从根本上落实我国有关留守儿童关爱保护的相关政策及其延伸出来的服务措施；即便暂时无法解决专职专岗问题，也需要在兼职人员的待遇方面有所提高，否则留守儿童关爱保护协调机制和管理机制仍会面临无法传递福利政策的问题。

二是严格落实儿童保护工作经费预算。《中华人民共和国未成年人保护法》第八条明确要求，县级以上人民政府应当将未成年人保护工作纳入国民经济和社会发展规划，相关经费纳入本级政府预算。事实上，课题组调查发现，各县区基层政府在儿童保护领域一般都有常规的经费预算，包括支付儿童督导员和儿童主任的工作津贴、培训经费、儿童服务活动经费、儿童保护宣传经费、一般办公经费等。存在的问题是，经费预算的额度缺乏合理标准，只能维持较低的工作津贴、服务硬件投入（而且通常是一次性投入，缺乏后续维护、运营投入），在培训经费、儿童关爱活动经费等方面明显缺乏；如果儿童工作队伍设置专岗专职，那么在经费预算方面的缺口将非常大。在县级财政存在较多困难的情况下，期望县级政府为儿童保护工作提供充足的经费预算不太现实。因此，需要在国家和省级层面，针对儿童督导员和儿童主任设置预算制度，对其人员经费、工作经费、培训经费都要做出合理的安排，国家、省、市、县负担比例可以根据东中西部各地财政状况合理确定，适当向中西部倾斜。只有将儿童保护工作经费纳入更高层面的预算规划，包括留守儿童在内的儿童群体的关爱和服务体系才能有发挥效用的最终保障。

三是持续开展儿童保护工作者胜任力培训。民政部自 2019 年《关于进一步健全农村留守儿童和困境儿童关爱服务体系的意见》出台后，在全国范围内组织过三场儿童督导员和儿童主任培训，并组织编写了《儿童督导员工作指南（指导版）》和《儿童主任工作指南（指导版）》，取得了较好成效。作为一支专业能力不足、流动性较大的队伍，儿童督导员和儿童主任在胜任力培训方面应该保持连续性和充分性。在培训的连续性方面，各层级政府部门（特别是县级基层政府部门）应该在儿童保护工作委员会的协调下，由民政部门制定培训规划，起码要做到：本区域儿童督导员和儿童主任在一个年度内要实现培训全覆盖，新任儿童督导员和儿童主任在履职之初应接受系统培训，每三个年度都有必要组织一次系统培训，以确保所有担任儿童保护工作的督导员和主任都能得到连续性培训，提升服务实效。在培训内容方面，应在民政部相关教材和《国家基本公共服务标准》等权威素材的基础上，加入各地制定的《农村留守儿童关爱保护规范》《农村留守儿童社会工作服务指南》《儿童之家运行与服务规范》等地方标准，以切实提升实操水平。在培训方式方面，地方政府可以建立本地"儿童保护专家库"，以本地"土专家"为师资开展培训；可以从经验丰富的儿童督导员和儿童主任中选拔讲师队伍，为其他成员开展培训；可以用政府购买服务的方式，向专业机构购买培训服务。当然，无论如何组织，在培训过程中一定要结合本地留守儿童特征来组织，正如前述章节指出的，留守儿童共同生活成员结构简单化、共同居住成员所能提供的教育帮助不足、与外出务工父母沟通较为欠缺、在农村生活中面临相对更高的风险、对保障参与权的感知不容乐观，对这些问题的解决方法应该作为儿童保护工作者队伍培训的重要方面。另外，有必要指出的是，从社会工作服务经验来看，督导服务是确保一线社会工作者提升服务质量的重要因素，当前的基层儿童保护工作体系中尚未建立起社会工作督导机制，这在专职儿童督导员和儿童主任制度落实后应该作为配套政策予以完善。

（四）切实加强留守儿童政府监护制度的落实

《中华人民共和国未成年人保护法》第九十二条至第九十六条规定

了两类儿童监护制度，是对包括留守儿童在内的儿童群体处于特殊状况时给予的兜底性救助规范，对于临时或长期处于困境状态的儿童有重要支持价值。临时监护对象包括"流浪乞讨或身份不明且暂时查找不到父母或其他监护人"的七类未成年人，监护措施包括：民政部门可以采取委托亲属抚养、家庭寄养等方式进行安置，也可以交由未成年人救助保护机构或者儿童福利机构进行收留、抚养。长期监护对象包括"查找不到父母或者其他监护人"的五类未成年人，监护措施包括：县级以上人民政府及其民政部门应当根据需要设立未成年人救助保护机构、儿童福利机构，负责收留、抚养由民政部门监护的未成年人；符合条件的可以办理收养，收养关系成立后，民政部门与未成年人的监护关系终止。综合来看，由政府民政部门组织实施的临时监护包括委托亲属抚养、家庭寄养、儿童保护机构抚养，长期监护包括儿童保护机构抚养、办理收养。当留守儿童处于短期困境状态时，委托亲属抚养的可行性较大；处于长期困境状态时，办理收养手续的规范程度较高，相对较难的是家庭寄养和政府保护机构抚养。前者在国内儿童福利中是新鲜事物，缺乏社会认知度；后者属于儿童保护机构新增职责，缺乏实施经验。由此来看，无合适亲属时的家庭寄养制度建设、未成年人救助保护机构和儿童福利机构软硬件建设，是当前我国落实儿童政府监护制度的突破口。据此，课题组提出如下建议。

一方面，加强寄养家庭制度完善和寄养衔接、社会参与等工作，为儿童临时监护提供基础。家庭寄养（Foster care）起源于 19 世纪的英美等国家，以心理依赖理论为基础，认为儿童只有基于家庭生活才能形成心理安全和依恋，在原生家庭无法承担该项职能时寻求家庭替代是一个可行的方法。[①] 我国现代意义上的家庭寄养开始于 20 世纪 90 年代，是指经过规定程序，将民政部门监护的儿童委托在符合条件的家庭中养育的照料模式。[②] 民政部 2003 年制定了《家庭寄养管理暂行办法》，2014 年制定了《家庭寄养管理办法》，对家庭寄养的流程进行了规范，但是在衔

---

① Berrick, J. D., & Skivenes, M., "Dimensions of high quality foster care: parenting plus", *Children & Youth Services Review*, Vol. 34, No. 9, 2012, pp. 1956 – 1965.

② 赵川芳:《家庭寄养：现实困境和完善对策》,《当代青年研究》2017 年第 4 期。

接机制、社会力量参与等方面均存在不足,① 而《中华人民共和国未成年
人保护法》以及《国务院关于加强农村留守儿童关爱保护工作的意见》
等重要政策文本在这些方面也没有予以更为严格的规制。事实上,民政
部 2019 年出台了《家庭寄养评估标准》(MZ/T122 – 2019),对寄养家庭
的条件要求、被寄养儿童的条件要求、解除寄养关系的情形、第三方评
估机制、儿童档案保存等方面进行了规范,有较强的指导意义。但是,
在家庭寄养相关政策文本和行业标准中,寄养儿童一般为"孤儿、查找
不到生父母的弃婴和儿童",而留守儿童被纳入家庭寄养的可能情形包括
"流浪乞讨或身份不明且暂时查找不到父母或其他监护人"等七类,其范
围显然大于《家庭寄养管理办法》和《家庭寄养评估标准》中对寄养对
象的界定。所以,在《中华人民共和国未成年人保护法》出台后,结合
《国务院关于加强农村留守儿童关爱保护工作的意见》等重要政策文件,
在《家庭寄养管理办法》等政策文本中扩大寄养对象的范围,才能使得
部门规章与国家立法相互匹配。同时,家庭寄养的衔接机制也需要继续
完善。按照《家庭寄养管理办法》达成寄养关系后,其衔接机制主要包
括转化为收养、回归儿童福利机构和离开寄养家庭独立生活,缺少"回
归原生家庭"一项,主要原因还是在于将寄养对象的范围限定在了孤儿
或弃婴(儿)。事实上,留守儿童被纳入寄养范围通常是面临生活风险、
找不到家长或监护人、缺乏合适的亲属监护等情形,属于由政府临时承
担监护职责的范畴,一旦家庭恢复功能,被寄养的留守儿童回归家庭是
最佳路径,所以,有关回归家庭的衔接机制及其具体路径需要在《家庭
寄养管理办法》中进一步明确下来。另外,社会力量在家庭寄养中的参
与需要得到加强。《家庭寄养管理办法》在确定寄养关系的评估过程中指
出,儿童福利机构应当组织专业人员或委托社会工作机构等第三方力量
对提出申请的家庭开展评估。而事实上,在达成寄养关系后,对寄养家
庭普及儿童关爱保护理念及儿童保护的法律法规、教导合理的抚养方法、
与儿童沟通相处的方式,都需要有专业人员对承担寄养任务的主体开展
培训;在解除寄养关系后,家庭与儿童的离别情绪、儿童回归原生家庭

① 梁土坤:《儿童家庭寄养政策的历史演进与发展方向——从〈家庭寄养管理暂行办法〉
到〈家庭寄养管理办法〉》,《理论月刊》2015 年第 7 期。

（或者回归儿童福利机构、回归社会）的心理和能力准备，也需要有专门机构为其提供服务。所以，探讨社会力量全过程介入儿童寄养的机制，是改进家庭寄养制度的重要方向。

另一方面，大力加强未成年人救助保护机构和儿童福利机构软/硬件建设，为儿童临时监护和长期监护提供保障。处于困境状态的留守儿童进入儿童救助保护机构获得政府的临时监护或长期监护，是保障留守儿童生存权和发展权的重要制度，能够为短期或长期面临处于缺乏监护状态、面临生活风险的留守儿童构建最后一道生存屏障。《中华人民共和国未成年人保护法》对政府承担临时监护和长期监护均有明确要求，民政部等十部门《关于进一步健全农村留守儿童和困境儿童关爱服务体系的意见》更是对承担临时监护职责的未成年人救助保护机构和承担长期监护职责的儿童福利机构的定位和建设要求进行了规范。但是，我国当前儿童救助保护机构建设存在硬件不足、人员专业性较弱、管理制度不完善等问题，这些问题在留守儿童集中的欠发达地区更为明显。所以，加强儿童救助保护机构和儿童福利机构软硬件建设是落实政府监护职责的基本要求。一是向中西部欠发达地区的县区一级政府倾斜，加强儿童救助保护机构和儿童福利机构的硬件建设。通常来说，地市一级的未成年人救助保护机构和儿童福利机构的基础设施建设基本齐备，而县区一级则存在较多欠缺，在人口较多、留守儿童较为集中的县区，应该建设民政部门直属的未成年人救助保护机构和儿童福利机构，以便承担包括留守儿童在内的各类儿童群体的临时监护和长期监护职能。二是加强儿童救助保护机构和儿童福利机构的制度化和标准化建设。在开展儿童关爱保护方面，儿童福利机构因为长期实施孤儿、弃婴（儿）的监护所以具备更为丰富的经验，民政部更是于 2021 年制定了《儿童福利机构社会工作服务规范》（MZ/T 167－2021），在各地儿童福利机构中儿童养护人员、保育员、社会工作者等专业人员的配备较为齐全。但是，儿童救助保护机构一般依托地方救助站而设置，在救助保护制度、标准，以及专业人员配备方面存在先天不足。民政部先后于 2006 年颁布了《流浪未成年人救助保护机构基本规范》、2014 年颁布了《生活无着的流浪乞讨人员救助管理机构工作规程》，自《未保法》修订后对于儿童救助保护机构的建设标准、服务规范等尚未明确，已经滞后于国家立法实践。可见，民政部门着手组织专家开展儿童救助保护机构建设规范的研制，有必要抓紧实施。

七　留守儿童司法关爱保护政策的完善建议

司法保护是《中华人民共和国未成年人保护法》框架内六种保护类型的最后一种，具有"底线性"保护的含义。从对西方国家儿童福利的梳理来看，立法保护是各国普遍且被检验为有效的儿童保护手段之一，[1]也是确立保护规范、福利水平的基本保障，具有重要价值。综合来看，《中华人民共和国民法典》《中华人民共和国未成年人保护法》《中华人民共和国预防未成年人犯罪法》《中华人民共和国家庭教育促进法》以及最高检等九部委《关于建立侵害未成年人案件强制报告制度的意见（试行）》等法律和部门规章为包括留守儿童在内的儿童群体构建了这样的司法保护体系：一是明确要求父母及其他监护人为留守儿童履行监护和抚育职责，要求政府及相关部门提供补充性监护和关爱保护服务，公、检、法、司等部门要保障其合法权益；二是公检法司要设置专门机构或者指定专门人员在办理未成年人案件，办案人员须经培训达到要求，须有女性人员配备；三是针对未成年人遭受侵害、面临人身安全隐患时，相关主体应承担强制报告责任；四是未成年人的父母或其他监护人不履行监护职责或严重侵犯未成年人合法权益的，法院可以依照相关程序发出人身安全保护令、督促监护令或者判处撤销监护人资格；五是发现未成年人存在严重不良行为或违法犯罪行为等情形，可以依据情况责令其父母或其他监护人接受家庭教育指导；六是国家建立预防未成年人犯罪体系，对未成年人的不良行为和严重不良行为及时进行分级预防、干预和矫治。相对于法律援助等常规司法保护来说，强制报告、剥夺监护权、未成年人矫治教育等司法保护措施，是近年来我国对包括留守儿童在内的儿童群体采取的新型司法保护手段，在实施流程的标准化、各方衔接互动等方面均存在一些不完善之处，需要在实践中不断改进。

---

① Daro, D., "A Shift in Perspective: A Universal Approach to Child Protection", *The Future of Children*, Vol. 29, No. 1, 2019, pp. 17 – 40.

(一) 完善强制报告制度的落实机制

近年来，留守儿童及各类未成年人的权益保障工作得到了长足发展，但儿童的成长环境仍面临各种风险。由于儿童自身不敢或不善于表达等特点，儿童伤害事件具有很强的隐蔽性（对于缺乏父母照护的留守儿童更是如此），因此在侵害儿童案件的发现环节存在很大的困难。所以，虽然纳入司法程序的儿童侵害案件逐年增加，但与实际发生侵害儿童事件总数相比占比仍然很小。侵害儿童案件发现不及时、报告不及时严重影响了打击犯罪和保护未成年的效果。强制报告制度是为了应对难以发现严重虐待儿童的现象而制定的，要求责任主体在发现侵害儿童案件时向相关部门或机构报告，体现了政府和各类主体对儿童权利的尊重和保护。① 我国强制报告制度主要由《关于建立侵害未成年人案件强制报告制度的意见（试行)》和《中华人民共和国未成年人保护法》所构建，包括了强制报告的适用条件、报告机制、响应机制等三个方面的内容，很好地发挥了儿童保护的功能。但是在实际运行中存在如下问题。一是报告主体存在泛化而难以被"强制"的问题。《中华人民共和国未成年人保护法》规定的强制报告主体包括"国家机关、居民委员会、村民委员会、密切接触未成年人的单位及其工作人员"；《关于建立侵害未成年人案件强制报告制度的意见（试行)》规定责任主体定义为国家机关、法律法规授权行使公权力的各类组织及法律规定的公职人员，密切接触未成年人行业的各类组织及其从业人员；在实际运行中，强制报告还通过热线方式面向社会公布。以上规范确保了强制报告的主体具有广泛性，但同时也在一定程度上弱化了强制性，难以对责任主体实施惩处和追责。二是在报告程序上明确了基本逻辑但尚有局限。《中华人民共和国未成年人保护法》明确了公安、民政、教育部门作为报告对象，"有关部门接到涉及未成年人的检举、控告或者报告，应当依法及时受理、处置，并以适当方式将处理结果告知相关单位和人员"。然而，这一表述还是相对笼统，

① Drake, B., Jonson-Reid, M., & Sapokaite, L., "Re-reporting of child maltreatment: does participation in other public sector services moderate the likelihood of second maltreatment report?", *Child Abuse & Neglect*, Vol. 30, No. 11, 2006, pp. 1201 – 1226.

在实际运行中，缺乏对报告对象的统一和明确的认定，既不利于发现问题，更不利于响应和处置。三是明确了强制报告的追责机制、保护机制和奖励机制，但这些规定更多是一些原则性上的表述，社会知晓度较低，需要进一步细化方案、保障和鼓励责任主体的积极履职行为，以确保报告机制的有效性。综合以上，课题组提出如下改进建议。

第一，细化强制报告制度的操作流程，夯实实施的可行基础。强制报告制度的出台是非常重要的一步，而后续如何细化操作流程、增强现实可行性至关重要。围绕强制报告制度在具体实施过程中"谁报告、什么情况报告、向谁报告、报告什么内容、如何举证、报告后如何处理"等环节，应通过后续政策设计进一步明确。各地应在现行法律和上级文件的基础上，出台地方性法规政策，结合本地实际情况明确强制报告的具体实施内容和途径。侵害未成年人事件是一个特殊的领域，需要更全面、系统、及时的专业干预，结合强制报告制度和未成年人保护事业，明确报告、接受立案、调查、评估、确认、干预（个案管理）等具体流程。在我国强制报告制度建设中，最高人民检察院牵头建立了儿童司法保护体系。但对于侵害未成年人事件而言，能够进入司法环节的毕竟是少数，大部分儿童保护的内容需要在进入司法之前解决，这就需要建立家庭和社区支持的相关政策。比如，通过其与社区居委会、学校建立密切关系，及时发现处于困境的儿童，并为之开展有针对性的个人服务和家庭服务，通过提升其家庭能力，最终保障儿童的权益。另外，还应加强将政府购买社会组织服务纳入地方政府预算的执行力度，引导专业社会工作机构提供服务。

第二，加强部门在强制报告中的协调，促进跨部门高效衔接。强制报告制度的落地实施，需要充分跨部门的衔接和合作。当前我国强制报告受理机构主要有公安、民政和教育部门，所以在强制报告制度具体实践中形成了多种报告渠道，以热线举报为例：人民检察院牵头公安部门的110未成年人举报热线，民政部门的12349儿童救助保护热线，全国妇联的反家暴热线16838198，还有地方开通的各种未成年人保护热线或性侵害电话。这些措施缺乏统一的协调和指挥，各种系统并行运行，浪费资源的同时还不利于信息共享、统一评估和部门衔接，影响了强制报告的效能。就目前情况而言，一是要明确儿童保护的责任主体机构。设置儿童保护专门机构或者在现有机构设置基础上明确其责任，通过立法授权儿童保护责任主体机构必要的职责、足够的权力、相应的资源和管理能力来帮助受到不当对待的儿童。二是促进儿童保护机构与司法、行政系统的有效衔接。通过统一协作，进行报告登记、评估规范、分类救助，在接受报告初步判断的基础上联合现场查看、评估、联动干预，以充分发挥强制报告的发现与预防功能。

第三，注重强制报告制度的培训和宣传、营造良好社会氛围。强制报告制度的落实需要各相关责任主体乃至全社会的有效参与。一方面，这需要各责任主体和全社会对强制报告制度具备相关法律意识；另一方面，还需要各责任主体和全社会对如何识别侵害未成年人情形和强制报告运行机制和流程有清晰的认识。注重强制报告制度相关知识和内容的宣传和培训，有助于提升强制报告制度的实施环境和执行能力。一是可以通过公共空间、报纸、新闻、互联网等途径，通过法制节目、乡村大舞台、情景剧、知识竞赛等活动形式开展普法教育和强制报告制度的宣传；二是针对强制报告主要的责任主体开展针对强制报告制度的针对性培训，有效促进社会主体对强制报告制度报告主体、报告对象、响应机制、奖惩和免责机制以及相关流程的认识；三是针对强制报告制度主要责任主体开展"如何识别侵害未成年人情形""了解受侵害儿童的心理、生理及社会状况""如何收集、保存儿童受侵害的证据"等知识的针对性培训，以提高他们履行强制报告制度的能力；四是充分利用现代信息技术，建立强制报告信息管理平台，开发便捷的报告方式，如 App、专用信箱和网站等，在切实降低大众参与未成年人保护的门槛，提高落实强制报告制度便捷性的同时，扩大综合宣传受众面和营造良好的社会氛围。

（二）完善撤销监护权的审判程序和撤销后的安置机制

《最高人民检察院工作报告》显示，2021 年全国检察系统针对监护人侵害行为，支持起诉、建议撤销监护人资格 758 件，同比上升 47.8%；针对严重监护失职，发出督促监护令 1.9 万份，[①] 监护人严重侵害儿童行

---

① 张军：《最高人民检察院工作报告》，2022 年 5 月 30 日，https：//www.spp.gov.cn/spp/gzbg/202203/t20220315_549267.shtml。

为已经引起社会强烈关注。《中华人民共和国未成年人保护法》第一百零八条规定，未成年人的父母或者其他监护人不依法履行监护职责或者严重侵犯被监护的未成年人合法权益的，人民法院可以根据有关人员或者单位的申请，依法做出人身安全保护令或者撤销监护人资格；被撤销监护人资格的父母或者其他监护人应当依法继续负担抚养费用。《中华人民共和国民法典》第三十六条规定，监护人实施严重损害被监护人身心健康的行为，怠于履行监护职责或者无法履行监护职责且拒绝将监护职责部分或者全部委托给他人导致被监护人处于危困状态，实施严重侵害被监护人合法权益的其他行为，人民法院可以根据有关个人或者组织的申请撤销其监护人资格。"有关个人、组织"的范围包括：其他具有监护资格的人，村（居）委会、学校、医疗机构、妇女联合会、残疾人联合会、未成年人保护组织、依法设立的老年人组织、民政部门等；第三十二条规定，没有依法具有监护资格的人，监护人由民政部门担任，也可以由具备监护职责条件的被监护人住所地居民委员会、村民委员会担任。从以上法律规定来看，当儿童遭受监护人的严重侵害时，提出申请撤销监护、案件审理、撤销后监护权的重新确定，都有较为明确的规制。但是仔细分析后发现存在两个问题：一是在撤销监护权案件的审理程序上，《中华人民共和国刑事诉讼法》第一百零一条"附带民事诉讼的提起"明确规定，"被害人由于被告人的犯罪行为而遭受物质损失的，在刑事诉讼过程中，有权提起附带民事诉讼"，父母严重侵害未成年人而不宜继续享有监护权很难被划归到"物质损失"范围，故而不适合刑事附带民事诉讼程序，这一点存在较为明显的不合理性；二是在依法撤销父母监护权后，法律规定由民政部门或者由具备监护条件的被监护人住所地村（居）委会担任，本研究在"留守儿童政府关爱保护政策的完善"一节中指出，原生家庭无法承担监护职责的，家庭寄养或收养是一个相对于集中安置在儿童福利机构更为符合儿童成长特征的方法，而现行儿童保护法律中，对这方面的规范较为薄弱。综合以上，课题组提出如下改进建议。

一方面，在扩大附带民事诉讼适用范围的同时，完善撤销监护人资格的前置程序。监护人被撤销监护权，一般是对未成年人实施虐待、性侵等严重侵害行为或者涉嫌遗弃等严重不履行职责行为。① 从儿童成长需要健康环境这个角度来说，这类监护人不适宜同未成年人共同生活，那么在处理这些案件时，就涉及监护人涉嫌侵害犯罪的刑事诉讼、撤销监护人资格的民事诉讼两种诉讼程序。而在当前司法实践中，通常是在法院对涉嫌侵害未成年人的刑事案件做出裁决后，前文提及的"有关个人及组织"等符合条件的申请主体提起撤销监护人资格的民事诉讼。这种前后分隔的诉讼程序，既造成了司法资源的浪费，也造成了被侵害未成年人生活的不稳定性。我国设置刑事附带民事诉讼程序，正是用于处理同一行为既涉嫌刑事犯罪又涉及侵害民事权利的现象，目的在于将基于同一犯罪事实的刑事和民事责任合并在一个程序内一次性予以解决。② 由此可见，在涉及撤销监护人资格的严重侵害未成年人犯罪诉讼中，将针对监护人的刑事审判与撤销监护资格的民事审判合并在一起，扩大附带民事诉讼适用范围是非常必要的。撤销监护人资格是处置家庭监护关系最严厉的干预措施，理应成为国家干预父母与子女关系的最后手段，③ 从家庭保护的角度来说，撤销监护资格必须慎重、绝对不能"一刀切"地处置，这对于原本就缺乏父母关爱和照料的留守儿童来说更是如此，不排除父母实施侵害行为后经过改造又具备监护能力、试图回归亲情的状况。所以，有必要在启动附带民事诉讼前设置一套系统化评估的前置程序，在检察机关的组织下，邀请被侵害未成年人、相关亲属、律师代表、社会组织代表、家庭教育专家、群团组织代表共同参与评估，基于侵害者的主观恶性、侵害行为的轻重、侵害者是否悔改及回归亲情的可能性、被侵害未成年人的意愿等综合因素，④ 共同做出评估结论。经评估确认有必要撤销监护人资格的，检察机关应告知有关个人和组织向法院申请一并撤销监护人资格，即便没有合适的个人和组织申请，检察机关也可以

① 焦洪昌、赵德金：《未成年人检察公益诉讼制度的实践困境与优化路径》，《浙江工商大学学报》2021 年第 2 期。

② 蔡虹、王瑞祺：《刑事附带民事公益诉讼惩罚性赔偿之否定与替代方案》，《山东社会科学》2022 年第 1 期。

③ 龙浩：《未成年人检察公益诉讼问题实证研究——以 A 省检察机关 2020 年的 100 起案件的样本》，《少年儿童研究》2022 年第 4 期。

④ 刘艺：《我国检察公益诉讼制度的发展态势与制度完善——基于 2017—2019 年数据的实证分析》，《重庆大学学报》（社会科学版）2020 年第 4 期。

提起附带民事诉讼申请审理侵害人犯罪行为的同时撤销监护人资格；评估后认为尚无必要撤销监护人资格的，可以按照《中华人民共和国未成年人保护法》的规定责令监护人接受家庭教育指导。当然，该评估结论和处置措施也不排除刑事诉讼结束后，有关个人和组织另行提请撤销监护人资格的民事诉讼。

另一方面，强化撤销监护人资格后儿童保护政策的细化和落实。当原监护人资格被撤销、儿童处于脱离监护状态时，应当为儿童重新明确新的监护人。最高人民法院2015年实施的《关于依法处理监护人侵害未成年人权益行为若干问题的意见》对此进行了明确规定：判决撤销监护人资格，未成年人有其他监护人的，应当由其他监护人承担监护职责，其他监护人应当采取措施避免未成年人继续受到侵害；没有其他监护人的，人民法院根据最有利于未成年人的原则，在祖父母、外祖父母，兄、姐，关系密切的其他亲属、朋友中指定监护人；以上均没有的，由未成年人的父、母的所在单位或者未成年人住所地的居民委员会、村民委员会或者民政部门担任监护人。指定个人担任监护人的，应当综合考虑其意愿、品行、身体状况、经济条件、与未成年人的生活情感联系以及有表达能力的未成年人的意愿等。在司法实践中，原监护人的监护资格被撤销后，审判机关指定的新监护人一般为未成年人的近亲属或者民政部门下属的儿童福利机构，两种类型的比例大致相同。① 相当多的研究发现，相较于家庭养育，在福利机构集中抚养儿童，不利于儿童的良好行为养成，以致反应性依恋障碍在福利院儿童中较为广泛地存在；② 近亲属监护儿童也可能存在监护的精力和能力不足等问题。③ 前文对国外的儿童保护经验的梳理也表明，尽量让儿童在有抚育需求和能力的家庭中成长，如此才是对儿童最有利的保护举措。所以，安排失去监护的儿童进入家庭寄养或收养更为妥当，而现行法律规定中的近亲属监护或民政部门监

---

① 何挺：《论监护侵害未成年人与监护人资格撤销的刑民程序合———以附带民事诉讼的适用为切入点》，《政治与法律》2021年第6期。

② 张晓露、陈旭：《儿童反应性依恋障碍：病源、诊断与干预》，《心理科学进展》2014年第11期。

③ 谢芳：《完善我国未成年人监护监督制度的原则及路径》，《中国青年社会科学》2021年第1期。

护，可以作为寄养、收养的过渡方法。有关家庭寄养问题的探讨在前文"政府关爱保护"一节已经较为充分，本处不再重复论证。

（三）落实并完善未成年人专门矫治教育制度

未成年人犯罪的处置问题是未成年人保护工作的一个重要领域。一方面，未成年人犯罪的对象大多数也是未成年人，对被害未成年人的健康成长会造成长远影响；另一方面，未成年人实施犯罪时尚处于心智不成熟阶段，这些犯罪行为对其今后的人生发展也将造成无法估量的影响。近年来，未成年人犯罪数量下降幅度较大，但是低龄未成年人犯罪占比有所回升。《未成年人检察工作白皮书（2020）》指出，2018 年至 2020 年受理审查起诉 14—16 周岁未成年人犯罪分别为 4695 人、5445 人、5259 人，占受理审查起诉全部未成年人的比例分别为 8.05%、8.88% 和 9.57%，[①] 呈小幅上升态势。最高人民检察院检察长指出，2021 年全年，全国检察系统共起诉较严重犯罪未成年人 3.5 万人，同比上升 6%；依法决定附条件不起诉 2 万人，占结案未成年人总数的 29.7%。[②] 前文在介绍留守儿童关爱保护实证分析时指出，29.3% 的留守儿童在父母外出务工期间遭受过不同形式、不同程度的人身伤害或侵犯。对违法犯罪未成年人的惩治，既是对其他未成年人的保护，也是对违法者的教育和挽救。[③] 由此可见，加强对未成年人涉罪行为的教育和管控，是当前刑法规制的一个重要方向。一方面，我国《刑法修正案（十一）》将严重犯罪刑事责任年龄由 14 周岁调低为 12—14 周岁，并对因不满刑事责任年龄而不予刑事处罚的未成年人实施专门的"矫治教育"，新修订的《中华人民共和国预防未成年人犯罪法》更是对此明确进行了规定：专门针对未成年人开展矫治教育的场所实行闭环管理，教育行政部门承担未成年人的教育工作，公安机关和司法行政部门共同负责未成年人的矫治工作。显然，涉罪未成年人教育矫治制度的落实，有赖于矫治教育专门学校的建立，有

---

① 《未成年人检察工作白皮书（2020）》，2022 年 5 月 31 日，最高人民检察院网站（https：//www.spp.gov.cn/xwfbh/wsfbt/202106/t20210601_519930.shtml#2）。

② 张军：《最高人民检察院工作报告》，2022 年 5 月 31 日，https：//www.spp.gov.cn/spp/gzbg/202203/t20220315_549267.shtml。

③ 安琪：《我国未成年人分级处遇机制的评述及完善审思》，《青年探索》2021 年第 5 期。

赖于司法系统和教育系统的资源整合，也有赖于社会力量的参与。当前，收容教养制度废除后未成年人矫治教育机构的建立、专门教育指导委员会的规范、矫治教育的落实，均存在一定不具体、不明确之处，课题组提出如下具体建议。

一是切实加强罪错未成年人专门学校的建设。专门学校是针对严重不良行为未成年人教育矫治的专门场所，专门学校教育矫治制度是推动罪错未成年人专门教育同治安处罚、收容教养、刑事处罚等措施的衔接制度。[①] 我国收容教养制度在 2013 年废除，对于未达到刑事责任年龄的未成年人的处罚，在缺乏合适场所时，往往只能一放了之，甚至抓了再放、放了又抓。在此背景下，由原工读学校的矫治思路发展而来的"专门学校"的建设和完善就显得非常重要。最新的研究发现，目前我国专门学校的建设难以满足司法需求，虽然各地专门学校的数量正在逐年增加，目前已达 100 余所，许多地方的专门学校也正在筹建中，但无论是教学硬件的建设还是教学资源的配置，都无法达到符合条件的未成年人矫治教育需求。[②]《中华人民共和国预防未成年人犯罪法》第六条规定，省级人民政府应当将专门教育发展和专门学校建设纳入经济社会发展规划；县级以上地方人民政府成立专门教育指导委员会，根据需要合理设置专门学校。可见，建设专门学校是地方各级政府的法定职责，是加强未成年人保护工作的重要基础事项，亟待加强建设。

二是进一步明确"专门教育指导委员会"的组建方法和运行体系。《中华人民共和国预防未成年人犯罪法》第六条规定：县级以上地方人民政府成立专门教育指导委员会，由教育、民政、财政、人力资源和社会保障、公安、司法行政、人民检察院、人民法院、共产主义青年团、妇女联合会、关心下一代工作委员会、专门学校等单位，以及律师、社会工作者等人员组成，研究确定专门学校教学、管理等相关工作。另外规定，向教育行政部门申请进入专门学校的、因不满法定刑事责任年龄不

---

① 路琦、郭开元、刘燕、张晓冰：《新时期专门学校教育发展研究》，《中国青年研究》2018 年第 5 期。

② 马雷、吴啟铮：《收容教养制度废除后专门学校教育的继受与转型》，《青少年犯罪问题》2022 年第 2 期。

予刑事处罚须进入专门学校接受教育矫治的，须经专门教育指导委员会评估同意；专门学校应当在每个学期适时提请专门教育指导委员会对接受专门教育的未成年学生的情况进行评估。以上法律条款对专门教育指导委员会的组建和职能进行了规范，但在实际执行中，该委员会的组建在各地呈现教育局主导型、政法委主导型和司法局主导型等三类，存在职责不清、运行流于形式等问题。① 从法律赋予专门教育指导委员会的入校评估职能来看，要求委员会成员对于教育、心理、未成年人发展的知识有较高的储备；从每个学期常规评估的职能来看，专门学校需要与委员会更为频繁地衔接。由此可见，由地方教育行政主管部门牵头，联合法律规定的相关部门和人员共同组建专门教育指导委员会，由专门学校的负责人担任委员会办公室主任协调委员会的常规运行，才可以充分发挥委员会功能。

三是聚合多方力量将专门学校的矫治教育落到实处。当前，未成年人违法犯罪行为表现出由轻到重、逐渐恶化的特征。② 有研究表明，未成年人初次犯罪的年龄越低，再次犯罪的可能性就越大，其犯罪"生涯"也可能越长。③ 从这个角度来看，良好的早期干预和矫治教育对涉罪未成年人的成长就显得格外重要。最高人民检察院 2020 年《关于加强新时代未成年人检察工作意见》中要求，进一步落实未成年人"教育、感化、挽救"的方针和"教育为主、惩罚为辅"的原则，发挥专门学校在预防未成年人犯罪方面所起到的积极作用。作为保障义务教育权利和实现教育矫治功能的一种制度设计，专门学校在常规的语文、数学、英语、历史、思想品德、音乐、美术、体育课程以外，通常还结合教育对象的"特殊性"来开展道德法制教育、兴趣特长教育、社会公益教育和职业技能教育。这些课程的建设和运行的重要性对于未成年人教育矫治效果而言甚至大于常规的课程教育，其对师资、教学组织、教学方法要求也与常规的课程教学不同，需要司法机关、群团组织、社会各界力量的广泛

---

① 马雷、吴啟铮：《收容教养制度废除后专门学校教育的继受与转型》，《青少年犯罪问题》2022 年第 2 期。

② 谢芬：《触法未成年人专门矫治教育的适用困境与完善》，《西部学刊》2021 年第 24 期。

③ 杨帆：《共青团在专门学校中预防犯罪的功效研究——以〈预防未成年人犯罪法〉的修订为背景》，《青少年犯罪问题》2021 年第 4 期。

参与，① 结合违法涉罪未成年人的特征组织教育矫治，才能产生实际成效。所以，聚合多方力量共同深度参与教育矫治的实施环节对于专门学校的功能发挥有重要作用。

八　本章小结

本章以《中华人民共和国未成年人保护法》为总体框架，在系统化的视角内，从宏观角度和家庭、学校、社会、网络、政府和司法等具体板块，对留守儿童关爱保护政策提出了一系列的可操作化建议，主要包括如下方面。

在宏观关爱保护政策的完善方面，一是要深化儿童关爱保护的理念传导及环境营造，完善架构并充分补足宣传力量，优化宣传形式和宣传渠道；二是从儿童保护到儿童福利转变以加强立法工作，应明确"儿童优先"等基本理念和原则，强化预防式服务、以家庭为单位的保护等重点内容；三是进一步完善留守儿童关爱保护整体执行体系，加强纵向行政管理体系，完善横向协同体系。

在家庭关爱保护政策的完善方面，一是切实督促农民工家长认真履行留守儿童监护的主体职责，构建系统化的宣传体系，结合农民工特点开展深层次宣传，同时探索提升农民工监护意识的"中间约束"方法；二是为留守儿童家庭履行监护职责赋权增能，加强农民工或农民的家庭教育能力培训，规范培训内容，明确培训方案、加强效果评估；三是重点落实留守儿童"代为照护"制度，需要将"代为照护"制度作为重点纳入法律宣传，加强被委托人的能力提升服务，加强制度设计以限制怠于履行委托监护手续及监护职责的现象；四是加强家庭教育指导机构规范化建设，加大家庭教育指导机构建设方面的投入力度和规范管理，严格设置家庭教育培训、服务的市场准入门槛，切实加强家庭教育专业人才和志愿人员培养。

在学校关爱保护政策的完善方面，一是建立留守儿童集中地区的学

---

① 白星星、袁林：《未成年人行为矫治共建共治共享新格局构建》，《北京社会科学》2022年第2期。

校社会工作制度，地方教育行政主管部门牵头成立管理机构，动员各方力量解决学校社会工作的经费来源、人才来源、服务规范、平台建设、督导培训等问题，为留守儿童提供更为充分的服务；二是强化预防和干预校园欺凌等重点安全工作，以校为单位组建"防治校园欺凌领导小组"，建立校园欺凌防治工作"重点关注"人员名单制度，设置校园欺凌处置程序、被欺凌者身心干预制度、欺凌者教育惩戒和恢复制度；三是强化留守儿童学前教育的制度完善，切实加大留守儿童早期教育投入力度，整合各种资源、利用现有政策解决学前教育办学阵地等问题。

在社会关爱保护政策的完善方面，一是完善社会组织服务留守儿童的政策支持体系，侧重于在县级及以下地方层面培育孵化儿童服务类社会组织，在推进政府购买服务方面开展评审流程和资助周期等方面的政策创新，以强调赋能在地化资源的方式积极发动社会各方参与；二是夯实信息查询及从业禁止的政策基础，在"密切接触未成年人的单位"深入开展普法宣传，将固定的服务商、资助方人员纳入信息查询名单；三是从社会层面完善遭受严重侵害留守儿童的救助体系，鼓励各类基金会建立遭受严重侵害留守儿童的专项社会救助基金，以政府购买服务等方式委托专业社会组织对遭受严重暴力侵害的留守儿童开展持续跟踪救助。

在网络关爱保护政策的完善方面，一是切实加强留守儿童网络使用方法及网络安全教育，以加强留守儿童网络素养的规范化教育、严格执行有关智能终端带入校园的法律规定等方法切实提高留守儿童及其同辈群体网络素养，加强农民工父母及其他监护人网络素养培训；二是加强预防儿童网络沉迷的技术创新，尽早制定全国统一的未成年人网络游戏电子身份认证系统并全面严格应用，严格落实直播网络平台监管措施；三是为儿童营造风清气正的良好网络环境，加大对于发布、传播甚至持有针对儿童的不良信息行为的处罚力度，建立从上到下、从里到外的儿童的网络信息审核监督机制。

在政府关爱保护政策的完善方面，一是完善以县为基础的留守儿童关爱保护基层执行体系，构建乡镇民政办（社事办）、村（居）委会的延伸工作机制，夯实基层儿童关爱保护的县、乡、村三级执行体系；二是完善政府部门关爱留守儿童的统筹管理政策，组织县级儿童保护工作委员会全体成员、乡镇和村居从事儿童保护工作的人员深入学习儿童保护领域的法律和政策文件，在加强统筹的基础上明确部门分工和工作职责，制定明确的考核机制及考核结果运用机制；三是完善留守儿童基层工作队伍政策，尽量依据法律规定解决基层儿童工作队伍专岗专职问题，严格落实儿童保护工作经费预算，持续开展儿童保护工作者胜任力培训；四是切实加强留守儿童政府监护制度的落实，加强寄养家庭制度完善、寄养衔接、社会参与等工作，为儿童临时监护提供基础；大力加强未成年人救助保护机构和儿童福利机构的硬件建设和制度化、标准化等软件建设，为儿童临时监护和长期监护提供保障。

在司法关爱保护政策的完善方面，一是完善强制报告制度的落实机制，细化强制报告制度的操作流程，加强部门在强制报告中的协调、促进跨部门高效衔接，注重强制报告制度培训和宣传，营造良好社会氛围；二是完善撤销监护权的审判程序和撤销后的安置机制，在扩大附带民事诉讼适用范围的同时完善撤销监护人资格的前置程序，强化撤销监护人资格后儿童保护政策的细化和落实；三是落实并完善未成年人专门矫治教育制度，切实加强罪错未成年人专门学校的建设，进一步明确"专门教育指导委员会"的组建方法和运行体系，聚合多方力量将专门学校的矫治教育落到实处。

结　语

自 2016 年国务院印发《关于加强农村留守儿童关爱保护工作的意见》以来，民政部成立未成年人（留守儿童）保护处牵头落实我国留守儿童关爱保护工作，省、市、县级层面也成立了相应的机构、制订了本地的实施方案，家庭、学校、社会、政府、网络、司法等六大板块的留守儿童关爱保护体系得以初步构建，全社会关心关爱留守儿童的局面初步形成，取得了较好的保护成效。

国内外学界有关留守儿童问题的研究，多从留守儿童面临的亲情缺失、生活抚育、教育监护、社会服务等问题入手，以社会学、心理学、教育学方法寻求留守儿童问题的解决之道居多，研究成果丰富。但是，缺乏将社会政策作为整体视角的系统研究，且关爱保护的政策建议较为零散，未成系统。从理论上来看，在充分探讨了留守儿童的生存、教育、服务等基础问题之后，其系统性的社会政策研究应该提上日程；从实践方面来看，学者们探讨的留守儿童"代理家长制""学校社会服务制""托管制""三工联动制"等服务方式，未能上升到以国家、政府主导，系统建立社会政策机制的高度。所以，在社会政策的关切层面，农村留守儿童问题的解决尚无可供参考的成熟理论构架、系统性的政策建议，亟须开展细致的、操作层面的研究。特别是从中央到地方均出台了关爱保护农村留守儿童的政策文件后，如何具体落实则成为当前摆在实务领域的重要问题。围绕这个核心问题，本课题在原研究设计为四大领域的基础上增加了"留守儿童的基本认知及权利的特殊性"，共计五大板块。

第一，有关留守儿童的基本认知及权利特殊性问题。一是如何界定留守儿童。当前留守儿童的多种界定方法存在较大差异，从科学研究服务社会经济发展的角度出发，课题组认为，学术领域开展的留守儿童研究应促进该领域的政策和福利水平，在界定留守儿童的时候应该与国家政策文本的表述一致。所以，课题组倡导学界在国务院《关于加强农村留守儿童关爱保护工作的意见》基础上，将留守儿童界定为"父母双方外出务工，或一方外出而另一方缺乏监护能力，将其不满 16 周岁的子女留在家乡生活，每年持续时间达半年以上，这些不能长期与父母生活在一起的孩子称为留守儿童"。二是如何看待留守儿童。本课题指出，留守儿童同其他普通儿童一样，是人类自身生产的承载者，是国家可持续发展的重要财富；在我国经济社会快速发展中，留守儿童成为事实上的"利益受损者"，获得照料、关爱和保护是留守儿童本身的基本权利。三是我国留守儿童的基本概况。我国留守儿童的规模较大，其数量自 2000 年以来有着较大的起伏变化，最高达到 6100 万人，最少为 697 万人。当前的留守儿童以中西部地区为主且分布广泛，绝大多数由老人监护但也存在极少无事实监护人的情况，6（含）周岁至 13 周岁占比较大。开展留守儿童关爱保护的社会政策研究，是完善我国包括留守儿童在内的儿童群体社会福利状况的重要途径。四是留守儿童权利的特殊性。与其他类型儿童一样，留守儿童同等享有生存权、受保护权、发展权及参与权。但因为父母双方外出务工或者一方外出但另一方缺乏监护能力，留守儿童在获得父母的直接、持续照护方面存在一定的结构缺陷，造成了留守儿童在权利保护方面呈现出需要更多安全预防和应对能力训练等特殊性，这些特殊性是完善留守儿童关爱保护社会政策、改进服务策略的重要方向。

第二，我国留守儿童关爱保护政策的历史与现状。一是留守儿童关爱保护政策的发展历史。课题组以时间为线索，系统、全面地梳理了我国留守儿童关爱保护政策的形成和发展过程后指出，我国留守儿童关爱保护的社会政策经历了孕育期（改革开放至 2003 年）、萌芽期（2004—2009 年）、发展期（2010—2015 年）和相对成熟期（2016 年以来），每一个阶段都有各自的贡献，也为下一阶段政策的制定和完善提供了基础。从发展历程来看，留守儿童政策的制定与阶段转换，与我国农村剩余劳动力进城务工的规模及形势紧密相关，国家经济社会发展水平是其根本基础，城乡关系、国家经济发展侧重点的变化是其方向调整的重要依据。

二是留守儿童关爱保护政策的现状。我国已经形成了以《中华人民共和国未成年人保护法》为基础、以《国务院关于加强农村留守儿童关爱保护工作的意见》等权威文件为核心的留守儿童关爱保护政策体系；形成了由民政部牵头，省、市、县、乡民政部门共同组成的五级儿童关爱保护纵向执行体系，形成了由民政部门牵头，各层级的教育、公安等近30个部门参与的儿童保护工作委员会的横向协同执行体系。但是，我国各地经济社会发展差异较大，在执行具体政策方面可能存在一定的差距；部分政策在落实过程中可操作性仍然存在不足的问题；农村基层组织和社会事业弱化，缺乏政策落实的具体实施人员；各类社会组织开展留守儿童服务的项目在可持续性方面存在不足，需要在后续工作中逐步完善。

第三，我国留守儿童关爱保护主要举措及儿童的感知。一方面，课题组对政府及司法部门、群团组织、中小学校、社会组织及其他相关组织开展的留守儿童主要关爱保护行动进行了全面梳理，研究认为：我国开展的留守儿童关爱保护行动，较为全面地保障了留守儿童的监护、生活、学习、娱乐，在很大程度上促进了留守儿童身心健康成长；存在的问题主要表现在儿童保护的立法设计不足、全社会对儿童保护理念的深层次认知不足、留守儿童关爱保护执行体系的衔接不足、基层人才队伍建设仍然不足、家庭监护的主体意识不足、关爱保护的设施建设不足、服务的专业性不足等问题。另一方面，课题组抽取8个省份、3316名留守儿童开展调查，了解其基本生活状况及对儿童保护的主观感知情况。研究发现，留守儿童的社会支持存在不足，共同居住成员所能提供的教育帮助不足，与外出务工父母沟通较为欠缺；因为缺乏父母的日常照护，留守儿童在农村生活中面临相对更高的风险；留守儿童在保障生存权、人身安全、发展权等方面的感知较好，对参与权的感知不容乐观。课题组对此开展了分析并提出了改进建议。

第四，留守儿童关爱保护政策的完善建议。课题组以《中华人民共和国未成年人保护法》为总体框架，从宏观角度和家庭、学校、社会、网络、政府和司法等7个板块，共计提出了23个方面、60条建议，是本课题最为重要的内容，也是直接体现研究成果实践价值的部分，在此做一个较为全面的梳理。

（1）在宏观政策的完善方面提出了3个方面共计6点建议：一是深

化儿童关爱保护的理念传导及环境营造。具体包括：将中宣部这类党的重要部门纳入留守儿童联席会议体系，以完善留守儿童关爱保护的政策架构并充分补足宣传力量，强化"儿童优先""儿童最大利益原则"和"国家亲权"理念的深入宣传；优化宣传形式和宣传渠道，变革传统宣传形式，广泛开发乡村大舞台、儿童情景剧、新时代儿童权益节目、与地方文化结合的普法活动、儿童保护绘本（漫画、短视频）等普通民众喜闻乐见的宣传素材，利用报纸、新闻、互联网、新媒体、乡村宣传载体等立体化渠道，以儿童节、宪法日等特定时间节点，固定化、常规化组织儿童保护理念宣传，以便取得更为实在的宣传成效，为儿童关爱保护政策的制定和落地实施提供良好基础和社会氛围。二是从儿童保护到儿童福利转变以加强立法工作。具体包括：在儿童福利立法中应明确一些基本理念和原则，包括广义的福利内涵和普惠式儿童福利，强化儿童福利立法与国际社会接轨，强化将"儿童优先""儿童利益最大化"等原则贯穿于立法实践之中，坚持尽力而为和留有弹性相结合的原则，加强儿童福利立法与现有法律体系和政策体系的衔接，在儿童福利立法中强化对重点内容的保障；将预防性服务作为儿童福利立法的基石，更多地立足家庭制定介入式服务规范，探讨儿童津贴和儿童服务并行的福利供给形式，推动各地修订未成年人保护的地方法规以便与儿童福利立法形成上下衔接的政策法律体系。三是进一步完善留守儿童关爱保护整体执行体系。具体包括：将民政部儿童福利司升级为"国家儿童福利局"，挂靠在民政部，明确为副部级单位，涉及儿童保护的其他中央部委、国务院组成单位及群团组织的相关部门和人员，调整进入该局，以统管全国儿童福利工作，相应地，省级、市级和县级政府同时做出调整，以强化儿童福利行政管理的纵向贯通；吸纳各层次致力于儿童保护研究与服务的智库、社会团体、社会服务机构进入地方儿童保护联席会议或领导小组，同时共享儿童保护数据、发布研究课题、制定儿童保护实施体系重点各项细则和标准，以完善留守儿童关爱保护的横向协同体系。

（2）在完善留守儿童家庭关爱保护政策方面提出了4个方面共计12点建议：一是切实督促农民工家长认真履行留守儿童监护主体职责。具体包括：开展系统化的宣传体系构建和深层次宣传实践以夯实农民工履行家庭监护职责的基础，在课题组倡议构建的此宣传体系中，既要明确开展"儿童优先""儿童利益最大化"等理念层面的宣传,也要深层次开展农民工父母履行家庭监护职责的宣传,既可以充分利用农民日常密切接触的"土媒介",采用"土方法"开展"喊话式"宣传,也可以利用现阶段农民普遍使用的"新媒体"开展宣传,将各部门制作的有关儿童保护、家庭监护的宣传短视频、典型案例、宣传文档大量转发到农民工广泛使用的"打工群""老乡群""家族群"之中,并引发讨论和热议,以便收获更好的宣传成效;探索一些"中间约束"方法以便促进农民工父母履行监护职责,主要做法可以包括劳动密集型企业把"务工人员需要依法履行对未成年子女的监护责任"纳入劳务合同,合同以外附"监护子女责任书",以增强农民工监护意识;为农民工办理居住证等证件时将"监护子女承诺书"纳入提交的材料范围,将"监护子女是父母的天职""在外打工期间也应照管好子女"等内容纳入乡规民约并开展一些仪式性的学习活动。二是为留守儿童家庭履行监护职责赋权增能。具体包括:在农民工培训中加入"家庭教育能力提升"的内容,以改变当前过于强化实用技能培训的局面;扩展培训方式,加强向社会组织购买更为专业的培训服务的力度;根据农民工实际需求情况,在培训方案中明确以上培训内容并加强培训效果评估。三是重点落实留守儿童"代为照护"制度。具体包括:将"代为照护"制度纳入法律宣传的重点,简化"代为照护"宣传过程中的语言表达,充分利用农民喜闻乐见的宣传渠道和方式,使得"代为照护"制度入脑入心;开展针对农村老人与留守儿童沟通、价值观引导、行为指导、习惯训练等方面的理念和技能培训,加强被委托人的能力提升服务;加强制度设计以限制怠于履行委托监护手续及监护职责的现象,村委会可以要求本村农民外出务工前履行监护承诺、办理代为照护的委托手续,妥善安排留守儿童的代为照护问题,农民工无合适的委托人监护 16 周岁以下儿童而外出务工的,留守儿童的亲属、儿童福利主任、村(居)委会、学校等相关方都应履行强制报告的职责,启动报告—处置—评估—干预系列程序,追究父母的相关责任。四是加强家庭教育指导机构规范化建设。具体包括:县级及以上政府和所属相关部门,应加大家庭教育指导机构建设方面的投入和规范管理,持续加强家庭教育制度服务的内容体系建设和人才队伍建设,明确专兼职家庭教育指导人员的聘任标准与工作职责,加强家庭教育指导工作队伍的规范化建设；严格设置家庭教育培训、服务的市场准入门槛，制定适合本地情况的家庭教育指导服务人员的从业标准、工作职责以及评价指标；切实加强家庭教育专业人才和志愿人员队伍培养，可以考虑在教育学、社会学等学科中设置"家庭教育学"的人才培养方向，甚至在教育学的专业门类中增设"家庭教育"，列入《普通高等学校本科专业目录》。

（3）在完善留守儿童学校关爱保护政策方面提出了 3 个方面共计 11 点建议：一是建立留守儿童集中地区的学校社会工作制度。具体包括：地方教育行政主管部门牵头成立管理机构，通盘负责本地区留守儿童学校社会工作的组织管理；发挥政府机构、社会组织和经济组织的共同协力作用，共同解决留守儿童学校社会工作的经费来源；结合内设社工和外派社工两种方式，解决留守儿童学校社会工作的人才来源问题；整合农村学校现有的图书室、心理辅导室等服务平台，由教育主管部门和学校持续投入，解决学校社会工作的平台建设问题；留守儿童学校社会工作，主要提供预防性、介入性和拓展性服务；以社工机构内部督导与培训、同就近高校合作获得督导与培训服务等两种方式，解决留守儿童学校社工的督导和培训问题。二是强化预防和干预校园欺凌等重点安全工作。具体包括：以校为单位组建"防治校园欺凌领导小组"，构建并认真执行防治校园暴力的系列制度规范，建立适合留守儿童特征的校园欺凌防治制度，形成防治校园欺凌的合力；以建立校园欺凌防治工作"重点关注"人员名单制度、开展校园欺凌典型案件宣传、加强校园值班和校内外巡查工作、强化监控技术设备的使用、设置校园欺凌求助电话或者小信箱、充分利用学校心理辅导室开展留守儿童心理教育和疏导工作、加强校园周边环境整治等方式，加强留守儿童校园欺凌问题的预防；建立校园欺凌处置程序、被欺凌者身心干预制度、欺凌者教育惩戒和恢复制度，以构建留守儿童校园欺凌的介入制度体系。三是强化留守儿童学前教育的制度完善。具体包括：可以考虑将当前乡村振兴阶段中央帮扶资金、发达地区对口帮扶资金投入一部分用于农村地区儿童早期教育硬件建设和师资培育，加大对于儿童早期教育发展的社会公益项目资助力度，强化儿童督导员、儿童主任的家庭早期养育能力培训的投入，切实加大留守儿童早期教育投入；利用村社闲置阵地开办幼教点或幼儿园以解决学前教育办学阵地问题，利用"国培计划"和"省培计划"培养大量本地存量幼儿教育师资队伍，聘用并培训本地中等教育程度以上学历青年加入幼儿教育队伍以加强农村地区幼儿教师的增量建设，持续实施农村幼儿教师特岗计划吸引优秀大学生到农村幼儿园任教，支持师范院校设立和加强学前教育专业以加强本地幼儿教师供给，适当提高农村幼儿教师队伍待遇和社会保障水平，将村社一级幼儿园、幼教点纳入教育系统全口径统计管理范围并加强建设督导和质量管控，从而完善公益普惠性质的农村学前教育体系。

（4）在完善留守儿童社会关爱保护政策方面提出了3个方面共计7点建议：一是完善社会组织服务留守儿童的政策支持体系。具体包括：侧重于在县级及以下地方层面培育孵化儿童服务类社会组织，可以要求各县区通过政府委托、政府购买服务等方式依托县级社工总站培育和发展一批儿童服务类社会组织，也可以在国家、省、市级层面开展的儿童服务资助项目中单列一类"创办基层儿童服务类社会组织"以支持基层公益人士创办儿童服务类社会组织；在推进政府购买服务方面开展评审流程和资助周期等方面的政策创新，将评审立项的主要权力下放给地市州民政局，以本地公益人士为主开展公开公平评审，同时将一年的资助周期变革为三年，每年组织一次评估，评估通过后第二年自动获得资助；以案例宣讲、行动促成、适当补贴等方式，加强对公益组织、公益人士投入到包括留守儿童在内的儿童群体关爱服务的宣传和理念输入，以强调赋能在地化资源的方式积极发动社会各方参与。二是夯实信息查询及从业禁止的政策基础。具体包括：在"密切接触未成年人的单位"深入开展普法宣传，加强这类单位履行法律义务的意识，同时提供入职查询和常规查询的通道；要求各"密切接触未成年人的单位"在选定的服务商、资助方中，明确能够密切接触未成年人的名单，比照单位内部人员，在建立合作关系之初以及达成合作关系后，均履行初始查询和常规查询的义务。三是从社会层面完善遭受严重侵害留守儿童的救助体系。具体包括：各类基金会建立遭受严重侵害留守儿童专项社会救助基金，加强对遭受性侵害、严重暴力伤害的留守儿童开展经济救助；处理该类案件的司法机关、政府部门，以政府购买服务等方式委托专业社会组织派出专业人员，对遭受严重暴力侵害的留守儿童开展持续跟踪救助。

（5）在完善留守儿童网络关爱保护政策方面提出了3个方面共计6

点建议：一是切实加强留守儿童网络使用方法及网络安全教育。具体包括：以加强留守儿童网络素养的规范化教育、严格执行有关智能终端带入校园的法律规定、在各类社会组织开展的留守儿童专项服务中将"拒绝网络沉迷"等设置为重要内容、开展同辈群体网络素养教育以消减"负向社会支持"造成的影响等方法，切实提高留守儿童及其同辈群体网络素养；以将网络素养教育加入各类农民工及农民培训之中、在《全国家庭教育指导大纲》修订中加入有关网络素养教育的内容等方式，切实加强农民工父母及其他监护人网络素养。二是加强预防儿童网络沉迷的技术创新。具体包括：尽早制定全国统一的未成年人网络游戏电子身份认证系统并全面严格应用，要求各网络游戏平台登录入口必须与"未成年人网络游戏电子身份认证系统"对接，在身份认证系统中严格管控未成年人网络游戏登录使用时间，严厉打击有可能出现的电商平台网游租号服务；严格落实网络直播平台监管措施，在"青少年模式"、网络信息安全和"监护人同意"等方面开展技术创新。三是为儿童营造风清气正的良好网络环境。具体包括：加大对于发布、传播甚至持有针对儿童的不良信息行为的处罚力度，按照网络经营者营业额的比例而不是违法所得比例设定罚款制度，才能真正提高违法成本，以减少不良信息的传播；加强针对儿童的网络信息审核监督，特别是对网络暴力行为的强制限定，加强有关针对儿童网络暴力的立法研究和强制规范，各级网信部门可以牵头建立从中央到地方的社会监督评价制度，同时要求各互联网企业在内部成立儿童信息网络审核委员会，形成以立法为基础、以内外部审核为核心的儿童的网络信息审核监督体系。

（6）在完善留守儿童政府关爱保护政策方面提出了4个方面共计10点建议：一是完善以县为基础的留守儿童关爱保护基层执行体系。具体包括：将宣传部门纳入进来，在国务院儿童工作委员会基础上组建"国家儿童保护工作委员会"，各省、市、县配套组建相应机构，真正在各级层面发挥儿童保护工作的"综合协调议事"职能；县级层面的儿童保护工作委员会应由县委县政府主要领导担任组长，委员会下应组建具有较强资源动员和整合能力的管理机制，构建乡镇民政办（社事办）、村（居）委会的延伸工作机制，夯实基层儿童关爱保护的县、乡、村三级执行体系。二是完善政府部门关爱留守儿童的统筹管理政策。具体包括：

组织县儿童保护工作委员会全体成员、乡镇和村居从事儿童保护工作的人员深入学习儿童保护领域的法律和政策文件；在加强统筹的基础上明确部门分工和工作职责，确定总体工作思路和年度工作任务、目标，在此基础上实现分工合作；制定明确的考核机制及考核结果运用机制，考核结果记入部门和个人年度考核档案，与部门绩效奖励、个人职务晋升等建立关系。三是完善留守儿童基层工作队伍政策。具体包括：尽量依据法律规定解决基层儿童工作队伍专岗专职问题，特别是留守儿童集中的地区，县、乡、村应该搭建专职专岗的三级儿童专职工作队伍，即便暂时无法解决专职专岗问题，也需要在兼职人员的待遇方面有所提高，否则留守儿童关爱保护协调机制和管理机制仍会面临无法传递福利政策的问题；严格落实儿童保护工作经费预算，在国家和省级层面，针对儿童督导员和儿童主任设置预算制度，对其人员经费、工作经费、培训经费都要做出合理的安排，国家、省、市、县级层面负担比例可以根据东中西部各地财政状况合理确定，适当向中西部倾斜；持续开展儿童保护工作者胜任力培训，确保本区域内儿童督导员和儿童主任在一个年度内要实现培训全覆盖，新任儿童督导员和儿童主任在履职之初应接受系统培训，每三个年度都有必要组织一次系统培训，以确保所有担任儿童保护工作的督导员和主任均能得到连续性培训，提升服务实效。四是切实加强留守儿童政府监护制度的落实。具体包括：加强寄养家庭制度完善、寄养衔接、社会参与等工作，为儿童临时监护提供基础；大力加强未成年人救助保护机构和儿童福利机构的硬件建设和制度化、标准化等软件建设，为儿童临时监护和长期监护提供保障。

（7）在完善留守儿童司法关爱保护政策方面提出了3个方面共计8点建议：一是完善强制报告制度的落实机制。具体包括：细化强制报告制度的操作流程，夯实实施的可行基础，围绕强制报告制度在具体实施过程中"谁报告、什么情况报告、向谁报告、报告什么内容、如何举证、报告后如何处理"等环节，通过后续政策设计进一步明确；加强部门在强制报告中的协调，促进跨部门高效衔接，明确儿童保护的责任主体机构，通过统一协作进行报告登记、评估规范、分类救助，在接受报告初步判断的基础上联合现场查看评估、联动干预，以充分发挥强制报告的发现与预防功能；注重强制报告制度培训和宣传，营造良好的社会氛围。

二是完善撤销监护权的审判程序和撤销后的安置机制。具体包括：在扩大附带民事诉讼适用范围的同时完善撤销监护人资格的前置程序，将针对监护人的刑事审判与撤销监护资格的民事审判合并在一起，由相关方基于侵害者的主观恶性、侵害行为的轻重、侵害者是否悔改及回归亲情的可能性、被侵害未成年人的意愿等综合因素共同做出评估结论，作为审判的前置程序；强化撤销监护人资格后儿童保护政策的细化和落实，当原监护人资格被撤销、儿童处于脱离监护状态时，安排近亲属监护或家庭寄养或收养相对更为妥当，其次再考虑由民政部门监护。三是落实并完善未成年人专门矫治教育制度。具体包括：切实加强罪错未成年人专门学校的建设，省级人民政府应当将专门教育发展和专门学校建设纳入经济社会发展规划，县级以上地方人民政府成立专门教育指导委员会，根据需要合理设置专门学校；进一步明确"专门教育指导委员会"的组建方法和运行体系，由地方教育行政主管部门牵头，联合法律规定的相关部门和人员共同组建专门教育指导委员会，由专门学校的负责人担任委员会办公室主任协调委员会的常规运行，才可以充分发挥委员会功能；聚合多方力量将专门学校的矫治教育落到实处，只有司法机关、群团组织、社会各界力量的广泛参与，结合违法涉罪未成年人的特征组织教育矫治，才能产生实际成效。

需要说明的有两点：一是很多对策建议，并不能说是专门针对留守儿童提出的，原因在于留守儿童仅是儿童群体中的一小部分，也是各类需要特殊关注的儿童群体中的一部分，对其政策完善的建议，很多时候需要从更高的层面来考虑，而这种扩大范围、提高层次的视角，难免会超出留守儿童自身问题的范畴；二是对策建议的内容可能存在交叉，原因在于涉及留守儿童关爱保护工作的层级多、部门分散，而且大量职能在各个部门之间均有法律或政策赋权，例如"开展儿童保护法律宣传"就会涉及包括公、检、法、司在内的众多部门，这就使得所提出的对策建议在内容上可能存在交叉现象。当然，不论是以上哪种情况的对策建议，对于提升留守儿童关爱保护工作水平，并不会造成实质影响。

因能力有限，课题组开展的本项研究可能存在诸多不足，例如所提出的有关留守儿童认知的观点可能较为激进，开展的留守儿童权利特殊性的分析可能不深入；对我国留守儿童关爱保护政策历史与现状的梳理不太全面，对存在问题的分析不太深入；对国外儿童保护政策的分析可能存在挂一漏万的问题，对发达国家儿童保护、儿童福利的经验在何种程度上可以应用在我国的探讨存在不足；对我国留守儿童关爱保护举措的整理不完整，对留守儿童基本生活状况及儿童保护主观感知的分析较为浅显，定量分析层次较低；所提出的 7 个板块、23 个方面、60 条建议可能存在一定的操作问题和可行性问题，特别是难以结合各地区特点提出对策建议。以上研究不足，期待在今后的研究实践中继续弥补。

课题组前后开展了留守儿童社会工作综合服务体系研究、留守儿童关爱保护的社会政策研究两项国家社科基金课题，遵循了从"服务体系构建"到"政策完善"的思考逻辑。回顾整个研究历程，课题组认为，围绕留守儿童，今后还可以集中开展以下两个方面的研究。一是在政策完善层面之上，开展儿童福利立法研究。政策在稳定性、连续性、可追责等方面相对于国家立法均存在一定的不足，作为儿童群体中的一部分，留守儿童权利保护需要有明确的福利理念作为指导，更需要在合理的福利理念下确定立法的价值取向、与现行法律和政策的协调、儿童福利的权责边界、不同类型儿童的福利和服务水平。二是在现有儿童关爱保护政策体系下，开展打通落实环节的具体策略研究。课题组发现，在儿童保护的末端环节，有很多地方存在隔阂，例如：暂时处于无人监护状态或遭遇家长侵害而不适合在原生家庭生活的留守儿童，名义上可以由亲属、村（居）委会、民政部门监护，而实际上如果亲属愿意提供帮助那就不会处于"无人监护状态"，村（居）委会在实际上并无能力提供监护，民政部门往往担心各种可能的风险和政策障碍而难以提供实际服务，现有家庭寄养制度的主动性弱、寄养家庭储备不足，以上情况的综合结果就是儿童得不到及时救助，持续面临生活风险。不仅如此，强制报告制度、监护能力评估、家庭教育指导、未成年人刑事案件诉（庭）前调查等在具体落实环节，均存在操作问题、标准问题、执行机制问题以及各部门协同问题。以上两个方面，一个在顶层，一个在基层，可以作为今后开展包括留守儿童群体在内的各类儿童群体研究的重要方向。

参考文献

一　中文文献

（一）著作及学位论文

［印］阿马蒂亚·森：《以自由看待发展》，任赜、于真译，中国人民大学出版社 2002 年版。

［日］大须贺明：《生存权论》，林浩译，法律出版社 2001 年版。

［美］戴维·迈尔斯：《社会心理学》，张智勇、乐国安、侯玉波译，人民邮电出版社 2006 年版。

杜春庄：《越南家庭教育现状、问题和对策研究》，硕士学位论文，华中师范大学，2013 年。

范兴华：《家庭处境不利对农村留守儿童心理适应的影响》，湖南师范大学出版社 2012 年版。

韩晶晶：《儿童福利制度比较研究》，法律出版社 2012 年版。

郝卫江：《尊重儿童的权利》，天津教育出版社 1999 年版。

贾丙新：《国家、家庭与儿童发展》，硕士学位论文，江南大学，2017 年。

《全国妇联　教育部　公安部　民政部　司法部　财政部　农业部　卫生部　国家人口计生委　中央文明办　全国总工会　共青团中央中国关工委关于开展"共享蓝天"全国关爱农村留守流动儿童大行动的通知》，载司法部法律援助中心编《中国法律援助年鉴·2007》，中国民主法制出版社 2008 年版。

［美］罗斯 S. 肯普、C. 亨利·肯普：《虐待儿童》，凌红、徐玉燕、梅青、龚秀军译，辽海出版社 2000 年版。

《马克思恩格斯选集》第一卷，人民出版社 2012 年版。

《马克思恩格斯选集》第四卷，人民出版社 2012 年版。

潘小娟、卢春龙等著：《中国农村留守群体生存状况研究》，北京大学出版社 2013 年版。

史尚宽：《亲属法论》，中国政法大学出版社 2000 年版。

王小英、蔡珂馨主编：《国内外幼儿教育改革动态与趋势》，东北师范大学出版社 2004 年版。

王雪梅：《儿童权利论——一个初步的比较研究》，社会科学文献出版社 2005 年版。

王振川主编：《中国改革开放新时期年鉴（1996 年）》，中国民主法制出版社 2014 年版。

杨剑、李晨、熊泰松：《2019 年中国儿童福利工作发展状况分析》，载苑立新主编《中国儿童发展报告（2020）》，社会科学文献出版社 2020 年版。

杨敏：《儿童保护——美国经验及其启示》，江苏人民出版社 2016 年版。

杨志超：《儿童保护强制报告制度研究》，博士学位论文，山东大学，2017 年。

尹力：《儿童受教育权》，教育科学出版社 2011 年版。

于旭坤：《中国儿童网络保护专题报告》，载苑立新主编《中国儿童发展报告（2020）》，社会科学文献出版社 2020 年版。

[美] 约翰·博德利：《发展的受害者》，何小荣、谢胜利、李旺旺译，北京大学出版社 2011 年版。

中华全国妇女联合会儿童工作部、英国救助儿童会中国项目组主编：《儿童参与：东西方思维的交汇》，中国法制出版社 2004 年版。

中国青少年研究中心编：《中国少年儿童十年发展状况研究报告（1999—2010）》，人民日报出版社 2011 年版。

（二）期刊及报纸文章

安琪：《我国未成年人分级处遇机制的评述及完善审思》，《青年探索》2021 年第 5 期。

白卫明、刘爱书、刘明慧：《儿童期遭受心理虐待个体的自我加工特点》，《心理科学》2021 年第 2 期。

白星星、袁林：《未成年人行为矫治共建共治共享新格局构建》，《北京社会科学》2022 年第 2 期。

边玉芳、鞠佳雯、孙水香：《家庭教育指导服务体系的区域推进：基本特征、现实困境与实施路径》，《中国电化教育》2022 年第 1 期。

边玉芳、张馨宇：《新时代我国家庭教育指导服务体系：内涵、特征与构建策略》，《中国电化教育》2021 年第 1 期。

蔡虹、王瑞祺：《刑事附带民事公益诉讼惩罚性赔偿之否定与替代方案》，《山东社会科学》2022 年第 1 期。

曹骁勇、曲珍：《国内外义务教育均衡发展研究述评》，《黑龙江教师发展学院学报》2021 年第 10 期。

陈立、王倩、赵微、王庭照：《早期社会剥夺的发展风险与儿童依恋障碍》，《学前教育研究》2021 年第 10 期。

陈世海：《城镇留守儿童：被遗忘的角落——社会支持的测量及启示》，《中国青年研究》2014 年第 10 期。

陈世海：《农民工媒介形象再现及其内在逻辑——基于央视春晚的分析》，《青年研究》2014 年第 5 期。

陈国维：《农村学前留守儿童发展困境及解决策略》，《中国教育学刊》2018 年第 1 期。

成彦：《美国儿童福利运行框架对中国儿童福利体系建构的启示》，《社会福利》（理论版）2013 年第 9 期。

程晋宽：《信息社会英国、美国、加拿大学校社会工作的比较》，《外国中小学教育》2011 年第 10 期。

程斯辉、刘宇佳：《防治中小学生沉迷网络的国外模式与借鉴》，《人民教育》2019 年第 10 期。

董才生、马志强：《留守儿童关爱保护政策需要从"问题回应"型转向"家庭整合"型》，《社会科学研究》2017 年第 4 期。

董新良、张梅：《儿童保护：澳大利亚"儿童求助热线"服务经验及启示》，《当代青年研究》2020 年第 4 期。

段成荣、吕利丹、王宗萍：《城市化背景下农村留守儿童的家庭教育与学校教育》，《北京大学教育评论》2014 年第 3 期。

段成荣、杨舸：《我国农村留守儿童状况研究》，《人口研究》2008 年第 3 期。

段成荣、周福林：《我国留守儿童状况研究》，《人口研究》2005 年第 1 期。

段玉香：《农村留守儿童社会支持状况及其与应付方式的关系研究》，《中国健康心理学杂志》2008 年第 4 期。

樊未晨、龚昕冉：《家庭教育指导师培训缘何"凶猛"生长》，《中国青年报》2022 年 4 月 11 日第 5 版。

范方、桑标：《亲子教育缺失与"留守儿童"人格、学绩及行为问题》，《心理科学》2005 年第 4 期。

方海涛：《留守儿童法律保护：美国的经验及启示》，《预防青少年犯罪研究》2017 年第 4 期。

干伟溢、陈璇：《流动少年儿童的社会支持研究述评》，《中国青年研究》2012 年第 5 期。

高丽茹：《美国儿童保护制度的发展对中国的启示》，《社会工作与管理》2016 年第 6 期。

高书国：《论我国家庭教育知识体系的构建》，《南京师大学报》（社会科学版）2022 年第 1 期。

高维俭：《〈未成年人保护法（2020 修正案）〉评述》，《内蒙古社会科学》2021 年第 2 期。

龚保华：《社会转型期的农村留守子女问题探析》，《社会科学家》2008 年第 5 期。

顾秀莲：《在全国农村留守儿童工作电视电话会议上的讲话》，《中国妇运》2006 年第 12 期。

关信平：《中国特色社会政策理论构建及其主要议题》，《社会政策研究》2021 年第 3 期。

关颖：《儿童健康权保护：问题反思与责任履行》，《理论与现代化》2014 年第 3 期。

《关于进一步健全农村留守儿童和困境儿童关爱服务体系的意见》，《中华人民共和国教育部公报》2019 年第 5 期。

郭开元、张晓冰：《我国农村留守儿童权益保护及对策研究》，《中国青年社会科学》2018 年第 4 期。

郭曰君：《休息权的权利主体新论》，《广州大学学报》（社会科学版）

2014 年第 3 期。

何海澜：《论儿童优质教育权利的法治保障》，《人权》2020 年第 1 期。

何挺：《论监护侵害未成年人与监护人资格撤销的刑民程序合一——以附带民事诉讼的适用为切入点》，《政治与法律》2021 年第 6 期。

侯玉娜：《父母外出务工对农村留守儿童发展的影响：基于倾向得分匹配方法的实证分析》，《教育与经济》2015 年第 1 期。

黄金荣：《解决"黑户"问题的人权视野与法治维度》，《学习与探索》2017 年第 10 期。

江求川、任洁：《教育机会不平等：来自 CEPS 的新证据》，《南开经济研究》2020 年第 4 期。

姜安印、陈卫强：《高质量发展框架下中国居民生活质量测度》，《统计与决策》2020 年第 13 期。

焦洪昌、赵德金：《未成年人检察公益诉讼制度的实践困境与优化路径》，《浙江工商大学学报》2021 年第 2 期。

康亚通：《青少年网络沉迷研究综述》，《中国青年社会科学》2019 年第 6 期。

柯洋华：《美国家庭福利政策的历史、原则和经验》，《社会政策研究》2017 年第 4 期。

蓝寿荣：《论我国宪法休息权的解释》，《东北师大学报》（哲学社会科学版）2020 年第 4 期。

李长健、杨永海：《胎儿权利实现：选择权与生命权冲突的利益衡量——从罗伊诉韦德案谈起》，《河南教育学院学报》（哲学社会科学版）2019 年第 4 期。

李春玲：《"80 后"的教育经历与机会不平等——兼评〈无声的革命〉》，《中国社会科学》2014 年第 4 期。

李洪波：《实现中的权利：困境儿童社会保障政策研究》，《求是学刊》2017 年第 2 期。

李健、薛二勇、张志萍：《家庭教育法的立法议程、价值、原理与实施》，《北京师范大学学报》（社会科学版）2022 年第 1 期。

李军：《农民自理口粮到集镇落户若干法律问题》，《广东社会科学》1986 年第 4 期。

李娜、陈璐:《家庭失灵:留守儿童权利保护与犯罪预防的认知基础》,《青少年犯罪问题》2017 年第 5 期。

李鹏:《农村留守儿童同伴交往中的问题及应对策略》,《教育观察》2013年第 1 期。

李晓凤、林佳鹏、张姣:《嵌入、建构、自主:学校社会工作本土路径探究——基于深圳的十年发展历程》,《社会工作》2019 年第 2 期。

李艳红、刘晓旋:《诠释幸福:留守儿童的电视观看——以广东揭阳桂东乡留守儿童为例》,《新闻与传播研究》2011 年第 1 期。

李颖、贾涛、宋志英:《儿童虐待和忽视综合性研究进展》,《陕西学前师范学院学报》2020 年第 9 期。

李周:《改革以来的中国农村发展》,《财贸经济》2008 年第 11 期。

李姿姿:《当前欧洲儿童照顾政策改革及其启示》,《当代世界与社会主义》2016 年第 4 期。

梁土坤:《儿童家庭寄养政策的历史演进与发展方向——从〈家庭寄养管理暂行办法〉到〈家庭寄养管理办法〉》,《理论月刊》2015 年第 7 期。

梁在、李文利:《留守经历与农村儿童教育发展》,《教育科学》2021 年第 3 期。

林卡:《回顾与展望:中国社会保障体系演化的阶段性特征与社会政策发展》,《人民论坛·学术前沿》2021 年第 20 期。

林茂:《亲子分离条件下留守儿童自我保护的建构》,《甘肃行政学院学报》2019 年第 3 期。

林闽钢:《中国社会政策体系的结构转型与实现路径》,《南京大学学报》(哲学·人文科学·社会科学) 2021 年第 5 期。

林毅夫、陈斌开:《发展战略、产业结构与收入分配》,《经济学》2013年第 4 期。

刘继同:《改革开放 30 年来中国儿童福利研究历史回顾与研究模式战略转型》,《青少年犯罪问题》2012 年第 1 期。

刘继同:《中国特色儿童福利概念框架与儿童福利制度框架建构》,《人文杂志》2012 年第 5 期。

刘继同:《中国现代儿童福利服务体系制度化建设论纲》,《探索与争鸣》2021 年第 10 期。

刘继文、李富业、连玉龙：《社会支持评定量表的信度效度研究》，《新疆医科大学学报》2008 年第 1 期。

刘文、于增艳、林丹华：《新时代背景下留守儿童社会适应促进：特点、挑战与应对》，《苏州大学学报》（教育科学版）2021 年第 4 期。

刘艺：《我国检察公益诉讼制度的发展态势与制度完善——基于 2017—2019 年数据的实证分析》，《重庆大学学报》（社会科学版）2020 年第 4 期。

龙浩：《未成年人检察公益诉讼问题实证研究——以 A 省检察机关 2020 年的 100 起案件的样本》，《少年儿童研究》2022 年第 4 期。

路琦、郭开元、刘燕、张晓冰：《新时期专门学校教育发展研究》，《中国青年研究》2018 年第 5 期。

罗国芬：《农村留守儿童的规模问题评述》，《青年研究》2006 年第 3 期。

罗静、王薇、高文斌：《中国留守儿童研究述评》，《心理科学进展》2009 年第 5 期。

骆风：《我国家庭教育事业现代化的实证研究——以珠三角地区为例》，《中国青年社会科学》2015 年第 3 期。

马雷、吴啟铮：《收容教养制度废除后专门学校教育的继受与转型》，《青少年犯罪问题》2022 年第 2 期。

孟露窈：《团中央"情暖童心"精准帮扶农村留守儿童》，《农家书屋》2018 年第 3 期。

牛帅帅、赵越：《〈未成年人保护法〉的国际法评析：以〈儿童权利公约〉为视角》，《中华女子学院学报》2021 年第 1 期。

潘璐：《留守儿童关爱政策评析与重塑》，《社会治理》2016 年第 6 期。

彭珮云：《加强人口迁移流动和城市化研究　促进城乡协调发展——在"中国现代化进程中的人口迁移流动和城市化"学术讨论会上的讲话》，《人口研究》2004 年第 4 期。

彭清燕、汪习根：《留守儿童平等发展权法治建构新思路》，《东疆学刊》2013 年第 1 期。

齐亚楠、杨宁：《4～5 岁留守学前儿童自我概念与社会退缩的关系——心理弹性的中介和调节作用》，《学前教育研究》2020 年第 2 期。

祁占勇、余瑶瑶、杜越、王书琴：《论家庭教育指导服务支持体系的供给主体及其行为选择》,《中国教育学刊》2021 年第 6 期。

钱宁、陈立周:《政策思维范式的演变与发展性社会政策的贡献》,《探索》2011 年第 5 期。

钱宁:《从人道主义到公民权利——现代社会福利政治道德观念的历史演变》,《社会学研究》2004 年第 1 期。

乔东平、黄冠:《从"适度普惠"到"部分普惠"——后 2020 时代普惠性儿童福利服务的政策构想》,《社会保障评论》2021 年第 3 期。

秦敏、朱晓:《父母外出对农村留守儿童的影响研究》,《人口学刊》2019 年第 3 期。

秦琦:《闲暇教育对我国农村留守儿童的积极意义》,《教育观察》2019 年第 33 期。

全国妇联课题组:《全国农村留守儿童城乡流动儿童状况研究报告》,《中国妇运》2013 年第 6 期。

《全国妇联、教育部等部门将开展双百万结对寒假特别行动》,《教育现代化》2019 年第 99 期。

《全国农村留守儿童状况研究报告(节选)》,《中国妇运》2008 年第 6 期。

全宏艳:《社会支持研究综述》,《重庆科技学院学报》(社会科学版)2008 年第 3 期。

申继亮、武岳:《留守儿童的心理发展:对环境作用的再思考》,《河南大学学报》(社会科学版)2008 年第 1 期。

申素平、崔晶:《从受教育权保护的视角看新的〈中华人民共和国义务教育法〉》,《中小学管理》2007 年第 3 期。

史柏年:《学校社会工作:从项目试点到制度建设——以四川希望学校社会工作实践为例》,《学海》2012 年第 1 期。

宋秀岩:《在全国家庭教育工作电视电话会议上的讲话》,《中国妇运》2017 年第 1 期。

孙慧娟:《预防事实无人抚养儿童犯罪研究——以民法对未成年人民事权利保护为视角》,《预防青少年犯罪研究》2021 年第 4 期。

孙绵涛、郭玲:《新时代教育法治建设的新探索》,《复旦教育论坛》2018 年第 1 期。

谭深：《中国农村留守儿童研究述评》，《中国社会科学》2011 年第 1 期。

田北海：《农民工社会管理模式转型与创新路径探讨》，《华中农业大学学报》（社会科学版）2011 年第 2 期。

佟丽华：《激活沉睡 28 年法律条款》，《民主与法制》2015 年第 5 期。

佟丽华：《法律保护是儿童权益的重要保障》，《中国校外教育》2021 年第 5 期。

万新娜：《"保护"到"超越保护"：媒介技术与儿童发展研究脉络梳理——基于传播学视角的文献考察》，《新闻知识》2017 年第 11 期。

王定伟：《农村留守儿童的家庭监护能力探讨》，《湖北师范大学学报》（哲学社会科学版）2019 年第 4 期。

王军、王广州：《中国三孩政策下的低生育意愿研究及其政策意涵》，《清华大学学报》（哲学社会科学版）2022 年第 2 期。

王理万、狄磊：《从"保护"走向"赋权"：对〈儿童权利公约〉一般性原则的再考察》，《预防青少年犯罪研究》2021 年第 3 期。

王丽荣、孟静：《未成年人校园暴力犯罪预防的德育理念——以日本创价学园德育思维为借鉴》，《高教探索》2018 年第 12 期。

王明露、王世忠：《区域空间结构：义务教育均衡发展研究新视野》，《教育理论与实践》2021 年第 25 期。

王爽：《党报视野中的留守儿童报道——以〈人民日报〉留守儿童报道为例》，《东南传播》2009 年第 5 期。

王爽、刘善槐：《农村留守儿童越轨行为风险与防范体系构建》，《教育科学研究》2020 年第 9 期。

王顺双：《论最大利益原则在儿童性权利保护中的法律运用》，《理论月刊》2014 年第 2 期。

王思斌：《社会工作实践权的获得与发展——以地震救灾学校社会工作的展开为例》，《学海》2012 年第 1 期。

王思斌：《我国适度普惠型社会福利制度的建构》，《北京大学学报》（哲学社会科学版）2009 年第 3 期。

王雪梅：《儿童受教育权的法律保护》，《预防青少年犯罪研究》2012 年第 10 期。

王一：《社会保护动力机制的再研究：双向运动理论与积累的社会结构》，

《社会科学辑刊》2021 年第 6 期。

王玉香、吴立忠：《我国留守儿童政策的演进过程与特点研究》，《青年探索》2016 年第 5 期。

魏昶、许倩、陈晓明、安晓镜：《留守儿童问题行为与感戴、社会支持的关系》，《中国儿童保健杂志》2014 年第 6 期。

魏秀春：《公共健康视阈下的英国儿童福利研究述评》，《中国社会科学院研究生院学报》2020 年第 2 期。

邬志辉、李静美：《农村留守儿童生存现状调查报告》，《中国农业大学学报》（社会科学版）2015 年第 1 期。

吴丰华、韩文龙：《改革开放四十年的城乡关系：历史脉络、阶段特征和未来展望》，《学术月刊》2018 年第 4 期。

吴霓：《农村留守儿童问题调研报告》，《教育研究》2004 年第 10 期。

《国务院办公厅关于同意建立农村留守儿童关爱保护工作部际联席会议制度的函》，《中华人民共和国国务院公报》2016 年第 11 期。

《国务院办公厅关于同意建立农村留守儿童关爱保护和困境儿童保障工作部际联席会议制度的函》，《中华人民共和国国务院公报》2018 年第 25 期。

《国务院关于加强农村留守儿童关爱保护工作的意见》，《中华人民共和国国务院公报》2016 年第 6 期。

郗杰英、郭开元：《与时俱进的〈中华人民共和国未成年人保护法〉》，《预防青少年犯罪研究》2021 年第 2 期。

夏蓓蕾、陈世海：《积极福利思想对我国留守儿童福利政策的启示》，《宜宾学院学报》2020 年第 1 期。

肖红军：《算法责任：理论证成、全景画像与治理范式》，《管理世界》2022 年第 4 期。

谢芳：《完善我国未成年人监护监督制度的原则及路径》，《中国青年社会科学》2021 年第 1 期。

谢芬：《触法未成年人专门矫治教育的适用困境与完善》，《西部学刊》2021 年第 24 期。

辛斐斐、范跃进：《政府购买家庭教育指导服务：价值、难题与路径选择》，《中国教育学刊》2017 年第 11 期。

新华社：《习近平寄语广大少年儿童强调　刻苦学习知识坚定理想信念磨练坚强意志锻炼强健体魄　为实现中华民族伟大复兴的中国梦时刻准备着　向全国各族少年儿童致以节日的祝贺》，《思想政治工作研究》2020 年第 6 期。

熊跃根：《福利国家儿童保护与社会政策的经验比较分析及启示》，《江海学刊》2014 年第 3 期。

徐富海、姚建平：《美国儿童福利制度发展历程、特点与启示》，《治理研究》2021 年第 3 期。

徐富海：《中国儿童保护强制报告制度：政策实践与未来选择》，《社会保障评论》2021 年第 3 期。

徐红映：《社会资本视域下的乡规民约效能再造——以宁波市"民约村治"实践为例》，《社会学评论》2022 年第 1 期。

薛国凤：《"变"与"不变"：中国共产党的百年儿童观》，《少年儿童研究》2021 年第 7 期。

薛在兴：《美国儿童福利政策的最新变革与评价》，《中国青年研究》2009 年第 2 期。

闫晓英、周京：《加快建设普惠型儿童福利和保护制度》，《社会政策研究》2021 年第 4 期。

严敏、朱春奎：《美国社会福利制度的历史发展与运营管理》，《南京社会科学》2014 年第 4 期。

杨帆：《共青团在专门学校中预防犯罪的功效研究——以〈预防未成年人犯罪法〉的修订为背景》，《青少年犯罪问题》2021 年第 4 期。

杨世昌、张迎黎、张东军、申丽娟、姚桂英：《中国儿童虐待发生率的 Meta 分析》，《中国学校卫生》2014 年第 9 期。

杨欣：《教育的舆论风险及其治理》，《内蒙古社会科学》2021 年第 4 期。

杨雄、郝振：《上海市儿童权利家庭保护的现状与挑战》，《社会科学》2008 年第 6 期。

杨志超：《比较法视角下儿童保护强制报告制度特征探析》，《法律科学》（西北政法大学学报）2017 年第 1 期。

姚建龙、刘悦：《儿童友好型司法的理念与实践——以欧盟国家为例的初步研究》，《中国青年社会科学》2019 年第 1 期。

叶敬忠：《农村留守人口研究：基本立场、认识误区与理论转向》，《人口研究》2019 年第 2 期。

叶敬忠、王伊欢、张克云、陆继霞：《父母外出务工对农村留守儿童学习的影响》，《农村经济》2006 年第 7 期。

叶璐、王济民：《新中国成立以来城乡关系的演变历程与未来展望》，《华中农业大学学报》（社会科学版）2021 年第 6 期。

一张：《"留守儿童"》，《瞭望新闻周刊》1994 年第 45 期。

于阳：《留守儿童犯罪防治与被害预防实证研究》，《中国人民公安大学学报》（社会科学版）2018 年第 5 期。

袁梦、郑筱婷：《父母外出对农村儿童教育获得的影响》，《中国农村观察》2016 年第 3 期。

张安梅：《澳大利亚推行新的儿童保护制度》，《比较教育研究》2010 年第 5 期。

张楠、林嘉彬、李建军：《基础教育机会不平等研究》，《中国工业经济》2020 年第 8 期。

张荣丽：《性侵害未成年人违法犯罪信息查询机制比较研究》，《中华女子学院学报》2021 年第 1 期。

张晓露、陈旭：《儿童反应性依恋障碍：病源、诊断与干预》，《心理科学进展》2014 年第 11 期。

张志勇：《"双减"格局下公共教育体系的重构与治理》，《中国教育学刊》2021 年第 9 期。

赵诚：《要跟上农村商品生产发展的形势——学习中央一号文件的体会》，《学习与研究》1984 年第 6 期。

赵川芳：《儿童保护：现实困境与路径选择》，《社会福利》（理论版）2014 年第 5 期。

赵川芳：《家庭寄养：现实困境和完善对策》，《当代青年研究》2017 年第 4 期。

赵东花：《关爱农村留守流动儿童 统筹推进服务体系试点工作》，《中国妇运》2012 年第 3 期。

赵景欣、张文新：《农村留守儿童生活适应过程的质性研究》，《河南大学学报》（社会科学版）2008 年第 1 期。

赵军：《留守儿童性被害问题定量研究——以"猥亵型性被害"为中心》，《东南大学学报》（哲学社会科学版）2019年第3期。

郑磊、吴映雄：《劳动力迁移对农村留守儿童教育发展的影响——来自西部农村地区调查的证据》，《北京师范大学学报》（社会科学版）2014年第2期。

潘跃、沈亦伶：《农村留守儿童902万》，《人民日报》2016年11月10日第11版。

中国青少年研究中心课题组：《中国未成年人权益状况报告》，《中国青年研究》2008年第11期。

周爱民、王亚：《留守儿童教育公平问题及其治理对策》，《湖南社会科学》2021年第3期。

周福林、段成荣：《留守儿童研究综述》，《人口学刊》2006年第3期。

周梦蝶、胡杰、杨文：《未成年网络成瘾者的行为特点与原因分析及其对学前教育的启示》，《学前教育研究》2016年第3期。

周伟：《三成"留守孩"直言恨自己的父母》，《新华每日电讯》2005年3月29日第6版。

朱浩：《新中国70年儿童福利的理念、政策与发展趋向》，《中州学刊》2020年第2期。

朱盼玲：《学校社会工作实务发展困境与改善空间》，《当代青年研究》2018年第5期。

二 外文文献
（一）著作

Asian Development Bank, *The Social Protection Index：Assessing Results for Asia and the Pacific*, Asian Development Bank：Manila, 2013.

Chen, X., Wu, Y., & Qu, J., "Parental migration and risk of sexual assault against children in rural China", *Crime & Delinquency*, Vol. 68, No. 4, 2021.

Gudmundur Alfredsson, *The Universal Declaration of Human Rights：A Standard of Achievement*, Naciones Unidas Publishers, 1999.

Save the Children, Child Protection in the Philippines：A Situational Analysis,

Save the Children, Bangkok, 2011.

Wang, Q. , & Liu, X. , "Peer victimization and nonsuicidal self-injury a-mong Chinese left-behind children: The moderating roles of subjective socio-economic status and social support", *Journal of Interpersonal Violence*, Vol. 36, No. 23, 2020.

Zhang, H. , Zhou, H. , & Cao, R. , "Bullying victimization among left-be-hind children in rural China: Prevalence and associated risk factors", *Jour-nal of Interpersonal Violence*, Vol. 36, No. 15 – 16, 2019.

（二）期刊及报纸文章

Ainsworth F. , "Mandatory reporting of child abuse and neglect: does it really make a difference?", *Child & Family Social Work*, Vol. 7, No. 1, 2010.

Akiko Kamogawa, Early Childhood Education in Malaysia: A Comparison with Ja-pan. http://www. childresea rch. net/projects/ecec/2010 _ 05. html, 2016 – 05 – 01.

Andersen, B. R. , "Rationality and Irrationality of the Nordic Welfare State", *Daedalus*, Vol. 113, No. 1, 1984.

Archard, D. , & Skivenes, M. , "Hearing the child", *Child & Family So-cial Work*, Vol. 14, No. 4, 2009.

Battistella, G. , & Conaco, M. C. G. , "The impact of labour migration on the children left behind: A study of elementary school children in the Philip-pines", *Journal of Social Issues in Southeast Asia*, Vol. 13, No. 2, 1998.

Bell, M. , "Promoting children's rights through the use of relationship", *Child & Family Social Work*, Vol. 7, No. 1, 2010.

Ben-Arieh, A. , "Where Are the Children? Children's Role in Measuring and Monitoring Their Well-Being", *Social Indicators Research*, Vol. 74, No. 2, 2005.

Berker, A. , "The impact of internal migration on educational outcomes: evi-dence from turkey", *Economics of Education Review*, Vol. 28, No. 6, 2009.

Berrick, J. D. , & Skivenes, M. , "Dimensions of high quality foster care: parenting plus", *Children & Youth Services Review*, Vol. 34, No. 9, 2012.

Bessell, S. , "Children's participation in decision-making in the Philippines:

understanding the attitudes of policy-makers and service providers", *Child-hood*, Vol. 16, No. 3, 2009.

Bessell, S. , "Participation in decision-making in out-of-home care in Australia: What do young people say?", *Children and Youth Services Review*, Vol. 33, 2011.

Biavaschi, C. , Giulietti, C. , & Zimmermann, K. F. , "Sibling Influence on the Human Capital of the Left-Behind", *Journal of Human Capital*, Vol. 9, No. 4, 2015.

Bijleveld, G. , Dedding, C. , & JFG Bunders Elen, "Children's and young people's participation within child welfare and child protection services: Astate-of-the-art review", *Child & Family Social Work*, Vol. 20, No. 2, 2013.

Blaisdell, C. , Kustatscher, M. , Zhu, Y. , & Tisdall, E. K. M. , "The emotional relations of children'sparticipation rights in diverse social and spatial contexts: Advancing the field", *Emotion, Space and Society*, Vol. 40, 2021.

Blome, W. W. , & Steib, S. , "An examination of oversight and review in the child welfare system: The many watch the few serve the many", *Journal of Public Child Welfare*, Vol. 1, No. 3, 2008.

Cebotari, V. , Siegel, M. , & Mazzucato, V. , "Migration and child health in Moldova and Georgia", *Comparative Migration Studies*, Vol. 6, No. 1, 2018.

Chamberland, C. , Fortin, A. , & Laporte, L. , "Establishing a relationship between behavior and cognition: violence against women and children within the family", *Journal of Family Violence*, Vol. 22, No. 6, 2007.

Chen, J. Q. , Dunne, M. P. , & Ping, H. , "Prevention of child sexual abuse in china: Knowledge, attitudes, and communication practices of parents of elementary school children", *Child Abuse & Neglect*, Vol. 31, No. 7, 2007.

Cherney, I. D. , Greteman, A. J. , & Travers, B. G. , "A cross-cultural view of adults' perceptions of children's rights", *Social Justice Research*, Vol. 21, No. 4, 2008.

Coleman, J. S. , "Social Capital in the Creation of Human Capital", *American Journal of Sociology*, Vol. 94, 1988.

Collins, T. M. , Sinclair, L. D. , & Zufelt, V. E. , "Children's rights to participation and protection: Examining child and youth care college curricula inOntario", *Child & Youth Services*, Vol. 42, No. 3, 2021.

Cordova, N. , "Parens Patriae and State Attorneys General: A Solution to Our Nation's Opined Litigation?", *Harvard Journal of Law & Public Policy*, Vol. 44, No. 1, 2021.

Daro, D. , "A Shift in Perspective: A Universal Approach to Child Protection", *The Future of Children*, Vol. 29, No. 1, 2019.

Dean Hartley, "Social Policy and Human Rights: Re-thinking the Engagement", *Social Policy & Society*, Vol. 7, No. 1, 2008.

Diaz-Strong, D. X. , Roth, B. J. , Velazquillo, A. , & Zuch, M. , "Social work research on immigrants: A content analysis of leading journals from 2007 to 2016", *Social Work*, Vol. 66, No. 2, 2021.

Dow, T. , "ICWA and the unwed father: A constitutional corrective", *University of Pennsylvania Law Review*, Vol. 167, No. 6, 2019.

Drake, B. , Jonson-Reid, M. , & Sapokaite, L. , "Re-reporting of child maltreatment: does participation in other public sector services moderate the likelihood of second maltreatment report?", *Child Abuse & Neglect*, Vol. 30, No. 11, 2006.

Edelblute, Heather, B. , & Altman, Claire, E. , "Father absence, social networks, and maternal ratings of child health: evidence from the 2013 social networks and health information survey in Mexico", *Maternal and child health journal*, Vol. 22, No. 4, 2018.

Edleson, J. L. , "Making prevention of violence against women and children a priority", *Sex Roles*, Vol. 67, No. 3 - 4, 2012.

Ergler C. , "Children's Participation", In Peters M. , eds. , *Encyclopedia of Educational Philosophy and Theory*, Springer, Singapore, 2016.

Estell, D. B. , & Perdue, N. H. , "Social support and behavioral and affective school engagement: The effects of peers, parents, and teachers", *Psy-*

chology in the Schools, Vol. 50, No. 4, 2013.

Fan, F., & Sang, B., "Absence of parental upbringing and left-behind children's personality, academic achievements as well as behavior problems", *Psychological Science*, Vol. 28, 2005.

Fang, X., Fry, D. A., Ji, K., Finkelhor, D., Chen, J., Lannen, P., & Dunne, M. P., "The burden of child maltreatment in china: A systematic review", *Bulletin of the World Health Organization*, Vol. 93, No. 3, 2015.

Fan, S., Zhang, L., & Zhang, X., "Reforms, Investment, and Poverty in Rural China", *Economic Development and Cultural Change*, Vol. 52, No. 2, 2004.

Federle, K. H., "Children's Rights and the Need for Protection", *Family Law Quarterly*, Vol. 34, No. 3, 2000.

Fellmeth, G., Rose-Clarke, K., Zhao, C., et al., "Health impacts of parental migration on left-behind children and adolescents: A systematic review and meta-analysis", *The Lancet*, Vol. 392, No. 10164, 2018.

Flåm, A. M., & Handegård, B. H., "Where is the child in family therapy service after family violence? A study from the Norwegian Family Protection Service", *Contemporary family therapy*, Vol. 37, No. 1, 2015.

Gabel S. G., "Social protection and children in developing countries", *Children and Youth Services Review*, Vol. 34, 2012.

Gamlund, E., Müller, K. E., Paquet, K. K., & Solberg, C. T., "Mandatory childhood vaccination: Should Norway follow?", *Etikk i praksis-Nordic Journal of Applied Ethics*, No. 1, 2020.

Garrett, K. J., & Angeline, B. H., "Missing links: Professional development in school social work", *Children & Schools*, Vol. 4, 1995.

Goodmark L., "Mothers, domestic violence, and child protection: an American legal perspective", *Violence Against Women*, Vol. 16, No. 5, 2010.

Graham, E., & Jordan, L. P., "Does having a migrant parent reduce the risk of under nutrition for children who stay behind in South-East Asia?", *Asian & Pacific Migration Journal*, Vol. 22, No. 3, 2013.

Graham, E. , & Jordan, L. P. , "Migrant Parents and the Psychological Well-Being of Left-Behind Children in Southeast Asia", *Journal of Marriage and Family*, Vol. 73, No. 4, 2011.

Gullatt, D. E. , & Stockton, C. E. , "Recognizing and Reporting Suspected Child Abuse", *American Secondary Education*, Vol. 29, No. 1, 2000.

Gulseren Citak Tunc, Gulay Gorak, Nurcan Ozyazicioglu, Bedriye A. K. , Ozlem Isil, & Pinar Vural, "Preventing Child Sexual Abuse: Body Safety Training for Young Children in Turkey", *Journal of Child Sexual Abuse*, Vol. 27, No. 4, 2018.

Guo, Q. Sun, W. K. Wang, Y. J. , "Effect of Parental Migration on Children's Health in Rural China", *Review of Development Economics*, Vol. 21, No. 4, 2017.

Hansen, Patricia, and Ainsworth, Frank, "Australian child protection services: A game without end", *International Journal of Social Welfare*, Vol. 22, No. 1, 2013.

Hayden, P. , "Parens Patriae, the Class Action Fairness Act, and the Path Forward: The Implications of Mississippi ex rel. Hood v. AU Optics Corp", *Yale Law Journal*, Vol. 124, No. 2, 2014.

Hoeffler, A. , "Violence against children: a critical issue for development", *European Journal of Development Research*, Vol. 29, No. 5, 2017.

Horejsi, C. , Craig, B. H. R. , & Pablo, J. , "Reactions by Native American Parents to Child Protection Agencies: Cultural and Community Factors", *Child Welfare*, Vol. 71, No. 4, 1992.

Huang, Y. , Song, Q. , Tao, R. , & Liang, Z. , "Migration, family arrangement, and children's health in China", *Child Development*, Vol. 4, 2020.

Hu, F. , "Does migration benefit the schooling of children left behind? Evidence from rural northwest China", *Demographic Research*, Vol. 29, 2013.

Hugh, S. , Karen, S. , & Kim, O. , "Social work faculty engagement in social policy practice: A quantitative study of the Canadian experience", *The British Journal of Social Work*, Vol. 51, No. 4, 2021.

Hussein, & Shereen, "Work engagement, burnout and personal accomplishments among social workers: a comparison between those working in children and adults' services in england", *Administration and policy in mental health*, Vol. 45, No. 6, 2018.

International Labour office, Maternity and paternity at work: Law and Practice across the world, Geneva: ILO, 2014.

Islam, M. M., Khan, M. N., Mondal, M. N. I., "Does parental migration have any impact on nutritional disorders among left-behind children in Bangladesh?", *Public Health Nutrition*, Vol. 22, No. 1, 2019.

Jiang, X., Kosher, H., Ben-Arieh, A., & Huebner, E. S., "Children's Rights, School Psychology, and Well-Being Assessments", *Social Indicators Research*, Vol. 117, No. 1, 2014.

Jia, Z., Shi, L., Cao, Y., Delancey, J., & Tian, W., "Health-related quality of life of 'left-behind children': a cross-sectional survey in rural China", *Quality of Life Research*, Vol. 19, No. 6, 2010.

John Rawls, *A Theory of Justice*, Cambridge: Harvard University Press, 1999.

Khoury-Kassabri, M., Haj-Yahia, M. M., & Ben-Arieh, A., "Adolescents' approach toward children rights: Comparison between Jewish and Palestinian children from Israel and the Palestinian Authority", *Children and Youth Services Review*, Vol. 28, No. 9, 2006.

King, M., "The child, childhood and children's rights within sociology", *King's Law Journal*, Vol. 15, No. 2, 2004.

Kojan, B. H., & Lonne, B., "A comparison of systems and outcomes for safeguarding children in Australia and Norway", *Child & Family Social Work*, Vol. 17, No. 1, 2012.

Kosher, H., & A Ben-Arieh, "Social workers' perceptions of children's right to participation", *Child & Family Social Work*, Vol. 25, No. 2, 2020.

Kosher, Hanita, "What Children and Parents Think about Children's Right to Participation", *The International Journal of Children's Rights*, Vol. 26, No. 2, 2018.

Leeson, C., "My life in care: experiences of nonparticipation in decision-making processes", *Child & Family Social Work*, Vol. 12, No. 3, 2007.

Lei, L. L., Liu, F., Hill, E., "Labour Migration and Health of Left-Behind Children in China", *Journal of Development Studies*, Vol. 54, 2018.

Leonardsen, D., & Andrews, T., "Youth justice reforms inNorway: Professional support for the panopticon society?", *Youth Justice*, Vol. 22, No. 1, 2021.

Liang, Z., & Ma, Z., "China's floating population: New evidence from the 2000 census", *Population and Development Review*, Vol. 30, 2004.

Liang, Z., & Sun, F., "The lasting impact of parental migration on children's education and health outcomes: The case of China", *Demographic Research*, Vol. 43, 2020.

Limba, G. E., Chance, T., & Brown, E. F., "An empirical examination of the Indian Child Welfare Act and its impact on cultural and familial preservation for American Indian children", *Child Abuse & Neglect*, Vol. 28, No. 12, 2004.

Li, Q., Liu, G., Zang, W., "The health of left-behind children in rural China", *China Economic Review*, Vol. 36, 2015.

Lo, C., Breimo, J. P., & Turba, H., "Trust and distrust in inter organizational networks—the case of Norwegian child welfare and protection", *Public Management Review*, 2021.

Lundy, L., "Children's rights and educational policy in europe: the implementation of the united nations convention on the rights of the child", *Oxford Review of Education*, Vol. 38, No. 4, 2012.

Lu, Y., "Education of children left behind in rural China", *Journal of Marriage and Family*, Vol. 74, No. 2, 2012.

Lynda Laughlin and Jessica Davis, Who's in Head Start? Estimating Head Start Enrollment with the ACS, CPS and SIPP, U. S. Census Bureau Working Paper, 2011.

Madrid B. J., Ramiro L. S., Hernandez S. S., Go J. J., Badilio J. A., "Child maltreatment prevention in the Philippines: a situationer", *Acta Medica Philippina*, Vol. 47, No. 1, 2013.

Marshall, T. H., "The Rights to Welfare", In N. Timms & D. Watson, eds., *Talking about Welfare: Readings in Philosophy and Social Policy*, London: Routledge & Kegan Paul, 1976.

Mathews, B., & Kenny, M. C., "Mandatory reporting legislation in the United States, Canada, and Australia: A cross-jurisdictional review of key features, differences, and issues", *Child maltreatment*, Vol. 13, No. 1, 2008.

Mathews, B., Lee, X. J., & Norman, R. E., "Impact of a new mandatory reporting law on reporting and identification of child sexual abuse: A seven year time trend analysis", *Child Abuse and Neglect*, Vol. 56, No. 1, 2016.

Matter, H. M. D. P., "Security for America'schildren: A report from the annual conference of the National Academy of Social Insurance", *Social Security Bulletin*, Vol. 55, No. 2, 1992.

McHale, S. M., Updegraff, K. A., & Whiteman, S. D., "Sibling Relationships and Influences in Childhood and Adolescence", *Journal of Marriage and Family*, Vol. 74, No. 5, 2012.

Mónica Ruiz-Casares, Tara M. Collins, E. Kay M. Tisdall, & Sonja Grover, "Children's rights to participation and protection in international development and humanitarian interventions: nurturing a dialogue", *The International Journal of Human Rights*, Vol. 21, No. 1, 2017.

Mo, X., Xu, L., Luo, H., et al., "Do different parenting patterns impact the health and physical growth of 'left-behind' preschool-aged children? A cross-sectional study in rural china", *European Journal of Public Health*, Vol. 26, No. 1, 2016.

M. V. Clément, A. Bérubé, Goulet, M., & S. Hélie., "Family profiles in child neglect cases substantiated by child protection services", *Child Indicators Research*, Vol. 13, No. 2, 2020.

Najman, J., et al., "Sexual abuse in childhood and sexual dysfunction in adulthood: An Australian population-based study", *Archives of Sexual Behavior*, Vol. 34, 2005.

Nguyen, V., & Cuong, "Does parental migration really benefit left-behind children? comparative evidence from Ethiopia, India, Peru and Vietnam", *Social Science & Medicine*, Vol. 153, 2016.

Notkin, S., Weber, K., Golden, O., & Macomber, J., "Intentions and results: 'a look back at the adoption and safe families act'", *Urban Institute*, Vol. 138, 2017.

Oates K., "Child Protection Systems in Australia", In Merkel-Holguin L., Fluke J., Krugman R., eds., *National Systems of Child Protection*, Child Maltreatment (Contemporary Issues in Research and Policy), 2019.

Oates, K., "Role of the medical community in detecting and managing child abuse", *Medical Journal of Australia*, Vol. 1, 2014.

Oettinger, G. S., "Sibling Similarity in High School Graduation Outcomes: Causal Interdependency or Unobserved Heterogeneity?", *Southern Economic Journal*, Vol. 66, No. 3, 2000.

Palos-Lucio, G., Flores, M., Rivera-Pasquel, M., et al., "Association between migration and physical activity of school-age children left behind in rural Mexico", *International Journal of Public Health*, Vol. 60, No. 1, 2015.

Parkinson, P., Oates, K., & Jayakody, A., "Child sexual abuse in the Anglican church of Australia", *Journal of Child Sexual Abuse*, Vol. 21, 2012.

Parton, N. & Mathews, R., "New Directions in child protection and family support in Western Australia: A policy initiative to re-focus child welfare practice", *Child and Family Social Work*, Vol. 6, 2001.

Peterson, C., Florence, C., & Klevens, J., "The economic burden of child maltreatment in the united states, 2015", *Child Abuse and Neglect*, Vol. 86, 2018.

Raait, J., Lindert, J., Antia, K., et al., "Parent emigration, physical health and related risk and preventive factors of children left behind: A systematic review of literature", *International Journal of Environmental Research and Public Health*, Vol. 18, No. 3, 2021.

Ramiro L. S., Madrid B. J., Brown D. W., "Adverse childhood experiences (ACE) and health-risk behaviors among adults in a developing country setting", *Child Abuse and Neglect*, Vol. 34, No. 11, 2010.

Renuka, J., & Kolitha, W., "What effect does international migration have on the nutritional status and child care practices of children left behind?", *International Journal of Environmental Research & Public Health*, Vol. 13, No. 2, 2016.

Roche, S., "Childhoods in policy: A critical analysis of national child protection policy in the Philippines", *Children & Society*, Vol. 33, No. 2, 2019.

Roche, S., "Child protection and maltreatment in the Philippines: a systematic review of the literature", *Asia & the Pacific Policy Studies*, Vol. 4, 2017.

Romainville, C., "Defining the right to participate in cultural life as a human right", *Netherlands Quarterly of Human Rights*, Vol. 33, No. 4, 2015.

Rothman, E. F., Exner, D., & Baughman, A. L., "The Prevalence of Sexual Assault Against People Who Identify as Gay, Lesbian, or Bisexual in the United States: A Systematic Review", *Trauma, Violence & Abuse*, Vol. 12, No. 2, 2011.

Ruiz-Casares, M., Collins, T. M., Tisdall, E. K. M., & Grover, S., "Children's rights to participation and protection in international development and humanitarian interventions: Nurturing a dialogue", *The International Journal of Human Rights*, Vol. 21, No. 1, 2017.

Ruth, & Sinclair, "Participation in practice: making it meaningful, effective and sustainable", *Children & Society*, Vol. 18, No. 2, 2004.

Schutter, O. D., "Economic, Social and Cultural Rights as Human Rights", *Edward Elgar*, Vol. 52, No. 9 – 10, 2013.

Sheehan, R., "Family preservation and child protection: the reality of children's court decision-making", *Australian Social Work*, Vol. 53, No. 4, 2000.

Shen, M., Yang, S., Han, J., et al., "Non-fatal injury rates among the 'left-behind children' of rural china", *Injury Prevention*, Vol. 15, No. 4, 2009.

Shier, H., "Pathways to participation: openings, opportunities and obligations", *Children & Society*, Vol. 15, No. 1, 2001.

Sicular, T., Yue, X., Gustafsson, B., & Li, S., "The urban-rural income gap and inequality in China", *Review of Income and Wealth*, Vol. 53, No. 1, 2007.

Smeekens, C., Stroebe, M. S., & Abakoumkin, G., "The impact of migratory separation from parents on the health of adolescents in thePhilippines", *Social Science & Medicine*, Vol. 75, No. 12, 2012.

Tara M. Collins, "A child's right to participate: Implications for international child protection", *The International Journal of Human Rights*, Vol. 21, No. 1, 2016.

Terol E. H., "Cases of sexually abused adolescent girls with mental retardation in the Philippines", *Journal of Child and Adolescent*, Vol. 2, No. 3, 2009.

Theresia, D., "Disability in a human rights context", *Laws*, Vol. 5, No. 3, 2016.

Thomas, & Nigel., "Towards a theory of children's participation", *The International Journal of Children's Rights*, Vol. 15, No. 2, 2007.

Tilbury, C., Hughes, M., Bigby, C., et al., "Social Work Research in the Child Protection Field in Australia", *The British Journal of Social Work*, Vol. 47, No. 1, 2017.

Tisdall, E. K. M., "Conceptualizing children and young people's participation: Examining vulnerability, social accountability and coproduction", *International Journal of Human Rights*, Vol. 21, No. 2, 2017.

Tisdell, C., "Economic reform and openness in China: China's development policies in the last 30 years", *Economic Analysis and Policy*, Vol. 39, No. 2, 2009.

Tong, Y., Luo, W., & Piotrowski, M., "The association between parental migration and childhood illness in ruralChina", *European Journal of Population*, Vol. 31, No. 5, 2015.

Tyner, A., & Ren, Y., "The Hukou system, rural institutions, and migrant integration in China", *Journal of East Asian Studies*, Vol. 16, No. 3, 2016.

Valtolina, G. G., & Colombo, C., "Psychological well-being, family relations, and developmental issues of children left behind", *Psychological Reports*, *Vol.* 111, No. 3, 2012.

Vis, S. A. , Berger, T. , & Lauritzen, C. , "Norwegian School Children's Perceptions of the Child Protection Services", *Child & Adolescent Social Work Journal*, 2022.

Wada, I. , & Igarashi, A. , "The social costs of child abuse in Japan", *Children and Youth Services Review*, Vol. 46, 2014.

Waldock, T. , "Theorising Children's Rights and Child Welfare Paradigms", *International Journal of Children's Rights*, Vol. 24, No. 2, 2016.

Wen, M. , & Li, K. , "Parental and Sibling Migration and High Blood Pressure among Rural Children in China", *Journal of Biosocial Science*, Vol. 48, No. 1, 2016.

Wen, M. , & Lin, D. , "Child Development in Rural China: Children Left Behind by Their Migrant Parents and Children of Nonmigrant Families", *Child Development*, Vol. 83, No. 1, 2012.

Wickramage, K. , Siriwardhana, C. , Vidanapathirana, P. , et al. , "Risk of mental health and nutritional problems for left-behind children of international labor migrants", *BMC Psychiatry*, Vol. 15, 2015.

Willumsen, E. , & Skivenes, M. , "Collaboration between service users and professionals: Legitimate decisions in child protection—a Norwegian model", *Child & Family Social Work*, Vol. 10, No. 3, 2005.

Wright, E. M. , "The relationship between social support and intimate partner violence in neighborhood context", *Crime & Delinquency*, Vol. 61, No. 10, 2015.

Ye, L. , Qian, Y. , Meng, S. , et al. , "Subjective well-being of left-behind children: a cross-sectional study in a rural area of eastern China", *Child and Adolescent Psychiatry and Mental Health*, No. 14, 2020.

Yeoh, B. , Hoang, L. , & Lam, T. , "Effects of international migration on families left behind", *Global Forum on Migration & Development Civil Society*, 2011.

Yu N. G. , "The role of social work in Philippine poverty-reduction programs:

ideology, policy and the profession", *Asia Pacific Journal of Social Work and Development*, Vol. 23, 2013.

Zhang, K. H., & Song, S., "Rural-urban migration and urbanization in China: Evidence from time-series and cross-section analyses", *China Economic Review*, Vol. 14, No. 4, 2003.

Zhou, C., Sylvia, S., Zhang, L., et al., "China's left-behind children: impact of parental migration on health, nutrition, and educational outcomes", *Health Affairs*, Vol. 34, No. 11, 2015.

Zhou Y., Cheng Y., Liang Y., et al., "Interaction status, victimization and emotional distress of left-behind children: A national survey in China", *Children and Youth Services Review*, Vol. 118, 2020.

（三）网络文章

Child Protection Network, Child Protection Units and programs, Retrieved from http: //childprote-ction network. org/programs, 2018.

Council for the Welfare of Children, Child 21: The Philippine National Strategic Framework for Plan Development for Children 2000 – 2025, Available at http: //www. cwc. gov. ph/index. php/dls/category/19 – misc, 2000.

Council for the Welfare of Children, State of the Filipino Children Report 2010, Available at http: //www. cwc. gov. ph/index. php? option = com_phocadownload&view = category&id = 19: misc&Itemid = 73, 2010.

Council for the Welfare of Children, The Second National Plan of Action for Children 2011 – 2016 (2nd NPAC), Available at http: //www. cwc. gov. ph/index. php/dls/category/19 – misc, 2011.

Council for the Welfare of Children, Vision, mission, mandate and legal bases, Available at http: //www. cwc. gov. ph/index. php/cwc-content-links/50-vision-content, 2016.

Department of Justice, Protecting Filipino children from abuse, Exploitation and violence. Committee for the Special Protection of Children: Manila, Available at https: //www. doj. gov. ph/files/2016/CPCP% 202012 – 2016. pdf, 2012.

Department of Justice, Protocol for case management of child victims of abuse, neglect, and exploitation, Committee for the Special Protection of Children, Available at https://www. doj. gov. ph/files/transparency_seal/2016 – Jan/ CPN – CSPC%20Protocol%2026Nov2014. pdf, 2014.

Department of Social Welfare and Development, Residential and non-residential facilities, http://www. dswd. gov. ph/programs/residential-and-nonresidential-facilities, 2016.

Gao, H. , "China's left behind", Retrieved from http://www. worldpolicy. org/journal/summer2013/chinas-left-behind, 2013.

ILO. Child Labour: Global estimates 2020, trends and the road forward, https://www. ilo. org/ipec/Information resources/WCMS_797515/lang—zh/index. htm.

International Organization of Migration, Key Migration Terms, Available online: https://www. iom. int/key-migration-terms, 2015.

International Organization of Migration, World Migration Report, Available online: https://publications. iom. int/system/files/pdf/wmr_2020. pdf, 2020.

Tisdall, E. K. M. , Hinton, R. , Gadda, A. M. , Butler, U. M. , Introduction: Children and Young People's Participation in Collective Decision-making, In Tisdall, E. K. M. , Gadda, A. M. , Butler, U. M. , eds. , *Children and Young People's Participation and Its Transformative Potential*, Studies in Childhood and Youth. Palgrave Macmillan, London, https://doi. org/10. 1057/9781137316547_1, 2014.

UNICEF. Working Paper Children "Left-behind", Available online: https://www. unicef. org/media/61041/file, 2019.

United Nations Development Programme, Human Development Report—Philippines, Available at http://hdr. undp. org/en/countries/profiles/PHL, 2016.